한능검 급수 체계 전면 개편!
새 시험 대비 강의

성정호 한국사 능력검정시험

단 / 기 / 완 / 성

기본 + 심화

성정호 저

한국사 스토리텔링 탑 | http://cafe.naver.com/sunghohistory

PREFACE

이 책을 펴내며

국가공인 한국사능력검정시험을 준비하는 모든 분들께

안녕하십니까. 스토리텔링으로 한국사와 관련된 모든 시험에서 합격과 신뢰로만 답해온 한스탑 성정호입니다. 저와 함께해 온 모든 분들께 강의와 성정호 케어로 여러분들이 원하는 결과를 함께 만들어온 지 15년이 넘었습니다. 앞으로도 늘 변함없는 노력으로 여러분의 기대에 보답하겠습니다.

2020년 5월부터 한국사능력검정시험이 기존에서 새로운 체제로 변화를 합니다. 시험이 전면적인 개편이 이루지게 되는데요. 기존의 초급·중급·고급에서 앞으로는 기본·심화로 바뀌게 됩니다. 두 가지로 구분되는 만큼 문제는 기존보다 더 어려워질 가능성이 충분합니다. 그리고 심화에 있는 1등급을 취득하기 위해서는 만점의 80%이상을 받아야 합니다.

시험이 개편되는 만큼 최적화된 내용을 이 책에 담았습니다. 그리고 강의 역시 개편되는 한국사능력검정시험에 맞게 구성하였습니다. 짧은 시간에 여러분이 원하는 결과를 만들어 드리기 위해서 지난 몇 개월 동안 한국사능력검정시험 강의에만 집중하였습니다.

카페에 수많은 합격 수기가 증명을 하듯 늘 그랬듯이 여러분은 아무걱정 안하셔도 됩니다.

성정호 한국사능력검정시험 단기완성

이 책이 나오기까지 많은 분들이 도움을 주셨습니다. 학부시절 역사교육이 무엇인지 깨닫게 해주신 최상훈 교수님, 역사를 어떻게 가르쳐야 하는지 알려주신 윤승규 선생님, 이 자리에 서기까지 꿈을 심어주신 김흥식 선생님, 언제나 할 수 있다고 끝까지 믿어주신 허신선생님, 이명구 선생님, 박한진 선생님, 강남희 선생님에게 감사의 말씀 드립니다. 그리고 이 교재가 나오기까지 물심양면으로 힘써주신 훈민정음 출판사 최재준 대표님, 장은섭 실장님 그리고 학원 관계자이신 서강현 부장님, 한승기 과장님께도 감사의 마음을 전합니다. 마지막으로 하늘나라에 계신 할머니와 이 세상에서 가장 사랑하는 제 아내와 가족에게도 이 마음을 전하고 싶습니다.

한스탑

성정호 올림

INFORMATION
한국사능력검정시험 안내

I

한국사능력검정시험이란?

학교 교육에서 한국사의 위상은 날로 추락하고 있는데, 주변 국가들은 역사교과서를 왜곡하고 심지어 역사 전쟁을 도발하고 있습니다. 한국사의 위상을 바르게 확립하는 것이 무엇보다 시급한 실정입니다.

이러한 현실에서 우리역사에 관한 패러다임의 혁신과 한국사교육의 위상을 강화하기 위하여 국사편찬위원회에서는 한국사능력검정시험을 마련하였습니다.

국사편찬위원회는 우리 역사에 대한 관심을 제고하고, 한국사 전반에 걸쳐 역사적 사고력을 평가하는 다양한 유형의 문항을 개발하고 있습니다. 이를 통해 한국사 교육의 올바른 방향을 제시하고, 자발적 역사학습을 통해 고차원적 사고력과 문제해결 능력을 배양하고자 합니다.

II

한국사능력검정시험의 목적

1. 우리 역사에 대한 관심을 확산·심화시키는 계기를 마련함
2. 균형 잡힌 역사의식을 갖도록 함
3. 역사 교육의 올바른 방향을 제시함
4. 고차원적 사고력과 문제해결 능력을 육성함

성정호 한국사능력검정시험 단기완성

III

한국사능력검정시험의 특징

한국사능력검정시험은 한 나라의 국민으로서 가져야 하는 기본적인 역사적 소양을 측정하고, 역사에 대한 전 국민적 공감대를 형성하기 위한 시험으로 다음과 같은 특징을 갖고 있습니다.

한국사 학습능력을 측정할 수 있는 대표적인 시험입니다.

▶ 응시자의 계층이 매우 다양합니다.

한국사능력검정시험은 입시생이나, 각종 채용시험과 같은 동일한 집단이 아니라, 다양한 연령층과 직업군을 가진 사람들이 응시하고 있습니다. 국사에 대한 관심과 애정만 있다면 응시자의 학력수준이나 연령 등은 더욱 다양해질 것입니다.

국가기관인 국사편찬위원회가 주관합니다. 국사편찬위원회는 우리 역사에 대한 자료를 관장하고 있는 교육부 직속 기관 입니다. 한국사능력검정시험은 우리나라 역사에 관한 자료를 조사·연구·편찬하는 국사편찬위원회가 주관·시행을 함으로써, 수준 높고 참신한 문항과 공신력 있는 관리를 통해 안정적인 시험 운영을 하고 있습니다.

▶ 참신한 문항 개발에 노력하고 있습니다.

매회 시험마다 단순 암기 위주의 보편적인 문항보다는, 다양한 영역에서 여러 접근 방법을 통해 풀 수 있는 참신한 문항을 새로 개발하고 있습니다.

또한 탐구력을 증진할 수 있는 문항 개발을 통해 기존 시험의 틀을 탈피하려고 노력하고 있습니다.

▶ '선발 시험'이 아니라 '인증 시험'입니다.

합격의 당락을 결정하는 선발 시험의 성격이 아니라, 한국사의 학습 능력을 인증하는 시험입니다.

INFORMATION

한국사능력검정시험 안내

IV

한국사능력검정시험의 출제유형

한국사능력검정시험의 문항은 역사교육의 목표 준거에 따라 다음의 여섯 가지 유형으로 구분됩니다.

🔴 역사 지식의 이해
역사 탐구에 필요한 기본적인 지식을 갖고 있는가를 묻는 영역입니다. 역사적 사실·개념·원리 등의 이해 정도를 측정합니다.

🔴 연대기의 파악
역사의 연속성과 변화 및 발전을 이해하고 있는지를 묻는 영역입니다. 역사 사건이나 상황을 시대 순으로 정확하게 이해하고 인과관계를 파악할 수 있는가를 측정합니다.

🔴 역사 상황 및 쟁점의 인식
제시된 자료에서 해결해야 할 구체적 역사 상황과 핵심적인 논쟁점, 주장 등을 찾을 수 있는가를 묻는 영역입니다. 문헌자료, 도표, 사진 등의 형태로 주어진 자료에서 해결해야 할 과제를 포착하거나 변별해내는 능력이 있는지를 측정합니다.

🔴 역사 자료의 분석 및 해석
자료에 나타난 정보를 해석하여 그 의미를 파악할 수 있는가를 묻는 영역입니다. 정보의 분석을 바탕으로 자료의 시대적 배경과 사회적 의미를 해석할 수 있는가를 측정합니다.

🔴 역사 탐구의 설계 및 수행
제시된 문제의 성격과 목적을 고려하여 절차와 방법에 따라 역사 탐구를 설계하고 수행할 수 있는 능력이 있는가를 묻는 영역입니다.

🔴 결론의 도출 및 평가
주어진 자료의 타당성을 판별하고, 여러 자료를 종합하여 결론을 도출할 수 있는가를 묻는 영역입니다.

V

시험종류 및 인증 등급

시험종류	심화	기본
인증등급	1급(80점 이상)	4급(80점 이상)
	2급(70~79점)	5급(70~79점)
	3급(60~69점)	6급(60~69점)
문항수	50문항(5지 택1형)	50문항(4지 택1형)

▶ 배점
100점만점(문항별 1점~3점 차등배점)

▶ 평가내용

시험종류	평가내용
심화	**한국사 심화과정**으로서 한국사에 대한 체계적인 이해를 바탕으로 한국사의 주요 사건과 개념을 종합적으로 이해하고, 역사 자료를 분석하고 해석하는 능력, 한국사의 흐름 속에서 시대적 상황 및 쟁점을 파악하는 능력을 평가
기본	**한국사 기본과정**으로서 기초적인 역사 상식을 바탕으로 한국사의 필수 지식과 기본적인 흐름을 이해하는 능력을 평가

CONSTRUCTION
구성과 특징

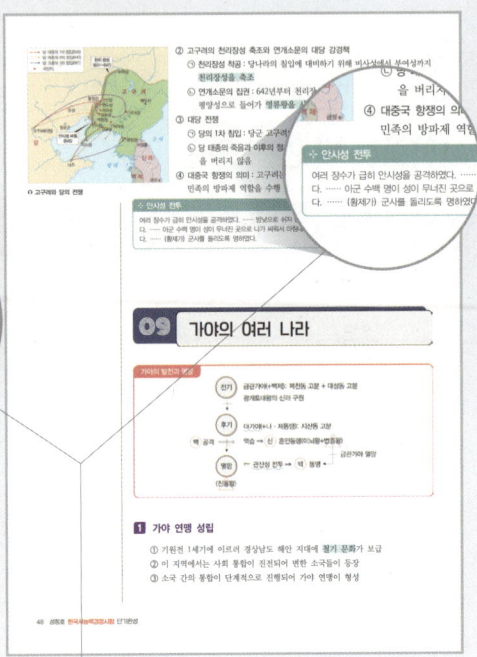

한능검 출제 자료를 선별하여 출제의 핵심을 파악하고 빠른 고득점을 가능하게 했습니다.

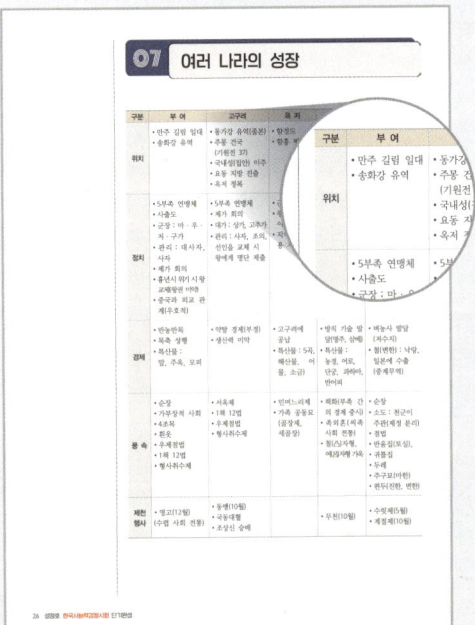

암기가 어려운 부분은 표로 간편히 정리하여 보다 쉽게 암기를 할 수 있도록 정리하였습니다.

성정호 한국사능력검정시험 단기완성

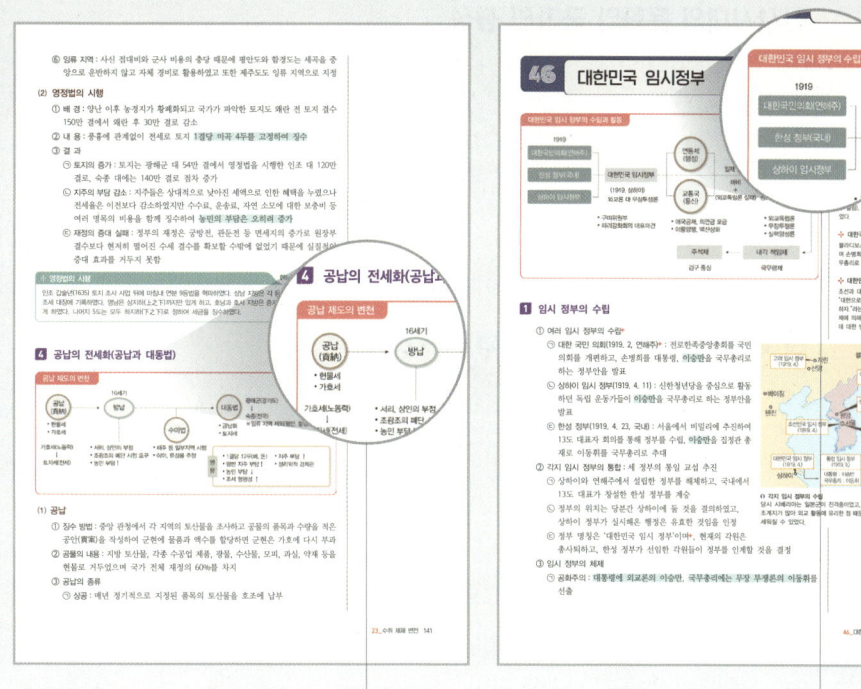

한국사능력검정시험에서 자주 출제되는 내용을 도식으로 정리하여 쉽고 빠르게 이해할 수 있도록 하였습니다.

한국사능력검정시험에서 꾸준히 출제되고 있는 그림 및 사진 문제 대비를 위해 출제 가능성이 높은 자료로 추가하였습니다.

목차

PART 01 선사시대의 문화와 국가의 형성
- 01 구석기 시대 ························· 14
- 02 중석기 문화 ························· 15
- 03 신석기 시대 ························· 16
- 04 청동기 시대 ························· 18
- 05 철기 시대 ··························· 20
- 06 고조선의 건국과 변천 ··············· 22
- 07 여러 나라의 성장 ··················· 26

PART 02 삼국과 남북국 시대의 통치구조와 정치
- 08 삼국의 항쟁과 발전 ·················· 36
- 09 가야의 여러 나라 ···················· 48
- 10 신라의 삼국 통일 ···················· 51
- 11 남북국 시대의 정치 변화 ············· 54
- 12 삼국과 남북국 시대의 통치 체제 ····· 60

PART 03 고려의 통치구조와 정치
- 13 민족의 재통일과 정치 발전 ··········· 66
- 14 왕권 강화와 통치 체제의 정비 ········ 70
- 15 고려의 통치 체제 ···················· 77
- 16 문벌귀족 사회의 동요 ················ 85
- 17 무신 정권의 성립과 전개 ············· 88
- 18 고려 대외 관계의 변화 ··············· 94
- 19 고려 후기의 정치 변동 ··············· 99

PART 04 조선의 통치구조와 정치
- 20 조선의 성립과 통치 체제 정비 ········ 106
- 21 붕당 정치의 전개와 변질 ············· 120
- 22 조선의 대외 관계 ···················· 127

PART 05 우리 역사의 경제·사회·문화
- 23 수취 체제의 변천 ···················· 138
- 24 토지 제도 ··························· 146
- 25 농민 생활의 변화 ···················· 151
- 26 산업의 발달 ························· 154
- 27 사회 구조와 사회생활 ················ 161
- 28 불교 사상과 신앙의 흐름 ············· 177
- 29 도교 사상 ··························· 182
- 30 유학 사상과 학문의 전개 ············· 184

31 건축 양식과 조각, 고분의 발달 ·············· 203
32 글씨와 그림·음악 ························ 222
33 공예 기술의 발달 ························ 224

PART 06 근대 국가 수립의 노력과 국제 질서의 변화

34 흥선 대원군의 개혁과 통상 수교 거부정책 ····· 228
35 개항과 위정척사 운동의 전개 ··············· 232
36 임오군란과 갑신정변 ······················ 235
37 동학 농민 운동 ·························· 239
38 갑오개혁 ································ 242
39 대한 제국과 독립 협회 ···················· 244
40 일제의 국권피탈과 항일 의병 전쟁 ··········· 247
41 애국 계몽 운동 ·························· 251
42 열강의 경제침탈과 경제적 구국운동 ·········· 253
43 근대 문물의 수용 ························ 257

PART 07 민족 독립 운동의 전개와 일제의 강점

44 일제의 식민 통치 체제 ···················· 262
45 3·1운동 ································ 267
46 대한민국 임시정부 ······················· 271
47 국내 항일 운동과 민족 유일당 운동 ·········· 280
48 무장 독립 전쟁의 전개 ···················· 286
49 중국 본토의 민족 독립 운동과 의열 투쟁 ······ 290
50 민족 문화 수호 운동 ······················ 294

PART 08 현대 세계의 변화와 대한민국의 발전

51 광복과 분단 ····························· 302
52 대한민국 정부 수립과 6·25 전쟁 ············ 304
53 민주주의의 시련과 발전 ··················· 311
54 통일을 위한 노력 ························ 320
55 현대의 경제 발전 ························ 323
56 사회·문화의 변화 ························ 328

부록

1 한국의 유네스코 문화유산, 기록유산 ········· 334
2 우리나라의 세시풍속 ····················· 344
3 조선의 도성과 문화유산 ··················· 348

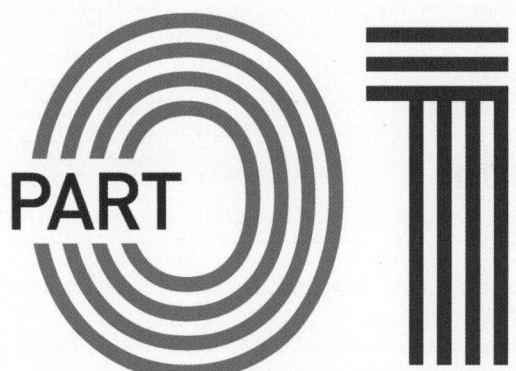

PART 01

선사시대의 문화와 국가의 형성

01 구석기 시대
02 중석기 문화
03 신석기 시대
04 청동기 시대
05 철기 시대
06 고조선의 건국과 변천
07 여러 나라의 성장

01 구석기 시대

1 구석기 시대의 생활

↥ 구석기 유적지

생활	• 채집, 어로, 사냥(이동 생활)
주거	• 동굴이나 막집(기둥 자리, 담 자리, 불 땐 자리, 3~10명 거주)
사회	• 평등한 공동체(무리 사회)
도구 (유물)	• 뗀석기(찍개, 찌르개, 주먹도끼, 팔매돌, 긁개, 밀개, 슴베찌르개), 뼈도구(골각기)
신앙과 예술	• 주술적 신앙 : 석회암·뼈·뿔을 이용한 조각(고래와 물고기 : 공주 석장리와 단양 수양개 유적)

❖ 구석기 시대 유물

↥ 주먹도끼

↥ 찌르개

↥ 밀개

↥ 돌날

2 구석기 시대의 유적지 분포

구분	유적지	특징
전기	단양 금굴 유적	• 가장 오래된 구석기 유적(70만 년 전), (전기 구석기~청동기)
	함북 화대군 석성리	• 2002년 화산용암 속에서 약 30만 년 전의 인류화석이 나와 '화대사람'으로 명명(가장 오래된 인골)
	평남 상원 검은모루 동굴	• 동물 화석, 주먹도끼 등(60~40만 년 전)
	연천 전곡리 유적	• 아슐리안계 양날 주먹도끼, 동아시아식 찍개(모비우스 학설 폐기)
	공주 석장리 유적	• 전기에서 후기까지 출토, 예술 활동, 불 땐 자리 흔적(남한 최초 발굴)

중기	웅기 굴포리 유적	• 6개 층의 구분, 박편 석기, 포유동물 화석(북한 최초 발굴)
	청원 두루봉 동굴	• 1983년 인골(흥수아이) 발견(망자에 대한 추모의식), 화덕자리
	제천 점말 동굴	• 남한에서 처음으로 확인된 동굴 유적, 사람 얼굴 모양을 새긴 코뿔소 뼈 발견(~후기)
	평양 역포 구역 대현동	• 중기 구석기 시대의 인골(역포인) 발견
	덕천 승리산 동굴	• 아래층에서 덕천인(10만 년 전, 어린이) • 위층에서 승리산인(어른) 인골 발견
	평양 만달리 동굴	• 인골(35세 추정) '조선 옛 유형사람'의 선조(북한 학계)
	단양 상시리 바위그늘	• 1981년 남한 최초의 인골 발견(중기 구석기~후기 구석기)
후기	함북 종성 동관진 유적	• 일제 강점기(1933) 발견, 매머드·들소 등 포유 동물 화석
	충북 단양 수양개	• 후기 구석기 유적, 대단위 석기 제작소를 포함한 주거 유적
	제주 빌레못 유적	• 동물 화석(황곰, 순록 : 내륙과 연결)
	제주 서귀포 천지연 유적	• 긁개, 첨두기, 홈날석기 3점과 돌날, 박편 여러 점이 수집
	황해 평산 해상리	• 곰의 뼈 등 다량의 현생동물 화석 발견

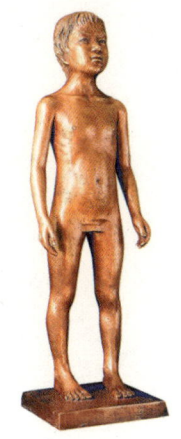

🎧 흥수아이

02 중석기 문화

시 기	빙하기가 끝나고 간빙기가 시작될 무렵의 구석기에서 신석기로 넘어가는 과도기적 단계
생활(특징)	추위가 물러가면서 큰 짐승 대신 토끼, 여우, 새 등 작고 빠른 짐승을 잡기 위한 도구
유물(도구)	이음 도구(composite tool) 사용(톱, 활, 창, 작살 ➡ 잔석기)
유 적 지	웅기 부포리, 만달리 유적, 통영 상노대도 조개더미 최하층, 홍천 하화계리 유적 등

🎧 잔석기와 덧무늬 토기

03 신석기 시대

1 신석기 시대의 생활

↑ 신석기 유적지

농경생활	• 탄화된 좁쌀(황해도 봉산 지탑리, 평양 남경), 잡곡류(조·피·수수 등) • 농기구 사용(돌괭이, 돌삽, 돌보습, 돌낫, 농경 굴지구) • 조리용 도구(갈돌과 갈판 등)
주 거	• 강가나 바닷가에 움집(원형, 모가 둥근 방형)을 지어 4~10명 정도 거주 • 중앙에 화덕(취사, 난방), 남쪽 출입문, 저장 구덩이
사냥, 어로	• 활, 창, 그물, 작살, 돌이나 뼈로 만든 낚시 등
원시적 수공업	• 의복 생활, 그물 제작 ➡ 가락바퀴, 뼈바늘, 토기
사 회	• 부족 사회 ➡ 혈연을 바탕으로 한 씨족으로 구성(족외혼), • 부족 간의 경계 중시 • 연장자나 경험이 많은 자가 자기 부족을 이끌어 나가는 평등 사회
신 앙	• 애니미즘(태양과 물 숭배, 영혼·조상숭배), 샤머니즘, 토테미즘
예 술	• 조개껍데기 가면, 조가비나 뼈, 이빨 장신구(치레걸이) 등

↑ 신석기 움집터

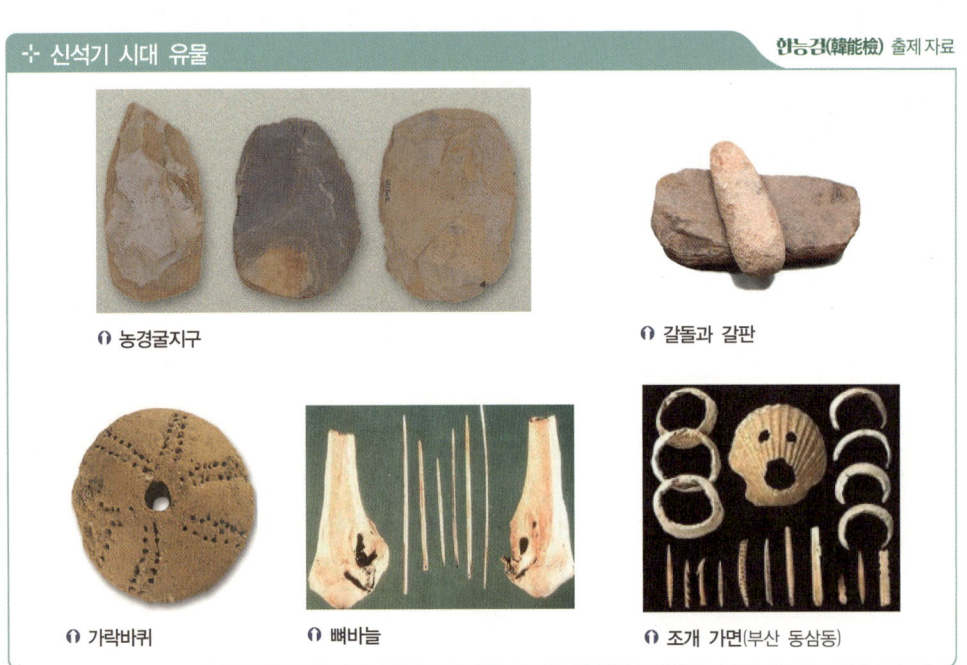
✧ 신석기 시대 유물

↑ 농경굴지구   ↑ 갈돌과 갈판

↑ 가락바퀴   ↑ 뼈바늘   ↑ 조개 가면(부산 동삼동)

2 신석기 시대의 유적과 유물

시기	유적지	특징	토기
전기	• 제주도 한경 고산리, 강원 고성 문암리, 강원 양양 오산리, 부산 동삼동 조개더미	• 굵은 태토로 만든 작고 소박한 토기이며, 이른 민무늬 토기와 덧무늬 토기로 구분된다.	• 이른 민무늬 토기, 덧무늬 토기, 눌러찍기무늬 토기(압인문 토기)
중기	• 서울 암사동, 평양 남경, 김해 수가리, 황해도 봉산 지탑리 등 전국 각지	• 빗살무늬, 기하무늬 등 어골문이 새겨져 있으며 몽골, 시베리아, 연해주, 한반도 등에 널리 분포한다. 일본의 조몬토기에 영향을 주었다. 사토질이며, 밑바닥이 뾰족한 것이 일반적이다.	• 빗살무늬 토기(즐문 토기, 기하문 토기)
후기	• 서울 암사동, 황해도 봉산 지탑리, 부산 다대동, 김해 수가리, 춘천 교동 등	• 평평한 밑바닥의 특징을 가진 것과 뾰족한 것이 공존하며 다양한 문양이 새겨져 있다.	• 평저즐문 토기, 번개무늬 토기, 물결무늬 토기

○ 서울 암사동 유적

✣ 신석기 시대 토기

○ 이른 민무늬 토기

○ 덧무늬 토기

○ 빗살무늬 토기

04 청동기 시대

1 청동기의 전래

① 신석기 시대 후반 기원전 2000년 경에 들어온 덧띠새김무늬 토기 문화와 앞선 빗살무늬 토기 문화가 약 500년 간 공존
② 고인돌이 나타나 한반도의 토착 사회가 형성
③ 기원전 2000년경에서 기원전 1500년경으로 한반도의 청동기 시대가 본격화

2 청동기 시대의 경제와 사회

(1) 청동기 시대의 경제 발달

① 밭농사 : 조, 보리, 콩, 수수 등 밭농사를 중심으로 농경이 이루어짐
② 벼농사 : 일부 저습지에서는 벼농사가 시작

(2) 청동기 시대의 사회 변화

① 사유 재산과 계급 발생
  ㉠ 생산물의 분배와 사유화 때문에 사람들 사이에 갈등이 생기고, 빈부의 격차와 계급의 분화를 촉진
  ㉡ 여성은 주로 집 안에서 집안일을 담당하고 남성은 농경, 전쟁과 같은 바깥일에 종사
  ㉢ 선민사상의 대두 : 경제와 정치력이 우세한 부족을 중심으로 스스로 하늘의 자손이라 믿는 선민사상이 대두
  ㉣ 고인돌 조성 : 경제력이 있거나 정치권력을 가진 지배층의 무덤으로 고인돌을 조성
② 정복 활동 : 힘이 센 부족이 청동으로 된 금속제 무기를 사용해 약한 부족을 통합·정복 → 공납 요구
③ 군장(족장)의 출현 : 자신의 부족 통합, 이웃 부족 정복·병합하여 세력 확대

↷ 청동기 시대의 집터

↷ 청동 방울

3 청동기 시대의 유물

석 기	• 반달 돌칼, 바퀴날 도끼, 홈자귀, 괭이, 나무로 만든 농기구
청동기	• 비파형 동검, 거친무늬 거울, 화살촉
토 기	• 미송리식 토기, 민무늬 토기, 가지무늬 토기, 붉은 간 토기, 송국리형 토기

⌒ 거친무늬 거울

✥ 청동기 시대 유물 한능검(韓能檢) 출제 자료

⌒ 반달 돌칼 ⌒ 비파형 동검 ⌒ 미송리식 토기

⌒ 탁자식 고인돌 ⌒ 바둑판식 고인돌 ⌒ 개석식 고인돌

⌒ 민무늬 토기

⌒ 송국리형 토기

⌒ 가지무늬 토기

⌒ 붉은 간토기

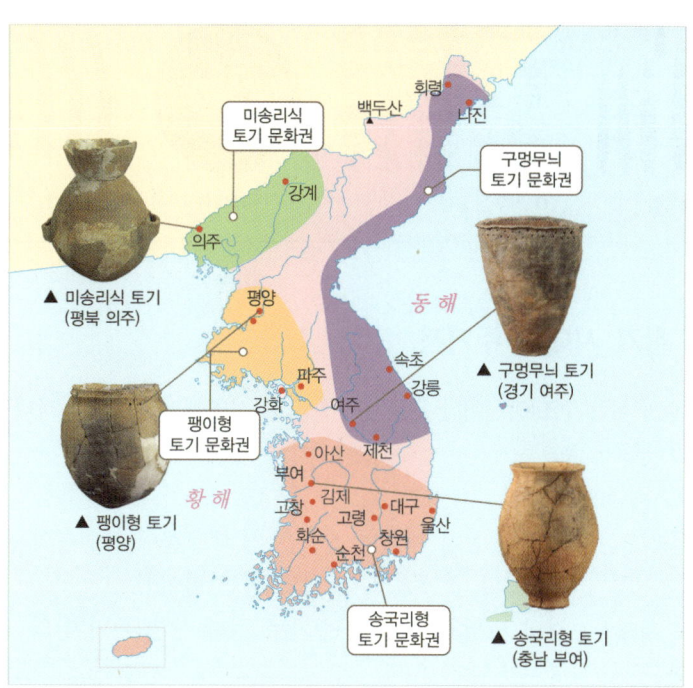

⌒ 청동기 유적지와 토기

05 철기 시대

1 철기의 전래

① 기원전 5세기 경~기원 전후(약 300년간)
② 중국 전국시대의 혼란을 피해 이동한 세력들이거나 혹은 철광석을 얻기 위한 교역 과정에서 철기가 유입
③ 중국 연나라에서 사용되었던 화폐인 명도전과 승석문 토기 등이 철기와 함께 요동 지방과 한반도 북부 지방에 많이 발견
④ 중국과 교역의 흔적
  ㉠ 철기와 함께 명도전, 오수전, 반량전 출토
  ㉡ 경남 창원 다호리 붓 출토 : 한자 사용을 보여주는 유물

2 청동기의 독자적 발전(일본에게 전파)

① 비파형 동검 ➡ 세형동검으로 변화
② 거친 무늬 거울 ➡ 잔무늬 거울로 변화
③ 거푸집(청동기 제작틀)의 전국에서 발견 : 한반도에서 독자적인 청동기 문화가 형성

송국리형 집터

철기 시대 유물

한국식 세형동검

거푸집(용범)

잔무늬 거울

명도전

경남 창원 다호리 붓

오수전

3 청동기·철기 시대의 주거지

① 배산임수의 취락 구조(야산이나 구릉지) : 한반도 전역에서 발견, 우리나라의 전통적인 취락 구조
② 특징
  ㉠ 움집의 지상가옥화 : 청동기 시대의 집들은 긴 네모꼴이나 원형의 움집, 움집의 움은 신석기 시대보다 얕아졌고, 크기도 훨씬 넓어짐
  ㉡ 규모 확대 : 농경의 발달과 인구의 증가로 정착 생활(주거지)의 규모가 점차 확대
  ㉢ 사회의 분화 : 같은 지역의 집터라 하더라도 그 안에 다양한 것 건물이 등장, 주거용 외에 창고, 공동 작업장, 집회소, 공공 의식 장소 등 발견

4 철기 시대의 토기

① 덧띠 토기
② 검은 간토기(흑도)

⌒ 덧띠 토기

5 철제 농기구와 철제 무기, 철제 연모의 사용

① 심경(깊이갈이)이 이루어졌으며, 개간을 확대하여 농경지를 확보
② 농업 발달로 경제 기반 확대
③ 철제 무기, 철제 연모 사용 : 청동기의 의식용 도구로 변화(의기화)

⌒ 검은 간토기

6 철기 시대의 무덤

① 널무덤(토광묘)
② 널무덤(목관묘)
③ 독무덤(옹관묘)
④ 덧널무덤(나무곽무덤)
⑤ 돌곽무덤, 돌돌림무덤 등이 일부 발견

⌒ 독무덤

7 청동기 · 철기 시대의 예술

① 청동 제품
  ㉠ 군장이나 제사장은 청동으로 된 거울이나 방울 등을 사용
  ㉡ 자신의 권위를 과시하는 목적으로 사용
② 바위그림
  ㉠ 울산 울주 대곡리 반구대 바위그림 : 고래와, 호랑이, 사슴 등이 그려져 있음
  ㉡ 경북 고령 양전동 바위그림 : 기하학적 무늬와 동심원 등이 남겨져 있음

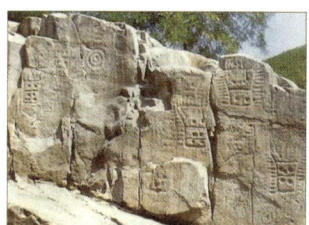
⌒ 경북 고령 양전동 바위그림

⌒ 울산 울주 대곡리 반구대 바위그림

06 고조선의 건국과 변천

단군조선과 위만조선

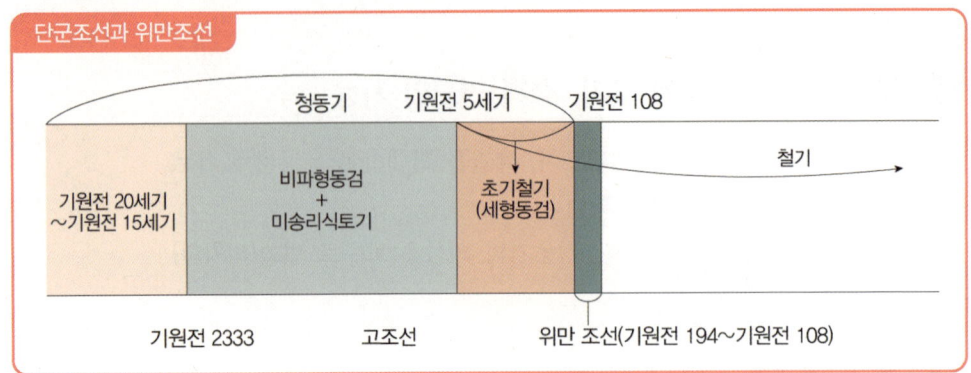

1 고조선의 건국

단군왕검에 의해 건국(기원전 2333)

성 격	• 우리나라 최초의 국가 • 청동기 문화를 기반 : 족장 사회에서 국가로 발전
위 치	• 한반도 북부 요령 지방을 중심으로 성장 점차 한반도까지 발전 • 비파형 동검과 미송리식 토기 출토, 탁자형 고인돌 분포 지역과 거의 일치 ➡ 고조선의 세력범위로 추정
발 전	• 요령 지방과 대동강 유역을 중심으로 독자적인 문화를 이룩하면서 발전 • 기원전 3세기경 강력한 왕(부왕, 준왕) 등장 ➡ 왕권 강화되어 왕위 세습 • 관직 마련 : 상(相), 대부(大夫), 장군(將軍) 등 • 연과 대립 : 요서 지방을 경계로 중국의 연나라와 대립할 정도로 강성하였으나 연의 침략으로 한때 위축 - "진개(秦開)가 고조선을 침공하여 2,000여 리의 땅을 빼앗아 갔다." ➡ 고조선의 중심지 이동설(요령지방 ➡ 평양지역)

2 단군 신화의 역사적 의의

단군 신화

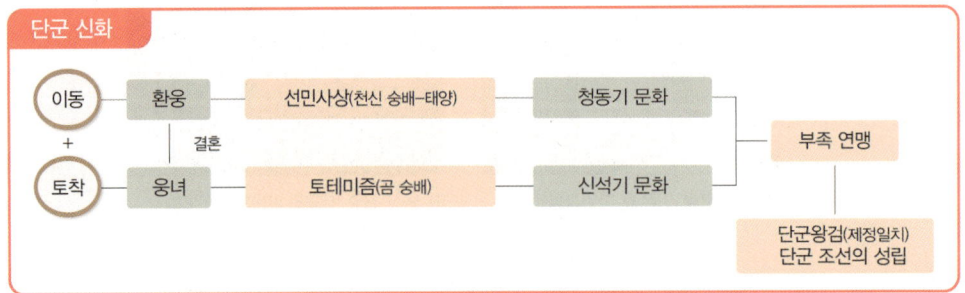

① 천손 강림 신화 : 청동기 문화를 가진 북방 유이민의 이주로 고조선 건국이 이루어졌음을 암시, 또한 지배를 정당화하기 위한 수단으로 하늘의 자손이라는 선민사상을 강조

② 풍백, 우사, 운사 : 고조선이 농경 사회의 특성을 가진 국가로 건국되었음을 반영
③ 환웅 부족(청동기)과 웅녀 부족(토착 문화)의 연합 : 고조선의 건국 과정에서 청동기 이주민과 곰 숭배 부족이 연합하고 호랑이 숭배 부족은 배제
④ 곰, 호랑이 : 토테미즘을 반영하는 것으로 선주민이 곰과 호랑이를 숭배하는 신석기인이었음을 상징
⑤ 홍익인간 : 인간을 널리 이롭게 한다는 뜻으로 지배층의 인본주의적 지배이념을 나타냄, 또한 사유 재산의 성립과 계급 분화에 따라 지배 계급이 농경과 형벌 등을 주도하였음을 알 수 있음
⑥ 단군왕검 : 단군은 제사장, 왕검은 지배자를 의미, 이는 고조선이 제정일치 사회였음을 나타냄

✚ 단군 이야기 — 한능검(韓能檢) 출제 자료

옛날에 환인(桓因)의 서자 환웅(桓雄)이 있었는데, 천하에 자주 뜻을 두고 인간 세상을 매우 부러워하였다. 아버지는 아들의 뜻을 알아차려 삼위태백(三危太伯)을 내려다보니 널리 인간을 이롭게 할 만하였다(弘益人間). 이에 천부인 세 개를 주어 인간 세상을 다스리게 했다. 환웅은 무리 3천 명을 거느리고 태백산의 신단수 밑에 내려와서 이곳을 신시(神市)라 불렀다. 그는 풍백·우사·운사를 거느리고 곡식·수명·형벌·선악 등을 주관하여 인간 세계를 다스리고 교화시켰다(在世理化). 이때 곰과 호랑이가 같은 굴에 살았는데, 환웅에게 찾아와 사람이 되기를 빌었다. 때마침 환웅이 신령한 쑥 한 심지와 마늘 스무개를 주면서 "너희들이 이것을 먹고 백 일 동안 햇빛을 보지 않는다면 곧 사람이 될 것이다."라고 하였다. 곰은 약속한 지 3·7일 만에 여자가 되었으나, 호랑이는 이를 지키지 못해 사람이 되지 못하였다. …… 환웅이 웅녀와 결혼하여 아들을 낳았는데, 그 이름을 단군왕검(檀君王儉)이라 하였다.

— 『삼국유사』 —

▶ 단군 신화의 수록 문헌

문헌	저자	저술 시기
삼국유사	일연	고려 충렬왕
제왕운기	이승휴	고려 충렬왕
세종실록지리지	춘추관	조선 단종
응제시주	권람	조선 세조
동국여지승람	노사신	조선 성종

3 위만 조선의 성립 과정

① 유이민의 유입 : 중국의 혼란 시기, 전국 시대(기원전 5세기 경)와 진·한 교체기(기원전 3세기 후반)에 대규모 유입, 서쪽 변경 지역에 거주 허용
② 위만의 등장 : 무리 1,000여명을 이끌고 고조선에 유입 ➡ 준왕의 신임을 받아 서쪽 변경 수비 임무 맡음 ➡ 점차 세력 확대
③ 위만의 집권 : 이주민 세력을 기반으로 왕검성 점령 ➡ 준왕을 몰아내고 왕이 됨(기원전 194)
④ 준왕은 뱃길로 한반도 남부 지역으로 탈출하였으며 한왕(韓王)이 됨

⁜ 위만 조선의 성립　　　　　　　　　　　　　　　　　　　　한능검(韓能檢) 출제 자료

옛날 기자의 후예인 조선후는 주나라가 쇠퇴하자 연이 스스로 높여 왕이 되어 동쪽으로 땅을 침략하려 함을 보고 역시 스스로 왕을 칭하면서 병사를 일으켜 연을 치고 주나라 왕실을 받들려 했다. (그러나 이러한 계획은) 그 대부인 예가 간하여 중지되었다. 이에 예를 사신으로 보내어 연을 설득하니 연이 계획을 중지하고 공격하지 않았다. 그 뒤 자손들이 교만하고 사나와졌으므로 연은 장군 진개를 보내 조선의 서방을 공격하여 땅 2,000리를 빼앗고 만번한에 이르러 경계로 삼으니 조선이 드디어 약해지고 말았다. 진이 천하를 아우름에 미쳐서는 몽염을 시켜 장성을 쌓아 요동에 이르렀다. 이때 조선왕 비가 섰는데 진이 자기 나라를 습격할까 두려워하여 책략으로 진에 복속했으나 조회는 하지 않으려 했다. 비가 돌아가고 아들 준이 왕이 된 지 20여 년에 진항이 일어나 천하가 어지러워지자 연·제·조 나라 백성들이 괴로워하다가 차츰 도망하여 준에게로 갔다. 준은 이들을 서쪽 지방에 와서 살게 했다. 한이 노관으로 연왕을 삼자 조선과 연은 추수로 경계를 이루었다. 관이 반란을 일으키고 흉노로 들어가자 연나라 사람인 위만도 망명하여 호복 차림으로 동쪽으로 추수를 건너 준왕에게 가서 항복하고 서쪽 국경 지방에서 살게 해달라고 청하면서 중국에서 망명하는 사람들을 거두어 조선의 번병으로 삼는 것이 어떻겠느냐고 설득했다. 준왕은 위만을 믿고 사랑하여 박사로 삼고 홀을 주며 땅 100리를 봉하여 서쪽 변방을 지키도록 하였다. 위만은 거짓을 꾸며 준왕에게 사람을 보내 한나라 병사가 열 길로 쳐들어오고 있으니 들어가 숙위하겠다고 말했다. 그러고는 결국 돌아와 준왕을 공격했다. 준왕은 위만과 싸웠으나 이기지 못하고 좌우 궁인을 거느리고 달아나 바다를 건너 한 땅에 살면서 스스로 한왕이라 했다.
　　　　　　　　　　　　　　　　　　　　　　　　　　　　　　－『삼국지』 위서 동이전 －

4 위만 조선의 변천

① 철기 문화의 본격적 수용 : 위만의 무리가 철기 문화를 가지고 고조선으로 유입
② 중계 무역 : 한반도 동방의 예나 남방의 진(辰)이 중국의 한(漢)과 교역하는 것을 막고 중계 무역을 통해 이득을 독점 ➡ 중국의 한(漢)과 대립하게 되는 계기
③ 정복 사업과 강력한 중앙 집권 국가로 성장
　㉠ 경제 발전을 기반으로 중앙 정치 조직을 정비
　㉡ 우세한 무력을 바탕으로 활발한 정복 사업을 실행, 인근의 임둔, 진번 등을 복속

5 한 무제의 침입과 고조선의 멸망

① 한 무제의 침입 의도 : 한은 위만조선과 흉노와의 연결을 차단하고, 중계무역의 이권을 빼앗는 것이 목적
② 한 침입 과정 : 한은 5만의 육군과 7천의 수군을 동원해 수륙 양면에 걸친 대규모 침공을 감행(기원전 109)
③ 1차 접전(패수)에서 대승 : 고조선은 패수에서의 1차 접전에서 한의 수군에게 대승을 거둔 뒤 위만의 손자인 우거왕의 지휘 하에 약 1년에 걸친 저항
④ 지배층의 내분 : 고조선 멸망(기원전 108)

⁜ 위만 조선의 항쟁　　　　　　　　　　　　　　　　　　　　한능검(韓能檢) 출제 자료

누선장군 양복이 병사 7천 명을 거느리고 먼저 왕검성에 이르렀다. 고조선의 우거왕이 성을 지키고 있다가 양복의 군사가 적음을 알고 곧 성을 나와 공격하자, 양복의 군사가 패배하여 흩어져 달아났다. 한편 좌장군 순체는 패수 서군을 공격하였지만 이를 깨뜨리고 나아가지 못하였다. 한 무제는 두 장군이 이롭지 못하다 생각하고, 이에 위산으로 하여금 위엄을 갖추고 우거왕을 회유하도록 하였다.
　　　　　　　　　　　　　　　　　　　　　　　　　　　　　　－『사기』 조선전 －

6 8조의 법

(1) 8조의 법
① 살인자를 사형으로 다스리고 상처를 입힌 자는 곡물로 배상 ➡ 생명을 존중하고 노동력을 중시
② 도둑질한 자를 노비로 삼음 ➡ 사유 재산을 존중, 형벌과 노비가 발생
③ 여자의 정절 중시 ➡ 가부장적 가족제도의 확립

> **➕ 8조법**   한능검(韓能檢) 출제 자료
>
> 사람을 죽인 자는 즉시 죽이고(相殺以當時償殺), 남에게 상처를 입힌 자는 곡식으로 배상시키며(相傷以穀償), 도둑질한 자는 그 집의 노비로 삼되, 용서받기를 원하는 자는 1인당 50만 전을 내야 한다(相盜男沒入爲其家奴女子爲婢 欲自贖者入五十萬). 그러나 비록 용서를 받아 보통 백성이 되더라도 역시 수치를 씻지는 못해 결혼을 하고자 해도 짝을 구할 수 없었다. 그리하여 백성들은 도둑질하지 않아 문단속을 하지 않고 살았다. 여자들은 모두 정조를 지키고 신용이 있어서 음란하고 편벽된 짓을 하지 않았다(婦人貞信不淫辟). 농민들은 대나무 그릇에 음식을 먹고, 도시에서는 관리나 장사꾼들을 본받아서 술잔 같은 그릇에 음식을 먹는다.
>   – 『한서지리지』 –

(2) 한 군현 설치 후
① 고조선의 멸망 이후 한 군현에 의해 엄한 율령이 시행으로 법조항이 60개로 증가
② 고조선 유민들의 저항이 거세지고 풍속이 각박해짐

🎧 **고조선의 세력 범위**
비파형동검과 고인돌(북방식)은 만주와 북한 지역에서 집중적으로 발굴되어 고조선의 세력 범위를 짐작하게 해 준다.

07 여러 나라의 성장

구분	부여	고구려	옥저	동예	삼한(한)
위치	• 만주 길림 일대 • 송화강 유역	• 동가강 유역(졸본) • 주몽 건국 (기원전 37) • 국내성(집안) 이주 • 요동 지방 진출 • 옥저 정복	• 함경도 • 함흥 평야	• 강원 북부 동해안	• 한강 이남
정치	• 5부족 연맹체 • 사출도 • 군장 : 마·우·저·구가 • 관리 : 대사자, 사자 • 제가 회의 • 흉년시 위기 시 왕 교체(왕권 미약) • 중국과 외교 관계(우호적)	• 5부족 연맹체 • 제가 회의 • 대가 : 상가, 고추가 • 관리 : 사자, 조의, 선인을 교체 시 왕에게 명단 제출	• 군장 사회 • 왕이 없고 읍군, 삼로 등 족장이 각기 자기 부족 지배 • 지역적 요인으로 선진 문화 수용 지체		• 목지국이 영도 • 제정 분리 사회 • 신지(대군장) • 읍차(소군장) • 천군(제사장)
경제	• 반농반목 • 목축 성행 • 특산물 : 말, 주옥, 모피	• 약탈 경제(부경) • 생산력 미약	• 고구려에 공납 • 특산물 : 5곡, 해산물, 어물, 소금	• 방직 기술 발달(명주, 삼베) • 특산물 : 단궁, 과하마, 반어피	• 벼농사 발달(저수지) • 철(변한) : 낙랑, 일본에 수출(중계무역)
풍속	• 순장 • 가부장적 사회 • 4조목 • 흰옷 • 우제점법 • 1책 12법 • 형사취수제	• 서옥제 • 1책 12법 • 우제점법 • 형사취수제	• 민며느리제 • 가족 공동묘(골장제, 세골장)	• 책화(부족 간의 경계 중시) • 족외혼(씨족 사회 전통) • 철(凸)자형, 여(呂)자형 가옥	• 순장 • 소도 : 천군이 주관(제정 분리) • 점법 • 반움집(토실) • 귀틀집 • 두레 • 주구묘(마한) • 편두(진한, 변한)
제천행사	• 영고(12월) (수렵 사회 전통)	• 동맹(10월) • 국동대혈 • 조상신 숭배		• 무천(10월)	• 수릿제(5월) • 계절제(10월)

1 부여

(1) 위치
① 송화강 유역의 넓은 평야 지대에 위치
② 국경은 북쪽으로는 선비족, 남쪽으로는 고구려와 접하고 있음

(2) 경제
① 농경과 목축을 중심으로 하는 반농반목의 경제 체제를 유지
② 씨족 사회의 유습으로 목축이 좀 더 비중이 큼

(3) 특산물
① 명마와 적옥, 담비와 원숭이 가죽
② 대추만한 아름다운 구슬 산출

(4) 정치 구조
① 5부족 연맹왕국
　㉠ 중앙 : 왕이 직접 통치, 왕 아래 가·대사자와 사자 등 관리가 존재
　㉡ 제가회의 : 마가·우가·저가·구가의 군장들이 국가의 중대사 결정
　㉢ 사출도 : 마가·우가·저가·구가가 독자적으로 다스리는 행정 구역을 의미
② 왕권의 미약
　㉠ 가(加)들이 왕을 추대
　㉡ 수해나 한해로 오곡이 잘 익지 않으면 왕에게 책임을 묻기도 함
③ 중국과 연결하여 고구려 견제

(5) 발전과 멸망
① 발전
　㉠ 1세기 초 왕호를 사용
　㉡ 중국과 외교관계를 맺는 등 발전된 국가의 모습을 보여줌
② 멸망
　㉠ 3세기 후반 선비족의 침략을 받아 크게 쇠퇴
　㉡ 5세기 후반 고구려 문자명왕에 의해 멸망(494)

(6) 사회 구조
① 지배 계급 : 왕·제가·관리 및 호민 등 존재
② 피지배 계급 : 양인 농민인 하호, 천민으로 노비 등 존재

(7) 법률
① 성격
　㉠ 남의 물건을 훔칠 경우 12배로 배상하게 하는 1책 12법이 존재
　㉡ 현재는 4조목만 전해짐
② 특징 : 지배 계급이 자신의 특권을 유지하기 위한 목적으로 실시

여러 나라의 성장

(8) 풍속
- ① 매장 풍습
  - ㉠ 왕이 죽으면 많은 사람들을 껴묻거리와 함께 묻는 순장의 풍습이 존재(5개월장)
  - ㉡ 부패를 막기 위해 얼음을 사용

> **+ 부여의 순장** · 한능검(韓能檢) 출제 자료
> 여름에 사람이 죽으면 모두 얼음을 넣어 장사지내며, 사람을 죽여서 순장을 하는데 많을 때는 백 명가량이나 된다. 장사를 후하게 지내는데, 곽은 사용하나 관은 사용하지 않는다. — 『삼국지』 위서 동이전 —

- ② 우제점법 : 소를 죽여 그 굽으로 길흉을 예견
- ③ 형사취수제
  - ㉠ 형이 죽으면 동생이 형수를 아내로 맞는 풍습
  - ㉡ 당시 부여 사회에서 친족집단의 공동체적 성격이 강하게 유지되고 있음을 반영
- ④ 영고 : 12월에 거행된 제천 행사로 수렵 사회의 전통을 보여줌
- ⑤ 역법 : 중국 한나라의 역법인 은력을 사용
- ⑥ 가부장적 가족제도
  - ㉠ 남녀가 간음을 하거나 부인이 질투를 하면 모두 죽임
  - ㉡ 부인의 투기를 한 경우에는 죽인 뒤 시체를 산 위에 버리는데 여인의 친정에서 딸의 시체를 거두어 가려면 남자 집에 소와 말을 보내야 가능했음
- ⑦ 기타
  - ㉠ 흰옷을 즐겨 입음
  - ㉡ 여름에 사람이 죽으면 모두 얼음을 넣어 장사를 지냄
  - ㉢ 다른 나라보다 순장의 규모가 컸음
  - ㉣ 장사를 후하게 지내는데 곽은 사용하나 관은 사용하지 않음

> **+ 중국이 바라본 부여** · 한능검(韓能檢) 출제 자료
> 부여에는 구릉과 넓은 못이 많아서 동이(東夷) 지역 가운데서 가장 넓고 평탄한 곳이다. 토질은 오곡을 가꾸기에는 알맞지만 다섯 과일은 생산되지 않았다. 사람들 체격이 매우 크고 성품이 강직 용맹하며 근엄하고 후덕하여 다른 나라를 쳐들어가거나 노략질하지 않았다. — 『삼국지』 위서 동이전 —

2 고구려

(1) 건국
- ① 주몽은 부여의 지배 계급 내의 분열과 대립 과정에서 박해를 피해 남하
- ② 남쪽 졸본에 정착한 주몽은 기원전 37년 고구려를 건국

> **+ 고구려 건국 이야기** · 한능검(韓能檢) 출제 자료
> 시조 동명성왕은 성이 고 씨이며 이름은 주몽이다. …… 동부여의 금와왕이 태백산 남쪽 우발수에서 한 여자를 만나게 되어 물은즉, 하백의 딸 유화라 하는지라 …… 금와왕이 이상히 여겨 그녀를 방에 가두어 두었는데 햇빛이 따라와 비추었다. 그녀는 몸을 피하였으나, 햇빛이 따라와 기어이 그녀를 비추었다. 이로 인하여 그녀는 잉태하게 되었고, 마침내 알 하나를 낳았다. …… 한 사내아이가 껍데기를 깨고 나왔다. 기골과 모양이 뛰어나고 기이했다. 일곱 살에 의연함이 더하였고, 스스로 활을 만들어 쏘는데 백발백중이었다. 부여의 속어에 활 잘 쏘는 것을 주몽이라 하니 이로써 이름을 삼았다. …… 주몽의 어머니가 비밀을 알고 아들에게, "장차 이 나라 사람들이 너를 죽이고자 하니 너의 재간으로 어디 간들 못 살겠느냐? 지체하다가 욕을 당하지 말고 멀리 도망하여 큰일을 이루어야 한다"라고 타일렀다. 주몽은 그를 따르는 오이, 마리, 협부 등 세 사람과 함께 도망하여 엄사수 강가에 이르렀

다. 그러나 다리가 없어 강을 건널 수 없었고, 추격병이 뒤따라오고 있었다. 주몽이 강물에 고하여, "나는 천제의 아들이고 하백의 외손이다. 오늘 도망하여 여기까지 왔으나 추격병이 쫓아오고 있다. 어떻게 하면 좋겠는가?"라고 외치자, 물고기와 자라가 떠올라 다리를 만들어 주니 주몽이 강을 건널 수 있었다. …… 졸본천으로 갔다. 그곳 땅이 기름지고 아름다우며 산천이 험하였다. 마침내 이곳에 도읍하기로 하였다. …… 나라 이름을 고구려라 하고, 고를 그의 성씨로 삼았다.
　　　　　　　　　　　　　　　　　　　　　　　　　　　　　　　　　－『삼국사기』 －

(2) 위치
① 동가강 유역의 졸본(환인) 지역에서 건국(기원전 37)
② 큰 산과 깊은 계곡의 산악 지대로 농토가 부족, 약탈 경제(부경)가 발달

(3) 정치 구조
① 5부족 연맹체
　㉠ 소노부·계루부·절노부·순노부·관노부 등 5부족
　㉡ 한의 군현을 공략하고 요동으로 진출,
　㉢ 옥저를 정복하여 공물을 수취
② 관직
　㉠ 왕 아래 상가, 대로, 패자 등의 독립적인 족장인 대가 들이 존재
　㉡ 군장인 대가 아래에는 사자, 조의, 선인 등의 관리가 존재
③ 제가회의(귀족회의)
　㉠ 대가들의 대표 회의로 왕을 선출
　㉡ 중대한 범죄자는 사형에 처하고, 그 가족을 노비로 삼는 등 중대사를 결정

(4) 사회 구조
① 지배 계급
　㉠ 왕족과 각 부의 대가들이 좌식 계급으로 부를 독점
　㉡ 자신의 집에 부경이라는 개인 창고를 소유
② 피지배 계급 : 하호와 노비 등 존재

(5) 풍속
① 동맹(10월)
　㉠ 농경 사회의 축제로 가을인 10월에 거행
　㉡ 더불어 왕과 신하들이 국동대혈에서 함께 제사를 지냄

+ 동맹　　　　　　　　　　　　　　　　　　한능검(韓能檢) 출제 자료
……10월에 하늘에 제사지내는 나라 안의 큰 모임을 동맹(東盟)이라고 부른다. …… 그 나라 동쪽에 큰 동굴이 있어 수혈(隧穴)이라고 부른다. 10월의 나라 안 큰 모임 때 수신(隧神)을 맞이해 나라 동쪽 (강)가로 모시고 제사 지내는데, 신의 자리에 나무 수신(隧神)을 둔다.
　　　　　　　　　　　　　　　　　　　　　　　　－『삼국지』 위서 동이전 －

② 서옥제 : 어린 신랑이 혼인을 정한 뒤 신부 집의 뒤꼍에 조그만 집을 짓고 거기서 자식을 낳고 장성하면 아내를 데리고 신랑 집으로 돌아가는 풍습
③ 조상신 숭배
　㉠ 주몽과 그의 어머니인 유화부인에 대한 제사를 국가적 행사 지냄
　㉡ 종묘와 사직에서 제사를 거행
　㉢ 영성 제사

④ 1책 12법 : 중대 범죄자의 가족을 노비로 삼는 연좌제가 적용되기도 함
⑤ 형사취수제
   ㉠ 고구려 사회에서도 부여와 마찬가지로 형이 죽으면 형수를 동생이 취하여 아내로 삼는 풍습이 존재
   ㉡ 3세기 동천왕 때를 기점으로 점차 소멸
⑥ 장례
   ㉠ 장례를 성대하게 지내어 금·은의 재물을 모두 소비(후장)
   ㉡ 장례가 끝난 후 모인 사람들이 각자 재물을 나누어 가짐

> **중국이 바라본 고구려** _{한능검(韓能檢) 출제 자료}
>
> 큰 산과 깊은 골짜기가 많고 평원과 연못이 없어서 계곡을 따라 살며 골짜기 물을 식수로 마셨다. …… 좋은 밭이 없어서 힘들여 일구어도 배를 채우기는 부족하였다. ……사람들의 성품은 흉악하고 포악하여 노략질하기를 좋아하였다.
> — 『삼국사기』 —

3 옥저와 동예

(1) 위치
① 함경도 및 강원도 북부의 동해안 지방에 위치
② 지리 상 한쪽에 치우친 탓에 선진문화의 수용 늦고 폐쇄적이었음

(2) 정치 구조
① 고구려의 압박으로 인해 크게 성장하지 못함
② 왕이 없는 군장국가로서 각 읍락을 읍군·삼로라 불리는 군장이 다스림
③ 연맹국가의 단계로 발전하지 못함

(3) 옥저(함흥평야)
① 경제
   ㉠ 함흥평야 일대에 위치한 옥저는 토지가 비옥
   ㉡ 어물, 소금 등 해산물이 풍부
   ㉢ 고구려에 소금, 어물을 공납으로 바침
② 풍속
   ㉠ 민며느리제 : 여자가 어렸을 때 남자의 집에 가서 성인이 되면 친가에 돌아와 있다가 남자 측에서 대가를 지불한 후 시집을 가는 풍습으로 일종의 매매혼의 성격을 가짐
   ㉡ 골장제(세골장) : 가족이 죽으면 시체를 가매장하였다가 나중에 그 뼈를 추려서 가족 공동무덤인 목곽에 안치하였으며, 죽은 자의 양식으로 쌀을 담은 항아리를 매달아 놓기도 함

(4) 동예(강원도 북단과 영흥·안변 일대)
① 경제
   ㉠ 토지가 비옥하고 해산물이 풍부하여 농경·어로 등 경제생활이 윤택
   ㉡ 누에를 쳐서 짠 명주와 삼베를 생산하는 방직 기술이 발달

ⓒ 특산물로는 단궁·반어피·과하마 등이 유명
② 풍속
ⓐ 제천행사 : 매년 10월에 무천이라는 제천 행사를 거행
ⓑ 씨족 사회의 유풍
  ⓐ 족외혼을 엄격하게 존재
  ⓑ 책화가 있어 다른 부족의 생활권을 침범하면 노비와 소나 말로 변상
ⓒ 제사 : 동예는 호랑이를 신으로 여겨 제사를 지냄
③ 집터 : 철(凸)자형과 여(呂)자형 집터가 존재

> **동예의 풍습** 한능검(韓能檢) 출제 자료
>
> 동예는 대군장이 없고 한 대 이후로 후, 읍군(邑君), 삼로(三老) 등의 관직이 있어서 하호(下戶)를 통치하였다. 그 나라의 풍속은 산천(山川)을 중요시하여 산과 내마다 각기 구분이 있어 함부로 들어가지 않는다. 동성(同姓)끼리는 결혼하지 않는다. 꺼리는 것이 많아서 병을 앓거나 사람이 죽으면 옛 집을 버리고 곧 다시 새 집을 지어 산다. 삼베가 산출되며 누에를 쳐서 옷감을 만든다. 새벽에 별자리의 움직임을 관찰하여 그해의 풍흉을 미리 안다. 주옥(珠玉)은 보물로 여기지 않는다.
> — 『삼국지』 위서 동이전 —

○ 여(呂)자형 집터

○ 철(凸)자형 집터

4 삼한

(1) 성립
① 마한
  ⓐ 천안, 익산, 나주 지역을 중심으로 하여 경기, 충청, 전라도 지방에서 발전
  ⓑ 54개국의 소국으로 구성
② 변한·진한
  ⓐ 변한 : 김해, 마산을 중심으로 발전, 12개의 소국으로 구성
  ⓑ 진한 : 대구, 경주 지역을 중심으로 발전, 12개의 소국으로 구성

(2) 정치 구조
① 주도 세력
  ⓐ 마한 내의 목지국 지배자가 진왕 또는 마한왕으로 추대되어 삼한을 주도
  ⓑ 마한 목지국은 처음에 안 지역을 중심으로 발달 후에는 익산 지역을 중심으로 발달
  ⓒ 백제 근초고왕이 마한을 병합하는 4세기 후반까지는 존속, 그 이후에는 백제에 흡수
② 군장 : 삼한의 지배자로는 군장인 신지·번예·험측·살해·읍차 등이 존재
③ 제정 분리
  ⓐ 제사장인 천군과 신성 지역인 소도가 존재
  ⓑ 소도는 군장의 세력이 미치지 못하는 지역

(3) 경제와 산업
① 수전 농업의 발달
  ⓐ 농경의 발달 : 괭이·보습·호미 등 철제농기구의 사용으로 농경이 발달, 벼농사가 널리 행해짐

ⓛ 저수지 : 벼농사의 보급으로 김제 벽골제·제천 의림지 등 저수지가 많이 만들어짐
② 철의 생산
㉠ 변한은 철의 생산이 활발하여 낙랑·왜 등에 수출
㉡ 철은 교역에서 화폐처럼 사용
㉢ 마산 성산동(성산 패총)·진해 등지에서 야철지가 발견

(4) 풍속
① 제천 행사 : 5월 수릿날(단오의 기원) · 10월 계절제(상달제의 기원)
② 두레 : 원시공동체적 전통을 보여주는 두레 조직이 존재
③ 편두 : 변한에서 주로 행해졌으며 돌로 머리의 모양을 변하게 하는 풍습

(5) 거주지와 무덤
① 거주지 : 초가지붕의 반움집(토실, 마한)과 통나무로 만든 귀틀집을 지음
② 무덤
㉠ 철기 시대의 널무덤(토광묘)과 독무덤(옹관묘)이 유행
㉡ 마한에서는 주구묘가 존재

(6) 철기 시대 후기의 문화 발전
① 백제의 성장 : 한강 유역에서 성장하면서 마한 지역을 통합하기 시작
② 가야 연맹체와 신라의 기틀 마련
㉠ 낙동강 유역에서는 구야국이 등장
㉡ 동쪽에는 사로국이 성장하여 중앙 집권 국가의 기반을 마련

(7) 장식
① 마한 사람들은 구슬을 귀하여 여러 옷에 꿰매어 장식하기도 하고 목이나 귀에 달기도 함
② 왜(倭)와 가까운 마한과 변한 지역의 남녀는 문신(文身)을 함

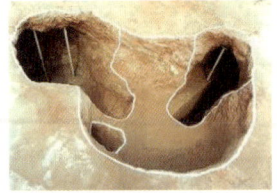
◎ 마한의 토실

◎ 마한의 주구묘

삼한의 풍습

거처는 초가(草家)에 토실(土室)을 만들어 사는데, 그 모양은 마치 무덤과 같았으며, 그 문은 윗부분에 있다. 온 집안 식구가 그 속에 함께 살며, 장유(長幼)와 남녀의 분별이 없다. 그들의 장례에는 관(棺)은 있으나 곽(槨)은 사용하지 않는다. 소나 말을 탈 줄 모르기 때문에 소나 말은 모두 장례용으로 써버린다. 구슬을 귀하게 여겨 옷에 꿰매어 장식하기도 하고 목이나 귀에 달기도 하지만, 금·은과 비단은 보배로 여기지 않는다. …… 그 사람들의 성질은 굳세고 용감하다. 머리칼을 틀어 묶고 상투를 드러내는데 마치 날카로운 병기(兵器)와 같다. 베로 만든 도포를 입고 발에는 가죽신을 신고 다닌다. 그 나라 안에 무슨 일이 있거나 관가(官家)에서 성곽(城郭)을 쌓게 되면, 용감하고 건장한 젊은이는 모두 등의 가죽을 뚫고, 큰 밧줄로 그곳에 한 발[丈]쯤 되는 나무 막대를 매달고 온종일 소리를 지르며 일을 하는데, 아프게 여기지 않는다. 그렇게 작업하기를 권하며, 또 이를 강건한 것으로 여긴다.
— 『삼국지』 위서 동이전 —

MEMO

삼국과 남북국 시대의 통치구조와 정치

08 삼국의 항쟁과 발전
09 가야의 여러 나라
10 신라의 삼국 통일
11 남북국 시대의 정치 변화
12 삼국과 남북국 시대의 통치 체제

08 삼국의 항쟁과 발전

1 중앙 집권적 고대 국가 형성

(1) 영토 확장
① 철제 농기구의 사용으로 심경과 경작지의 확대로 농업 생산력이 발전함
② 철제 무기로 우세한 세력이 약소한 집단을 아우르면서 보다 큰 세력으로 성장

(2) 왕위 부자 상속(세습)
① 왕은 자신의 지배력을 강화하는 과정에서 왕위 세습을 확립
② 일반적으로는 형제 상속에서 부자상속제로 변화

(3) 율령·행정·관등 조직의 정비
① 율령의 반포로 전체적이고 통일적인 통치 규범 확립
② 관등제를 실시하여 국가의 기틀 마련

(4) 군장의 귀족 및 관료화
① 부족제를 해체하여 족장 세력을 약화 시키고 관료화로 전환
② 부족 세력을 중앙 귀족층으로 흡수하여 중앙 집권 체제 형성

(5) 불교의 수용
① 시조신 숭배를 통해 국가의 권위를 높이려 함
② 불교를 수용하여 안정적인 사상과 호국적인 종교 체계를 구축

2 각국의 중앙 집권 체제 형성기

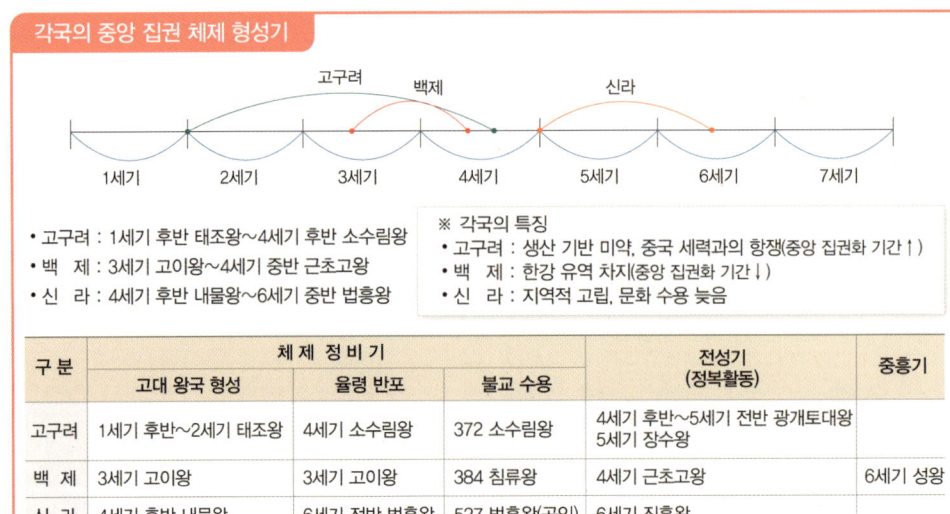

구분	체제 정비기			전성기 (정복활동)	중흥기
	고대 왕국 형성	율령 반포	불교 수용		
고구려	1세기 후반~2세기 태조왕	4세기 소수림왕	372 소수림왕	4세기 후반~5세기 전반 광개토대왕 5세기 장수왕	
백제	3세기 고이왕	3세기 고이왕	384 침류왕	4세기 근초고왕	6세기 성왕
신라	4세기 후반 내물왕	6세기 전반 법흥왕	527 법흥왕(공인)	6세기 진흥왕	

3 삼국의 성립과 발전

구분	고구려	백제	신라	가야
건국	[주몽] • 기원전 37년 졸본(환인)에서 건국 • 유이민 중심(부여 계통) [유리왕] • 국내성 천도	[온조왕] • 기원전 18년 위례성에서 건국 • 유이민 중심(고구려 계통)	[박혁거세] • 기원전 57년에 서라벌에서 건국 • 토착민 중심(중앙 집권화 늦음)	• 낙동강 하류 변한에서 시작 • 12가야로 발전 • 철기 문화 발전 • 농업 생산력 증대 • 중앙 집권 국가로 발전하지 못함

1세기말 ~ 2세기	[태조왕]
	• 활발한 정복활동
	• 동옥저 복속
	• 계루부(고씨) 왕위세습
	[고국천왕]
	• 행정적 5부 개편
	• 왕위 부자 상속
	• 국상 을파소 등용
	• 진대법 실시
			• 주요 집단의 독자적 세력 기반 유지
			• 박·석·김씨 교대로 왕위 차지
			• 왕호 변천
			  [거서간]: 신령한 대인
			        |
			  [차차웅]: 제사장
			        |
			  [이사금]: 연장자
			        |
			  [마립간]: 대수장	

3세기	[동천왕] • 서안평 공격 → 위의 역습 • 오와 통교	[고이왕] • 왕위 형제 상속 • 한강유역 장악 • 중국 문물 수용 • 관등제 정비(율령) - 6좌평/16관등 • 공복제 도입(자·비·청) • 남당 설치 • 범장지법 [책계왕], [분서왕] • 한 군현과의 항쟁에서 사망		[전기 가야 연맹] • 3세기 김해 금관가야 중심 • 김수로왕 건국 • 농경문화 발달 • 철 생산 (낙랑과 규슈) • 중개무역 • 백제와 신라의 팽창으로 약화 (4세기) • 광개토대왕의 신라 구원 때 약화(4세기 후반)
4세기	[미천왕] • 낙랑 축출(5호16국 혼란기, 313) • 대방 축출(314) [고국원왕] • 전연의 침입 • 백제 근초고왕의 침입(전사) [소수림왕] • 율령 반포 • 불교 수용(372) - 전진 • 태학 설립(372) • 전진과 수교	[근초고왕] • 왕위 부자 상속 • 마한 정복(남해안) • 고구려와 대결(고국원왕) • 가야에 지배권 행사 • 일본에 칠지도 하사 • 일본에 유교문화 전파 (아직기와 왕인) • 요서, 산동, 규슈 진출 [침류왕] • 불교 수용(384) - 동진	[내물 마립간] • 광개토대왕의 지원으로 왜구 격퇴 • 고구려군 신라 주둔 • 낙동강 동안 지역 영향 확대 • 고구려의 영향(호우명 그릇) • 김씨 왕위세습권 확립 • 마립간(대수장) 칭호	

구분		고구려	백제	신라	가야

5세기	삼국항쟁1기 - 고구려의 전성기	[광개토대왕]
		• 영락 연호
		• 백제 공격(한강 유역 북부)
		• 백제의 항복(아신왕)
		• 신라에 침입한 왜구 격퇴(한반도 남부에 영향력)
		• 만주 지역에 대규모 정복 사업
		[장수왕]
		• 동북아시아 대제국건설 (흥안령 초원지대 장악)
		• 남북조 견제
		• 중국과 대등한 지위
		• 남진정책
		  - 평양 천도(427)
		  - 한강유역 점령(475)(죽령~남양만 이북 확보 - 충주 고구려비)
		[문자명왕]
		• 최대 영토(부여 완전 정복)
			[비유왕]
			• 나·제 동맹 결성
			
			[개로왕]
			• 북위에 국서 보냄
			• 한강유역 빼앗김(전사)
			
			[문주왕]
			• 웅진 천도
			• 대외팽창 위축
			• 무역활동 침체
			• 왕권 약화, 귀족세력의 국정장악
				나·제 동맹 433
				
				[눌지 마립간]
				• 고구려 간섭배제
				• 나·제 동맹 결성
				• 왕위 부자 상속
				
				[자비 마립간]
				• 수도 정비(방리명 확정)
				• 백제 개로왕 구원 실패
					[후기 가야 연맹]
					• 5세기 후반 고령 대가야 중심
					• 이진아시왕 건국

6세기	삼국항쟁2기	[안장왕] • 정치적 혼란(왕권 약화) • 귀족 연합정치(대대로) [양원왕] • 백제와 신라에게 한강유역 빼앗김 [평원왕] • 남진 정책 재개 [영양왕] • 온달의 아단산성(한강 유역) 공격(590)	중흥기 [동성왕] • 신라와 혼인 동맹 강화 (소지 마립간) • 탐라국 복속 • 북위 군대 격파 • 백가의 난 [무령왕] • 백가의 난 진압 • 지방에 22담로 설치(왕족 파견) • 중국 남조(양)과 교류(영동대장군 백제 사마왕) [성왕] • 사비 천도(538) • 남부여로 국호 변경 • 중앙(22부)·지방(5방) 정비 • 승려 겸익 등용(율종) • 일본에 불교 전파(노리사치계) • 중국 남조와 교류 • 신라 진흥왕과 한강 유역 탈환 • 진흥왕의 배신으로 한강 유역 빼앗김 • 관산성 전투에서 전사 • 나·제 동맹 결렬(553)	비약적 발전기 [소지 마립간] • 백제와 혼인 동맹(동성왕) • 관도와 우역 수리, 시사 설치 [지증왕] • 국호(사로국 → 신라) • 왕호(마립간 → 왕) • 수도와 지방행정 구역 정리 • 우경 실시 • 우산국 정복(울릉도) [법흥왕] • 율령 반포 • 병부 설치 • 공복 제정 • 불교 공인(이차돈 순교) • 독자적 연호 사용(건원) • 금관가야 정복 • 골품제 정비 • 상대등 설치 [진흥왕] • 화랑도 개편(국가적 조직) • 황룡사 창건 • 품주 설치 • 영토 확장 - 단양 적성비, 북한산비, 창녕비, 황초령비, 마운령비 • 대가야 정복 • 관산성 전투(성왕 전사, 김무력)	• 신라와 혼인 동맹 체결(이뇌왕-법흥왕) • 금관가야가 법흥왕에 의해 멸망 • 대가야가 진흥왕에 의해 멸망 **한강유역확보 의미** • 경제적 기반 강화 • 전략거점 확보 • 중국과 교섭 (당항성)

구분	고구려	백제	신라	가야
7세기	**[영양왕]** • 고구려의 요서 선제공격 • 수양제의 침입 • 을지문덕의 살수 대첩(612) **[영류왕]** • 당과 친선 관계 • 당으로부터 도교 수용 • 천리장성 축조 • 연개소문의 정변 **[보장왕]** • 당 태종의 침입(안시성 전투) • 연개소문 사후 내분 • 고구려 멸망(668) • 고구려 부흥 운동(한성과 오골성)	**[무왕]** • 신라 선화공주와 혼인 • 미륵사(익산)와 왕흥사(부여) 건립 • 익산 천도 계획 시도 • 쌍릉 **[의자왕]** • 해동증자(별칭) • 대야성 함락(윤충) • 당항성 공격 • 백제 멸망(660) • 부흥 운동(주류성과 임존성 등)	**[진평왕]** • 수와 통교(걸사표) • 승려 원광(세속 오계) **[선덕 여왕]** • 황룡사 9층 목탑 건립(자장 율사) • 첨성대와 분황사 건립 • 백제에 의해 대야성 함락 • 비담의 난 **[진덕 여왕]** • 관제 정비(품주 → 집사부) • 나·당 동맹 체결 • 태평송 • 당의 연호(영휘) 사용 **[태종 무열왕]** • 백제 정복(660) **[문무왕]** • 고구려 정복(668) • 고구려 부흥 운동 지원 (보덕국 설치) • 나·당 전쟁(매소성, 기벌포) • 삼국 통일 달성(676)	

(1) 고구려의 성립과 발전

① **동명성왕**(고구려 초대 왕, 기원전 58~기원전 19)
  ㉠ 고구려 건국 : 부여에서 이동해온 주몽은 소서노의 도움을 받아 졸본에 도읍을 정하고 기원전 37년 고구려를 건국
  ㉡ 대외 관계 : 기원전 28년 북옥저를 멸망시킴

② **유리왕**(기원전 19~서기 18) : 기원전~1세기
  ㉠ 가계 : 주몽의 아들로 고구려 세력의 정착과 발전에 기여
  ㉡ 천도 : 서기 3년 도읍을 졸본에서 국내성으로 천도

③ **태조왕**(53~146) : 1세기~2세기
  ㉠ 계루부 왕위 계승 : 계루부에 의한 왕위 계승을 확립(형제상속)
  ㉡ 중앙 집권적 체제 정비 : 동옥저를 정복, 마한·예맥과 함께 현도군·요동군 공격

④ **고국천왕**(179~197) : 2세기 후반
  ㉠ 을파소의 국상 등용 : 을파소를 국상에 임명, 왕위 계승권을 형제 상속제에서 부자 상속제로 확립
  ㉡ 행정 개편 : 부족적 5부제를 행정적 5부로 개편
  ㉢ 진대법 실시 : 춘대추납의 진대법을 실시해 궁핍한 농민들에 대한 구휼책을 마련

> **➕ 진대법**
> 왕이 길에 앉아서 울고 있는 자를 보고, "어찌하여 우는가"하고 물었다. 대답하기를 "신은 매우 가난하여 늘 품팔이를 하여 어머니를 부양하여 모셔 왔는데 올해는 곡식이 자라지 않아 품팔이할 곳이 없고, 한 되 한 말의 곡식도 얻을 수 없어 이 때문에 울고 있습니다. 라고 하였다. 이에 …… 담당 관청에 명하여 매년 봄 3월부터 가을 7월까지, 관의 곡식을 내어 집안 식구의 많고 적음에 따라 차등 있게 곡식을 꿔 주도록 하고, 겨울 10월에 이르러 갚게 하는 것을 법식으로 삼았다.
> — 『삼국사기』 —

⑤ 동천왕(227~248) : 3세기
  ㉠ 수도 천도 : 위의 서안평을 선제공격 하였으나 위장 관구검의 역습을 받아 환도성 함락 후 동황성(평양 부근)으로 일시 천도함
  ㉡ 신라와의 관계 : 신라와 화친 관계를 수립
⑥ 미천왕(300~331) : 4세기 전반
  ㉠ 영토 확장 : 낙랑군과 대방군을 병합하여 고조선의 옛 영역을 회복
  ㉡ 의미 : 한반도에서 중국 세력을 축출
⑦ 고국원왕(331~371) : 4세기 중반
  ㉠ 전연의 침입 : 전연 모용황의 침략으로 수도가 함락
  ㉡ 백제의 침입 : 백제를 침공했으나, 뒤에 근초고왕의 침입으로 평양성에서 싸우다 전사

> **고국원왕의 전사** — 한능검(韓能檢) 출제 자료
> 겨울 10월에 백제 왕(근초고왕)이 병력 3만을 거느리고 평양성을 공격해 왔다. 고구려 왕 사유(고국원왕)가 군대를 내어 막다가 흐르는 화살에 맞아 이달 23일 서거하였다. 고국(故國)의 들에 장사지냈다. -『삼국사기』-

⑧ 소수림왕(371~384) 4세기 후반
  ㉠ 전진과 수교 : 전연이 멸망한 뒤 북중국의 패자로 등장한 전진과 우호 관계를 유지
  ㉡ 불교 수용 : 전진에서 외교 사절과 함께 온 승려 순도를 통해 불교 수용
  ㉢ 태학 설립 : 유교 교육 기관인 태학을 설립해 유교 이념의 확대를 도모
  ㉣ 율령 반포 : 율령을 반포하여 일원적인 공법체계로 구성함으로 중앙 집권적 체제 확립

> **소수림왕의 업적** — 한능검(韓能檢) 출제 자료
> 전진 왕 부견이 사신과 승려 순도를 보내 불상과 경전을 보내왔다. 왕이 사신을 보내 사례하고 방물(方物)을 바쳤다. 태학을 세우고 자제를 교육시켰다. -『삼국사기』-

광개토대왕릉비

충주 고구려비

⑨ 광개토대왕(391~413) : 4세기 후반~5세기 전반
  ㉠ 즉위 : 본명은 담덕으로 우리나라에서 최초의 연호인 영락을 사용
  ㉡ 백제와 관계 : 백제의 수곡성 등을 함락하고 백제 아신왕의 항복을 받음
  ㉢ 신라에 침입한 왜구 격퇴 : 왜구가 침입한 신라를 구원하여 한반도 남부까지 영향력 확대
  ㉣ 만주 지방에 대한 대규모 정복 사업 : 후연을 공격, 고구려의 영역을 크게 팽창
⑩ 장수왕(413~491) : 5세기
  ㉠ 남진 정책 : 국내성에서 평양성으로 천도를 단행(427) 한 뒤 백제의 수도 한성을 함락(475) 시키고 개로왕을 전사시킴 → 중원 고구려비(충주 고구려비) 건립
  ㉡ 중국과 외교 관계 : 남북조와 각각 교류하며 중국을 견제
  ㉢ 북위와의 관계 : 북위와 적대 관계에 있는 유목민족 유연과도 통교, 흥안령 일대에 거주하던 지두우족의 분할 점령을 시도

❶ 5세기 고구려의 전성기

        ⓜ 영토 확장 : 동아시아 대제국 건설(흥안령 초원지대 장악), 죽령에서 남양만 이북을 확보
        ⓑ 경당 설립 : 지방에 설치된 사립 교육 기관으로 무술 교육을 실시

> ✚ **충주 고구려비**　　　　　　　　　　　　　　　　　　　　　　한능검(韓能檢) 출제 자료
>
> 5월에 고려대왕(高麗大王)의 상왕공(相王公)과 …… 신라 매금✚(寐錦)은 세세(世世)토록 형제같이 지내기를 원하여 서로 천도(天道)를 지키기 위해 동으로 (왔다). 매금(寐錦) 기(忌), 태자(太子) 공(共), 전부(前部) 대사자(大使者) 다우환노(多亏桓奴), 주부(主簿) 도덕(道德) 등 ……로 가서 궤영(跪營)에 이르렀다. 태자(太子) 공(共) …… 상(尙) …… 상공착(上共看) 명령하여 태적추(太翟鄒)를 내리고 …… 매금(寐錦)의 의복(衣服)을 내리고 건립처(建立處)에 사용할 것을 내렸다. 따르는 자 …… 노객인(奴客人) …… 제위(諸位)에게 교(敎)를 내리고 여러 사람에게 의복을 주는 교(敎)를 내렸다. 동이(東夷) 매금(寐錦)이 늦게 돌아와 매금(寐錦) 국토 내의 제중인(諸衆人)에게 절교사(節敎賜)를 내렸다. (태자 공(共)이) 고구려 국토 내의 대위(大位) 제위(諸位) 상하에게 의복과 수교(受敎)를 궤영에서 내렸다. 12월 23일 갑인에 동이(東夷) 매금(寐錦)의 상하가 우벌성(于伐城)에 와서 교(敎)를 내렸다. 전부 대사자 다우환노와 주부 도덕이 국경 근처에서 300명을 모았다. 신라토내당주(新羅土內幢主) 하부(下部) 발위사자(拔位使者) 보노(補奴) ……와 개로(盖盧)가 공히 신라 영토 내의 주민을 모아서 ……로 움직였다.

   ⑪ 문자명왕(491~519) : 5세기 후반~6세기 전반
       ㉠ 부여 복속 : 물길족에게 멸망당한 부여의 왕과 그 일족의 투항을 수용(고구려 최대의 영토 확보)
       ㉡ 백제와 신라를 침공 : 신라와 백제를 공격하였으나 나·제 동맹의 연합 작전으로 큰 성과를 거두지는 못함
   ⑫ 영양왕(590~618) : 6세기 후반~7세기 전반
       ㉠ 국내 정치 : 수의 1차 침입 격퇴 이후 이문진이 역사서인 『유기』 100권을 정리하여 『신집』을 저술
       ㉡ 수와의 전쟁 : 요서 지역에 대한 선제공격 이후 4차례에 걸친 여·수 전쟁을 통해 민족의 방파제 역할을 수행
       ㉢ 신라와의 관계 : 영양왕이 즉위한 뒤 빼앗긴 한강 유역 탈환을 위해 온달이 아단성을 공격하였으나 실패
       ㉣ 일본과의 관계 : 혜자(쇼토쿠 태자의 스승)와 담징이 일본에 건너가 고구려 문화를 전파
   ⑬ 영류왕(618~642) : 7세기
       ㉠ 당과의 관계 : 수나라 멸망 이후 당나라가 건국되자 우호 관계를 맺기 위해 노력하였고, 수나라의 포로 1만여 명을 송환하고 도교를 수용
       ㉡ 천리장성 축조 : 비사성에서 부여성에 이르는 천리장성을 축조
       ㉢ 연개소문의 정변 : 영류왕은 연개소문을 견제하기 위해 천리장성의 수축을 담당하게 하였고 그 뒤 정변을 일으킨 연개소문에 의해 시해
   ⑭ 보장왕(642~668) : 7세기 중후반
       ㉠ 당과의 전쟁 : 당 태종은 10만 대군을 동원하여 수륙 양면으로 침공하였으나 안시성 전투에서 패퇴(645)
       ㉡ 멸망 : 연개소문의 사망 이후 남생, 남건 등 아들들의 내분과 나·당 연합군의 공격으로 평양성이 함락(668)되면서 고구려 멸망

(2) **백제의 성립과 발전**
   ① 온조왕(기원전 18~서기 28) : 기원전~1세기
       ㉠ 건국 : 온조는 하남 위례성에 도읍을 정한 뒤 국호를 십제라 함
       ㉡ 가계 : 주몽의 아들이며 형은 비류였으며 십제를 세운 뒤 비류 세력을 흡수하여 백제를 건국

✚ **매금**
신라 상대의 신라 왕을 지칭하던 용어로 주로 고구려 금석문 자료에 집중적으로 나타난다. 이는 당시 고구려에 의존적이었던 신라 왕을 고구려가 낮추어 부른 것으로 짐작된다. 매금의 의미가 이사금이라는 설과 마립간이라는 설이 양분 하지만 공통적으로 군장을 의미한다고 본다.

② 고이왕(234~286) : 3세기
  ㉠ 좌장을 설치 : 내외 병마권을 장악
  ㉡ 관등제 설치 : 관등제를 마련하여 6좌평·16관등제 실시
  ㉢ 범장지법 제정 : 관리들의 뇌물 수수를 금지하는 범장지법 제정
  ㉣ 귀족 회의체 : 남당을 설치하여 국정 운영을 담당하게 함
  ㉤ 왕권 강화 : 형제 상속의 왕위 세습 확립
  ㉥ 관복 제정 : 자·비·청의 3색 관복제 도입
③ 근초고왕(346~375) : 4세기
  ㉠ 마한 정복(전라도 및 남해안 차지) : 마한의 잔여 세력을 복속시킴으로 전라도 지역을 확보
  ㉡ 가야 복속 : 낙동강 유역의 가야에 지배권을 행사하여 한반도 남부의 주도권 장악
  ㉢ 고구려와 전쟁 : 황해도 지역을 놓고 고구려와 대결하여 고국원왕을 전사
  ㉣ 해외 진출
    ⓐ 중국의 요서와 산둥 지방 그리고 일본의 규슈 지방에 진출
    ⓑ 왕인과 아직기를 보내 『천자문』과 『논어』 등 유교 문화 전파
  ㉤ 왕권 강화 : 왕위의 부자 상속제 확립
  ㉥ 역사서 편찬 : 고흥이 역사서인 『서기』 편찬
  ㉦ 대외 관계 : 중국의 동진 외교 관계를 수립(진동장군영낙태수)
④ 침류왕(384~385) : 4세기 후반
  ㉠ 동진과 수교 강화
  ㉡ 동진에서 인도의 승려 마라난타로부터 불교 수용(384)
⑤ 아신왕(392~405) : 4세기 후반~5세기 전반
  ㉠ 즉위 : 왕위 계승 분쟁에서 진사왕을 제거하고 왕위 즉위
  ㉡ 대외 관계 : 고구려의 대대적인 침공으로 광개토대왕에게 복속(395)되었고 왜와 동맹 체결
⑥ 비유왕(427~455) : 5세기
  ㉠ 신라와 동맹 : 신라의 눌지마립간과 나·제 동맹 체결(433)
  ㉡ 대외 관계 : 중국 남조의 송과 왜와의 동맹을 강화
⑦ 개로왕(455~475) : 5세기 중후반
  ㉠ 국내 정치 : 기존 귀족 세력을 배제하고 왕족을 중용하여 왕권 강화 시도
  ㉡ 대외 관계 : 고구려를 견제하고자 북위와의 연맹을 모색하였으나 실패 후 장수왕의 침략으로 수도 한성 함락
⑧ 문주왕(475~477) : 5세기 후반
  ㉠ 웅진 천도 : 대외 팽창 위축, 정치적 혼란으로 왕권 약화, 귀족이 국정을 장악
  ㉡ 국내 정치 : 귀족 세력의 강화로 병관좌평 해구의 자객에 의하여 피살
⑨ 동성왕(479~501) 5세기 후반
  ㉠ 나·제 동맹 강화 : 신라와 혼인 동맹을 맺어 신라의 이찬 비지의 딸을 왕비로 맞음
  ㉡ 요서 지역 방어 : 사법명·찬수류 등의 장군을 중국 요서 지역에 파견해 중국 북위 격파

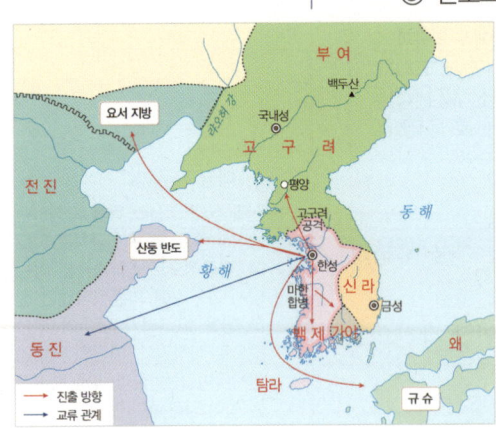
○ 4세기 백제의 전성기

○ 칠지도

ⓔ 수도 정비 : 국방력을 강화하기 위하여 나성을 축조
ⓜ 영토 확장 : 탐라국을 정복
ⓗ 국내 정치 : 신진 세력을 등용해 귀족 세력을 견제 시도하는 중에 백가의 난으로 피살

> **백제와 신라의 결혼 동맹**　　　　　　　　　　　　　　　　한능검(韓能檢) 출제 자료
>
> 15년(493) 봄 3월에 (동성)왕이 신라에 사신을 보내 혼인을 요청하니 신라 왕이 이찬 비지의 딸을 시집보냈다.
> 16년(494) 가을 7월에 고구려와 신라가 살수 벌판에서 싸웠는데 신라가 이기지 못하고 견아성으로 퇴각하여 방어하고 있다가 고구려 군사에 포위되었다. 왕이 군사 3천 명을 보내 구원하자 포위가 풀렸다.
> — 『삼국사기』 —

⑩ 무령왕(501~523) : 6세기 전반
　㉠ 국내 정치 : 동성왕을 죽인 백가를 제거하고 22담로제 시행(왕족 파견)
　㉡ 대외 관계
　　　ⓐ 고구려·말갈과의 전쟁에서 승리 중국 남조의 양(梁)과
　　　ⓑ 중국 남조의 양나라와 교류(영동대장군)
⑪ 성왕(523~554) : 6세기 중반
　㉠ 수도 천도 : 웅진에서 사비(부여)로 천도, 국호를 남부여로 개칭
　㉡ 관제 개혁
　　　ⓐ 중앙 관제를 22부로 정비
　　　ⓑ 왕도의 통치 조직으로 수도를 상부·전부·중부·하부·후부의 5부로 구획
　　　ⓒ 지방 행정 구역으로 5방제로 정비
　㉢ 불교 교단 정비 : 승려 겸익을 장려하여 율종을 강화
　㉣ 일본과의 관계 : 노리사치계 등을 일본에 파견하여 일본에 불교를 전파
　㉤ 대외 관계
　　　ⓐ 나·제 동맹을 강화하여 고구려의 남진 압력에 대항하여 고구려로부터 한강 유역을 일시 회복
　　　ⓑ 신라의 배신과 관산성 전투 : 신라의 한강 하류 공격으로 한강 유역을 상실하고 신라와 관산성 전투 중 매복에 빠져 전사(나·제 동맹의 결렬)
⑫ 무왕(600~641) : 7세기 전반
　㉠ 부여에 왕흥사를 완공
　㉡ 익산에 미륵사를 건립, 익산 천도 계획 시도
⑬ 의자왕(641~660) : 7세기 중반
　㉠ 가계와 즉위 : 무왕의 맏아들로 어머니는 신라의 선화공주, 해동증자라는 별칭이 있음
　㉡ 신라의 대야성 정벌 : 장군 윤충에게 신라의 대야성을 함락시킴(642)
　㉢ 당항성 공격 : 고구려와 연합해 신라의 당항성을 공격
　㉣ 내정의 타락과 국력의 쇠퇴 : 재위 후반에 사치스럽고 방탕한 생활로 지배 체제의 분열 초래
　㉤ 나·당 연합군의 진입과 멸망 : 황산벌 전투에서 계백에 활약하였으나 결국 신라군에 의해 방어선이 붕괴되어 사비성이 함락되고 백제 멸망(660)

(3) 신라의 성립과 발전

① 박혁거세 거서간(기원전 57~서기 4) : 기원전~1세기 전반
  ㉠ 성립 : 진한의 12국 중 하나인 사로국에서 출발
  ㉡ 구성 : 경주 지역의 토착민 집단과 북방에서 내려온 유이민 집단(박혁거세 세력)의 결합으로 건국(기원전 57)
② 왕호 변천 : 거서간(신령한 대인), 차차웅(제사장), 이사금(연장자), 마립간(대군장), 왕 순으로 변화
③ 내물 마립간(356~402) : 4세기 후반
  ㉠ 국내 정치 : 박·석·김의 세 성이 왕위를 교대로 계승하는 체제에서 김씨 왕위 세습을 확립함
  ㉡ 대외 관계 : 신라에 침입한 왜구를 격퇴하기 위해 고구려 광개토대왕에게 구원 요청(400)
④ 눌지 마립간(417~458) : 5세기 전반
  ㉠ 대외 관계 : 백제와 나·제 동맹을 체결(433)
  ㉡ 국내 정치 : 왕위 계승의 부자 상속제를 확립
⑤ 자비 마립간(458~479) : 5세기 중반
  ㉠ 수도 정비 : 수도인 경주를 지역적으로 구분해 방리명을 확정
  ㉡ 백제 구원 실패 : 백제 개로왕의 요청에 의해 지원군을 파견하였으나 실패
⑥ 소지 마립간(479~500) : 5세기 후반
  ㉠ 지방 통제력 강화 : 우역을 설치하고 관도를 수리
  ㉡ 시사 : 수도에 시사를 설치하여 물화를 유통
  ㉢ 대외 관계 : 백제 동성왕의 결혼 요청을 받아들여 이찬 비지의 딸을 시집보냄
⑦ 지증왕(500~514) : 6세기 전반
  ㉠ 국호 확정 : 사라·사로·신라로 혼용되던 국호를 신라로 확정
  ㉡ 왕호 지정 : 왕호를 마립간에서 중국식 칭호인 왕으로 바꿈
  ㉢ 지방 행정 개편 : 실직주를 설치(강원도 삼척)를 설치 이사부를 파견, 국내의 주·군·현 정비
  ㉣ 경제 정책 : 우경을 실시하여 농업 생산력의 증대 마련, 경주에 동시를 설치
  ㉤ 순장 금지 : 법제적으로 순장을 금지시킴
  ㉥ 우산국 복속 : 이사부로 하여금 우산국(울릉도)을 복속

신라 국호의 제정과 지방 제도 정비 — 한능검(韓能檢) 출제 자료

지증마립간 4년 10월에 여러 신하들이 아뢰기를, "시조가 창업한 이래로 나라 이름이 일정치 않아 어떤 이는 사라라 하고 어떤 이는 사로라 하고 어떤 이는 신라라 하였으나, 신들은 생각건대 '신(新)'은 덕업이 날로 새롭다는 뜻이요 '라(羅)'는 사방을 망라한다는 뜻이니, 이것으로 국호를 삼는 것이 좋을 듯합니다. 또 생각건대 예부터 국가가 있는 이는 모두 제나 왕을 칭하였는데 우리 시조가 건국한 지 지금 23대가 되었으나 단지 방언으로 칭하여 존호를 정하지 않았습니다. 지금 여러 신하들은 한 뜻으로 삼가 신라국왕이란 존호를 올립니다"라 하니 왕이 이에 따랐다. 6년 2월에 왕이 친히 국내에 주군현 제도를 정하고 실직주를 두어 이사부를 군주로 삼으니 군주란 이름이 여기서 시작되었다.

— 『삼국사기』 —

⑧ 법흥왕(514~540) : 6세기
  ㉠ 중앙 행정 : 병부를 설치하여 왕이 군사권을 장악
  ㉡ 율령 반포 : 율령을 반포하고 백관의 공복을 4색(자·비·청·황)으로 제정, 골품제 정비
  ㉢ 상대등 설치 : 상대등을 설치하여 귀족 회의의 주재자로 설치함으로서 왕권을 강화
  ㉣ 독자적 연호 사용 : 독자인 연호인 건원을 사용
  ㉤ 대외 관계 : 대가야의 이뇌왕과 결혼 동맹을 체결, 금관가야의 김구해가 항복을 함
  ㉥ 불교 공인 : 이차돈의 순교로 처음으로 불교를 공인(527)
⑨ 진흥왕(540~576) : 6세기 중반
  ㉠ 영토 확장 : 백제 성왕과 연합해 고구려의 한강 유역을 확보, 관산성 전투에서 승리
    ⓐ 단양 적성비(551) : 한강 상류 지역을 확보
    ⓑ 창녕비(561) : 비화가야(빛벌가야)를 멸망시키고 창녕비를 건립
    ⓒ 북한산비(568) : 백제의 한강 하류 지역을 차지
    ⓓ 황초령비와 마운령비(568) : 고구려를 공격하여 원산만 이북까지 진출
  ㉡ 화랑도의 정비 : 종래의 원화를 폐지하고 화랑도를 국가적 조직으로 개편
  ㉢ 불교 진흥 : 흥륜사와 황룡사를 완성하였으며 팔관회를 개최
  ㉣ 역사 편찬 : 거칠부로 하여금 『국사』 편찬
  ㉤ 중앙 관제 : 품주를 설치(진덕여왕 대 집사부로 개편)
  ㉥ 연호 제정 : 개국, 대창, 홍제 등 연호를 사용
⑩ 진평왕(579~632) : 6세기 후반~7세기 전반
  ㉠ 관제 정비 : 위화부, 조부, 예부 등을 설치
  ㉡ 수와 통교 : 승려 원광이 수나라에게 걸사표를 지음
  ㉢ 세속 오계 : 원광법사가 화랑도에게 내린 5가지 계율
⑪ 선덕 여왕(632~647) : 7세기 전반
  ㉠ 호국 불교의 발전 : 외환을 극복하기 위해 승려 자장의 건의로 따라 황룡사 9층 목탑을 건립, 분황사와 영묘사도 건립
  ㉡ 대야성 전투 : 백제 의자왕의 공격으로 대야성을 비롯한 서쪽의 40여성 함락
  ㉢ 대외 관계
    ⓐ 위기에 빠진 신라는 김춘추를 고구려에 보내 군사적 도움을 요청
    ⓑ 고구려는 한강 유역의 땅을 돌려줄 것을 요구 하며 신라의 요청을 거절
  ㉣ 비담·염종의 난 : 여왕 정권에 반대하며 상대등 비담 등이 반란을 일으킴
⑫ 진덕 여왕(647~654) : 7세기 중반
  ㉠ 왕권 강화 : 마지막 성골인 진덕 여왕이 즉위하였고 연호로 태화를 사용
  ㉡ 관제 정비 : 품주를 집사부로 개칭
  ㉢ 당과의 교류 활발
    ⓐ 648년 김춘추를 당나라에 사신으로 보내 나·당 동맹 체결(648)
    ⓑ 진덕 여왕이 직접 지은 태평송을 당에게 바침(650)
    ⓒ 중국식 복제와 연호의 사용 : 중국의 의관을 착용하고 아홀을 갖게 하고 당의 연호인 영휘를 사용

◑ 6세기 신라의 전성기

◑ 단양 적성비

◑ 북한산비

◑ 창녕 척경비

4 한강 유역과 관계된 삼국의 역학 관계

구 분	한강 유역 차지	삼국 간 역학 관계	
4세기	백 제	고구려 ↔ 백제, 고구려 = 신라, 백제 ↔ 신라	(광개토 대왕의 신라 지원)
5세기	고구려	고구려 ↔ 백제, 고구려 ↔ 신라, 백제 = 신라	* 고구려 남진 정책 • 평양천도(427) ⊢ (나·제 동맹 433) • 한강 유역 점령(475)
6세기~ 7세기	신 라	고구려 = 신라, 고구려 ↔ 백제, 백제 ↔ 신라	

5 고구려의 대외 관계

(1) 중국과의 대외 관계

중국			시기	고구려	백제	신라
한			2세기	• 한 군현과의 항쟁		
위진 남북조 (221~ 589)	삼국(위·오·촉) ↓ 진		3세기	• 동천왕 (관구검의 공격)	• 고이왕 (한 군현 항쟁)	
	동진	5호16국	4세기	• 미천왕 (낙랑 멸망) • 고국원왕 (전연의 침입) • 소수림왕 (전진과 통교) • 광개토대왕 (영토 확장)	• 근초고왕 (요서·산동 진출) • 침류왕 (동진, 불교 수용) • 동진과 통교	• 내물왕 (고구려를 통해 전진과 교류)
	남조 (송·제 ·양·진)	북조 (북위 │ 북제·북주)	5세기	• 장수왕 (남·북조 견제)	• 개로왕 (북위 국서)	
			6세기		• 무령왕, 성왕 (남조와 교류)	• 진흥왕 (당항성 통해 중국과 교류)
수(581~618)						
당(618~907)			7세기	• 수와 항쟁 (살수대첩) • 영류왕 (당, 도교 수용) • 보장왕 (안시성 전투)		• 진평왕 (걸사표) • 진덕여왕 (나·당 동맹 체결) • 무열왕 (나·당 동맹군 결성)

(2) 7세기의 국제 관계(십자형 외교)

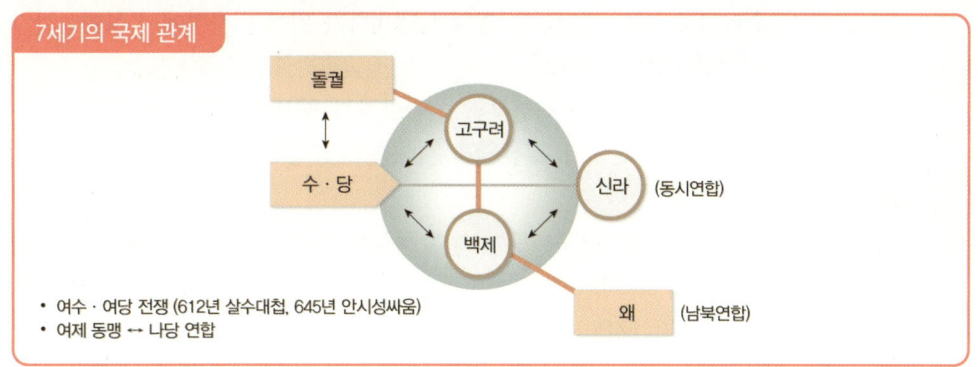

- 여수·여당 전쟁 (612년 살수대첩, 645년 안시성싸움)
- 여제 동맹 ↔ 나당 연합

(3) 수와의 전쟁

① 1차 침입(598)
  ㉠ 요서 지방에 대한 고구려의 선제공격
  ㉡ 수문제는 30만 병력을 동원하여 수륙 양면으로 고구려에 침공하였으나 실패
② 2차 침입(612)
  ㉠ 수양제는 육군 113만을 준비하여 침공
  ㉡ 요동 공략에 실패 이후 수군 내호아 7만과 우중문의 별동대 30만으로 평양성을 공격
  ㉢ 건무 태자가 내호아의 수군을 격파
  ㉣ 을지문덕이 우중문의 별동대 30만을 유인하여 괴멸시킴 (살수 대첩)

● 고구려와 수의 전쟁

✛ 을지문덕의 여수장우중문시 — 한능검(韓能檢) 출제 자료

神策究天文(신책구천문)	신묘한 책략은 천문을 꿰뚫었고
妙算窮地理(묘산궁지리)	기묘한 지혜는 지리에 통달하였다.
戰勝功旣高(전승공기고)	싸워서 이겨 공이 이미 높으니
知足願云止(지족원운지)	만족함을 알고 이만 돌아가는 것이 어떠한가?

— 『삼국사기』 —

✛ 살수 대첩 — 한능검(韓能檢) 출제 자료

살수(薩水)에 이르러 (적의) 군사가 반쯤 강을 건넜을 때 아군이 뒤에서 적군을 공격하니 우둔위장군 신세웅(辛世雄)이 전사하였다 …… 처음 군대가 요하에 이르렀을 때에는 무릇 30만 5천 명이었는데 요동성으로 돌아간 것은 겨우 2천 7백 명이었다.
— 『삼국사기』 —

● 을지문덕(?~?)

(4) 당과의 전쟁

① 건국 초 유화 정책
  ㉠ 여·수 전쟁 시기의 포로 교환 : 당은 건국 초 고구려와의 국교 회복을 위해 포로를 교환
  ㉡ 당의 입장 변화 : 20여 년간 평화가 지속되었으나 당 사신으로 온 진대덕이 산천 구경을 구실로 고구려의 지리와 군사 시설을 정탐하고 돌아감

② 고구려의 천리장성 축조와 연개소문의 대당 강경책
  ㉠ 천리장성 착공 : 당나라의 침입에 대비하기 위해 비사성에서 부여성까지 천리장성을 축조
  ㉡ 연개소문의 집권 : 642년부터 천리장성의 공사를 감독하던 연개소문은 평양성으로 들어가 영류왕을 시해하고 보장왕을 옹립
③ 대당 전쟁
  ㉠ 당의 1차 침입 : 당군 고구려의 요동성을 함락하였으나 안시성에서 패퇴
  ㉡ 당 태종의 죽음과 이후의 정세 : 당 태종에 이은 고종도 고구려 정복 야욕을 버리지 않음
④ 대중국 항쟁의 의미 : 고구려는 중국의 침략을 저지하여 민족을 수호하고 민족의 방파제 역할을 수행

● 고구려와 당의 전쟁

> **안시성 전투** 한능검(韓能檢) 출제 자료
> 여러 장수가 급히 안시성을 공격하였다. …… 밤낮으로 쉬지 않고 무릇 60일에 50만 인을 동원하여 토산을 쌓았다. …… 아군 수백 명이 성이 무너진 곳으로 나가 싸워서 마침내 토산을 빼앗아 차지하고 주위를 깎아 이를 지켰다. …… (황제가) 군사를 돌리도록 명하였다.
> – 『삼국사기』 –

09 가야의 여러 나라

가야의 발전과 멸망

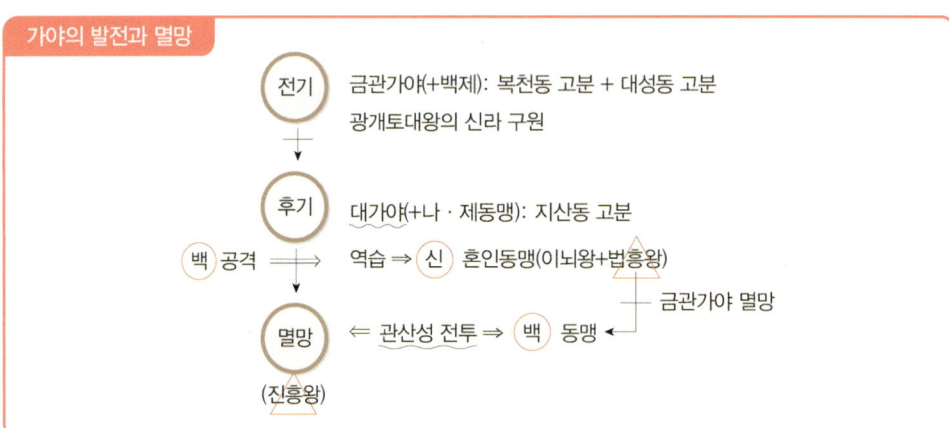

1 가야 연맹 성립

① 기원전 1세기에 이르러 경상남도 해안 지대에 철기 문화가 보급
② 이 지역에서는 사회 통합이 진전되어 변한 소국들이 등장
③ 소국 간의 통합이 단계적으로 진행되어 가야 연맹이 형성

2 전기 가야 연맹

① 형성 : 3세기경 금관가야(김해) 중심의 연맹으로 발전
② 금관가야 : 김수로왕(뇌질청예)이 건국(42), 세력 범위는 낙동강 지역(복천동 고분)
③ 발전
　㉠ 벼농사 발달 풍부한 철 생산을 바탕으로 해상 교통을 이용
　㉡ 낙랑과 왜의 규슈 지방을 연결하는 중계 무역 발달
④ 가야를 둘러싼 역학 관계 변화
　㉠ 4세기 초 고구려의 미천왕에 의해 낙랑, 대방 등 한 군현이 멸망하자 교역 상대를 상실
　㉡ 금관가야 세력이 약화되자 포상팔국의 난 발생 → 신라의 구원으로 어렵게 진압
　㉢ 4세기 중엽에 백제의 근초고왕이 강성해지자 백제와 교역을 실시

✣ 수로왕의 금관가야 건국　　　　　　　　　　한능검(韓能檢) 출제 자료

개벽한 후에 나라도 군신(君臣)의 칭호도 없이 아도간(我刀干)·여도간(汝刀干)·피도간(彼刀干)·오도간(五刀干)·유수간(留水干)·유천간(留天干)·신천간(神天干)·오천간(五天干)·신귀간(神鬼干) 의 9간(九干)이 추장(酋長)이 되어 인민을 거느렸다. 기원후 42년[한(漢) 광무제(光武帝) 건무(建武) 18] 3월의 계욕일(禊浴日)에 북쪽 구지봉(龜旨峯)에서 수상한 소리가 났다. "황천(皇天)이 나라를 세우고 임금이 되라 하여 이곳에 내려왔다. 너희들은 봉우리[峯上]에 흙을 파며 거북아, 거북아, 머리를 내어라 그렇지 않으면 구워서 먹으리라를 부르면서 대왕(大王)을 맞이하라."라고 하였다. 9간(干) 등이 그렇게 하자, 붉은 보에 쌓인 금합(金盒)이 자색(紫色)의 줄에 달려 내려왔다. 금합을 열어보니 해같은 6개의 황금 알이 있었다. 여섯 알은 용모가 매우 깨끗한 동자가 되었다. 10여 일이 지나자 키가 9척(약 3.25m)으로 은(殷)의 천을(天乙)과 같았고, 용같은 얼굴은 한(漢) 고조(高祖)와 같았다. 8채(彩) 같은 눈썹은 요(堯)임금과 같았고, 눈동자가 둘 있는 것은 순(舜)임금·우(禹)임금과 같았다. 그 달 보름날에 즉위하였다. 처음에 나타났다 하여 이름을 수로(首露)라 하였다. 국호를 대가락(大駕洛) 또는 가야국(伽倻國)이라 하였다. 6가야의 하나가 되었고, 나머지 5인은 다른 데로 가서 5가야의 군주가 되었다. 가야는 동으로 황산강(黃山江), 서남으로 푸른 바다(滄海), 서북으로 지리산(智異山), 동북으로 가야산(伽耶山)을 경계로 하였다.

－ 『삼국유사』 －

3 가야 연맹의 변천

① 전기 가야 연맹의 해체
　㉠ 고구려와 백제 사이의 패권 다툼에서 백제가 패배 후 백제의 요청으로 신라에 왜구 침입
　㉡ 신라를 구원하려 광개토대왕이 내려 보냈던 고구려군의 공격으로 금관가야 몰락 → 고령 지역의 대가야로 중심이 이동
② 후기 가야 연맹의 성장 : 고령, 합천, 거창, 함양 등 세력을 자신의 영역으로 유지하면서 성장하여 연맹의 주도권을 장악

4 후기 가야 연맹

① 대가야의 성장
　㉠ 고령 지역에서 시조인 이진아시왕(뇌질주일)을 중심으로 출발
　㉡ 후기 가야 연맹을 성립(고령 지산동 고분군)

② 국제적 지위 확보와 역할
  ㉠ 479년 대가야 하지왕은 중국 남제에 사신을 보내 '보국장군본국왕'의 작호를 받음
  ㉡ 481년에는 백제·신라와 동맹을 체결, 고구려·말갈이 신라를 침입하자 원병을 보냄
③ 백제와의 대립
  ㉠ 대가야는 소백산맥 너무 남원의 아막산성까지 진출
  ㉡ 513년 백제가 주요 거점인 대사진을 공격하여 빼앗음
  ㉢ 대가야의 이뇌왕은 신라의 법흥왕과 혼인 동맹을 체결(522)

대가야와 중국 남조 중 남제(南齊)의 대외 관계 — 한능검(韓能檢) 출제 자료

가라국(加羅國)은 삼한(三韓)의 한 종족이다. 건원(建元) 원년(479)에 국왕 하지(荷知)가 사신을 보내와 방물을 바쳤다. 이에 조서(詔書)를 내렸다. "널리 헤아려 비로소 올라오니, 멀리 있는 이(夷)가 두루 덕(德)에 감화됨이라. 가라왕(加羅王) 하지(荷知)는 먼 동쪽 바다 밖에서 폐백을 받들고 관문을 두드렸으니, 보국장군(輔國將軍) 본국왕(本國王)의 벼슬을 제수함이 합당하다."
— 『남제서(南齊書)』 —

5 가야의 멸망

① 금관가야의 멸망 : 금관가야가 신라 법흥왕에게 항복(532)한 이후 대가야는 백제와 연합을 형성
② 대가야의 멸망 : 백제와 연합군을 형성했던 대가야는 관산성 전투에서 패하자 그 뒤 진흥왕에 의해 멸망(562)

금관가야의 멸망 — 한능검(韓能檢) 출제 자료

법흥왕 19년(532)에 금관국주 김구해(金仇亥)가 왕비 장남 노종(奴宗), 둘째 무덕(武德), 셋째 무력(武力)의 세 아들과 함께 국고의 보물을 가지고 항복해 오니, 왕은 이들을 예로서 대접하고 상등(上等)의 지위를 주고 그 본국을 식읍으로 삼게 하였다. 그 아들 무력은 조정에 벼슬하여 각간(角干)에까지 이르렀다.
— 『삼국사기』 —

10 신라의 삼국 통일

신라의 삼국 통일

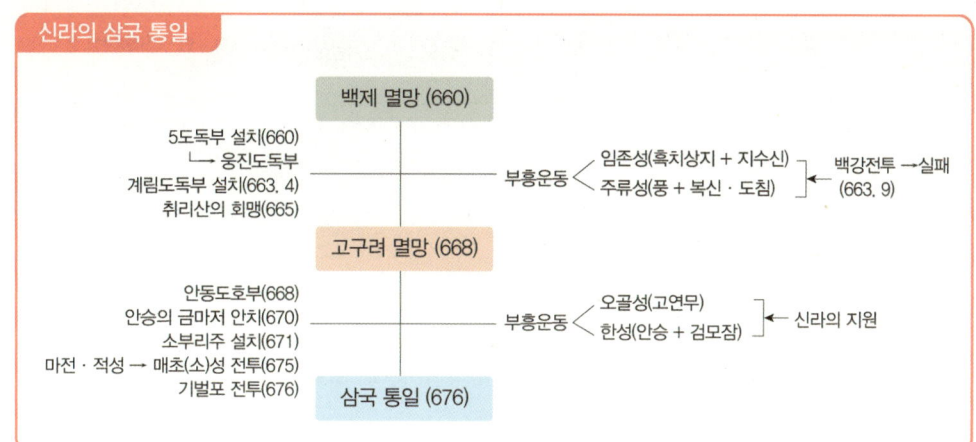

◎ 계백(?~660)

(1) 나·당 동맹의 결성

① 신라의 김춘추는 고구려와의 동맹 시도 실패 이후 당으로 건너감

② 진덕여왕 대 김춘추는 당 고종과 나·당 동맹 체결

❖ 나·당 동맹의 결성   한능검(韓能檢) 출제 자료

김춘추가 무릎을 꿇고 아뢰기를 "…… 만약 폐하께서 당의 군사를 빌려주어 흉악한 무리를 잘라 없애지 않는다면 저희 백성은 모두 포로가 될 것이며, 산 넘고 바다 건너 행하는 조회도 다시는 바랄 수 없을 것입니다."라고 하였다. 태종이 매우 옳다고 여겨서 군사의 출동을 허락하였다.   - 『삼국사기』 -

(2) 백제의 멸망

① 과정
  ㉠ 660년 당나라 소정방이 이끄는 당군이 백제군을 격파
  ㉡ 신라 김유신의 5만 군대가 백제 계백의 결사대 5천에 고전하였으나 승리

② 멸망
  ㉠ 나·당 연합군에 의해 사비성 함락
  ㉡ 의자왕은 태자와 더불어 웅진성으로 피신하였으나 얼마 뒤 웅진성주 예식진의 배반으로 웅진성 함락
  ㉢ 당은 이후에 백제 지역에 웅진도독부 설치

③ 백제 부흥 운동
  ㉠ 주류성 : 복신, 도침, 부여풍이 주도
  ㉡ 임존성 : 흑치상지, 지수신이 주도
  ㉢ 왜의 지원 : 왜가 수군이 백제를 지원하고자 수군을 파병하였으나 나·당 연합군에 의해 백강구 전투(663)에서 패배

◎ 백제와 고구려의 부흥 운동

> **나·당 연합군의 백제 침공**
>
> 소정방이 당의 내주에서 출발하니, 많은 배가 천 리에 이어져 물길을 따라 동쪽으로 내려왔다. …… 무열왕이 태자 법민을 보내 병선 100척을 거느리고 덕물도에서 소정방을 맞이하게 하였다. 소정방이 법민에게 말하기를, "나는 백제의 남쪽에 이르러 대왕의 군대와 만나서 의자왕의 도성을 격파하고자 한다."라고 말하였다.
> — 『삼국사기』 —

> **백강구 전투**
>
> 손인사, 유인원과 신라 왕 김법민은 육군을 거느려 나아가고, 유인궤와 별수(別帥) 두상과 부여 융은 수군과 군량을 실은 배를 거느리고 웅진강에서 백강으로 가서 육군과 합세하여 주류성으로 갔다. 백강 어귀에서 왜군 군사를 만나 네 번 싸워서 모두 이기고 그들의 배 4백 척을 불사르니 연기와 불꽃이 하늘로 오르고 바닷물은 붉은빛을 띠었다.
> — 『삼국사기』 —

(3) 고구려의 멸망

① 과정
  ㉠ 고구려의 분열 : 665년 연개소문이 병사하자 세 명의 아들들의 권력 투쟁이 일어나면서 내분에 빠짐
  ㉡ 평양성의 함락과 고구려의 멸망 : 나·당 연합군의 공격으로 평양성 함락(668)

② 부흥 운동
  ㉠ 한성 : 검모잠, 안승이 주도
  ㉡ 오골성 : 고연무가 주도

> **고구려의 멸망**
>
> 계필하력이 먼저 군사를 이끌고 평양성 밖에 도착하였고, 이적의 군사가 뒤따라 와서 한 달이 넘도록 평양을 포위하였다. …… 남건은 성문을 닫고 항거하여 지켰다. …… 5일 뒤에 신성이 성문을 열었다. …… 남건은 스스로 칼을 들어 자신을 찔렀으나 죽지 못했다. 보장왕과 남건 등을 붙잡았다.
> — 『삼국사기』 —

> **안승의 신라 망명**
>
> 고구려의 대장 겸모잠(鉗牟岑 : 검모잠)이 무리를 거느리고 반란을 일으켜 보장왕의 외손 안순(安舜 : 안승)을 세워 왕으로 삼았다. 고간을 동주도행군총관으로, 이근행을 연산도행군총관으로 삼아 토벌케 하였다. 사평태상백 양방을 보내어 도망치고 남은 무리를 불러들이게 하였다. 안순이 겸모잠을 죽이고 신라로 달아났다.
> — 『신당서』 —

(4) 신라의 삼국 통일

① 당의 한반도 지배 야욕
  ㉠ 웅진도독부(660) : 백제가 당나라에 의해 멸망하자 이곳을 통치 하기 위해 당이 설치
  ㉡ 계림도독부(663) : 신라 수도인 서라벌에 당이 계림도독부 설치
  ㉢ 취리산회맹(665) : 당은 취리산에서 웅진 도독인 부여융과 신라 문무왕의 화친을 강요

② 나·당 전쟁
  ㉠ 안승의 보덕국 설치(670) : 신라는 안승에게 금마저(익산) 지역에 봉하여 소고구려국을 설치하고 얼마 뒤 보덕국으로 전환
  ㉡ 소부리주 설치(671) : 신라는 사비 지역에 소부리주를 설치

- ⓒ 마전·적성 전투(675) : 신라는 당과 말갈의 연합군을 마전·적성에서 궤멸시킴
- ⓛ 매소성 전투(675) : 당 이근행의 20만 대군을 매소성에서 격파

> **⁜ 매소성 전투** 한능검(韓能檢) 출제 자료
>
> 이근행이 군사 20만 명을 이끌고 매소성에 진을 쳤다. 신라군이 (이근행 군사를) 공격하여 패주시키고, 말3만여 필과 병기를 얻었다.
> – 『삼국사기』 –

- ⓜ 기벌포 해전(676) : 당 설인귀의 수군을 기벌포 앞바다에서 격파
- ③ 나·당 전쟁의 결과
  - ㉠ 삼국 통일 : 대동강에서 원산만 이남의 영토를 신라가 차지(676)
  - ㉡ 당의 야욕 축출 : 안동도호부가 요동으로 이동, 웅진도독부는 건안성으로 옮겨짐

(5) 삼국 통일의 의의와 한계
- ① 의의
  - ㉠ 일통삼한 의식 형성 : 고구려, 백제 유민과 연합하여 통일이 완성됨으로써 민족 공동체의식이 형성됨
  - ㉡ 민족 융합 정책 : 백제의 귀족은 5두품에, 고구려계의 귀족은 6두품에 편입시키고 중앙군인 9서당에 고구려·백제 계열의 유민들을 배치
- ② 한계
  - ㉠ 외세의 협조에 의해 통일 과정이 수행되었다는 점
  - ㉡ 대동강에서 원산만 이남의 불완전한 통일

❶ 나·당 전쟁의 전개

11 남북국 시대의 정치 변화

1 신라 중대와 하대의 정치적 상황

중 대(654~780)	시기	하 대(780~935)
전제 왕권의 확립 (집사부 시중 > 상대등)	특징	왕권 약화, 체제 혼란기(집사부 시중 < 상대등)
무열계(진골) 왕위 독점	정치	내물계 즉위, 왕위 쟁탈전(155년간 20여명 왕 교체)
관료전 지급, 녹읍 폐지, 정전 지급	경제	녹읍 부활, 농장 확대, 농민반란
전제왕권 협력(정치적 조언자 역할) 진골 귀족 세력 견제	6두품	골품제도 비판(최치원 시무 10조), 반 신라적 태도
교종 불교, 유교 정치 이념 도입(국학)	사상	선종 불교, 풍수지리설 도입
만파식적	기타	독서삼품과 실패, 호족 등장

2 통일 신라(신라 중대)의 발전(중대, 무열왕~혜공왕, 654~780)

유교 정치 이념 도입과 왕권의 전제화	• 전제 왕권 강화 : 무열왕 이후 무열계 직계 자손의 왕위 계승 시작(진골) • 유교 정치 이념 도입 : 국학 설치(신문왕), 유교식 왕명 사용 • 불교 의존에서 탈피
통치 체제의 정비	• 중앙행정 : 신문왕대 집사부를 중심으로 14관부 정비 • 지방행정 : 신문왕 대 9주 5소경(수도의 편재성 보완) 설치로 지방 통제 강화 • 군사제도 : 신문왕 대 9서당(중앙군), 10정(지방군) 구성 • 상수리 제도
진골세력 약화	• 귀족 세력 숙청 : 김흠돌의 난 진압 계기(신문왕) • 제도 정비 등으로 왕권 강화(귀족 억압) • 관료전 지급과 녹읍 폐지 • 집사부 시중의 세력 강화(화백회의와 상대등의 비중 약화)
정치 세력의 변동과 6두품의 부각	• 진골 귀족 세력의 약화 • 6두품의 진출 : 왕의 정치적 조언자 및 행정 실무 총괄(집사부 시랑) • 전제 왕권 뒷받침, 학문과 종교 분야에서 활약(왕권+6두품 > 진골 귀족)
정전 지급	• 국가의 토지를 통한 지배력 강화 • 민생 안정 • 재정 확보
특징	• 만파식적으로 상징되는 태평성대

만파식적(萬波息笛) 　　　　　　　　　　　　　　　　　한능검(韓能檢) 출제 자료

왕이 행차에서 돌아와 그 대나무로 피리를 만들어 월성(月城)의 천존고(天尊庫)에 간직하였다. 이 피리를 불면, 적병이 물러가고 병이 나으며, 가뭄에는 비가 오고 장마는 개며, 바람이 잦아지고 물결이 평온해졌다. 이를 만파식적(萬波息笛)으로 부르고 국보로 삼았다.
— 『삼국유사』 —

3 신라 중대의 주요 국왕

무열왕	• 최초의 진골 출신의 왕 • 무열왕 직계자손의 왕위계승 시작, 갈문왕 제도 폐지 • 집사부 시중 세력 강화(상대등 세력 약화) • 사정부 설치(659)
문무왕	• 삼국 통일 완성(나·당 전쟁 승리) • 북원경(678)과 금관경(680) 설치(5소경제의 기틀 마련) • 기병 중심의 5주서 설치 • 형률을 관장하는 우이방부 설치(또 다른 형률 관장 기구인 좌이방부는 진덕여왕 시기 설치) • 부석사, 사천왕사 창건 • 외사정 파견(감찰 강화)(673)
신문왕	• 정치 세력 재편: 김흠돌의 반란을 계기로 귀족 세력 숙청 • 중앙 정치 기구(14부)와 군사 제도(9서당 10정) 정비 • 지방 행정 조직 완비(9주 5소경) • 달구벌 천도 계획 실패 • 문무 관리에게 관료전 지급, 녹읍 폐지 • 유교 정치 이념 강조(국학 설립) • 감은사 창건 • 오묘제 실시[태조대왕(미추왕), 진지왕, 문흥대왕(용춘), 무열왕, 문무왕]
성덕왕	• 711년 『백관잠』을 지어 관리를 훈계하고 덕목 제시 • 722년 8월 백성에게 정전 지급 • 731년 일본이 300여 척의 병선으로 신라를 공격하다가 대패 • 733년 발해를 공격하다가 폭설과 발해의 반격으로 실패
경덕왕	• 월봉을 혁파하고 녹읍 부활 • 적극적 한화(漢化) 정책으로 군현의 명칭과 중앙 관부의 관직명을 중국식으로 개편 • 중시가 시중으로 바뀜. • 국학을 태학감으로 전환, 유교 교육 강화
혜공왕	• 5묘세 제도화[미추왕, 무열왕과 문무왕(세세불훼지종), 성덕왕, 경덕왕] • 대공의 난(767, 96각간의 난)으로 왕권 약화 • 김지정의 난(780)이 일어나자 상대등 김양상과 김경신이 토벌하였으며, 난중에 피살

❶ 문무대왕릉

✥ 김흠돌의 난
한능검(韓能檢) 출제 자료

왕이 교서를 내리기를, "김흠돌 등의 악이 쌓이고 죄가 가득 차자 그들이 도모하던 역모가 세상에 드러났다. …… 잔당들을 샅샅이 찾아 모두 죽여 삼사일 안에 죄수 우두머리들을 소탕하였다. 이제 요망한 무리들이 숙청되어 근심이 없게 되었으니 소집한 병사와 말들을 돌려보내도록 하라."라고 하였다.　　－『삼국사기』－

✥ 설총의 화왕계
한능검(韓能檢) 출제 자료

왕이 한여름날 설총에게 이야기를 청하였다. 설총이 아첨하는 미인 장미와 충언하는 백두옹(白頭翁: 할미꽃)을 두고 누구를 택할까 망설이는 화왕(花王)에게 백두옹이 간언한 이야기를 해 주었다. 이에 왕이 정색하고 낯빛을 바꾸며 "그대의 우화 속에는 실로 깊은 뜻이 있구나. 이를 기록하여 임금된 자의 교훈으로 삼도록 하라."고 드디어 설총을 높은 벼슬에 발탁하였다.　　－『삼국유사』－

4 신라 하대의 정치 변동과 호족 세력의 성장

전제 왕권의 몰락	• 진골 귀족들의 반란으로 경덕왕(8세기 후반)때부터 동요 • 왕위 쟁탈전 격화(선덕왕 즉위 후) • 귀족 연합적인 정치 운영 : 집사부 시중보다 상대등 강화 • 지방 반란 : 중앙 정부의 지방 통제력 약화(김헌창의 난 등)
골품제의 모순 심화	• 중앙 진골 귀족들은 특권 유지를 위해 골품제에 집착 • 녹읍제의 부활, 사원의 면세전 증가 → 국가 재정의 압박 • 지나친 향락과 과중한 수취 → 농민 부담 가중, 농촌 사회 위기
6두품의 개혁 시도	• 6두품 출신의 유학생, 선종 승려 중심 • 골품제 비판, 능력 중심의 과거 제도, 유교 정치 이념 제시(최치원) → 은둔 도피 • 호족과 연계해 사회 개혁 추구(최승우)
호족 세력의 등장	• 토착촌주 출신, 해상세력, 군진세력, 몰락한 중앙귀족 등으로 구성 • 농민 봉기를 배경으로 반 독립적 세력으로 성장(성주, 장군이라 자칭) • 행정·군사권 장악, 경제적 지배력 행사, 군 단위의 지방 지배
농민의 동요	• 귀족들의 대토지 소유 확대, 왕실과 귀족의 사치 향락(농민 부담 가중) • 정치 문란, 과중한 수취, 자연재해 • 농민 몰락(노비나 초적)과 봉기

✚ 김헌창의 난

3월에 웅천주 도독 김헌창은 아비 주원이 앞서 왕위에 오르지 못한 것을 이유로 배반하여 국호를 장안이라 하고 연호를 경운이라 하며 원년을 칭하였다. 그리하여 무진주·완산주·청주·사벌주의 4주 도독과 국원경·서원경·금관경의 사신과 여러 군현의 수령을 협박하여 자기 소속으로 삼으니, 청주도독 향영은 몸을 빼어 추화군으로 달아나고, 한산주·우수주·삽량주·패강진·북원경 등의 여러 성은 먼저 헌창의 역모를 알고 병사를 들어 스스로 지켰다.

― 『삼국사기』 ―

✚ 신무왕의 즉위와 장보고의 개입

우징(신무왕)은 청해진에서 김명이 왕위를 찬탈했다는 소식을 듣고 진의 대사 궁복(장보고)에게 말하기를, "김명은 임금을 죽이고 자립하였고 이홍도 군부를 함부로 죽였으니 하늘 밑에 같이 살 수 없는 자들이다. 원컨대 장군의 병력으로 군부의 원수를 갚고자 한다"라 하였다. 궁복이 말하기를 "옛사람 말에 의분한 일을 보고 가만히 있는 자는 용기 없는 자라 했으니 내 비록 용렬하지만 명령에 따르겠다"라고 하였다. 드디어 군사 5,000을 친구 정년에게 내주면서 말하기를, "그대가 아니면 화란을 평정치 못할 것이다"라고 하였다. 김양은 평동장군이 되어 염장·장변·정년·낙금·장건영·이순행 등 여섯 장수와 함께 군사를 거느리고 무주 철야현에 다다랐다. … 왕은 김양의 군대가 닥쳤다는 것을 듣고 … 어찌할 바를 모르다가 월유택으로 달려 들어가니, 김양의 군사가 왕을 찾아 해하였다.

― 『삼국사기』 ―

5 신라 하대의 주요 국왕(하대, 선덕왕~경순왕, 780~935)

선덕왕 (김양상)	• 김지정의 난을 진압하고 혜공왕이 시해되자 즉위(내물 10세손) • 왕권 강화 시도 • 황해도 평산에 패강진 설치
원성왕 (김경신)	• 무열계인 김주원과의 왕위 다툼에서 승리하여 즉위 • 독서삼품과 설치 • 9주의 장관인 총관을 도독으로 개편
헌덕왕	• 김헌창의 난(822) : 김주원의 아들인 웅천주 도독 김헌창이 국호를 장안, 연호를 경운으로 정하고 난을 일으켰으나 실패 • 김범문의 난(825) : 한산에서 김헌창의 아들 범문이 난을 일으켰으나 실패 (무열왕의 직계는 6두품으로 강등)
흥덕왕	• 집사부를 집사성으로 개편 • 사치 금지령 반포(골품제에 의한 신분적 차별 강화) • 청해진(완도, 장보고), 당성진(당은군) 설치
진성여왕	• 국고 고갈로 조세 독촉 : 원종·애노의 난(889), 적고적의 난(896) • 견훤과 궁예의 성장(국토가 경주 일대로 한정) • 최치원의 시무 10조 제시(실패)

✚ 원종·애노의 난

국내의 여러 주군이 공부를 수납하지 않으므로 국고가 고갈되어 국용이 궁핍하였다. 이에 왕이 사자를 보내어 독촉하니 소재지에서 도적들이 들고 일어났다. 이때 원종과 애노 등이 사벌주에 웅거하여 반란을 일으키자 왕은 나마 영기에게 명하여 잡도록 하였으나 영기는 적의 성루를 바라보고는 두려워서 진격하지 못하였다.
— 『삼국사기』 —

6 발해

(1) 건국 초의 국제 관계
① 건국 직후 당나라와 대결하고 있던 돌궐(突厥)과 국교를 맺고 신라와 통교
② 요하 유역과 요하 동쪽 동북 일대에 대한 영향력 행사가 어려워진 당은 대조영과 정식으로 통교
③ 당나라는 713년 대조영을 발해군왕으로 책봉, 발해라는 국호 사용
④ 당나라가 고왕을 발해군왕으로 책봉할 때 대무예도 같이 계루군왕으로 책봉

(2) 발해의 발전
① 무왕(제2대 왕, 재위 719~737)
  ㉠ 인안이라는 독자적 연호를 사용
  ㉡ 대외적으로 고구려를 계승한 국가임을 천명(일본에 보낸 국서에서 고구려를 계승했음을 밝히고 우호 관계를 맺자고 제의)

◐ 발해의 영역

ⓒ 영토 확장
  ⓐ 만주의 대부분과 연해주의 영토를 확보하는 등 세력 확장
  ⓑ 주변의 여러 부족을 복속하여 고구려 영역 대부분을 회복
ⓔ 흑수부 말갈과 당의 정책
  ⓐ 흑수부 말갈이 독자적으로 당에 사신을 보내 조공 시도하였고, 당은 흑수부를 설치
  ⓑ 이는 외교 관계를 취할 때 사전에 발해의 양해를 얻었던 전통 파기
ⓜ 흑수부 말갈에 대한 공격 명령, 대문예와의 갈등(대문예의 망명)
ⓗ 세력 균형 형성
  ⓐ 요서 지역에서 당군과 격돌
  ⓑ 돌궐·일본과 연결, 당과 신라를 견제하고 동북아시아의 세력 균형을 유지
ⓢ 대당 강경책
  ⓐ 무왕은 당나라에 대문예를 죽이도록 외교적 교섭을 폈으나 거절
  ⓑ 장문휴로 하여금 수군을 이끌고 당나라의 등주(登州)를 공격하게 해 자사 위준을 죽임
ⓞ 당과 신라의 군사적 협력
  ⓐ 당나라는 대문예를 유주로 파견, 군사를 모아 발해를 치게 함
  ⓑ 당에서 관직을 지냈던 신라의 왕족 김사란을 신라에 보내 발해 공격 요구
    → 신라는 732년에 발해의 남쪽 국경 지역을 공격했으나, 추위와 눈으로 반 이상의 병사를 잃고 회군

┼ 장문휴의 산둥반도(등주) 공격에 대한 당의 대응 한능검(韓能檢) 출제 자료

당 현종은 (대)문예를 파견하여 유주에 가서 군사를 징발하여 이를 토벌케 하는 동시에, 태복원외경 김사란을 시켜 신라에 가서 군사를 일으켜 발해의 남쪽 국경을 치게 하였다. 마침 산이 험하고 날씨가 추운 데다 눈이 한 길이나 내려서 병사들이 태반이나 죽으니, 전공을 거두지 못한 채 돌아왔다.
- 『구당서』 -

┼ 정효 공주 묘지명 한능검(韓能檢) 출제 자료

공주는 우리 대흥보력효감금륜성법대왕(문왕)의 넷째 딸이다. …… 아아, 공주는 대흥(大興) 56년 여름 6월 9일 임진일에 궁 밖에서 사망하니, 나이는 36세였다. 이에 시호를 정효 공주(貞孝公主)라 하였다.
- 「정효공주묘지명」 -

② 문왕(제3대 왕, 재위 737~793, 대흥보력금륜성법대왕)
  ㉠ 연호 : 대흥이란 연호 사용, 774년(대흥 38)에 보력으로 고쳐 7년 정도 사용하다가 다시 대흥이라는 연호를 사용
  ㉡ 천도 : 동모산 지역 → 중경 현덕부 → 상경 용천부 → 동경 용원부로 이동(5대 성왕 시기 상경으로 재천도하였으며 이후 멸망에 이르기까지 유지)
  ㉢ 친당 정책
    ⓐ 당과 친선 관계를 추진하여 중국 문화 수용 및 대외적 안정 구축
    ⓑ 당은 문왕을 발해군왕에서 발해국왕으로 올려 책봉
  ㉣ 신라도 개설 : 발해의 동경 용원부와 남경 남해부를 거쳐 동해안을 따라 신라에 이르던 교통로인 신라도를 개설

ⓓ 일본과의 교류 : 동경 용원부에서 출발하는 일본도를 중심으로 일본과의 교류를 확대하였으며 고려 국왕과 천손임을 표방
③ 선왕(제10대 왕, 재위 818~830)
㉠ 왕권의 재정
ⓐ 문왕 사망 후 선왕 즉위 전(25년간)까지 6명의 왕 즉위
ⓑ 선왕 즉위 후 발해의 정치 상황은 정비되어 발해의 중흥기가 성립
㉡ 문화 발전 : 고구려 문화를 바탕으로 당 문화를 접목한 발해의 문화는 이 시기 절정에 달해 선왕 이후 '해동성국'이라는 칭해졌다.
㉢ 지방 행정 조직 정비
ⓐ 영토 확장 : 만주의 대부분과 연해주에 걸친 광대한 영토 차지
ⓑ 5경 15부 62주의 지방 행정 제도 완비

12 삼국과 남북국 시대의 통치 체제

1 삼국의 중앙 통치 체제

구 분	수 상	관 등	관 청	귀족 회의
고구려	대대로 (막리지)	10여 관등	알려진 것이 없음	제가 회의
백 제	상좌평	16관등	6좌평 → 6전 조직의 완비 22부(사비 천도 후 성왕)	정사암 회의
신 라	상대등	17관등	병부, 집사부, 창부, 위화부, 등 필요시 설치	화백 회의

* 관등제와 관직체제는 골품제등 신분제에 의해 제약을 받음.

(1) 고구려
① 기록마다 차이가 있어 정확한 내용 파악이 어려움
② 형(兄)은 가부장적 족장 계열이며, 사자(使者) 계열은 전문 행정직에서 분화된 관료 집단을 의미

(2) 백 제
① 6좌평제 : 내신좌평(왕명 출납), 내법좌평(의례 담당), 조정좌평(형벌 담당), 내두좌평(재정담당), 위사좌평(숙위 담당), 병관좌평(국방 담당)
② 성왕 시기 사비 천도 이후 22부를 두어 관료 조직을 정비

(3) 신 라
① 관제 정비
  ㉠ 법흥왕 : 병부, 상대등 설치
  ㉡ 진흥왕 : 품주(국정 운영 총괄)
  ㉢ 진덕여왕 : 좌이방부, 창부, 집사부 설치
  ㉣ 진평왕 : 위화부, 조부, 예부
② 관등 조직
  ㉠ 신라에서 왕경인들은 골품제에 해당하는 경위의 적용
  ㉡ 지방인들은 골품제에서 제외된 외위를 수여
  ㉢ 골품제는 수도의 경위제만을 기준으로 편성되었으나 통일 후, 외위제를 경위제로 통합시키면서 지방 지배층도 흡수
③ 집사부 : 진흥왕 대 품주를 진덕여왕 대 집사부로 개편하고 경덕왕 대 시중으로 개칭

2 귀족 합의제 기구

(1) 고구려(제가 회의)
① 의장 : 상가가 이후 국상이 담당
② 역할 : 죄 지은 자의 처벌과 왕위 계승에 영향력을 행사(차대왕, 봉상왕 폐위), 대외 전쟁과 국정의 중대사를 논의
③ 변천
  ㉠ 4세기 이후 기능이 축소되어 귀족 회의로 전환
  ㉡ 6세기 이후 귀족 연립 정권이 수립되자 대대로, 막리지(태대형), 울절, 태대사자, 위두대형 등 5위 이상의 귀족들만이 참여

(2) 백제(남당, 정사암 회의)
① 남당 : 고이왕 대 왕과 귀족의 합좌기구로 설치
  ㉠ 정사를 논의하고 행정 사무를 처리하는 등의 역할을 수행
  ㉡ 중앙 집권 체제의 강화로 실무·행정 부문이 다른 기관으로 분리해나가자, 오로지 군신 회의·회견·의식을 행하는 기관으로 변질
② 정사암 : 백제 후기의 귀족 연합적인 정치 운영 형태

(3) 신 라(남당, 화백 회의)
① 남당 : 첨해 이사금 시기에 설치되어 백제와 비슷하게 운영
② 화백 회의 : 4영지를 돌며 개최, 만장일치의 성격(왕권과 귀족 간의 권력 조절)

3 삼국과 남북국 시대의 수도와 지방 행정 조직·군사 조직

구분	고구려	백제	신라	통일 신라	발해
수도	5부	5부	6부	6부	
지방	5부(욕살) | 성(처려근지, 도사)	5방(방령) | 군(군장) | 성(성주, 도사)	5주(군주) | 군(당주) | 성(도사)	9주(도독) | 군(태수) | 현(현령) | 촌(촌주)	15부(도독) | 62주(자사) | 현(현승) | 촌(촌장)
특수 구역	3경 (국내성, 평양성, 한성)	22담로 (왕족 파견)	3소경 또는 2소경[(아시촌소경), 북소경, 국원소경]	5소경 (북원소경, 중원소경, 서원소경, 남원소경, 금관소경)	5경 (상경 용천부, 중경 현덕부, 동경 용원부, 서경 압록부, 남경 남해부)
군사 제도	• 성주, 족장 (평시) • 대모달, 말객 (유사시)	• 방령 • 군장(군관)	• 서당 • 6정 (군주가 군관)	• 9서당 • 10정(지방)	• 10위 (대장군, 장군)

4 삼국의 군사 조직

① 국왕이 군사 지휘권 보유
② 지방 행정 조직과 군사 조직의 일원화 : 지방관이 군대의 지휘관(행정, 군사 동시 관할)

(1) 고구려

각 부의 대가(독자적 군사 지휘권), 좌식자(전투 귀족단)
① 중앙 : 왕의 직할 부대로 왕당, 관군이 조직
② 지방
  ㉠ 대모달(욕살급에 해당)
  ㉡ 말객(처려근지로 성주급에 해당) : 1,000여 명 지휘
  ㉢ 당주(루초) : 100여 명 지휘

(2) 백제

① 중앙 : 5부병(각 500명 지휘)
② 지방 : 방령(700~1,200명 지휘)

(3) 신라

① 중앙 : 6부병, 사자대(특수병), 시위부, 위병, 대당(핵심 중앙 군단), 서당(중앙군)
② 지방 : 군주가 6정을 통솔

5 남북국 시대의 통치체제

(1) 통일 신라

중앙 정치 체제	전제 왕권의 강화 • 집사부 시중(국정 총괄)을 중심으로 관료기능 강화(집사부 아래 13부 설치, 행정 분담) • 감찰 기능 강화 : 사정부(관리들의 비리와 부정 방지)
지방 행정 조직 정비	중앙 집권 체제의 강화 • 9주 : 군사적 성격에서 행정적 기능 강화(군주 → 총관 → 도독), 주, 군, 현 설치, 지방관(도독, 태수, 현령) 파견, 촌주 • 5소경 : 각 지방의 균형적 발전 도모(수도의 편재성 보완), 군사 행정상 요지에 설치 • 기타 : 외사정(지방관의 감찰업무), 상수리제도, 향과 부곡(특수 행정 구역)
군사 조직	• 9서당(중앙군) : 직업군인, 민족 융합 도모(고구려, 백제, 말갈인 포함) • 10정(지방군) : 의무병, 각 주에 1정씩 배치, 한주(한산주) 2정 배치
통치 체제 변화의 의미와 한계	• 의미 : 강력한 중앙집권적 전제국가로 발전 → 중국식 정치제도 도입, 유교정치 이념 수용(국학의 설립, 신문왕) • 한계 : 권력의 핵심 부서는 진골 귀족이 독점(중앙과 지방의 장관, 군대의 장군)

(2) 발해

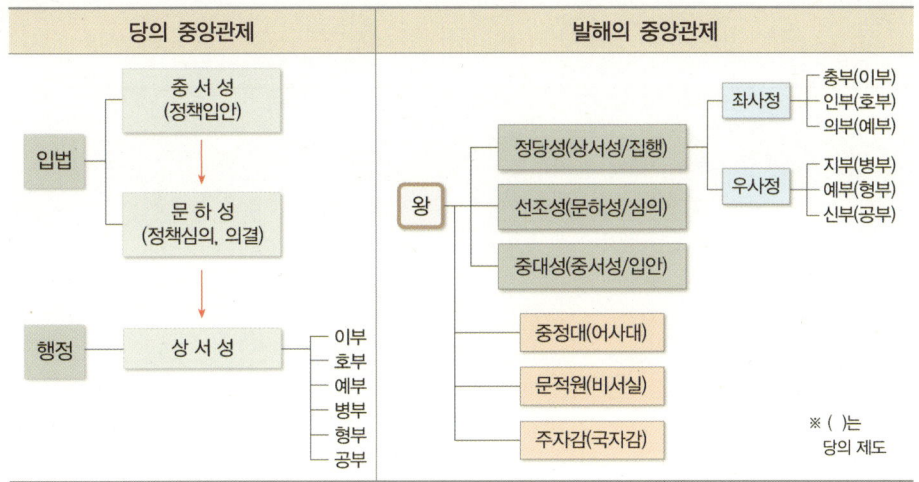

중앙 정치 조직	• 3성 6부제 수용 : 정당성의 대내상이 국정 총괄 • 대내상 아래의 좌사정이 충·인·의부를, 우사정이 지·예·신부 관할하는 2원적 지배 체제 • 당의 제도를 수용했지만 명칭과 운영은 발해의 독자성 유지 • 기타 : 중정대(관리 비위 감찰), 문적원(서적관리), 주자감(교육기관), 항백국(후궁 관리 및 궁중 실무)
지방 제도	• 5경(전략적 요충지), 15부(지방 행정 중심지, 도독), 62주(자사), 현(현승), 촌(촌장)은 주로 말갈족으로 구성됨 • 62주 가운데에 3개의 독주주가 설치됨 → 이곳은 중간에 있는 부를 거치지 않고 중앙에서 직접 관할 • 부에는 도독(都督), 주에는 자사(刺史), 현에는 현승(縣丞)을 두어 책임자로 삼음
군사 조직	• 10위(중앙군), 지방 지배 조직에 따라 지방군 편성(지방관이 지휘)

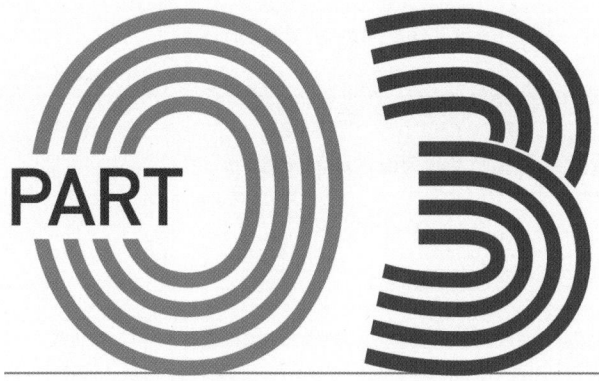

고려의 통치구조와 정치

13 민족의 재통일과 정치 발전
14 왕권 강화와 통치 체제의 정비
15 고려의 통치 체제
16 문벌귀족 사회의 동요
17 무신 정권의 성립과 전개
18 고려 대외 관계의 변화
19 고려 후기의 정치 변동

13 민족의 재통일과 정치 발전

1 후삼국의 성립

후백제	• 견훤(농민 출신)이 전라도 지역의 군사·호족 세력을 토대로 완산주(전주)에 건국(900) • 중국과 외교 관계 수립, 신라에 적대적 입장 • 한계 : 농민에 과중한 조세 부과, 호족 세력 포섭에 실패 • 팔공산 전투(927)에서 신라를 구원하려던 왕건의 고려 군대를 격퇴 • 고창 전투(930) 이후 약화(고려에게 주도권 상실)
후고구려	• 궁예(신라 왕족의 후예)가 초적의 무리와 호족 세력을 토대로 송악에 건국(901) • 변천 : 국호를 마진이라 하고 철원으로 천도, 다시 태봉으로 국호 개편, 반신라적 태도 • 관제 정비 : 6두품을 등용하여 새로운 관제 모색, 9관등제와 광평성(국정 최고 기구) 설치 • 한계 : 지나친 조세 부과, 미륵 신앙을 이용한 전제 정치(신하들에 의해 축출)
신라	• 경주일대를 중심으로 명맥 유지, 세력 크게 약화됨

✚ 견훤 — 한능검(韓能檢) 출제 자료

견훤은 상주 가은현(경북 문경 가은) 사람으로 본래의 성은 이씨였는데, 후에 견으로 성씨를 삼았다. 아버지는 아자개이니 농사로 자활하다가 후에 가업을 일으켜 장군이 되었다. …… 신라 진성왕 6년(892), 아첨하는 소인들이 왕의 곁에 있어 정권을 농간하매 기강은 문란하여 해이해지고, 기근이 곁들어 백성들이 떠돌아다니고 도적들이 벌떼처럼 일어났다. 이에 견훤이 은근히 반심을 품고 무리를 모아 서울 서남쪽 주현들로 진격하니, 가는 곳마다 호응하여 무리가 한 달 사이에 5,000여 인에 이르렀다. …… "지금 내가 도읍을 완산(전주)에 정하고, 어찌 감히 의자왕의 쌓인 원통함을 씻지 아니하랴."하고, 드디어 후백제 왕이라 스스로 칭하고 관부를 설치하여 직책을 나누었다.
— 『삼국사기』 —

✚ 궁예 — 한능검(韓能檢) 출제 자료

궁예는 신라 사람으로 성은 김씨이고, 아버지는 제47대 헌안왕 의정이며, 어머니는 헌안왕의 후궁이었다. …… 머리를 깎고 승려가 되어 스스로 선종(善宗)이라 이름하였다. …… 신라 말기에 정치가 거칠어지고 백성들이 흩어져서 왕성(王城)을 중심으로 한 지역 주현(州縣) 중에서 조정을 반대하거나 지지하는 수가 반반이었으며, 이곳저곳에서 도적들이 벌떼처럼 일어나서 개미같이 모여드는 것을 보고, 선종은 어지러운 때를 틈타서 무리를 끌어모으면 자기 뜻을 이룰 수 있을 것이라고 생각하였다. …… 북원(원주)의 도적 집단 괴수 양길(梁吉)에게 투탁(投託)하니, 양길이 그를 잘 대우하고 일을 맡겼으며, 군사를 나누어 주어 동쪽으로 신라 영토를 공격하게 하였다. …… 선종이 스스로 무리들이 많아서 나라를 창건하고 임금이라 일컬을 만하다고 생각하여 중앙과 지방에 관직을 설치하기 시작하였다. …… 선종이 왕이라 자칭하고 사람들에게 이르기를 "이전에 신라가 당나라에 군사를 청하여 고구려를 격파하였기 때문에 옛 서울 평양은 오래되어서 풀만 무성하게 되었으니 내가 반드시 그 원수를 갚겠다."라고 하였다.
— 『삼국사기』 —

2 후삼국의 통일

(1) 공산 전투(927)
① 고려군이 백제의 침입으로 위기에 처한 신라 경애왕을 구원하기 위해 남하
② 팔공산(八公山, 공산) 전투에서 고려군 대패

(2) 고창 전투(930)

① 고려는 낙동강 서부 고창(현재의 경북 안동)지역에서 격전을 거듭한 끝에 지방호족의 도움을 받아 후백제군 8,000명을 죽이고 승리
② 고려의 후삼국 통일 기틀 마련
③ 후백제는 점차 수세에 몰려 붕괴하기 시작

(3) 견훤의 귀부와 신라 병합(935)

① 아들 신검에 의해 금산사에 유폐되었던 견훤이 귀부하여 상보(尙父)의 지위와 함께 식읍 지급
② 경순왕 김부가 항복하여 오자 정승공으로 봉하고, 경주의 사심관으로 삼아 그 지역을 식읍으로 지급

(4) 선산 일리천 전투와 후백제 정벌(936)

① 후백제의 왕위 계승권 분쟁으로 아들 신검에 의해 금산사에 유폐되었던 견훤이 귀부
② 견훤이 936년 고려군과 함께 일선군(一善郡, 지금의 경상북도 선산군)으로 진격
③ 고려와 후백제 두 진영은 선산의 일리천을 사이에 두고 전투를 벌였으며, 크게 패배한 신검은 전장을 탈출하여 황산군(黃山郡 : 지금의 충청남도 논산시 연산)의 탄현에 이르러 항복

(5) 발해 유민 수용

① 포섭 정책 : 발해가 멸망하자 발해 왕자 대광현의 귀부를 수용
② 민족의 재통일 완성

○ 고려의 성립과 민족 재통일

3 태조(太祖)의 정책(제1대, 재위 918~943)

(1) 호족 통합 정책

① 정략 결혼 : 고구려, 백제, 신라 계열을 다양하게 망라하여 유력한 호족의 딸을 왕비로 맞이함(왕후 6명, 부인 23명)
② 공신 책봉과 역분전(役分田) 분급
  ㉠ 태조는 개국공신으로 2,000여 명을 봉하고, 940년에는 통일 전쟁의 공훈을 바탕으로 1,200여 명을 삼한(三韓)공신에 책봉
  ㉡ 공훈과 인품의 규정을 마련하여 역분전 지급
③ 사성(賜姓) 제도 : 귀순 호족에게 왕성을 하사
④ 본관제(토성제) : 각 지역의 지배권을 안배하여 940년에는 토성을 분정

> **중폐비사**   한능검(韓能檢) 출제 자료
>
> 각처의 도적들이 내가 처음 왕위에 올랐다는 것을 듣고 혹 변방에서 변란을 일으킬까 염려된다. 단사(單使 : 수행원 없이 홀로 파견되는 사신)를 각지에 파견하여 폐백을 후히하고 언사를 낮추어서 혜화(惠和)의 뜻을 보이게 하라
> -『고려사』-

(2) 관제 정비
　① 개국공신과 호족을 관리로 등용
　② 태봉의 관제를 이어받아 9등급제를 시행 ➡ 통일 이후에는 분화가 진행되어 16등급으로 전환

(3) 사심관 제도(우대)와 기인 제도(감시)
　① 사심관 제도 : 지방의 유력 호족을 중앙에서 근무 시키는 제도
　② 기인 제도 : 지방 호족을 자제를 중앙으로 올리는 인질 제도

> **✚ 사심관 제도와 기인 제도** 　　　　　　　　　　　　　　　한능검(韓能檢) 출제 자료
> - 태조 18년(945) 신라 왕 김부(경순왕)가 항복해 오니 신라국을 없애고 경주라 하였다. 김부로 하여금 경주의 사심관이 되어 부호장 이하의 관리 임명을 맡게 하였다. 이에 공신이 이를 본받아 제각기 자기 출신 지역의 사심관이 되었다. 사심관은 여기에서 비롯되었다.
> 　　　　　　　　　　　　　　　　　　　　　　　　　　　　　　　　　　- 『고려사』 -
> - 건국 초에 향리의 자체를 뽑아 서울에 볼모로 삼고, 또한 출신지에 일에 관한 지문에 대비하게 하였는데, 이를 기인이라 하였다.
> 　　　　　　　　　　　　　　　　　　　　　　　　　　　　　　　　　　- 『고려사』 -

(4) 통치 규범 정립
　①『정계』,『계백료서』을 지어 관리들이 지켜야 할 규범 제시
　②『훈요 10조』를 유훈으로 내려 후대 왕들이 지켜야 할 정책 방향 제시

> **✚ 훈요 10조** 　　　　　　　　　　　　　　　　　　　　　　한능검(韓能檢) 출제 자료
> 1조　국가의 대업은 여러 부처의 호위를 받아야 하므로 선(禪)·교(敎) 사원을 개창한 것이니, 후세의 간신이 정권을 잡고 승려들의 간청에 따라 각기 사원을 경영, 쟁탈하지 못하게 하라.
> 2조　신설한 사원은 도선이 산수의 순(順)과 역(逆)을 점쳐놓은 데 따라 세운 것이다. 사원을 함부로 짓지 말라.
> 3조　왕위계승은 맏아들로 함이 상례이지만, 만일 맏아들이 불초할 때에는 둘째아들에게, 둘째아들이 그러할 때에는 그 형제 중에서 중망을 받는 자에게 대통을 잇게 하라.
> 4조　우리 동방은 예로부터 당의 풍속을 숭상해 예악문물을 모두 거기에 좇고 있으나, 풍토와 인성(人性)이 다르므로 반드시 같이할 필요는 없다. 특히 거란은 금수의 나라이므로 풍속과 말이 다르니 의관 제도를 본받지 말라.
> 5조　나는 우리나라 산천의 신비력에 의해 통일의 대업을 이룩하였다. 서경의 수덕(水德)은 순조로워 우리나라 지맥의 근본을 이루고 있어 길이 대업을 누릴 만한 곳이니, 사중(四仲 : 子·午·卯·酉가 있는 해)마다 순수(巡狩)하여 100일을 머물러 안녕(태평)을 이루게 하라.
> 6조　나의 소원은 연등과 팔관에 있는바, 연등은 부처를 제사하고, 팔관은 하늘과 5악(岳)·명산대천·용신(龍神) 등을 봉사하는 것이니, 후세의 간신이 신위(神位)와 의식 절차의 가감(加減)을 건의하지 못하게 하라.
> 7조　임금이 신민의 마음을 얻는다는 것은 매우 어려우나, 그 요는 간언(諫言)을 받아들이고 참소를 멀리하는 데 있으니, 간언을 좇으면 어진 임금이 되고, 참소가 비록 꿀과 같이 달지라도 이를 믿지 아니하면 참소는 그칠 것이다. 또, 백성을 부리되 때를 가려 하고 용역과 부세를 가벼이 하며 농사의 어려움을 안다면, 자연히 민심을 얻고 나라가 부강하고 백성이 편안할 것이다.
> 8조　차현 이남, 금강 밖의 산형지세가 모두 본주(本主)를 배역(背逆)해 인심도 또한 그러하니, 저 아랫녘의 군민이 조정에 참여해 왕후(王侯)·국척(國戚)과 혼인을 맺고 정권을 잡으면 혹 나라를 어지럽히거나, 혹 통합(후백제의 합병)의 원한을 품고 반역을 감행할 것이다.
> 9조　무릇 신료들의 녹봉은 나라의 대소에 따라 정할 것이고 함부로 증감해서는 안 된다.
> 10조 국가를 가진 자는 항상 무사한 때를 경계할 것이며, 널리 경사(經史)를 섭렵해 예를 거울로 삼아 현실을 경계하라.

(5) 민생 안정
　① 조세 감면(취민유도) : 호족의 지나친 수취를 금지하고 조세를 1/10세로 감면
　② 민심 수습
　　㉠ 나말여초의 혼란 중, 억울하게 노비가 된 사람들 해방
　　㉡ 흑창을 설치하여 빈민 구제

(6) 북진 정책 추진과 고구려 계승 강조(고려)
    ① 서경(평양) 중시
        ㉠ 북진 정책의 전진 기지로 고구려의 옛 수도인 서경을 중시
        ㉡ 왕식렴(서북면), 유금필(동북면)을 보내 청천강에서 영흥만까지 영토를 회복
    ② 거란에 대한 강경책(만부교 사건)
        ㉠ 발해를 멸망시킨 무도한 국가로 인식하여 거란과 통교 거부
        ㉡ 942년 거란의 사신 30여 명을 섬으로 유배, 선물로 가져온 낙타 50필을 만부교에 묶어 굶겨 죽임

4 혜종(惠宗)대의 혼란(제2대, 재위 943~945)

(1) 왕규의 난
    ① 호족인 왕규가 왕권이 미약한 상황에서 권력을 잡고자 한 사건
    ② 혜종의 후견세력인 박술희 세력을 제압하고, 왕위를 탈취 시도

(2) 왕권 약화
    ① 왕요(훗날 정종)와 왕소(훗날 광종)가 서경의 왕식렴 세력과 결탁
    ② 왕규와 그의 무리를 진압하고 왕규를 살해, 혜종의 후견 세력인 박술희까지 살해

> **✥ 왕규의 난** — 한능검(韓能檢) 출제 자료
> 혜종이 병으로 자리를 눕자 왕규는 다른 뜻을 품었다. 이에 정종이 은밀하게 왕식렴과 함께 변란에 대응할 계획을 세웠다. 왕규가 난을 일으키자, 왕식렴은 평양에서 군대를 거느리고 (개경으로) 들어와 지켰다. – 『고려사』 –

5 정종(定宗)의 정책(제3대, 재위 945~949)

(1) 왕위 계승 분쟁
    ① 왕요는 왕규의 난을 진압하고 실권을 장악
    ② 혜종이 죽고 즉위 하지만 여전히 공신과 호족 세력이 강성

(2) 서경 천도 계획 추진
    ① 정종은 자신의 후원 세력인 서경 유수 왕식렴이 있는 서경으로 천도 시도
    ② 외척과 개국공신 세력의 약화시키기 위함이나 실행에 옮기지 못함

(3) 광군사 설치(947)
    ① 최광윤에 의해 거란의 고려 침략 계획을 알게 된 후 설치
    ② 청천강 유역에 광군사 설치하고 광군 30만을 청천강에 배치
    ③ 광군은 훗날 지방 주현군의 모태가 됨

14 왕권 강화와 통치 체제의 정비

1 광종(光宗)의 정책(제4대, 재위 949~975)

(1) 주현공부법(949)
① 주현 단위로 해마다 바치는 공물과 부역을 책정하여 국가 재정 확보
② 지방 호족에게 연대 책임 부과

(2) 노비안검법 실시(956)
① 나말여초의 혼란기에 유력자들에 의해 불법적으로 노비가 된 자 해방
② 호족의 경제적·군사적 기반을 약화시켜 왕권을 강화
③ 조세·부역 담당자인 양인을 확보함으로써 국가의 재정 기반을 확충

(3) 과거 제도 시행(958)
① 후주에서 귀화한 쌍기의 건의로 958년 시행
② 공신의 자제를 우선으로 등용하던 관행에서 벗어나 유교적 교양을 가진 문신 유학자를 등용

(4) 공복 제도 도입(960)
① 관료의 기강과 위계질서 확립이 목적
② 4색 공복(자·단·비·녹)을 제정

> **노비안검법**
> 광종 7년(956) 노비를 조사하여 억울하게 노비가 된 자의 시비를 살펴 분별하도록 명하자, 그 주인을 배반하는 노비가 이루 헤아릴 수 없었다. 이로 말미암아 윗사람을 업신여기는 기풍이 크게 유행하니 사람들이 모두 한탄하고 원망하였다. 왕비가 간절히 말려도 듣지 않았다. — 『고려사절요』 —

> **과거제 시행**
> 쌍기가 처음으로 과거 제도의 실시를 건의하였고, 마침내 지공거가 되어 시(詩)·부(賦)·송(頌)·책(策)으로써 진가 갑과에 최섬 등 2인, 명경업(明經業) 3명, 복업(卜業)에 2인을 선발하였다. — 『고려사절요』 —

> **공복 제정**
> 광종 11년 백관의 공복을 정하였다. 원윤 이상은 자색 옷, 중단경 이상은 붉은색 옷, 도항경 이상은 비색옷, 소주부 이상은 녹색 옷으로 하였다. — 『고려사』 —

(5) 공신 및 호족의 숙청
① 나말여초 시기에 성장한 호족과 개국 과정에서 큰 공을 세운 공신을 대거 제거
② 왕권 강화를 목적으로 실시

(6) 내제 외왕 체제 구축
① 독자적인 칭제건원 : 왕호를 황제, 연호를 광덕·준풍 사용
② 개경을 황도, 서경을 서도로 승격

(7) 불교 정책
　① 승과 제도 및 왕사·국사제도를 실시
　② 968년에 혜거를 국사로, 탄문을 왕사로 임명
　③ 개경에 귀법사를 창건하고 균여를 주지로 임명하여 화엄종을 중심으로 교종 통합, 법안종을 중심으로 선종 통합 시도
　④ 제관과 의통을 남중국에 파견하여 천태학 수입

(8) 송과의 수교
　① 5대 10국을 통일하였던 송과 외교 관계를 맺고 문물 수입(962)
　② 광종 대 부터 친송정책 실시

(9) 제위보 설치
　① 빈민 구제 기구
　② 기금을 마련하여 가난한 농민을 구제

2 경종(景宗)의 정책(제5대, 재위 975~981)

(1) 보수 반동 정치와 정치적 혼란
　① 경종 즉위 초에 보수 반동 정치가 횡행
　② 광종 때에 참소당한 사람들의 자손들에게 사면령을 내리고 복수할 것을 허락하면서 혼란이 극심해짐

(2) 시정 전시과(976) 제정
　① 전·현직 관료에게 전시와 시지를 지급
　② 인품 등의 애매한 규정 등이 존재

3 성종(成宗)의 정책(제6대, 재위 981~997)

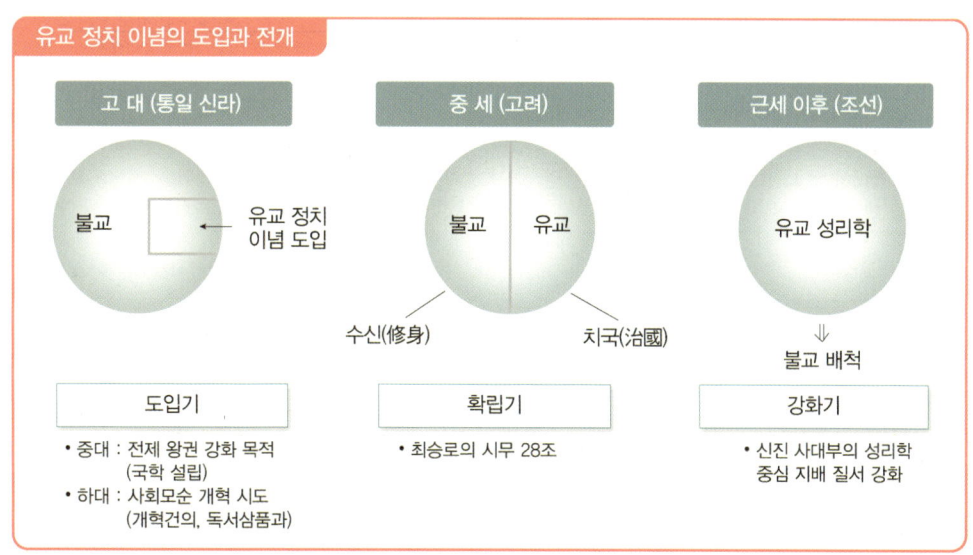

(1) 최승로의 시무책(5대조 정적평과 시무 28조)

① **5대조 정적평** : 고려 초기 5대 왕의 치적에 대해 평가하였으며, 특히 광종의 전제 정치에 대해 비판하였고 최승로는 귀족 연합 정치 옹호

② **시무 28조**
  ㉠ 중앙 집권 체제의 확립과 호족 통제 : 외관을 파견할 것을 건의하여 12목 설치 및 지방관 파견
  ㉡ 유교 정치 이념의 채택
    ⓐ 유교 강조 : "불교를 봉행함은 수신의 본, 유교를 봉행함은 치국의 근원"이라 하여 유교 정치 이념의 채택을 주장
    ⓑ 불교 행사 억제 : 과도한 재정의 낭비를 불러 오는 연등회와 팔관회 폐지를 강조
  ㉢ 자주적 개혁 주장 : 맹목적인 중국 모방보다는 자주적이고 주체적인 개혁 추진을 역설

✦ 최승로의 시무 28조 *한능검(韓能檢) 출제 자료*

7조 태조께서 나라를 통일한 후에 군현에 수령을 두고자 하였으나 대개 초창기에 일이 번다하여 미처 이 일을 시행할 겨를이 없었습니다. 청컨대 외관(外官 : 지방관)을 두소서.
11조 풍속은 각기 그 토질에 따라 다른 것이므로 모든 것을 반드시 구차하게 중국과 같게 할 필요는 없습니다.
13조 우리나라에서는 봄에는 연등(燃燈)을 설치하고, 겨울에는 팔관(八關)을 베풀어 사람을 많이 동원하고 노역이 심히 번다하오니 원컨대 이를 감하여 백성이 힘을 펴게 하소서.
14조 임금께서는 스스로 교만하지 말고 아랫사람을 공손히 대하고, 죄지은 자는 모두 법에 따라 벌의 경중을 결정하소서.
20조 불교를 행하는 것은 몸을 닦는 근본이며, 유교를 행하는 것은 나라를 다스리는 근원이니, 몸을 닦는 것은 내생(來生)을 위한 것이며, 나라를 다스리는 것은 곧 오늘의 일입니다. 오늘은 지극히 가깝고 내생은 지극히 먼 것이니, 가까운 것을 버리고 먼 것을 구하는 일이 또한 그릇된 일이 아니겠습니까.
― 『고려사절요』 ―

✦ 태조에 대한 평가 *한능검(韓能檢) 출제 자료*

통일을 이룬 이래로 정사에 부지런한 지 8년 동안 사대를 예로써 하고 교린을 도로써 하며, 편안히 거처하면서도 방일(放逸)함이 없고, 아랫사람을 접함에 공손함을 생각하고, 도덕을 귀하게 여기고, 절검(節儉)을 숭상하며, 궁실(宮室)을 낮게 하여 겨우 비바람을 가리고, 의복을 검소하게 하여 추위와 더위 막기를 취하고, 어짊을 좋아하고 착함을 즐겨하며, 자기를 버리고 남을 따르니, 공검하고 예양(禮讓)하는 마음은 천성에서 나왔습니다.
― 『고려사절요』 최승로의 태조평 ―

✦ 혜종에 대한 평가 *한능검(韓能檢) 출제 자료*

혜종은 오랫동안 동궁(태자)에 있으면서 여러 번 감무(監撫)를 하였으며, 예를 갖추어 사부를 높이고 빈료(賓僚)를 잘 접대하였으니, 이로 말미암아 아름다운 명성이 조정과 민간에 들리었으므로 처음 왕위를 계승하실 적에 여러 사람들이 모두 기뻐하였습니다. …… 그러나 얼마 후에 덕정(德政)을 닦지 않고 자신의 생명만을 너무 염려하여 좌우 전후에 항상 갑사(甲士)를 따르게 하였으니, 대개 사람을 의심함이 너무 심하여 임금의 체통을 크게 잃었던 것입니다.
― 『고려사절요』 최승로의 혜종평 ―

정종에 대한 평가

- 정종은 왕위를 계승하자 밤낮으로 부지런하고 정성을 다하여 정치에 힘을 썼다. 혹은 촛불을 켜고서 조사(朝士)들을 불러 보기도 하고 혹은 밥먹는 시간까지 늦추어 가면서 정무를 처결하기도 하였다. 그런 까닭에 왕위에 오른 초기에는 사람들이 모두 서로 경하했다.
- 사람들을 징발하여 역사를 시켜 인부를 괴롭히니 왕망이 이로 인하여 일어났고 모든 재변의 징험이 아주 빨랐다. 미처 서경으로 천도하지 못하고 왕위를 아주 떠났으니 진실로 원통한 일이다.

— 『고려사절요』 최승로의 정종평 —

광종에 대한 평가

- 광종은 정종의 유명을 받아 왕위에 올라서 아랫사람을 예로써 접대하고 사람을 알아보는 데 실수하지 않으며 친하고 귀한 사람에게 치우지지 않았다. 항상 호강(豪强)한 자를 누르고 소원하고 천한 자를 버리지 않고 홀아비와 과부들을 구휼하였다. 왕위에 오른 후부터 8년 만에 정치와 교화가 맑고 공평하며 형벌과 은상이 지나침이 없었다.
- 쌍기가 귀화한 이후로부터 문사(文士)를 존중하여 은혜와 예가 너무 융숭하니 재주 없는 자[非才]가 외람되이 진출하여 계급을 뛰어 갑자기 승진되어 한 해 안에 바로 경상(卿相)이 되었다. 혹은 밤마다 사람들을 접견하고 혹은 날마다 손님을 초대하여 이로써 즐거움을 삼아 정사에 게을리 하고 연회와 놀음이 그치지 않았다. 멀리 중국 남방과 북방의 용렬한 사람들[南北庸人]까지도 특별한 예로서 접대하니 이 때문에 젊은 무리들[後生]이 다투어 진출하고 옛 덕망 있는 사람들이 점차 쇠진하였다. 비록 중국의 풍속은 존중하였으나 중국의 좋은 법은 취하지 못하였으며 중국의 선비는 예로써 대접하였으나 중국의 어진 인재는 얻지 못하였다. 또 백성들에게 있어서는 고혈(膏血)의 재물을 더욱 소모케 했으며 사방에 있어서는 헛된 명예를 얻었다. 이로 인하여 다시는 정무에 부지런하지 않고 빈료(賓僚)를 접견하지 않았다. 그런 까닭으로 신하를 시기함이 날로 심하고 군신 사이의 의론이 날로 서로 막혀져서 정치의 잘되고 못된 점을 감히 말하는 사람이 없었다.
- 광종은 참소와 간사(奸邪)를 믿어 죄없는 사람을 많이 죽이고 불교의 인과응보설에 미혹되어 죄업을 제거하려고 하여 백성의 고혈을 짜내어 불사(佛事)를 많이 일으켰다. 그리하여 혹은 비로자나(毗盧遮那)의 참회법(懺悔法)을 베풀기도 하고 혹은 중을 구정(毬庭)에 모아 공양하기도 하고 혹은 무자수륙회(無遮水陸會)를 귀법사에서 베풀었다. 매양 부처에게 재 올리는 날을 당하면 반드시 걸식하는 중에게 밥을 먹이기도 하고 혹은 내도량(內道場)의 떡과 과일을 걸인에게 내어 주기도 하였다. 혹은 신지(新池)·혈구(穴口)·마리산(摩利山) 등의 어량(魚梁)을 방생소(放生所)로 삼아 한 해 동안에 네 번이나 사자를 보내어 그 지방의 사원에 나가서 불경을 강연하였다. 또 살생을 금하며, 대소 신민으로 하여금 모두 다 참여케 하여 미곡(米穀)·시탄(柴炭)·마료(馬料)를 운반하여 서울과 지방의 길가는 사람에게 보시한 것은 이루 다 헤아릴 수 없었다. 그러나 이미 참소를 믿은 때문에 사람을 초개처럼 여겨 베어 죽인 사람이 산더미같이 쌓였으며 항상 백성의 고혈을 다 짜내어 재를 올리는 데 이바지하였으니 부처가 영험이 있다면 어찌 즐거이 공양을 받겠는가. 이때에 자식이 부모를 배반하고 노비가 주인을 배반하며 모든 범죄자가 모양을 변장하여 중이 되고 돌아다니면서 구걸하는 무리들이 와서 여러 중들과 서로 섞이어 재에 가는 자가 많았으니 무슨 이익이 있겠는가 …… 또 승려 선회(善會)를 시켜 그 보시를 주관케 하니 떡과 쌀을 함부로 다른 데에 허비하였다. 이로 인하여 선회가 수명대로 살지 못하였고 길가의 송장이 되었으니 당시의 의론이 이를 기롱히였다.

— 『고려사절요』 최승로의 광종평 —

경종에 대한 평가

- 광종 말년에는 세상이 어지러워 참소가 일어나서 모든 형벌에 걸린 이는 죄없는 사람이 많았으며 역대의 훈신숙장(勳臣宿將)들도 모두 죽음을 면치 못하였다. 경종이 왕위에 오를 때에는 구신(舊臣)으로 살아 남은 사람이 겨우 40여 명뿐이었다. 그해에도 또한 살해를 당한 사람이 많았으나 이는 모두 '후생참적(後生讒賊)'들이므로 진실로 애석히 여길 것은 없다. 다만, 천안(天安)·진주(鎭州)의 두 낭군(郎君)만은 본래 황가(皇家)의 후손이어서 광종께서도 너그럽게 대우하여 마침내 처형하지 않았는데 경종 때에 와서는 울타리가 될 만한 데도 문득 권신의 해침을 당하였으니 어찌 원통하고 애석하지 않겠는가.
- 이로부터 사(邪)와 정(正)의 구분이 없고 은상(恩賞)과 형벌이 균일하지 않았다. 정치를 잘할 겨를이 없이 다시 게으르게 되어 드디어 여색에 빠지고 향악(鄕樂) 듣기를 좋아하였다. 잇달아 장기와 바둑을 좋아하여 종일토록 싫어하지 않아 좌우에 모신 사람은 오직 중관(中官)과 내수(內豎)뿐이었다. 이로 말미암아 군자의 말은 들어갈 수도 없고 소인의 말만 때때로 따르게 되었다.

— 『고려사절요』 최승로의 경종평 —

(2) 유학 교육 진흥
① 국립 대학인 국자감을 설치·정비하였으며, 지방에 향교를 개설하고, 지방(12목)에 경학박사, 의학박사를 파견(987)
② 개경에 비서성, 서경에 수서원이라는 도서관 설치
③ 과거 제도 정비 및 확대
④ 문신월과법 시행 : 중앙의 문신들에게 매달 시·부를 지어 바치게 함

(3) 중앙 집권화 정책
① 중앙 통치 기구 개편(귀족 관료 중심의 정치 운영)
　㉠ 태봉·신라의 제도를 참작하고 당의 제도를 받아들여 내사문하성(문종 시기 중서문하성으로 개칭)과 어사도성 설치
　㉡ 995년 어사도성이 상서도성으로 개편되어 2성 6부제의 골격 완성
　㉢ 송의 관제인 중추원과 삼사 설치
　㉣ 독자적 기구인 도병마사와 식목도감 구성
　㉤ 중앙 문관에게 문산계(文散階)를 부여
② 지방 통치 체제 개편(호족 세력에 대한 통제 강화)
　㉠ 지방관 파견
　　ⓐ 최승로의 건의로 12목에 목사를 파견
　　ⓑ 10도제 실시
　　ⓒ 12목을 12절도사로 개편
　㉡ 향리제도 실시 : 향직을 개편하여 지방 호족을 호장, 부호장 등 향리로 강등

(4) 군사 제도
① 중앙군으로 6위를 설치, 수도 경비와 국경 방어
② 지방군을 병농일치제로 개편

(5) 사회·경제 정책
① 빈민 구제 및 물가 조절
　㉠ 태조 대 흑창을 개편하여 의창 제도 마련
　㉡ 개경과 서경 및 12목에 상평창을 설치하여 물가 조절
② 재면법 : 수해·한해·충해·상해로 전답의 피해가 발생했을 경우 조세와 부역의 감면 비율을 정하여 적용
③ 화폐 발행 : 최초의 화폐인 건원중보 발행
④ 권농 정책 : 호족의 무기를 몰수하여 농기구를 제작하고 농번기에 잡역 금지
⑤ 노비환천법
　㉠ 광종 대 노비안검법을 재검토
　㉡ 노비에서 양민이 된 사람 중 반정부적 색채를 가진 자나 치안을 어지럽히는 자를 선별하여 노비로 환천

(6) 분사 제도
    ① 서경을 우대하여 개경의 중앙 관서와 비견되는 독립적인 행정 기구을 설치
    ② 태조 대 시작되어 성종 때 정비, 예종 때 완성
    ③ 묘청의 서경 천도 운동이 실패한 이후 폐지
    ④ 무신 정권 때 조위총의 난 이후 완전 폐지

4 현종(顯宗)의 정책(제8대, 재위 1009~1031)

(1) 지방 제도 개편
    ① 지방 행정 제도 정비
        ㉠ 성종 때의 10도 체제를 5도 양계로 정비
        ㉡ 세부 행정 단위를 4도호부·8목과 경기제 및 군현제로 완비
    ② 향리직 정비 : 각 군현의 호장(戶長) 등 향리의 정원 규정 및 공복 제정

(2) 주현공거법 실시
    ① 과거제를 확대 및 개편한 제도
    ② 향리의 자제에게 과거 시험 허용

(3) 거란 침략 이후의 전후 대책
    ① 거란의 2차 침입 이후 2군을 창설, 왕실 호위 강화
    ② 거란의 3차 침입 이후 왕가도에게 나성을 축조, 감목양마법을 실시하여 군마를 양성
    ③ 현종 대 거란의 침략에 대한 격퇴를 기원하기 위해 초조대장경 조판
    ④ 최항·김심언·황주량 등에게 7대 실록(태조~목종)을 편찬케 함

(4) 불교 진흥
    ① 현종은 성종 대 폐지되었던 연등회와 팔관회 부활
    ② 법상종의 본찰인 현화사 창건

(5) 사회 시책
    ① 주창수렴법 : 의창을 확대하여 흉년 시에 빈민 구제용으로 미곡을 각 주 창고에 비축
    ② 면군급고법 : 노부모를 봉양하는 정남의 군역을 면제하거나 외직을 피해 줌

5 문종(文宗)의 정책(제11대, 재위 1046~1083)

(1) 고려 문화의 황금기 이룩
    ① 신라 문화를 창조적으로 계승하는 한편, 송나라의 발달된 문물을 받아들여 문물제도 정비
    ② 불교·유교 및 사회전반의 문화발전이 획기적으로 이루어진 황금기 이룩

(2) 공음전 지급(1049)
① 특별한 공로자와 5품 이상의 관리에게 공음전을 지급
② 공음전은 죽어도 국가에 반납하지 않고 세습 가능한 토지

(3) 사회 시책
① 재면법과 답험손실법 정비 : 성종 시기에 만들어진 재면법 손질, 답험손실법 보완
② 전품제 규정 : 토지 비옥도에 따라 불역전, 일역전, 재역전의 3등급으로 구분
③ 삼복제(삼심제) 실시 : 사형수에 대해서는 세 번 심사하여 판결
④ 삼원신수법 실시 : 죄인을 심문할 때는 세 명 이상의 형관이 입회

(4) 사학의 융성
① 최충이 문하시중으로 은퇴한 이후 9재 학당(문헌공도)을 개설하여 운영
② 정배걸, 문정 등의 인물들이 사학을 설립, 이른바 '사학 12도'가 융성

(5) 불교 장려
① 비보사찰인 흥왕사를 창건
② 두 아들인 대각국사 의천·승통 도생을 출가시키는 등 불교 장려

(6) 남경 설치
① 당시 양주로 불리던 서울 지역에 남경을 설치(훗날의 한양)
② 잠시 폐지되었다가 숙종 대 재설치(남경 개창도감)

(7) 경정전시과 실시
① 전시과로 실시로 현직 관료에서 토지가 부족해지는 현상 발생
② 현직 관리 중심의 지급 규정을 마련한 경정전시과 시행

(8) 기인선상법(1077)
기인은 반드시 향리의 자제라야 한다는 규정을 없애고 임의로 지역에서 선상

15 고려의 통치 체제

1 중앙 행정 제도

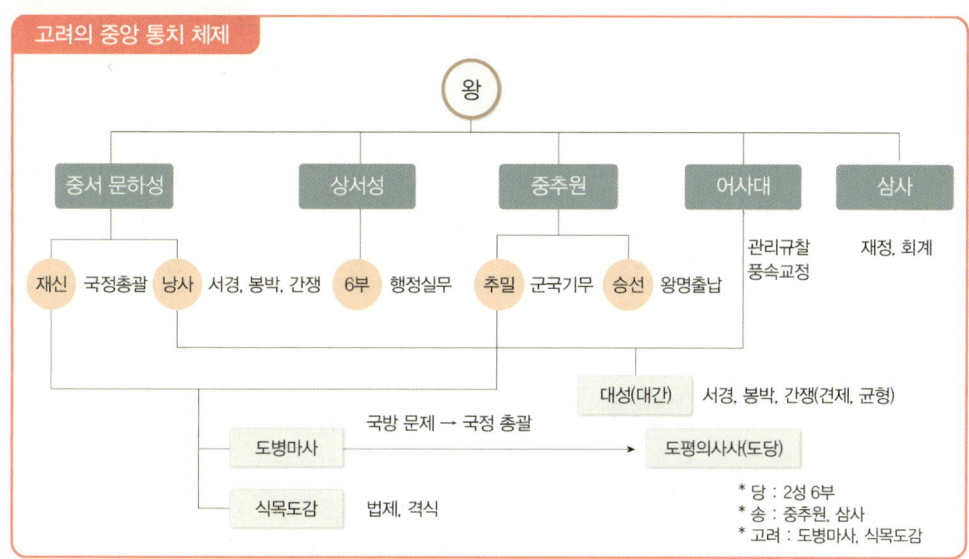

(1) 2성 6부

① 중서문하성 : 중서성과 문하성을 통합한 기구로서 문하시중이 수상직을 수행하였으며, 2품 이상의 재신(재부)과 3품 이하의 낭사(간관)로 구성
  ㉠ 재신(2품 이상)
    ⓐ 국가의 중요 정책을 심의하고 백관을 통솔
    ⓑ 재신 중 종1품 문하시중이 중서문하성의 장관으로 고려의 수상으로 불림
  ㉡ 낭사(3품 이하)
    ⓐ 간관으로 정책을 건의
    ⓑ 정책 집행의 잘못을 비판(서경·봉박·간쟁)

② 상서성
  ㉠ 상서도성(상서령, 좌우복야)과 6부 및 예속 속사 등으로 구성되어 6부를 통솔하고 행정업무를 집행하는 역할 담당
  ㉡ 상서령이 대체로 명예직에 해당하여 임명되지 않는 경우가 많았으며 좌우복야가 6부를 관장하였지만 실권은 없었음
  ㉢ 6부
    ⓐ 이·병·호·형·예·공의 서열을 지님
    ⓑ 6부 직주제로 중서문하성과 상서성을 거치지 않고 직접 왕에게 보고하는 체제였으나, 각 부의 장관인 상서(정3품) 위에 재신들이 판사제를 설치, 6부 판사를 겸임하였기 때문에 실질적인 장관직제는 판사가 수행하여 6부 직주제는 유명무실

▶ 6부

6 부	역 할
이부(吏部)	문관 인사, 공훈, 지방관 감독
병부(兵部)	무관 인사, 우역, 통신, 국방
호부(戶部)	호구, 조세, 공부, 화폐
형부(刑部)	법률, 소송, 노비
예부(禮部)	의례, 외교, 교육, 과거
공부(工部)	토목, 건축, 공장, 도량형

(2) 중추원(추부)
  ① 추밀
      ㉠ 군국기무를 담당(종2품이 대개 임명되었으나 3품 이상으로 확대)
      ㉡ 재신들과 함께 도병마사를 구성
  ② 승선
      ㉠ 왕명 출납을 담당(3품)
      ㉡ 간쟁과 인사 업무에도 관여

(3) 삼사
  ① 국가의 회계 업무를 담당
  ② 화폐와 곡식의 출납 관장

(4) 어사대
  ① 감찰 기구로서 풍속 교정과 관리들의 비리 감찰
  ② 낭사와 함께 대성(간)을 구성하여 서경, 봉박, 간쟁 역할 수행
  ③ 대성에서 서경·간쟁권을 행사함으로써 국왕과 귀족 간의 권력을 조화·유지

(5) 한림원
  ① 외교 문서 및 왕명과 교서 작성을 주관
  ② 과거 출신자만 기용

(6) 춘추관
  ① 실록과 역사 편찬을 담당
  ② 장관은 감수국사로 재신이 겸직

(7) 사천대
  ① 천문 관측을 담당
  ② 장관은 판사이며 뒤에 서운관으로 개칭

(8) 보문관
  ① 경연과 장서를 관할(청연각, 보문각)
  ② 장관으로 대제학이 임명

(9) 산 직
① 동정직 : 문6품 이하, 무5품 이하의 관리
② 검교직 : 문5품 이상, 무4품 이상의 관리

(10) 29관등 조직
① 정1품의 직제가 있었지만 거의 임명되지 않음
② 1품에서 3품까지는 정·종으로 나뉘어 정 1품을 제외한 5관등으로 구성
③ 4품에서 9품까지는 정·종을 기준으로 다시 상하로 구분하여 24관등의 체계로 29관등의 특징을 가짐

(11) 귀족 합좌 회의 기구
① 중서문하성의 재신·중추원의 추밀로 구성
② 도병마사
  ㉠ 국방 문제 담당
  ㉡ 후기 도평의사사(도당)로 개편 후 국정을 총괄함
③ 식목도감
  ㉠ 임시 기구
  ㉡ 국내 정치에 대한 법의 제정 및 각종 시행 규정의 제정

▶ 시대별 감찰 기관

신라	사정부
발해	중정대
고려	어사대
조선	사헌부
현대	감사원

2 지방 행정 제도

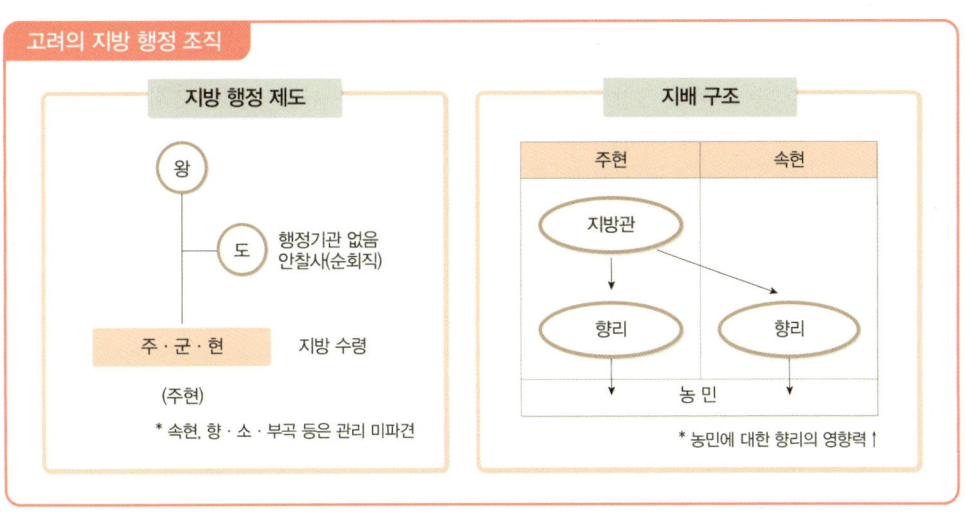

(1) 정비 과정
① 초기 : 호족 세력의 자치에 맡기고 지방관 파견을 통한 중앙 집권적 통제 미완
② 성종 : 12목을 설치하고 최초로 지방관을 파견, 당의 10도제를 모방하여 시행하였으나 유명무실
③ 현종 : 3경 4도호부 8목 → 5도 양계 체제로 완비

(2) 지방 조직

○ 고려의 지방 행정 구역

① 5도(일반 행정 구역) : 5품에서 6품에 해당하는 임기 6개월의 안찰사를 파견하여 도내의 지방을 순찰하게 하였으며 상주시키지 않음
  ㉠ 편제 : 주·군(지사), 현(현령)으로 나누어 통치. 초기에는 지방관이 파견된 지역(주현)보다 지방관 미파견 지역(속현)이 다수
  ㉡ 계수관제 : 경·도호부·목 등 몇 개의 큰 군현을 계수관으로 지정하여 중앙과 지방의 군현을 잇는 중간적 기능을 수행하면서 일반 군현을 통할
  ㉢ 주현
    ⓐ 지방관이 파견된 지역으로 주변의 속현을 아울러 관장
    ⓑ 처음에는 그 수가 속현보다 적었으나 임시 지방관인 감무가 파견되면서 관리 파견 지역이 증가
  ㉣ 속현
    ⓐ 지방관이 파견되지 않은 지역, 향리가 실제 지방의 말단 행정(조세와 공물 징수, 노역 징발 등)을 담당
    ⓑ 지방관보다 백성들에게 미치는 향리의 영향력이 컸음

② 특수 행정 구역
  ㉠ 3경 : 개경·서경·동경(후에 남경으로 대체), 풍수설과 밀접한 관련을 갖는 곳으로 왕이 순주. 3경의 장관은 유수이며 특히 서경은 부도로서 분사가 설치
  ㉡ 도호부 : 군사적 방비의 중심, 4도호부 → 5도호부 → 3도호부로 조정되고 양계와 5도 지역의 중요 거점에 설치
  ㉢ 향·소·부곡·장·처·역·진
    ⓐ 차별적 지역으로 향·부곡은 공해전, 둔전 등의 국공유지를 경작, 소는 광물과 수공업제품 생산, 장과 처는 왕실 재정 담당, 역과 진은 각각 육운과 수운의 교통 요지
    ⓑ 이 지역은 천민 구역으로 보기는 어려우나 거주 이전의 자유가 박탈되었고 과거 응시 자격을 금지하였으며 일반 행정 지역에 비해 수취 부담이 가중

> **향·부곡·소** 한능검(韓能檢) 출제 자료
>
> - 삼사에서 말하기를 "지난 해 밀성 관내의 뇌산부곡 등 세 곳은 홍수로 논밭 작물이 피해를 보았으므로 청컨대 1년치 조세를 면제하십시오."라고 하니, 이를 따랐다.
> - 향·부곡·악공·잡류의 자손은 과거에 응시하는 것은 허락하지 않는다.
> - 익안폐현은 충주의 다인철소인데, 주민들이 몽골의 침입을 막는 데 공이 있어 현으로 삼아 충주의 속현이 되었다.
>
> – 『고려사』 –

③ 양계(군사 행정 구역)
  ㉠ 동계와 북계를 설치하였으며, 군사적 요충지에 진을 배치
  ㉡ 양계에는 안찰사보다 높은 지위의 병마사를 파견하였으며 이들은 안찰사와 달리 양계 지역에 상주하였음

3 군사 제도

(1) 중앙군

① 편제
  ㉠ 2군(국왕의 친위 부대), 6위(수도 경비)로 구성
  ㉡ 1,000명을 단위의 령을 바탕으로 총 45령(약 42,000여 명)

▶ **2군 6위의 구성**

편제	부대명	구 성	역 할	특 징
2군	응양군	1령	국왕의 친위군	• 응양군의 지휘관인 상장군은 반주라 함 • 중방의 의장 : 2군 6위의 상장군·대장군으로 구성
	용호군	2령	국왕의 친위군	
6위	좌우위	보승 10령·정용 3령	수도 경비와 국경 방어	• 6위의 모체 부대
	신호위	보승 5령·정용 2령		• 좌우위와 함께 핵심 중앙 군단
	흥위위	보승 7령·정용 5령		
	금오위	정용 6령·역령 1령	수도의 치안 담당	• 역령은 복역 중의 죄수를 지키는 감독군으로 추측
	천우위	상령 1령·해령 1령	왕의 시종을 맡은 의장 부대	• 해령은 해상에서의 시종 담당으로 추측
	감문위	1령	궁성 내외의 성문 수비	• 예비 병력 중심

② 직업군인으로 편성 : 군인전 지급, 군역 세습
  ㉠ 군반씨족이라고 할 수 있는 군호로 편입되어 군적에 기록
  ㉡ 군인전 지급 : 마군 25결, 보군 22결, 감문군 20결을 지급
  ㉢ 군호는 상경하여 거주하였으며, 양호 2인을 주어 이들로 하여금 군인전을 경작하게 하였음
  ㉣ 세습할 자손이나 친족이 없는 경우에는 선군제에 의하여 보충
③ 중방 : 상장군·대장군의 합좌 회의 기구로 무신 정변 이후 중심 권력 기구화

> **무신의 지위**
>
> 응양·용호 2군의 상장군·대장군은 근장 상장군, 근장 대장군이라 불렀으며, 장군은 친종 장군이라 불렀고, 중낭장 이하도 근장이란 이름을 붙여서 불렀다.
> — 『고려사』 —

(2) 지방군

① 주진군(양계) : 좌군·우군·초군의 상비군이며 지휘관은 도령이 담당
  ㉠ 중앙에서 파견된 방수군 또는 남도 지방에서 이주해 온 군인 및 고려로 투항·귀화한 여진족으로 편성
  ㉡ 그 주류는 축성과 함께 실시된 사민 정책에 의해 정착한 토착민 중심
② 주현군(5도) : 정용(군)·보승(군), 일품군·이품군·삼품군, 지방 방위와 노역에 동원, 16세 이상 장정 농민으로 구성
  ㉠ 남도 지방의 주현군은 그곳 수령의 지휘 하에 치안과 방수, 공역의 임무를 담당
  ㉡ 공역의 임무가 더욱 중요하여 노동 부대의 성격이 강하고 일품군·이품군·삼품군 등으로 불리는 노동 부대가 이에 속하며 향리가 지휘를 담당

(3) 특수군

광군사	• 정종 대 청천강 지역에 배치된 상비군(약 30만) • 지방군인 주현군에 편입
별무반	• 백정을 중심으로 거국적 편성, 대략 17만 명 • 신기군(기병), 신보군(보병), 항마군(승병) 등 3개 군으로 구성
삼별초	• 치안을 담당하기 위해 설치된 야별초(사병)가 기원 • 몽골 침입 시 좌·우별초와 신의군으로 재편
마별초	• 최우가 설치한 기병대
도 방	• 무신 경호를 위해 경대승이 설치 • 이의민에 의해 폐지 • 최씨 무신 정권에 의해 부활, 확대 개편이 이루어져 운영
연호군	• 고려 말 왜구의 침입에 대비하기 위해 만든 양천 혼성 부대 • 농한기에 편성, 이후 노예군으로 재편성
익 군	• 고려 후기의 상비적인 군사 조직으로 제도화

4 관리 등용 제도

(1) 과거 제도

① 도입 : 광종 때인 958년 중국 후주에서 귀화한 쌍기의 건의에 의해서 최초로 실시
② 응시 자격
  ㉠ 오역·오천·불충·불효, 그리고 향·소·부곡인, 악공·잡류와 같은 천류, 승려의 자식 등은 고려 시대 과거 응시에 제한
  ㉡ 원칙적으로 양인 신분이라면 누구나 과거에 응시할 자격이 있었으나, 문신 등용 시험인 제술·명경 양대업의 경우 실제로는 응시 자격의 폭이 상당히 제한
③ 시험 기일과 고시 절차 : 선종 대 정해진 삼년일시, 즉 식년시를 원칙으로 하였으나 실제로는 매년 또는 2년이나 수년 만에 한 번씩 과거가 시행

④ 과정
  ㉠ 초시
    ⓐ 지방에서는 계수관시를 통해 선발(향공)
    ⓑ 개경과 서경에서는 각각 개경시(상공)와 서경시를 치러 선발
    ⓒ 합격자에게 국자감시 응시 자격 부여
  ㉡ 국자감시(감시)
    ⓐ 진사시·감시·사마시·남성시 등으로 불림
    ⓑ 초시 합격자들, 국자감생, 12도생, 현직 관리 등이 응시
    ⓒ 합격자에게 예시 응시 자격 부여
  ㉢ 예부시(예시)
    ⓐ 동당시·춘관시라 불림
    ⓑ 응시자들은 삼장연권법의 시험 절차를 밟음
    ⓒ 초장에 합격해야 중장 응시 가능, 중장 합격해야 종장 응시가능
⑤ 문과(양대업)
  ㉠ 제술과 : 처음에는 시·부·송·시무책이 주요 시험 과목으로서 때에 따라 취사
  ㉡ 명경과 : 제술과와 달리『상서』·『주역』·『모시』·『춘추』·『예기』가 시험 과목으로서, 그 내용을 읽고 뜻이 통하는지를 시험
  ㉢ 특징 : 제술업의 급제자 수는 문종 이후 매 회마다 대체로 30인 전후였던 데 비해, 명경업의 경우 평균 3, 4인에 불과하였고, 그나마도 장기간 뽑지 않고 거르는 일도 있었음
⑥ 잡과 : 명경과보다 격이 떨어지는 기술관 등용 시험
  ㉠ 절차 : 예비고사(전문 기관)와 본고사(예부)
  ㉡ 종류 : 명법(법률), 명산(산수), 명서(글씨), 의업(의학), 주금업(점술), 지리업(지리) 등
⑦ 무과
  ㉠ 예종 때 국자감에 7재를 설치하면서 무학을 가르치고 양성된 인재들을 시험을 통하여 선발 등용
  ㉡ 문치주의를 지향하는 문신들의 반대로 20여년 만에 소멸
⑧ 승과 : 승려들에게 승계를 주기 위한 제도로 고려 건국 초기부터 있어 왔으나, 무신 정권 이후로 조계종이 발달하면서부터 쇠퇴
⑨ 과거 합격자(문생)는 좌주(시험 감독관)와 결속 강화
  ㉠ 고시관인 지공거를 좌주, 또는 학사라 하고 그가 관장한 시험에 합격한 급제자를 은문이라 지칭
  ㉡ 양자 사이에는 좌주·문생의 유대 관계 형성, 이 관계는 평생토록 지속

✛ 좌주와 문생의 관계

문생이 종백(과거를 맡아 합격자를 선발하는 시험관으로 좌주라고도 한다)을 대할 때는 아버지와 자식 사이의 예를 차린다. …… 평장사 임경숙은 4번 과거의 시험관이 되었는데 몇 해 지나지 않아 그의 문하에 벼슬을 한 사람이 10여명이나 되었고, ……(유경이) 문생들을 거느리고 들어가 뜰 아래에서 절하니 임경숙은 마루 위에 앉아 있고, 악공들은 풍악을 울렸다. 보는 사람들이 하례하고 찬탄하지 않는 이가 없었다. ─『보한집』─

⑩ 의의 : 능력 중심의 인재 등용과 유교적 관료 정치의 토대 마련
⑪ 한계 : 과거 출신자보다 음서 출신자가 더 높이 출세, 무과의 미실시

(2) 음서 제도(혈연 중시)
① 공신과 종실의 자손, 5품 이상 고관의 자손(아들, 손자, 사위, 동생, 조카, 외손 등)은 과거 없이도 관직에 진출하는 혜택을 부여
② 성 격 : 고려 관료 체제의 귀족적 특징을 반영

(3) 한품제
① 근친혼 소생자, 승려의 자식, 남반잡류 등 중간층 신분 이하에게 적용
② 이들에게는 관품 승진에 제한 규정을 둠

(4) 천거제
① 학식과 재능, 덕행이 뛰어나지만 가난한 사람들에게 적용
② 특별히 천거제를 실시하여 관직에 임용

(5) 남반잡로
① 왕명 전달 등을 담당
② 궁중 하급 관리를 선발하는 제도

(6) 성중애마
① 고려 후기 집권층 자제를 모아 부대를 구성
② 여러 부대가 존재하였는데 이를 총칭하는 의미

16 문벌귀족 사회의 동요

1 이자겸의 난(1126)

(1) 경원 이씨의 권력 독점
① 왕실과의 중첩적인 혼인 관계 형성
② 문종에서 인종 대 까지 80여 년간 정치적 우위를 장악

> **이자겸의 권세** — 한능검(韓能檢) 출제 자료
>
> 이자겸의 권세와 총애는 나날이 성해져, …… 자기의 족속을 요직에 배치하고, 매관매직하여 자기의 돈으로 모든 관직을 장악하고, 국공(國公)으로 자임하면서 자신의 예의상 등급을 왕태자와 대등하게 보고, 자기 생일을 인수절이라 불렀으며, ……
> — 『고려사절요』 —

> **문벌 귀족의 특권** — 한능검(韓能檢) 출제 자료
>
> 왕이 관란사에 행차하니, 김돈중 등이 절의 서쪽 대(臺)에서 잔치를 베풀었다. 휘장·장막과 그릇이 사치스럽고 음식이 진기하여 왕이 재상·근신들과 더불어 흡족히 즐기고 김돈중·김돈시에게 백금 각 3정과 비단 각 10필과 거란산 실 70근을 하사하였다.
> — 『고려사』 —

(2) 여진(금)의 사대 관계 요구
① 고려를 부모의 나라로 섬겼던 여진은 금을 세운 후 1117년 형제관계를 요구
② 송과 연합하여 1125년에 요를 멸망시킨 후 군신관계 요구
③ 이자겸은 정권의 유지와 평화적 안정을 이유로 이를 수용

(3) 이자겸의 전횡
① 예종이 죽고 외손인 인종을 즉위시키는데 큰 공을 세운 이자겸은 인종과 그의 셋째 딸, 넷째 딸을 혼인시킴
② 이자겸은 자신의 집에 의친궁 숭덕부라는 이름을 붙이고 자신의 생일을 인수절이라고 호칭하였을 뿐만 아니라 나라의 모든 일을 맡고 있다는 뜻으로 스스로 지군국사라 자칭

(4) 이자겸의 반대파 제거
① 1126년 인종은 이자겸의 군사적 기반인 척준경의 동생 병부상서 척준신, 아들인 내시 척순을 죽이고 이자겸 제거 시도
② 척준경이 동원한 군대와 이자겸의 아들로 현화사의 승려 300여 명에 의해 궁궐이 불타고 제거 시도 실패
③ 인종은 한 때 이자겸에게 양위하려는 입장을 보이다가 조신의 반대로 철회하고 이자겸의 집으로 끌려가 감금당함

(5) 이자겸의 몰락
① 인종은 어의 최사전을 통해 척준경을 회유
② 척준경은 무력을 동원하여 이자겸을 제거, 영광으로 유배시키고 권력 장악
③ 척준경은 정지상의 탄핵을 받고 축출

2 묘청 서경 천도 운동(1135)

(1) 경과
① 서경 천도 계획과 대화궁의 건립
　㉠ 묘청
　　ⓐ 서경출신의 승려 묘청은 풍수지리설을 바탕으로 인종을 설득
　　ⓑ 고려가 약화되고 변란이 일어난 것은 개경의 지덕이 쇠약한 때문이라고 주장
　㉡ 인종
　　ⓐ 묘청의 칭제건원이나 금국 정벌에는 동의하지 않음
　　ⓑ 천도론에 대해 긍정적인 관심을 보이며, 서경에 자주 행차하면서 대화궁을 완공하고 15항목의 유신지교를 반포하여 개혁의지를 대외에 표방

> **묘청의 서경 천도 운동** 〈한능검(韓能檢) 출제자료〉
>
> 묘청 등이 왕께 아뢰기를 "신 등이 서경의 임원역 땅을 보니 이는 음양가에서 말하는 대화세(大華勢)입니다. 만약 서경에 궁궐을 세워 거처를 옮기시면 금나라가 폐백을 가지고 와 스스로 항복할 것이며, 36개의 나라가 다 신하가 될 것입니다."라고 하였다. …… 정지상 등이 왕께 아뢰기를 "대동강에 서기(瑞氣)가 있으니 이는 신령한 용이 침을 토한 것으로 이는 천 년에 한 번 만나기 어려운 일입니다. 청하건대 위로는 천심(天心)에 응하고 아래로는 백성들의 바람에 따르시어 금(金)을 타도하소서."라고 하였다. 왕이 어찌 하면 좋은가 물으니 이지저(李之氐)가 "금나라는 강력하니 가벼이 하지 못할 것입니다. ……"라고 하니 왕이 그만두었다. …… 황주첨 등이 또 칭제건원 할 것을 아뢰었으나 왕이 듣지 아니하였다. …… 묘청의 무리가 직접 혹은 글을 올려 왕에게 황제를 칭하고 연호를 쓰기를 권하며, 금을 멸망시킬 것을 청하니, 식자들이 모두 불가하다고 하였다. 묘청의 무리가 쉬지 않고 말하기를 그치지 않았으나 왕이 끝내 듣지 않았다.
> – 『고려사』 묘청 –

② 천도 계획의 무산 : 대화궁 건립 이후 인심을 현혹시키는 얕은 속임수가 발각되고 오히려 상서롭지 못한 재이가 자주 일어나자 김부식 중심의 문벌귀족 세력은 완강히 반대하여 천도계획을 무산시킴
③ 묘청의 거사 : 서경 천도 운동이 실패하자 묘청 일파는 1135년 서경을 거점으로 반란을 일으켜 국호를 대위, 연호를 천개라고 칭하였으며 그들의 군사조직을 천견충의군이라 명명
④ 진압과정
　㉠ 진압군의 총책임자인 김부식은 출정에 앞서 개경에 있는 백수한·정지상 등의 서경파를 제거한 후 서경으로 진격
　㉡ 반란군을 장악한 조광은 1년간 저항하다가 마침내 1136년 2월 총공격을 받고 진압됨
⑤ 결과
　㉠ 묘청의 난 이후로 보수적 문벌 귀족 체제가 강화
　㉡ 숭문천무 풍조가 대두하여 곧 무신정변이 일어나게 되는 배경이 됨
　㉢ 서경의 권위가 약화되어, 그 곳에 설치되었던 분사제도와 3경제도 폐지

▶ 개경파와 서경파

구 분	개경파	서경파
중심 세력	보수적 중앙 문벌 귀족(김부식)	서경 세력·신진 관료(묘청, 정지상), 무인 세력
성격 / 사상	보수적·합리적(유교 정치사상)	자주적·전통적(전통 사상 : 풍수지리설)
대외 정책	사대 정책(금의 사대 요구에 굴복)	북진 정책(금국 정벌 주장), 칭제 건원
역사 인식	신라 계승 의식	고구려 계승 의식

(2) 성격

① 문벌 귀족 사회 내부의 분열과 지역 세력 간의 충돌로 일어난 사건
② 신라 계승 의식과 고구려 계승 의식에 대한 갈등
③ 유교정치사상과 자주적 전통사상의 대립이 표면화되어 나타난 사건
④ 신채호
    ㉠ 낭불이가 대 한학파의 싸움
    ㉡ 독립당 대 사대당의 싸움
    ㉢ 진취 사상 대 보수 사상의 싸움으로 파악

✣ 신채호의 서경 천도 운동 인식   한능검(韓能檢) 출제 자료

서경 전역(戰域)을 역대의 사가들이 다만 왕사(王師:김부식)가 반적(反賊)을 친 전쟁으로 알았을 뿐이었으나, 이는 근시안의 관찰이다. 실상은 이 전쟁이 낭(郞)·불(佛) 양가 대 유가(儒家)의 싸움이며, 국풍파 대 한학파의 싸움이며, 독립당 대 사대당의 싸움이며, 진취 사상 대 보수 사상의 싸움이니, 묘청은 곧 전자의 대표요, 김부식은 후자의 대표였던 것이다. 이 전쟁에서 묘청 등이 패하고 김부식이 승리하였으므로 조선의 역사가 사대적·보수적·속박적 사상, 즉 유교 사상에 정복되고 말았거니와, 만일 이와 반대로 김부식이 패하고 묘청 등이 승리하였더라면 조선사가 독립적·진취적 방면으로 진전하였을 것이니, 이 전쟁을 어찌 "일천년래 제일대사건(一千年來 第一大事件)"이라 하지 아니하랴.
    – 신채호 『조선사연구초』 –

🎧 묘청의 서경 천도 운동

17 무신 정권의 성립과 전개

1 무신 정변(1170)

(1) 배 경
① 숭문천무 풍조 : 묘청의 서경 천도 이후 고려 내부에 문신을 우대하고 무신을 차별하는 풍조가 더욱 만연
② 문신의 무반 고위직 독점 : 재상직은 문신이 독점하였으며, 군대의 최고 지휘 통솔도 문신이 장악
③ 무신에 대한 처우 : 장군 조차 호위병으로 전락하고 군인전은 문신 관리의 녹봉으로 몰수당하였으며, 전시에는 물론 평상시에도 흔히 공역에 동원되는 등 천역의 담당자 대우를 받음

(2) 경인난의 발발
① 오랜 기간 동안 의종은 국정을 돌보지 않고 실정을 지속
② 연회 장소에서 젊은 문신 한뢰가 대장군 이소응에 대한 멸시와 조롱이 이어지자, 보현원에서 문신들을 참살하고 정변을 일으킴
③ 의종을 거제도로 추방하고 의종의 동생이자 인종의 셋째 아들인 명종을 왕으로 옹립

> **무신 정변과 의종**
> 의종 24년 7월 정축에 왕이 장차 보현원에 행차하고자 하여 5문 앞에 이르러 따르는 신하를 불러 술을 나누었다. 술이 한참이 되자 좌우를 돌아보고 말하기를, "장하도다, 가히 병법을 연습할 만한 곳이로다" 하고, 무신에게 명하여 5병수박희를 하였다. 어두워져 어가가 보현원 가까이 왔을 때 이고가 이의방과 앞서가 거짓 왕명을 꾸며 순검군을 집합시켰다. 왕이 겨우 보현원 문에 들어서고 신하들이 곧 뒤로 물러나려고 할 무렵에 이고 등은(왕의 심복이었던) 임종식·이복기·한뢰 등을 죽이니 무릇 문관·대소신료·환관 등이 모두 해를 당하였다. 또 서울에 있는 문신 500여 인을 죽였다. 정중부 등이 왕을 환궁시켰다.
> 9월 무인 초하루 포시에 왕을 따라간 내시 10여 인과 환관 10여 인을 찾아내 죽였다. 왕이 수문전에 자리잡고 술 마시기를 태연히 하며, 악기를 연주하게 하고는 밤중에야 잠자리에 들었다. 이고·채원이 왕을 죽이고자 하였으나 양숙이 이를 말렸다. 순검군이 창으로 벽을 뚫고 내탕의 보물을 훔쳤다. 정중부가 왕을 핍박하여 군기감으로 옮기고 태자는 영은관으로 옮겼다. 기묘일에 왕은 홀로 거제현에 옮기고 태자는 진도현에 보냈다. 이날 중부·의방·고 등은 군사를 거느리고 왕의 아우인 익양공 호를 맞이하여 즉위시켰다.
> 명종 3년 8월 김보당이 사람을 보내어 왕을 받들어 계림에 나와 살게 하더니 10월 경신에 이의민이 왕을 곤원사 북연가에서 살해하였다. 나이 47세요, 재위 25년간이었다.
> – 『고려사』 –

(3) 무신 정권의 전개

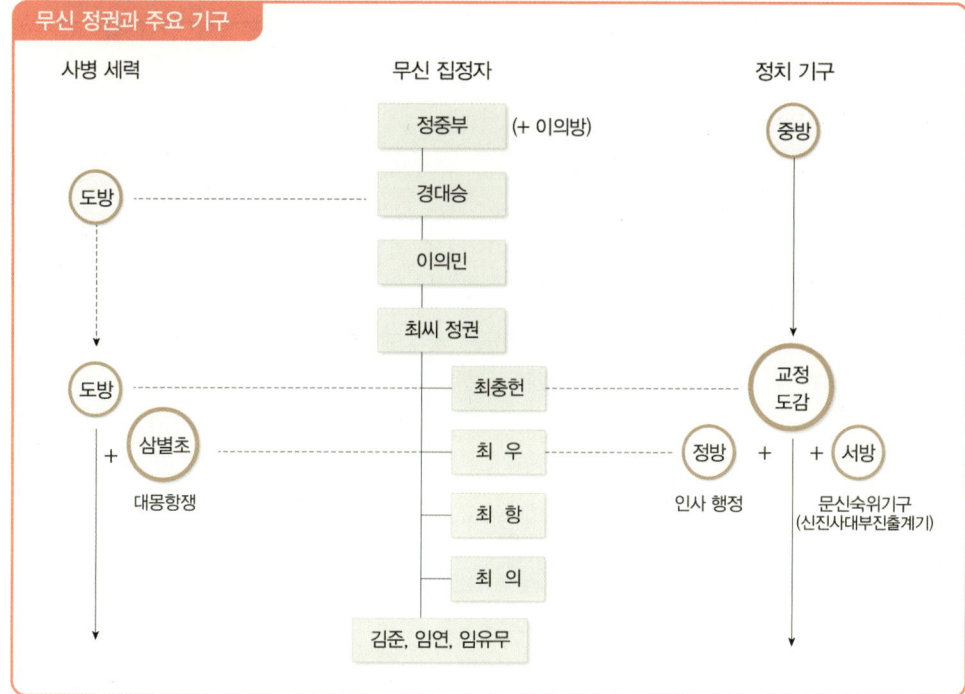

무신 정권과 주요 기구

① 이의방(명종, 1170~1174)
  ㉠ 1170년 이고 등과 함께 이른바 경인난을 일으켜 권력 장악
  ㉡ 문무의 고위 관직을 차지하고 정치를 주도하였으며, 자신을 죽이려는 이고를 살해하고 정중부 등의 온건 무장 세력과 제휴하여 권력 차지
  ㉢ 좌승선이 되고 딸을 태자비로 삼은 후 전횡을 일삼아 정중부와 사이가 벌어지게 되었으며 결국 정중부의 아들 정균에게 피살

② 정중부(예종~명종, 1170~1179)
  ㉠ 1170년(의종 24) 상장군 직위에서 경인난을 일으켜 소장파 무신 이의방 등과 권력을 장악하였으며, 조위총의 난을 틈타 이의방을 제거
  ㉡ 김보당의 난을 평정하고 김보당의 잔당을 따라 경주까지 왔던 의종을 이의민을 시켜 살해

③ 경대승(의종~명종, 1179~1183)
  ㉠ 허승 등과 모의해, 정중부와 그의 아들인 균, 사위인 송유인 등을 죽이고 정권을 장악
  ㉡ 중방을 일시 무력화시키고, 자신의 사병 집단인 도방을 두어 정권 유지의 바탕을 마련하였으나 30세로 병사

④ 이의민(명종, 1183~1196)
  ㉠ 경주 지역의 천민 출신으로 경군에 선발된 후 의종의 총애를 받아 별장이 됨
  ㉡ 김보당의 난 이후 거제에서 경주로 나와 있던 의종을 살해하고 그 공으로 대장군이 됨

ⓒ 경대승의 집권 이후 고향인 경주로 낙향하였으나, 경대승의 사후 복귀하여 실권을 장악
ⓔ 십팔자위왕설(十八子爲王說)을 믿어 경주 일대에서 난을 일으킨 효심·김사미 등과 내통함

⑤ 최충헌(의종~고종, 1196~1219)
ⓐ 권력을 장악한 이후 폐정의 개혁을 요구하는 '봉사십조'를 올려 집권의 명분을 삼으려 함(1196)
ⓑ 1197년에 명종, 1204년 신종, 1211년에 희종을 각각 폐하고, 강종을 옹립하는 등 강력한 독재 권력 행사
ⓒ 자신을 암살하려는 세력을 진압하는 과정에서 교정도감을 설치하고 도방을 재건하여 자신의 사병 기반으로 삼음
ⓓ 1206년 흥녕부(興寧府)를 세우고 진강후(晉康侯)라 칭하였으며 진주 지역을 식읍으로 수여
ⓔ 흥녕부는 1212년 진강부(晉康府)로 개칭

최충헌의 봉사 10조

최충헌이 동생 최충수와 함께 봉사(封事)를 올리기를, "엎드려 보건대 적신(賊臣) 이의민(李義旼)은 성품이 사납고 잔인하여 윗사람을 업신여기고 아랫사람을 능멸하여 임금의 자리를 흔들고자 하였습니다. 화란의 불길이 일어 백성이 편안히 살 수 없으므로 신 등이 폐하의 위엄과 정신에 힘입어 한꺼번에 소탕하여 멸망시켰습니다. 원컨대 폐하께서는 옛 정치를 개혁하고 새로운 정치를 꾀하셔서 태조의 바른 법을 한결같이 따라서 이를 행하여 빛나게 중흥하소서. 삼가 열 가지 일을 조목별로 아룁니다."
― 『고려사』 ―

⑥ 최우(최이, 고종, 1219~1249)
ⓐ 아버지 최충헌의 뒤를 이어 교정별감이 되었으며, 집권 초기에는 수탈을 자행한 자들을 제거하고 참신한 문신을 등용하는 등 통치 체제를 재정비
ⓑ 1225년 정방을 설치하고 문무백관의 인사 문제를 처리하였으며, 문신 숙위 기구인 서방(1227)과 사병 집단인 야별초를 설치하여 삼별초 조직의 계기 마련
ⓒ 도방을 내외도방으로 개편하여 신변 보호를 강화하는 한편 기병대인 마별초 조직
ⓓ 몽골의 침략으로 강화도로 천도 후 대장경 제작

정방

옛날에 평장사 금의·수상 김창·상서 박훤 같은 명사들도 모두 정방을 통해 진출하였으니, 그 시대에는 이것을 영광스럽게 여기고 부끄러워해야 하는 줄 몰랐다. 문정공 유경이 김인준과 함께 최의를 죽이고 정권을 왕실에 돌려보낸 다음에도 정방은 없어지지 않았다. 왕실의 중요한 직책을 권세가에서 사사롭게 부르던 대로 계속 사용한 것은 탄식할 만한 일이다.
― 『역옹패설』 ―

(4) 무신 정권의 권력 기반

기구	특징
중방	• 2군 6위의 지휘관인 상장군, 대장군이 장을 맡는 회의 기관 • 궁궐·도성의 수비와 치안 등 2군6위의 임무와 관련된 주요 안건 처리 • 국가의 중대사를 공동으로 처리해 그 기능과 권한이 확대, 강화 • 최충헌 집권 이후 교정도감이 설치되면서 역할 축소
교정도감	• 희종 대 최충헌 암살 미수 사건을 계기로 설치하고 최충헌이 책임자인 교정별감으로 취임 • 초창기 임시기구로 시작하여 비위의 규찰·인사 행정 등을 처리 • 최씨 정권이 몰락한 뒤에도 김준, 임연을 거쳐 임유무 때 까지 존속
정방	• 최우가 사저에 설치한 인사 행정 기구 • 무신 정권이 몰락한 뒤 존폐를 거듭하다가 공민왕 후년에 다시 부활
서방	• 최우는 문객 가운데 명유가 많자 이들 문사를 3번으로 나누어 교대로 숙위시킴 • 문사를 우대, 목적과 식견이 높은 문사를 고문에 등용 • 최씨 정권이 몰락한 뒤에도 김준, 임연을 거쳐 임유무 때 까지 존속
도방	• 경대승에 의해 설치된 사병 집단으로 경대승이 죽자 폐지되었으나, 최충헌이 부활 • 최충헌이 자신의 사병 집단을 확대, 최우 때에 내·외도방으로 개편·강화 • 최항 때 분번제를 더욱 확대해 36번으로 조직을 개편, 강화
삼별초	• 최씨 정권 때 조직된 사병 집단이면서 동시에 공적인 임무를 수행 • 최우가 야별초를 편성, 도둑을 단속하기 위해 밤에 순찰을 시킨 데서 비롯 • 야별초를 좌별초와 우별초로 나누었고, 몽골에 잡혔다가 도망 온 자들로서 편성된 신의군을 합해 완성 • 몽골과의 항전을 주도하였으며, 무신 정권의 집권 세력 교체에 관여
마별초	• 최우가 몽골 기병의 영향을 받아 설치한 기병대로서

(5) 사회의 동요(하극상의 시대)

① 지배층의 난(반 무신난)

㉠ 김보당의 난(1173) : 동북면 병마사 김보당이 의종 복위를 꾀하고 문벌 귀족 사회 부활을 위해 난을 일으켰으나, 정중부에 의해 진압 당하였으며, 의종 또한 이의민에게 경주에서 피살

㉡ 조위총의 난(1174) : 서경 유수 조위총이 자비령 이북의 40여 성과 농민들의 호응에 힘입어 난을 일으켰으며, 금을 끌어 들여 세를 만회하려 하였으나 실패, 3년 만에 진압

㉢ 교종 승려의 난 : 귀법사, 중광사, 흥왕사, 왕륜사 등 교종 승려들이 무신 정권에 반발하여 봉기하였으나 실패, 이후 무신 정권은 선종 중심의 조계종을 후원

✦ 김보당의 난

명종 3년(1173) 8월에 동북면 병마사 김보당(金甫當)이 동계에서 군사를 일으켜 정중부·이의방을 치고 전왕(의종)을 복위시키고자 하는데 동북면 지병마사 한언국도 군사를 일으켜 이에 호응하고 장순석 등을 보내어 거제의 전왕을 받들고 계림에 나와 살게 하였다. 9월에 한언국은 잡혀 죽고 조금 뒤에 안북도호부에서 김보당을 잡아 보내니 이의방이 김보당을 저자에서 죽이고 무릇 문신은 모두 살해하였다.
— 『고려사』 —

> **조위총의 난** 한능검(韓能檢) 출제 자료
>
> 9월에 서경 유수 조위총(趙位寵)이 병사를 일으켜 정중부·이의방을 치고자, 격문으로 동북 양계의 여러 성을 소집하였다. 10월 기미에 중서시랑평장사 윤인첨이 3군을 거느리고 조위총을 치려고 했으나 오히려 지고 돌아왔다. 11월에 다시 윤인첨을 원수로 명하여 3군을 거느리고 서경을 공격하였다. 12월에 조서 내리기를, "짐이 덕이 박하고 슬기가 적은 몸으로 그릇되게 조종의 대기를 이어받아 삼한에 군림한 지 이제 5년이 되었으나 위로 하늘의 뜻에 보답하지 못하고 아래로 민심을 다스리지 못하여 재변이 쉬지 않으니 두려움에 편하기 어렵도다. 너그럽게 용서하는 은혜를 안팎에 입히고자 생각하니, 가히 참·2죄 이하는 형을 면제하고 경인·계사에 이미 유배된 자는 모두 사면하여 상경토록 하고 서경 정벌군에게는 쌀 한 섬씩 줄 것이다"라고 하였다.
>
> ―『고려사』―

> **귀법사의 난** 한능검(韓能檢) 출제 자료
>
> 귀법사 중 100여 명이 성 북문을 침범하여 들어와 선유승록 언선을 죽였다. 이의방이 군사 1,000여 명을 거느리고 가서 중 수십 명을 쳐 죽이니, 나머지는 다 흩어져 가버렸다. 병졸들도 죽은 이와 부상당한 이가 많았다. 중광·홍호·귀법·홍화 등 여러 절의 중 2,000여 명이 성 동문에 모이므로 문을 닫아버리니, 성 밖의 민가를 불태워서 숭인문을 태우고 들어와 의방 형제를 죽이고자 하였다. 의방이 이것을 알고 부병을 징집하여 쫓아버리고 중 100여 명을 목 베어 죽였는데, 부병도 죽은 이가 많았다. 이에 부병을 시켜서 성문을 나누어 지키게 하여 중의 출입을 금지하고, 부병을 보내어 중광·홍호·귀법·용흥·묘지·복흥 등의 절을 부수니, 이준의가 말렸다. 의방이 성내어 말하기를 "만약 네 말을 좇는다면 일을 이루지 못할 것이다"하고, 드디어 그 절을 불태우고 재물과 기명을 빼앗아 돌아갔다. 중의 무리가 중도에서 기다리다가 마주쳐서 도로 빼앗아갔으며, 부병이 매우 많이 죽었다.
>
> ―『고려사절요』―

② 피지배층의 난(농민 봉기)
  ㉠ 서계 민란(1172) : 서북계(북계)의 창주, 성주, 철주에서 발생하였으며, 최초의 농민 항쟁으로 조위총의 난 이후 잔여 세력이 가담하여 1179년까지 항쟁
  ㉡ 석령사의 난(1175) : 남도 지역에서 일어난 민란으로 남적 석령사와 관련된 문신들이 처벌당함
  ㉢ 망이·망소이의 난(1176) : 공주 명학소에서 일어났으며, 초기 진압이 실패하자 무신 정권은 명학소를 충순현으로 승격시켜 회유하였으며, 향·소·부곡 폐지의 계기 마련
  ㉣ 김사미(1193, 운문)·효심(1193, 초전)의 난 : 김사미는 운문(지금의 청도)에, 효심은 초전(草田 : 지금의 밀양)에 근거지를 두고 연합 전선을 이루어 기세를 떨쳤으며, 여기에 이의민이 내통함으로써 신라 부흥 운동의 성격으로 확대
  ㉤ 이비(1202, 경주)의 난 : 신라 부흥 운동의 성격으로 경주도령 이비가 전 동경야별초 패좌와 함께 일으킨 난, 진압 이후 동경을 경주로 격하시킴
  ㉥ 최광수(1217, 서경)의 난 : 거란 침입 시 상장군 최유공의 휘하 군졸로 출정하였으나 반기를 들고 이탈, 고구려 부흥 운동의 기치를 걸었으나 실패
  ㉦ 이연년 형제(1237, 담양)의 난 : 1232년(고종 19) 이연년 형제는 원율·담양 등지에서 무리를 모아 백제 부흥을 내세우며 민란을 일으켰으나 진압당함
③ 천민의 봉기
  ㉠ 전주 관노의 난 : 전주 사록 진대유의 학정, 조정의 지시로 배를 만드는 과정에서 가혹한 부역 동원 등이 원인이 되어 기두 죽동 등이 난을 일으켰으나 40여 일 만에 평정
  ㉡ 만적의 난(1198) : 최충헌의 가노 만적이 일으킨 대표적 신분 해방 운동으로 한충유의 노비였던 순정의 배반으로 사전에 발각되어 실패

✣ 만적의 개경 북산 연설

신종 원년(1198) 사노(私奴) 만적 등 6인이 북산에서 나무하다가 공사 노비들을 불러 모의하였다. "국가에서 경계의 난(경인년 난 : 정중부의 난, 계사년 난 : 김보당의 난) 이래로 고관이 천예(賤隷)에서 많이 나왔으니 왕후(王侯)와 장상(將相)이 어찌 씨가 따로 있으랴. 때가 오면 누구나 할 수 있는 것이다. 우리만 어찌 근골(筋骨)을 수고롭게 하며 매질 밑에서 곤욕을 당해야만 하는가?"라고 하니 여러 노비가 모두 그렇게 여겼다. 누런 종이 수천 장을 잘라 모두 정(丁)자를 새겨 표지를 삼고 다음과 같이 약속하였다. "우리들이 흥국사(興國寺) 복도부터 격구터까지 한꺼번에 모여들어 북 치며 소리 지르자. 그러면 대궐 안에 있는 환관들이 반드시 호응할 것이며, 관노들도 안에서 베어 죽일 것이다. 우리가 성 안에서 봉기하여 최충헌 등을 죽인다. 이어서 각각 그 주인을 죽이고 천적(賤籍 : 노비 문서)을 불살라서 삼한으로 하여금 천민이 없게 하면 공경장상(公卿將相)은 모두 우리가 얻어야 할 것이다."
— 『고려사』 —

▶ 무신 집권기의 주요 사건

집권자	집권 기간	주요 사건
정중부	1170~1179	중방 중심, 김보당의 난, 조위총의 난, 교종 승려의 난, 공주 명학소의 난
경대승	1179~1183	도방 중심, 전주 관노의 난
이의민	1193~1196	중방 중심, 김사미·효심의 난
최충헌	1196~1219	도방 부활, 교정도감 중심, 만적의 난, 이비·패좌의 난, 최광수의 난, 광명·계발의 난
최우	1219~1249	도방 강화, 교정도감 중심, 이연년 형제의 난
김준	1258~1270	무오정변

◐ 무신 집권기 하층민의 봉기

18 고려 대외 관계의 변화

1 거란(요)의 침입과 격퇴

(1) 거란과의 관계

① 태조 : 대거란 강경책으로 만부교 사건과 북진 정책의 일환으로 청천강 유역까지 영토를 확장
② 정종 : 서경 천도 계획 및 청천강 유역에 광군사와 광군 30만 설치
③ 광종 : 정종 대에 이어 청천강 너머 압록강 사이에 여러 성진을 쌓아 북방에 대한 경계 강화

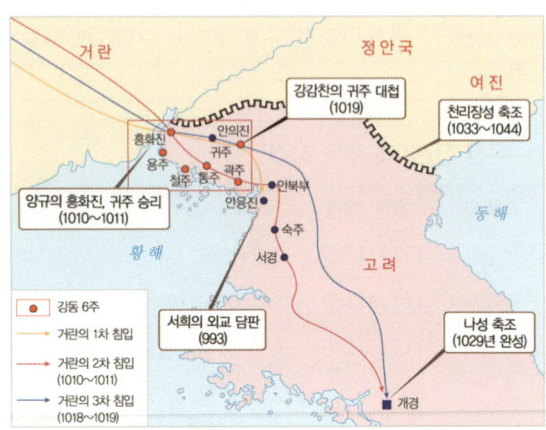
◑ 거란의 침입

◑ 서희(942~998)

(2) 거란(요)의 침입과 격퇴

① 1차 침입(성종, 993)
  ㉠ 거란은 986년 먼저 압록강 중류 지역의 정안국을 멸망시킨 후 소손녕의 80만 대군으로 침입, 고구려 옛 땅 반환과 송과의 교류를 끊고 거란과 교류할 것을 요구
  ㉡ 고려는 안융진(안주)에서 서희의 담판으로 고려가 고구려 후계자임을 인정받고, 거란과 교류할 것을 약속하며 거란의 군대를 철수하게 하고, 오히려 압록강 동쪽의 여진의 옛 땅인 강동 6주를 획득

✚ 서희의 담판 　　　　　　　　　　　　　한능검(韓能檢) 출제 자료

- 소손녕 : 나는 대조(大朝)의 귀인이니 그대가 마땅히 뜰에서 배례(拜禮)하여야 하는데, 어찌하여 그냥 서 있기만 하는가?
- 서희 : 신하가 군주에게는 아래에서 절하는 것이 예(禮)라고 할 수 있지만, 양국 대신이 상견(相見)하는데 어찌 이와 같이 하겠소?
- 소손녕 : 그대 나라는 신라 땅에서 났소. 고구려 땅은 우리의 소유인데, 그대 나라가 침식하였고 또 우리와 국경을 맞닿았는데도 바다를 건너 송(宋)을 섬기고 있소. 그 때문에 오늘의 출병이 있게 된 것이니 만일 땅을 떼어서 바치고 조빙(朝聘)을 닦으면 무사할 수 있을 것이오.
- 서희 : 아니오. 우리나라는 곧 고구려의 땅이오. 그러므로 국호를 고려라 하고 평양에 도읍하였으니 만일 영토의 경계로 따진다면 그대 나라의 동경이 모두 우리의 경내에 있거늘 어찌 침식이라 하리오. 그리고 압록강의 내외도 또한 우리 경내인데 지금 여진이 가로 막고 있어 바다를 건너는 것보다 더 심하오. …… 만일 여진을 내쫓고 우리 옛 땅을 돌려보내어 도로를 통하게 하면 감히 조빙을 닦지 않으리오. 　－『고려사절요』－

✚ 할지론에 반대한 서희 　　　　　　　　　한능검(韓能檢) 출제 자료

서희가 또 아뢰어 이르기를, "…… 그들(거란)이 고구려의 옛 땅을 차지하겠다고 주장하고 있으나 실제로는 우리를 두려워하고 있는 것입니다. 그러므로 지금 그들의 병력이 성대한 것만을 보고 갑자기 서경 이북의 땅을 떼어 그들에게 준다면 이것은 올바른 계책이 아닙니다. 그뿐만 아니라 삼각산(三角山) 이북도 모두 고구려의 옛 강토인데, 그들이 한없는 욕심으로 강요한다고 해서 다 주겠습니까? ……"라고 하였다. 　－『고려사절요』－

② 2차 침입(현종, 1010)
　㉠ 계속된 친송 정책과 강조의 정변을 계기로 강동 6주 반환을 요구하면서 침입하여 개경을 함락
　㉡ 서울인 개경이 함락되면서 현종은 나주로 피난하였으며, 대묘(大廟)와 궁궐도 전소됨
　㉢ 현종의 입조(入朝)를 조건으로 고려와 강화 후 철군하다가 양규의 분전으로 상당한 병력이 패퇴

> **강조의 정변** 한능검(韓能檢) 출제 자료
> 강조의 군사들이 궁문으로 난입해 오자 목종이 어쩔 수 없는 상황임을 깨닫고 천추 태후와 함께 통곡하며 법왕사(法王寺)로 거처를 옮겼다. 잠시 후 황보유의(皇甫兪義) 등이 대량 원군(후의 현종)을 모시고 오니 그를 왕위에 올렸다. 강조는 목종을 폐위시켜 양국공(讓國公)으로 삼고 군사를 보내 김치양(金致陽) 부자와 유행간(庾行簡) 등 일곱 명을 죽였다. …… 강조가 사람을 시켜 목종을 시해한 후 자살하였다고 보고하였으며, 시신은 문짝을 뜯어서 만든 관에 넣어 객관에다 임시로 안치하였다. - 『고려사』 -

> **양규의 활약** 한능검(韓能檢) 출제 자료
> 양규가 흥화진으로부터 군사 7백여 명을 이끌고 통주까지 와서 군사 1천여 명을 수습하였다. 밤중에 곽주로 들어가서 지키고 있던 거란군을 급습하여 모조리 죽인 후 성안에 있던 남녀 7천여 명을 통주로 옮겼다. - 『고려사절요』 -

③ 3차 침입(현종, 1018)
　㉠ 현종의 입조와 강동 6주 반환이 이루어지지 않자 소배압이 이끄는 10만의 거란군이 침입하였으나 강감찬의 귀주대첩(1019)으로 격퇴
　㉡ 고려는 강동 6주를 영토로 인정받는 대신 단송 친요를 약속하고 국교를 재개
　㉢ 문종 이후 고려는 다시 친송 정책으로 전환

④ 결과 : 고려, 송, 요(거란) 사이의 세력 균형이 유지되었으며 대장경이 조판되고 7대 실록 편찬

> **강감찬의 귀주 대첩** 한능검(韓能檢) 출제 자료
> 2월 초하루 기축일(51일 후)에 거란 군사가 귀주를 지나니 감찬 등이 동쪽 들에서 맞아 크게 싸웠는데 양편의 군사가 서로 버티어 승패가 결정되지 않았다. 김종현이 군사를 이끌고 구원하러 왔는데 갑자기 비바람이 남쪽에서 불고 깃발이 북쪽을 가리키자 우리 군사가 형세를 타서 분발하여 치니 저절로 배로 용기가 났다. 거란 군사가 패하여 북쪽으로 도망하니 우리 군사가 뒤쫓아 쳐서 석천(石川)을 건너 반령(盤嶺)에 이르렀다. 죽어 넘어진 시체가 들판을 덮고, 사로잡은 군사와 말·낙타·갑옷·투구·병기는 이루 다 헤아릴 수도 없었으며, 살아 돌아간 자가 겨우 수천 명뿐이었으니, 거란 군사의 패전함이 이때와 같이 심한 적은 없었다. - 『고려사절요』 -

⑤ 국방 대책
　㉠ 나성 축조(현종) : 강감찬의 건의로 왕가도에 의해 개경 주위에 도성 수비 강화를 목적으로 한 나성 축조
　㉡ 천리장성 축조(덕종~정종) : 유소가 압록강 입구에서 동해안의 도련포에 이르는 천리장성 축조
　㉢ 감목양마법(현종) : 군마를 양성하기 위해 국가가 말을 기르는 자에게 사료나 양노 지급

🎧 강감찬(948 ~ 1031)

2 여진 정벌과 9성 개척

(1) 9성의 축조

① 여진과의 충돌 : 12세기 초 완옌부 생여진의 추장 아구다(완안민)가 여진족을 통일하였으며 우야소 때에 정주에서 고려군과 충돌하여 고려가 패배

② 별무반 편성

● 동북 9성의 위치

   ㉠ 고려 정부는 윤관의 건의에 따라 기병을 주축으로 한 17만의 별무반을 조직해 신기군(기병)·신보군(보병)·항마군(승병)을 편성

   ㉡ 윤관은 17만의 대군을 이끌고 정주관을 출발해 함흥평야를 점령하고 여진족을 북방으로 밀어내고, 동북 9성을 쌓아 군사 주둔

③ 9성의 환부

   ㉠ 여진족의 애원과 방비 곤란으로 침략하지 않고 조공을 바치겠다는 약속을 받고 9성을 환부(1109)

   ㉡ 9성을 돌려받은 여진족은 아쿠타(아골타)가 요나라에 모반하고 군사를 일으켜 1115년 스스로 황제라 칭하고 금나라를 건국

   ㉢ 1116년 예종 대 고려에 대하여 형제의 관계로 국교를 맺도록 강요

> **동북 9성의 환부** — 한능검(韓能檢) 출제 자료
>
> 여진에서 사자를 파견하여, "만일 9성을 돌려주고, 생업에 편안토록 해 주시면 우리들은 하늘에 고하고 맹세하여 대대 자손에 이르기까지 삼가 세공(稅貢)을 닦을 것이며, 또한 돌조각 하나라도 감히 고려의 영토 위로 던지지 않도록 하겠습니다."라고 애원해 오자 예종 4년에 9성을 돌려주고 군대를 철수하였다. — 『고려사』 —

(2) 여진족의 금 건국(1115)

① 금의 압력 : 금 건국(1115) 이후 형제 관계 요구 → 거란 정복 이후 군신 관계 요구 → 이자겸이 이를 수용(정권 유지 목적)

② 이자겸 제거 이후 금의 압력이 거세지자 묘청의 서경 천도 운동 발발

> **금의 압력** — 한능검(韓能檢) 출제 자료
>
> 금(金)이 새로 거란을 격파하고, 사신을 보내어 형제 관계 맺기를 청하니 조정 대신들이 모두 절대로 안 된다고 주장하여 그 사신의 목을 베어 죽이자고 하는 사람도 있었다. 김부의(金富儀)가 홀로 상소하여, "…… 지금 대송(大宋)도 거란과 형제 관계를 맺고 대대로 화친하여 서로 통하니 천자(天子)의 높음은 천하에 대적이 없거늘, 오랑캐 나라에 굴복하여 섬김은 단지 비굴한 것이 아니라 이른바 '성인(聖人)의 권위로써 도를 이룬다'고 하는 것으로 국가를 보전하는 좋은 방책인 것입니다."라고 하였다. — 『고려사』 —

3 몽골과의 전쟁

(1) 몽골의 침입

① 원인

   ㉠ 강동의 역 : 몽골의 침입에 쫓긴 대요수국이 2차에 걸쳐 고려를 침입하였으나, 1218년 강동성에서 고려, 몽골, 동진국의 연합군에 의해 격퇴

✧ 강동의 역(강동성 전투) — 한능검(韓能檢) 출제 자료

몽골의 장수 합진과 찰랄이 군사를 거느리고 …… 거란을 토벌하겠다고 말하면서 화주, 맹주, 순주, 덕주의 4개 성을 공격하여 격파하고 곧바로 강동성으로 향하였다. …… 조충과 김취려가 합진, 완안자연 등과 함께 병사를 합하여 강동성을 포위하니 적들이 성문을 열고 나와 항복하였다.
— 『고려사』 —

  ⓛ 몽골은 일방적으로 형제 관계의 협약을 맺고, 무리한 공물을 요구
  ㉢ 1225년 공물을 받아가던 몽골 사신 저고여가 압록강 부근에서 피살되자 양국의 국교는 단절, 몽골 침략 시작
② 1차(1231) 침입
  ㉠ 1231년에 몽골 장군 살리타가 6년 전)에 있었던 자국 사신 저고여의 피살 사건을 구실로 침략
  ㉡ 귀주성에서 박서와 김경손의 항전이 거세지자 몽골군은 우회하여 개경을 포위, 관악산 초적의 활약, 지광수의 충주성 전투 승리
  ㉢ 수도가 포위되자 고려 정부는 강화 조약을 체결하였으며 몽골군은 다루가치를 서경 주변에 설치하고 철수
③ 2차(1232) 침입
  ㉠ 최우가 강화도로 천도한 뒤 1232년에 고려 정부의 개경 환도를 요구하며 살리타가 제2차 침입 단행
  ㉡ 경기도 용인시의 처인성에서 승려 김윤후가 살리타를 사살, 몽골군은 서둘러 철수
  ㉢ 대구 부인사에 보관 중이던 초조대장경 소실

○ 몽골과의 전쟁

✧ 처인부곡 전투 — 한능검(韓能檢) 출제 자료

살리타가 처인성을 공격하니, 한 승려가 난리를 피하여 성에 있다가 살리타를 쏘아 죽였다. 국가에서 그 공을 가상하게 생각하여 상장군의 벼슬을 주었으나, 그 승려는 공을 다른 사람에게 돌리며, "한창 싸울 때에 나는 활과 화살이 없었는데, 어찌 감히 함부로 과분한 상을 받겠습니까." 하고 사양하고 받지 않았다. 이에 섭낭장으로 삼으니, 이 승려가 바로 김윤후이다.
— 『고려사절요』 —

④ 3차(1235) 침입
  ㉠ 1235년에 경상도지역, 1236년에 전라도지역, 그리고 1237~38년에는 다시 경상도의 경주까지 침입
  ㉡ 경주의 황룡사(진흥왕)와 황룡사 9층 목탑(선덕여왕) 소실
⑤ 6차(1254) 침입
  ㉠ 1254~59년 6년간 도합 4회에 걸쳐 진행,
  ㉡ 충주 다인철소의 항전
  ㉢ 최대 피해(포로 20만)

✧ 충주 다인철소 전투 — 한능검(韓能檢) 출제 자료

• 고종 41년(1254) 9월 차라대가 충주산성을 공격하자 갑자기 비바람이 거세게 불었다. 성안의 사람들이 정예군을 편성해 맹렬하게 공격하자 적이 포위를 풀고 드디어 남쪽으로 내려갔다.
— 『고려사』 —
• 고종 42년 9월 다인철소 사람이 몽골 침략군을 방어함에 공로가 있었다고 하여 익안현으로 승격시켰다.
— 『고려사』 —

⑥ 결 과
  ㉠ 국토의 황폐화와 민생이 도탄에 빠짐
  ㉡ 부인사 대장경판·황룡사 9층목탑 소실, 호국 불교의 성격으로 팔만대장경 조판

> **노군(奴軍)·잡류별초(雜類別抄)의 활약과 지배층의 수탈**
>
> 처음 충주 부사 우종주가 판관 유홍익과 틈이 있었는데, 몽골이 쳐들어온다는 말을 듣고 성 지킬 일을 의논하였다. …… 몽골병이 오자 우종주와 유홍익은 양반 등과 함께 성을 버리고 달아나고, 오직 노군과 잡류별초만이 힘을 합하여 이를 물리쳤다. 몽골군이 물러가자 우종주 등이 고을에 돌아와 관가와 개인 집에 사용하던 은그릇을 검사하니, 그 숫자가 많이 모자랐다. 이에 노군이 몽골군이 빼앗아 갔다고 말하자, 호장 광립 등이 노군의 우두머리를 죽이려고 했다. 노군이 이를 알고 말하기를, "몽골군이 오면 모두 달아나 싸우지 않더니, 어찌하여 몽골군이 빼앗아 간 것을 도리어 우리들에게 죄를 돌려 죽이려 하는가? 우리가 일을 먼저 도모하자."라 하고, 이에 장례식을 가장하여 무리를 모았다.
> ― 『고려사』 ―

(2) 강화 성립

① 온건파 득세 이후 최씨 무신 정권의 몰락 → 몽골과 강화(1259) → 개경 환도(1270)
② 몽골 내부에서 왕위 쟁탈전이 벌어졌고 고려가 쿠빌라이에게 항복한 뒤 원세조로 즉위 → 불개토풍과 세조구제
③ 고려의 주권과 고유한 풍습을 인정

(3) 삼별초의 항쟁(1270~1273)

① 1270년 출륙 명령이 내리자 무신 정권의 무력적 기반으로 대몽 항쟁의 선두에 섰던 삼별초는 개경 환도는 곧 몽골에 대한 항복을 의미한다고 하며 반란을 일으킴
② 장군 **배중손**과 야별초 노영희 등이 이끈 삼별초는 강화도에서 승화후 온을 왕으로 추대
③ 삼별초 정부는 진도의 용장성을 거점으로 남해안 일대를 비롯하여 제주도까지 그 세력을 떨침
④ 삼별초의 세력 영역이 점차 확대되자 원종 12년 4월 여몽 연합군은 진도 정벌을 실행하여 배중손과 승화후 온 등이 죽고, 대부분의 사람들이 포로로 잡힘
⑤ 삼별초의 잔여 세력이 **김통정**을 중심으로 제주도로 옮겨 갔지만 이마저 1273년 여몽 연합군에 의해 다시 진압되어 소멸
⑥ 의의 : 고려 무인의 항몽 사상과 전통적 자주 정신의 표현

▲ 삼별초의 대몽 항쟁

> **삼별초의 외교 활동(진도에서 일본으로 보낸 외교 문서)**
>
> • 이전 문서에서는 몽골의 연호를 사용하였는데, 이번 문서에서는 연호를 사용하지 않았다.
> • 이전 문서에서는 몽골의 덕에 귀의하여 군신 관계를 맺었다고 하였는데, 이번 문서에서는 강화로 도읍을 옮긴 지 40년에 가깝지만, 오랑캐의 풍습을 미워하여 진도로 도읍을 옮겼다고 한다. ― 『고려첩장불심조조』 ―

▶ 몽골의 침입과 결과

몽골 침입	몽골 장수	침입 구실	결과
1차(고종 18, 1231)	살리타(撒禮塔)	저고여 피살	개경 포위, 몽골의 요구 수용
2차(고종 19, 1232)	살리타(撒禮塔)	강화 천도	처인부곡에서 김윤후가 살리타 사살 대구 부인사의 초조대장경 소실 속장경 소실
3차(고종 22, 1235)	당올태(唐兀台)	출륙 환도	경상남도까지 몽골군 침입 황룡사 9층 목탑 소실
4차(고종 34, 1247)	아모간(阿母侃)		
5차(고종 40, 1253)	야고(也古) 홍복원(洪福源)	출륙 환도	김윤후가 충주성에서 몽골군 격퇴
6차(고종 41, 1254)	차라대(車羅大)		6년간 4차례 전투, 충주 다인철소 전투

19 고려 후기의 정치 변동

1 원의 내정 간섭과 자주성의 시련

(1) 정치적 간섭

① 일본 원정에 동원(2차례 모두 태풍으로 실패)
  ㉠ 1차 원정(충렬왕, 1274) : 식량 조달을 위해 둔전경략사가 설치, 여원 연합군이 일본 큐슈를 공략하였으나 태풍으로 실패
  ㉡ 2차 원정(충렬왕, 1280) : 정동행성을 설치하고 전쟁 물자와 군대, 선원 등 인적·물적 자원을 징발하여 출발하였으나 역시 태풍으로 실패. 이후 정동행성은 내정 간섭 기구화

② 영토 상실
  ㉠ 쌍성총관부 : 화주(영흥)에 설치하였으며 철령 이북의 땅을 직속령으로 편입하였는데 공민왕 때 탈환
  ㉡ 동녕부 : 자비령 이북의 땅을 직할하기 위한 목적으로 서경에 설치하였으나 충렬왕 때 수복
  ㉢ 탐라총관부 : 삼별초 진압 이후 제주도에 설치하였으나 충렬왕 때 수복

③ 관제 격하
  ㉠ 2성을 첨의부로, 6부를 4사(전리사, 판도사, 군부사, 전법사) 체제로 전락
  ㉡ 부마국 지위의 왕실 호칭 사용(짐 → 고, 태자 → 세자, 조·종 → 충ㅇ왕)

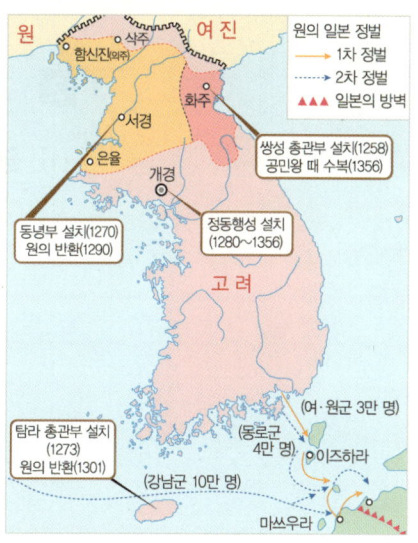

🎧 원의 내정 간섭

④ 내정 간섭
  ㉠ 정동행성 계속 유지
    ⓐ 일본 원정 실패 이후 내정을 간섭하는 기구로 변질(이문소)
    ⓑ 권문세족의 불법과 전횡을 옹호하고 전민의 점탈을 방조
  ㉡ 만호부 설치 : 고려 후기 원나라의 영향을 받아 설치된 군사 조직
  ㉢ 순마소 : 감찰 기관으로 경찰, 근위 등의 역할을 수행
  ㉣ 다루가치 : 감찰관으로 공물 징수와 지방 행정 등 내정을 간섭
  ㉤ 독로화 : 세자를 인질로 원의 수도인 대도(베이징)에 머물게 하는 제도
  ㉥ 심양왕 제도 : 충선왕은 원에 머무는 동안 1307년(충렬왕 33)에 원 무종의 즉위에 공을 세운 대가로 이듬해 심양왕의 작호를 받아 몽골 침략 이후 고려의 유이민과 전쟁 포로들이 많이 이주하여 흩어져 살던 지역인 심양을 포함한 랴오양 지방의 통치권을 획득

⑤ 입성책동 : 1308년 충선왕, 1323년 충숙왕, 1330년 충숙왕, 1343년 충혜왕 등 총 4차례에 걸쳐 고려를 원의 직속령으로 편입시키려는 부원배들의 책동이 일어남

(2) 사회 경제적 수탈
① 막대한 조공 징발[금, 은, 베, 인삼, 약재, 매(응방)]
② 공녀 요구(결혼도감, 과부·처녀추고별감)

(3) 풍속 변질
① 몽골풍 : 몽골어, 몽골식 의복과 머리 유행, 몽골식 성명을 사용
② 고려양 : 고려 풍속이 몽골 사회에 유행

2 고려 후기의 개혁 정치

(1) 원 간섭기의 개혁 정치
① 충렬왕(제25대, 1274~1308)
  ㉠ 정동행성 설치
    ⓐ 일본정벌을 위해 1280년(충렬왕 6)에 처음 세워졌으며 일본 원정이 실패하자 곧 폐지
    ⓑ 일본 원정을 단념하지 않는 원 세조에 의해 여러 차례 설치와 폐지가 되풀이
  ㉡ 원종 시기에 일시 설치되었던 전민변정도감을 재설치
  ㉢ 홍자번이 편민 18사의 개혁안을 지어 올림
  ㉣ 원의 내정 간섭
    ⓐ 중서문하성과 상서성을 합쳐 첨의부로, 추밀원은 밀직사로, 어사대는 감찰사로 격하
    ⓑ 6부도 4사로 변경
② 충선왕(제26대, 1298, 1308~1313)
  ㉠ 즉위교서 : 즉위 직후 왕은 정치·경제·사회 전반에 걸쳐 고려가 당면하고 있던 폐단을 과감히 개혁하고자 하는 30여 항의 교서(敎書)를 발표.
  ㉡ 관제개혁
    ⓐ 정방을 일시적 폐지하여 한림원(翰林院)에 편입
    ⓑ 사림원 : 기존의 한림원을 사림원으로 개칭
    ⓒ 의염창 : 소금과 철 전매사업을 담당
    ⓓ 농무사 : 권문세족의 농장과 노비를 조사
    ⓔ 만권당 : 원의 연경(베이징)에 학문 연구소인 만권당을 설치

✚ 충선왕

휘는 장이고, 몽골의 휘는 익지례보화(이지르부카)이다. 선왕의 맏아들이며 어머니는 제국대장공주이다. 을해년 9월 정유일에 출생하였다. 성품이 총명하고 굳세며 결단력이 있었다. 이로운 것을 일으키고 폐단을 제거하여 시정에 그런대로 볼 만한 것이 있었으니 부자 사이는 실로 부끄러운 일이 많았다. 오랫동안 상국에 있었는데, 스스로 귀양 가는 욕을 당하였다. 왕위에 있은 지 5년이며, 수는 51세였다.
- 『고려사절요』 -

③ 충숙왕(제27대, 1313~1330, 1332~1339)
  ㉠ 고려 초부터 유지되었던 사심관(事審官)제도를 폐지
  ㉡ 찰리변위도감(제폐사목소)을 설치
  ㉢ 화자거집전민추고도감을 설치
④ 충혜왕(제28대, 1330~1332, 1339~1344)
  ㉠ 1331년에는 종래의 은병(銀瓶) 통용을 금지
  ㉡ 한 개가 포 15필에 해당하는 소은병(小銀瓶) 통용
  ㉢ 편민조례추변도감 설치

> **✧ 충혜왕의 강제 폐위** — 한능검(韓能檢) 출제 자료
>
> 원이 유수 보수와 전 이문낭중 장백상 등을 보내오자 왕이 교외에서 영접하였다. 장백상이 성지를 전하며 말하기를, "이미 정월 2일에 상왕에게 복위하라고 명 하셨습니다."라고 하였다. 왕과 좌우 신하들이 모두 놀라서 얼굴빛이 달라졌다. 장백상이 국새를 회수하고 모든 창고를 봉하였으며, 왕은 드디어 원으로 갔다.

⑤ 충목왕(제29대, 1344~1348)
  ㉠ 정치도감을 설치하여 친원 세력과 권문세족의 권위를 약화시키고자 함
  ㉡ 진휼도감을 두어 굶주리는 백성들을 구제

(2) 공민왕의 반원 개혁 정치(반원 자주 정책, 왕권 강화 정책)
① 공민왕의 개혁정책
  ㉠ 반원 자주 정책
    ⓐ 몽골풍을 일소하기 위해 원의 연호를 폐지하고, 체두변발을 금지하였으며, 몽골의 언어와 복장 풍습 금지
    ⓑ 친원파인 기철과 권겸, 노책 등을 숙청
    ⓒ 정동행성 이문소 혁파
    ⓓ 쌍성총관부 탈환, 요동(동녕부) 공략

🔼 공민왕의 영토 수복

> **✧ 공민왕의 반원 자주 정치** — 한능검(韓能檢) 출제 자료
>
> • 공민왕이 원의 제도를 따라 변발(辮髮)을 하고 호복(胡服)을 입고 전상(殿上)에 앉아 있었다. 이연종이 간하려고 문밖에서 기다리고 있었더니 왕이 사람을 시켜 물었다. "임금 앞에 나아가 직접 대면해서 말씀드리기를 바라나이다."라고 하였다. 이미 들어와서는 좌우(왕의 측근)을 물리치고 말하기를 "변발과 호복은 선왕(先王)의 제도가 아니오니 원컨대 전하께서는 본받지 마소서."라고 하니, 왕이 기뻐하면서 즉시 변발을 풀어버리고 그에게 옷와 요를 하사하였다.   — 『고려사』 —
> • 다행히 요사이 조상의 신령에 힘입어 기철 등이 처형되었고, 손수경 같은 무리도 법전에 정한 형벌에 따라 처형되도다. …… 태조와 역대 선왕에게 존칭하는 칭호를 더 올리고, 그 제사에 힘써 극진히 정결하게 하고 능을 지키는 능지기는 요역을 면제해줄 것이다.   — 『동국통감』 —

  ㉡ 왕권 강화 정책
    ⓐ 내정 개혁 : 몽골의 압력으로 변경된 관제를 다시 2성 6부로 복구하였으며, 정방을 폐지하여 관리의 인사권 회복
    ⓑ 신진사대부의 성장 : 성균관을 재정비하여 순수 유교 교육 기관으로 개편, 과거 제도를 기존의 사장 중심에서 경학 중심으로 정비하여 신진 사대부의 정계 진출 촉진
    ⓒ 민생안정 : 전민변정도감을 설치, 승려 신돈의 주도로 토지 개혁 및 노비 환속을 시도

> **공민왕의 성균관 개편**
>
> 공민왕이 이색을 판개성부사 겸 성균대사성으로 삼고 생원의 정원을 늘렸다. 경술(經術)을 공부한 선비인 김구용·정몽주·박상충·박의중·이숭인을 발탁하여 모두 자신들의 관직에 있으면서 교관을 겸하도록 하였다.
> – 『고려사』 –

  ② 공민왕의 위기 : 공민왕 8년, 10년 두 번에 걸친 홍건적의 침입으로 위기에 빠진 공민왕은 사신을 보내어 원나라에 우호적인 자세를 보이고 정동행성도 복구하여 반원정책은 일시 후퇴
  ③ 실패 : 신돈의 제거와 공민왕의 피살
   ㉠ 신돈의 제거 : 공민왕은 친정을 단행하고 신돈을 반역 혐의로 제거
   ㉡ 공민왕의 피살 : 자제위 소속의 홍륜과 환관인 최만생에 의해 피살

3 고려의 멸망

(1) 홍건적과 왜구의 침입

① 홍건적의 고려 침입
 ㉠ 1차 침입(1359, 공민왕) : 서경 일시적 점령, 이방실, 이승경 등이 격퇴
 ㉡ 2차 침입(1361, 공민왕) : 개경 일시적 점령, 공민왕 복주(안동)로 피신, 정세운, 최영, 이성계 등이 격퇴
② 홍건적의 침입 결과
 ㉠ 개경을 비롯해 서북면의 여러 지역이 많이 파괴, 남방 지역도 왕의 파천과 군사 징발 등으로 혼란
 ㉡ 공민왕의 반원 개혁정치가 홍건적의 침입을 계기로 퇴색함에 따라 1361년에는 원의 기관인 정동행성이 다시 설치
 ㉢ 1362년, 원나라 간섭기의 관제로 복구되는 등의 정치적 변화
③ 고려의 왜구 정벌
 ㉠ 홍산 대첩(우왕) : 1376년 최영이 홍산(충청남도 논산)에서 대승
 ㉡ 진포 싸움(우왕) : 1380년 왜선 5백여 척이 진포에 침입했을 때 나세·최무선 등이 화포로 공격
 ㉢ 황산 대첩(우왕) : 진포 싸움 때인 1380년에 상륙한 왜구가 내륙 각지를 노략하고 황산에 이르렀을 때 이성계 등이 이를 모두 섬멸

❍ 홍건적과 왜구의 격퇴

> **진포 대첩**
>
> 우왕 6년 8월 추수가 거의 끝나갈 무렵 왜구는 500여 척의 함선을 이끌고 진포로 쳐들어와 충청·전라·경상도의 3도 연해의 주군을 돌며 약탈과 살육을 일삼았다. 고려 조정에서는 나세, 최무선, 심덕부 등이 나서서 최무선이 만든 화포로 왜선을 모두 불태워 버렸다. 배가 불타 갈 곳이 없게 된 왜구는 옥천, 영동, 상주, 선산 등지로 다니면서 이르는 곳마다 폐허로 만들었다.
> – 『고려사』 –

> **황산 대첩**
>
> 이성계가 이끄는 토벌군이 남원에 도착하니 왜구는 인월역에 있다고 하였다. 운봉을 넘어온 이성계는 적장 가운데 나이가 어리고 용맹한 아지발도를 사살하는 등 선두에 나서서 전투를 독려하여 아군보다 10배나 많은 적군을 섬멸케 했다. 이 싸움에서 아군은 1,600여 필의 군마와 여러 병기를 노획하였다고 하며 살아 도망간 왜구는 70여 명밖에 없었다고 한다.
> – 『고려사』 –

ⓔ 관음포 대첩(남해 대첩, 우왕) : 1383년 정지의 함대가 관음포 앞바다에서 왜구를 크게 괴멸시킴
ⓜ 대마도 정벌(창왕) : 1389년)에는 경상도 도순문사 박위에게 전함 100척을 거느리고 왜구의 소굴인 쓰시마를 소탕

(2) 조선의 건국

① 위화도 회군 : 철령위 설치 문제로 명과의 사이가 악화되자 최영이 요동 정벌 계획이 추진되었지만 이성계는 압록강 하류의 위화도에서 회군을 감행하여 회군 후 이성계는 최영을 제거

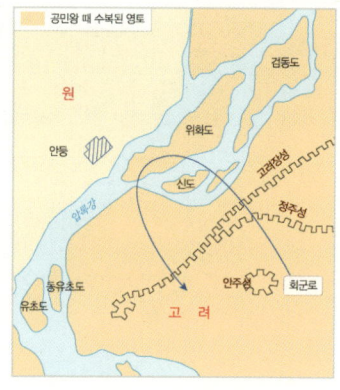

↑ 위화도 회군

> **최영의 요동 정벌 주장** — 한능검(韓能檢) 출제 자료
>
> 최영이 백관(百官)과 함께 철령 이북의 땅을 떼어 줄지 여부를 논의하자 관리들이 모두 반대하였다. 우왕은 홀로 최영과 비밀리에 요동을 공격할 것을 의논하였는데, 최영이 이를 권하였다.
> — 『고려사』 —

> **이성계의 4불가론** — 한능검(韓能檢) 출제 자료
>
> 4월에 봉주에 머물러 태조(이성계)에게 말하였다. "내(우왕)가 요동을 공격하고자 하니, 경은 마땅히 힘을 다하라." 태조는 대답하기를 "지금 정벌하시는 것에 네 가지 불가한 점이 있습니다. 소국(小國)이 대국(大國)을 거역할 수 없음이 첫 번째 불가함이고(以小逆大一不可), 여름철(농사철)에 군대를 일으킬 수 없음이 두 번째 불가함입니다(夏月發兵其不可). 거국적으로 원정하면 왜구가 그 틈을 노릴 것이 세 번째 출병할 수 없는 이유이고(擧國遠征倭乘其虛), 지금은 덥고 비가 많아 활이 눅고 대군은 질역에 시달릴 것인데(時方暑雨弩弓解膠大軍疾疫), 이것이 네 번째 불가한 이유입니다."라고 하니, 우왕은 그 말을 옳다고 여겼다. 태조가 이미 물러 나와 최영에게 말하기를 "내일에 이 말씀을 다시 왕에게 계달(啓達)하십시오."라고 하니 최영은 "그러겠다."라고 하였다. 밤에 최영은 들어가 우왕을 뵙고 아뢰었다. "원하옵건대 다른 말은 듣지 마옵소서."
> — 『태조실록』 —

② 명의 철령위 설치 계획 철회 : 위화도 회군 이후 명나라는 우리 지역에 철령위를 설치하려던 방침을 변경

③ 우왕과 창왕 폐위 및 공양왕 옹립 : 군사적 실권을 잡은 이성계와 혁명파 사대부는 폐가입진의 논리로 우왕, 창왕을 폐하고 공양왕을 옹립

④ 과전법 실시 : 혁명파 사대부는 1391년 토지 개혁을 단행하여 과전법을 공포, 경제적 기반과 민심 획득

> **과전법 시행 배경** — 한능검(韓能檢) 출제 자료
>
> 토지 제도가 무너지면서 부유하고 권세있는 자가 남의 토지를 차지하여 부자는 밭두둑이 잇닿을 만큼 토지가 많아지고, 가난한 사람은 송곳 꽂을 땅도 없게 되었다. 그래서 가난한 사람은 부자의 토지를 빌려 일년 내내 부지런히 고생하여도 식량은 오히려 부족하였고, ……
> — 『고려사』 —

⑤ 조선 건국 : 혁명파 세력은 1392년 역성혁명을 반대하던 정몽주를 비롯한 온건 개혁파를 제거한 후, 공양왕의 양위를 받아 조선을 건국

조선의 통치구조와 정치

20 조선의 성립과 통치 체제 정비
21 붕당 정치의 전개와 변질
22 조선의 대외 관계

20 조선의 성립과 통치 체제 정비

1 국왕 중심의 통치 체제 정비

(1) 태조(제1대, 1392~1398)

① 가계 : 이자춘의 둘째 아들로 비는 신의왕후 한씨, 계비는 신덕왕후 강씨로 두 부인이 있음
② 국호(1393) : 국호를 조선으로 정하고 고조선의 후계자를 자처, 단군 조선과 기자 조선을 계승
② 한양 천도(1394) : 교통과 국방의 중심지로서 풍부한 농업 생산력을 보유한 한양으로 천도
③ 정도전
  ㉠ 성리학적 민본주의 통치 규범의 확립
  ㉡ 저서 :『조선경국전』,『경제문감』저술, 재상 중심의 정치 주장
④ 조준
  ㉠ 정도전과 함께 개국 초의 혼란을 수습하며 경제 개혁을 실시
  ㉡ 저서 : 위화도 회군 이후의 조례를 모아『경제 6전』을 편찬
⑤ 고려 왕족 제거 : 개국 초 가장 큰 사회·정치적 불안요소인 고려 왕씨들을 제거
⑥ 지방 행정의 정비 : 종래의 향·소·부곡을 일반 군현으로 병합하여 관찰사제 실시, 수령을 참상관 이상으로 고정
⑦ 노비 해방 : 노비변정도감을 설치하여 억울하게 노비가 된 사람들을 양인으로 해방
  → 정종 대 폐지 → 태종 대 재설치
⑧ 의흥삼군부 설치 : 의흥삼군부를 통해 군권을 장악
⑨ 도평의사사 중심의 정국 운영 : 고려의 제도를 활용
⑩ 제1차 왕자의 난(무인정사, 1398)
  ㉠ 배경
    ⓐ 태조가 개국에 공이 많은 방원이 아닌 계비 강씨의 소생인 방석을 세자로 책봉
    ⓑ 방원은 사병마저 혁파될 위기에 놓이자 거사를 계획
  ㉡ 전개 : 방원은 정도전·남은 등이 한씨 소생의 왕자들을 살육할 계획을 세우고 있다는 트집을 잡아 사병을 동원하여 반대파 제거
  ㉢ 결과
    ⓐ 정도전·남은 등을 비롯하여 세자 방석과 방번을 살해
    ⓑ 방원은 세자로 추대되었으나 사양하고 방과에게 양보(정종 즉위)

◐ 태조 이성계(재위 : 1392~1398)

◐ 태조 가계도

> **제1차 왕자의 난** 　　　　　　　　　　　　　　**한능검(韓能檢) 출제 자료**
>
> 정도전, 남은, 심효생 등이 여러 왕자를 해치려 꾀하다가 성공하지 못하고 참형을 당하였다. …… 이에 정안군이 도당(都堂)으로 하여금 백관을 거느리고 소를 올리게 하였다. "후계자를 세울 때에 장자로 하는 것은 만세의 상도(常道)인데, 전하께서 장자를 버리고 어린 아들을 세웠으며, 정도전 등이 세자를 감싸고서 여러 왕자를 해치고자 하니 화를 예측할 수 없었습니다. 다행히 천지와 종사의 신령에 힘입게 되어 난신(亂臣)이 참형을 당하였으니, 원컨대 전하께서는 적장자인 영안군을 세자로 삼으십시오."라고 하였다.
> - 『태조실록』 -

(2) 정종(제2대, 1398~1400)

① 가계 : 태조의 둘째 아들로 어머니는 신의왕후 한씨이며, 비는 정안왕후 김씨

② 즉위
  ㉠ 제1차 왕자의 난 이후 즉위
  ㉡ **정종의 왕위 계승** : 정종은 1차 왕자의 난 이후 태조의 양위를 받아 왕위에 올랐으나, 정종조의 정치는 거의 방원의 뜻에 따라 전개

③ **승정원 신설** : 기존의 중추원이 담당하던 왕명출납 기능을 담당할 새로운 기관이 필요

④ 개경 천도와 개혁 정책(방원이 주도)
  ㉠ 개경 천도 : 1차 왕자의 난이 일어난 한양에서 개경으로 다시 천도
  ㉡ 군·정 분리
    ⓐ 사병을 혁파, 내외의 병권을 의흥삼군부로 집중
    ⓑ 도평의사사를 의정부로 변경
    ⓒ 중추원을 삼군부로 개칭

⑤ 집현전 설치 : 1399년 집현전을 설치하고 유학자 육성

⑥ 제2차 왕자의 난(방간의 난, 박포의 난)
  ㉠ 배경
    ⓐ 넷째인 방간은 왕위 계승에 대한 야망을 품고 있었음
    ⓑ 제1차 왕자의 난의 박포는 논공행상에 불만을 품고 있었음
  ㉡ 전개 : 박포는 방원에게 불만이 많은 방간의 거병을 선동 ➡ 개경에서 방간의 군사와 방원의 군사 간에 치열한 접전이 벌어짐
  ㉢ 결과
    ⓐ 방원이 승리하여 방간은 유배되고 박포는 사형에 처함
    ⓑ 방원의 왕위 계승을 촉진하여 정안대군 방원을 세자로 책봉함

(3) 태종(제3대, 1400~1418)

① 가계 : 태조의 다섯째 아들로 어머니는 신의왕후 한씨, 비는 원경왕후 민씨

② 즉위 : 정도전을 견제와 숙청의 과정을 거치면서 권력 장악, 2차 왕자의 난으로 방간과의 싸움에서 승리후 정종의 양위를 받아 등극

③ 관제 개혁
  ㉠ **중앙 관제 정비** : 1405년(태종 5년)에 6조의 각 조마다 3개의 속사 설치, 당시 존속하던 독립관아 중에서 의정부·사헌부·사간원·승정원·한성부를 제외한 90여개의 관아를 그 기능에 따라 6조에 분속
  ㉡ 도평의사사 폐지 ➡ **의정부 설치(정종 2년)**

> **＋ 태조의 양위**
> 태조의 양위는 자의가 아니라 타의에 의해 반강제로 이루어진 것이 아닌가 하는 의문이 제기되고 있다.

ⓒ 왕권 강화를 위해 6조 직계제 실시

> **⁛ 6조 직계제**   　　　　　　　　　　　　　　　　　한능검(韓能檢) 출제 자료
>
> 의정부의 서사를 나누어 6조에 귀속시켰다. …… 처음에 왕(태종)은 의정부의 권한이 막중함을 염려하여 이를 혁파할 생각이 있었지만, 신중하게 여겨 서두르지 않았는데 이때에 이르러 단행하였다. 의정부가 관장한 것은 사대 문서와 중죄수의 심의뿐이었다.
> 　　　　　　　　　　　　　　　　　　　　　　　　－『태종실록』 －

　　ⓓ 문하부 낭사를 사간원으로 독립시켜 대신 견제
　　ⓔ 사법·경찰권 강화 : 순군만호부를 순위부로, 다시 의용순금사로 개편하면서 도적을 제거하고 반역 죄인 등을 처벌하게 함
　　ⓕ 지방 통제력 강화를 위해 유향소를 폐지, 8도 체제 확립
　④ 경제 기반의 안정과 군사력 강화
　　ⓐ 호패법과 인보법을 실시
　　ⓑ 재정 확보를 위해 양전 사업을 실시하는 한편 사원전을 몰수
　　ⓒ 사병을 폐지하고 군사권을 왕권에 귀속(정종 2년)
　　ⓓ 노비변정도감의 재설치
　⑤ 의금부 관할 하에 신문고 설치, 수령에 대한 비방 금지

(4) 세종(제4대, 1418~1450)
　① 가계 : 태종의 셋째 아들로 어머니는 원경왕후 민씨, 비는 심온의 딸 소헌왕후 심씨
　② 즉위 : 원래 태종의 뒤를 이을 왕세자는 양녕대군이었으나 양녕대군이 세자로서의 품위를 손상시킨 일련의 행동과 사건들로 폐세자 되자 그 뒤에 세자로 책봉
　③ 유교 정치 문화의 확립
　　ⓐ 집현전(왕립 학술 기관)의 육성 : 유학자 우대, 한글 창제
　　ⓑ 유교적 의례의 실천 : 국가 행사를 오례에 따라 거행, 사대부에게 『주자가례』 시행 장려, 『삼강행실도』 간행
　④ 왕권과 신권의 조화
　　ⓐ 의정부 서사제 실시, 재상 합의제
　　ⓑ 인사권은 국왕에 귀속

> **⁛ 의정부 서사제**   　　　　　　　　　　　　　　　한능검(韓能檢) 출제 자료
>
> 6조 직계제를 시행한 이후 일의 크고 작음이나 가볍고 무거움이 없이 모두 6조에 붙여져 의정부와 관련을 맺지 않고, 의정부의 관여 사항은 오직 사형수를 논결하는 일 뿐이다. 그러므로 옛날에 재상에게 위임하던 뜻과 어긋남이 있고, …… 6조는 각기 모든 직무를 먼저 의정부에 품의하고, 의정부는 가부를 헤아린 뒤에 왕에게 아뢰어 (왕의) 전지를 받아 6조에 내려보내어 시행한다. 다만, 이조·병조의 제수, 병조의 군사 업무, 형조의 사형수를 제외한 판결 등은 종래와 같이 각 조에서 직접 아뢰어 시행하고 곧바로 의정부에 보고한다. 만약 타당하지 않으면 의정부가 맡아 심의·논박하고 다시 아뢰어 시행토록 한다.
> 　　　　　　　　　　　　　　　　　　　　　　　　－『세종실록』 －

　⑤ 국토 확장 : 최윤덕과 김종서로 하여금 4군 6진을 개척하여 압록강~두만강 선까지 국경을 확보, 사민정책 실시
　⑥ 금부삼복법 제정 : 사형수에 대한 삼심제를 실시
　⑦ 토지 제도 및 수취 체제 개혁 : 공법(연분 9등법, 전분 6등법) 시행
　⑧ 관습도감 설치 : 아악·향악·당악 등의 음악을 정리
　⑨ 역법 : 『칠정산』 편찬
　⑩ 과학기술 발달 : 측우기, 자격루, 앙부일구를 개발

⑪ 대마도 정벌 : 상왕인 태종과 이종무가 함께 1419년(세종 1) 대마도 정벌
⑫ 편찬사업 : 『용비어천가』·『정간보』·『동국정운』·『석보상절』·『월인천강지곡』·『향약집성방』·『의방유취』·『향약채취월령』·『농사직설』·『삼강행실도』·『총통등록』·『치평요람✛』·『자치통감훈의✛』 등

(5) 세조(제7대, 1455~1468)

① 계유정난으로 문종의 고명대신인 김종서 등을 제거하고 즉위
② 제도 정비 : 6조 직계제를 실시, 사육신의 난 이후 집현전과 경연을 폐지

> **✚ 조선 초기 왕권과 신권의 관계** — 한능검(韓能檢) 출제 자료
>
> ① 의정부의 서사를 나누어 6조에 귀속시켰다. …… 처음에 왕(태종)은 의정부의 권한이 막중함을 염려하여 이를 혁파할 생각이 있었는데, 이에 이르러 신중히 급작스럽지 않게 행하였다. 의정부가 관장한 것은 사대 문서와 중죄수의 심의뿐이었다. — 『태종실록』 —
> ② 6조직계제를 시행한 이후 일의 크고 작음이나 가볍고 무거움이 없이 모두 6조에 붙여져 의정부와 관련을 맺지 않고, 의정부의 관여 사항은 오직 사형수를 논결하는 일뿐이므로 옛날부터 재상을 임명한 뜻에 어긋난다. …… 6조는 각기 모든 직무를 먼저 의정부에 품의하고, 의정부는 가부를 헤아린 뒤에 왕에게 아뢰어 (왕의) 전지를 받아 6조에 내려 보내어 시행한다. 다만 이조·병조의 제수, 병조의 군사 업무, 형조의 사형수를 제외한 판결 등은 종래와 같이 각 조에서 직접 아뢰어 시행하고 곧바로 의정부에 보고한다. 만약 타당하지 않으면 의정부가 맡아 심의 논박하고 다시 아뢰어 시행토록 한다. — 『세종실록』 —
> ③ 상왕(단종)이 어려서 무릇 조치하는 바는 모두 대신에게 맡겨 논의 시행하였다. 지금 내(세조)가 명을 받아 왕통을 계승하여 군국 서무를 아울러 모두 처리하며 조종의 옛 제도를 모두 복구한다. 지금부터 형조의 사형수를 제외한 모든 서무는 6조가 각각 그 직무를 담당하여 직계한다. — 『세조실록』 —

③ 경국대전 편찬 시작 : 통치 규범의 확립을 위해 법전을 편찬케 함
④ 동북 지방의 반란 진압 : 이징옥의 난과 이시애의 난을 진압 → 유향소 폐지
⑤ 불교 진흥 : 원각사(원각사지 10층 석탑 건립) 창건 및 간경도감 설치
⑥ 북방 개척 : 경진북정(1460, 신숙주), 정해서정(1467, 남이·강순)
⑦ 군제 개편 : 보법을 실시하였고, 중앙군인 5위와 지방군인 진관 체제를 확립
⑧ 화살촉으로 사용할 수 있는 팔방통보 주조
⑨ 과전법을 개편하여 직전법을 실시

(6) 성종(제9대, 1469~1494)

① 가계 : 세조의 장자인 의경세자의 둘째 아들로 어머니는 한확의 딸 소혜왕후, 비는 공혜왕후, 계비는 정현왕후
② 즉위 : 1469년에 예종이 죽고 그 아들이 아직 어리자, 정희대비가 형 월산대군이 허약하다는 이유를 들어 대신들과 의논해 13세의 성종을 왕위에 옹립
③ 홍문관(옥당) 설치 : 집현전의 후신으로 왕의 자문 기구, 경연을 관장
④ 경국대전의 완성 : 여러 법전·교지·조례·관례 등을 총망라하여 세조 대 편찬해오던 『경국대전』을 개정 끝에 1485년에 완성
⑤ 독서당 설치 : 사가독서제(세종 대 설치, 세조 대 폐지) → 독서당으로 개편
⑥ 사림의 진출 : 세조 대 공신을 중심으로 하는 훈구세력을 견제하는 목적, 근왕세력으로 김종직 일파의 신진 사림 등용
⑦ 편찬 사업 : 『국조오례의』, 『삼국사절요』, 『동문선』, 『동국여지승람』, 『동국통감』, 『경국대전』, 『악학궤범』 등 편찬
⑧ 관수관급제 실시 : 직전제의 폐단을 시정하기 위하여 실시, 국가에서 경작자로부터 직접 조세를 받아들여 관리들에게 현물 녹봉을 지급

✚ 치평요람
세종은 우리나라와 중국의 역대 사적 중에서 정치의 귀감이 될 사실을 간추려 책을 편찬할 것을 명하였으며, 이에 1441년(세종 23) 지중추원사 정인지 등이 집현전 학자들과 함께 치평요람을 편찬하였다. 편찬자들은 중국 주(周)나라에서부터 원나라까지의 역사와 우리나라 기자조선으로부터 고려에 이르기까지의 역사를 간략하게 정리하여 1445년 150권으로 완성하였다.

✚ 자치통감훈
세종은 『자치통감』 완질을 구해 읽고 학자들을 동원해 이에 대한 주석서인 『자치통감훈의』를 편찬하였는데, 이 주해본은 중국에서 간행된 것보다 완성도가 더 높다는 평가를 받았다.

⑨ 유향소 설치 : 사림파들의 주장으로 1488년에 유향소 부활 → 경재소를 장악한 훈구파들에 의해 유향소 통제
⑩ 억불정책 : 간경도감 혁파, 도첩제 폐지(승려의 출가를 일체 금지)
⑪ 북방 공략 : 윤필상(건주여진)과 허종(우디거)으로 하여금 여진족 정벌

(7) 연산군(제10대, 1494~1506)
① 가계 : 성종의 맏아들로 어머니는 윤기견의 딸 폐비 윤씨
② 즉위 : 중종이 태어나기 전 세자로 책봉
③ 폭정 : 연산군은 강력하고 자유로운 왕권을 행사, 무오사화와 갑자사화를 일으킴
④ 신언패 : 대간들의 직언을 금지시킴

(8) 중종(제11대, 1506~1544)
① 가계 : 성종의 둘째 아들로 어머니는 정현왕후 윤씨, 비는 좌의정 신수근의 딸, 제1계비는 장경왕후, 제2계비는 딸 문정왕후
② 즉위 : 1494년 진성대군에 봉해졌고 1506년 9월 박원종·성희안 등이 중종반정을 일으켜 왕으로 추대
③ 폐정 개혁 : 연산군의 폐정을 개혁하고 문벌세가를 누름으로써 새로운 왕도정치의 이상을 실현하고자 함
④ 조광조의 개혁 정치
  ㉠ 훈구파 견제 : 신진 사림인 조광조를 등용해 도학에 근거한 철인 군주 정치를 표방해 기성 사류인 훈구파 견제
  ㉡ 향약 : 향약을 전국적으로 실시
  ㉢ 현량과 : 왕이 직접 주관 하에 천거제인 현량과를 실시
  ㉣ 소격서 폐지 : 조광조의 건의로 도교적 성격을 지닌 소격서를 폐지
  ㉤ 방납의 폐단 시정 : 수미법을 실시
  ㉥ 위훈 삭제 : 중종반정에서 거짓으로 임명된 공신들의 지위 박탈을 주장
⑤ 기묘사화 : 왕이 조광조 등의 지나친 도학적 언행과 정책 운영에 지쳐있을 무렵 남곤·심정 등 훈구 세력이 반정공신의 위훈 삭제 문제를 계기로 1519년 조광조 등이 당파를 조직해 나라를 어지럽혔다고 주장해 일으킨 사건
⑥ 비변사 설치 : 삼포왜란 이후 왜구·여진족을 대비하기 위해 임시로 설치

조광조(1482~1519)

(9) 인종(제12대, 1544~1545)
① 가계 : 중종의 맏아들로 어머니는 장경왕후
② 즉위 : 인종은 25년 간 세자의 자리에 있다가 1544년 즉위
③ 현량과 복구 : 기묘사화로 파방된 현량과를 복구하고, 조광조 등 기묘명현을 신원해 줌

(10) 명종(제13대, 1545~1567)
① 가계 : 중종의 둘째 아들로 인종의 아우, 어머니는 문정왕후
② 즉위 : 인종이 8개월 만에 병사하자, 당시에 12세였던 명종이 즉위
③ 을사사화 : 명종 즉위 후 문정왕후가 수렴청정을 하게 되자 윤원형 일파의 소윤이 권력을 장악하여 대윤에 대한 대대적인 숙청을 단행한 사건

④ 을묘왜변 : 왜인들이 전라도 지방을 침입, 비변사의 상설기구화
⑤ 임꺽정의 난 : 백정 출신인 임꺽정이 상인, 대장장이, 노비, 아전, 역리 등 많은 무리들을 규합시켜 일으킨 난

을사사화

한능검(韓能檢) 출제 자료

화심(禍心)을 품고 오래도록 흉계를 쌓아 왔다. 처음에는 동궁(東宮)이 외롭다는 말을 주창하여 사람들 사이에 의심을 일으켰고, 중간에는 정유삼흉(丁酉三凶)의 무리와 결탁하여 국모를 해치려고 꾀하였고, 동궁에 불이 난 뒤에는 부도(不道)한 말을 많이 발설하여 사람들을 현란시켜 걱정과 의심을 만들었다.

임꺽정의 난

한능검(韓能檢) 출제 자료

포도대장 김순고가 왕에게 아뢰기를, "풍문으로 들으니 황해도의 흉악한 도적 임꺽정의 일당인 서임이란 자가 이름을 엄가이로 바꾸고 숭례문 밖에 와서 산다고 하므로, 가만히 엿보다가 잡아서 범한 짓에 대하여 심문하였습니다. 그가 말하기를, '…… 대장장이 이춘동의 집에 모여서 새 봉산 군수 이흠례를 죽이기로 의논하였다. ……'고 하였습니다. …… 속히 달려가서 봉산 군수 이흠례, 금교 찰방 강여와 함께 몰래 잡게 하는 것이 어떻겠습니까?"라고 하였다.

2 중앙 통치 체제의 정비와 변화

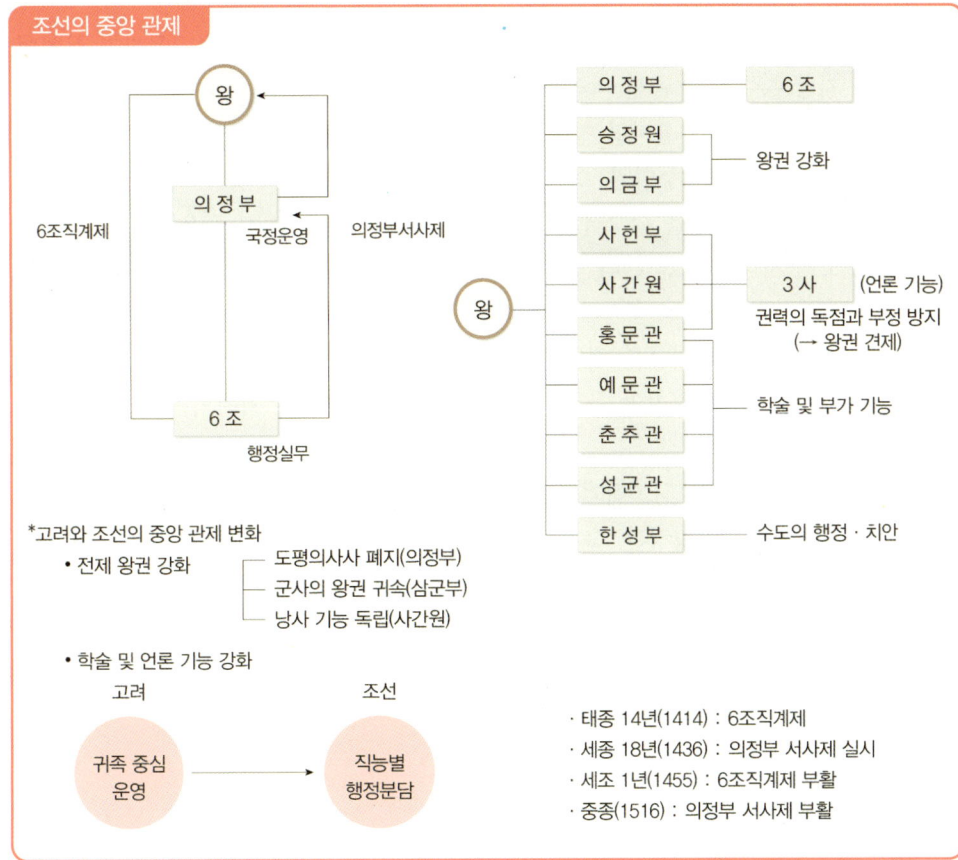

(1) 양반 관료제의 관품(문·무반의 양반)

① 관직 체계는 크게 당상관, 당하관으로 구분
  ㉠ 당상관은 문관 중 정3품 상에 해당하는 통정대부 이상, 무관 중 정3품 상의 지위인 절충장군 이상의 고급 관료
  ㉡ 당하관은 정3품 하 이하로서 문관의 통훈대부, 무관의 어모장군부터 종9품까지의 관료
    ⓐ 당하관은 다시 종6품 이상을 참상관, 정7품 이하를 참하관이라 함
    ⓑ 참하에서 참상으로 오르는 것을 승륙이라 하여 큰 영예로 여겼으며 참상관 이상이 지방 수령에 임용 가능
② 고려 시대 5품 이상 고위 관료의 자제에게 부여하던 음서가 2품 이상의 자제로 혜택이 줄어든 대신, 과거제 강화
③ 조선의 관료 조직은 양반제로 나뉘었지만 문관(동반) 우위의 성격을 지님. 무반직은 정3품 상인 절충장군이 최상위직이었으며, 무반이 더 승진할 경우에는 문산계로 전환되어 문신의 지위로 진급

(2) 관리 인사 제도

① 상피제(권력의 집중과 부정 방지)
  ㉠ 부자, 형제 관계 등 친척 관계에 있는 사람이 같은 관청에 근무하지 못하며, 지방관은 자기 출신 지역에 부임하지 못함
  ㉡ 친족이 과거에 응시할 경우 같은 과장의 고시관이 되지 못함
② 서경제(관직 임명 동의권)
  ㉠ 인사의 공정성을 확보하기 위해 5품 이하 관리 임명 시 적용(양사에서 심사)
  ㉡ 고려 시대에는 전 관리 임용에 적용되던 것이 조선 시대에는 5품 이하로 축소
③ 순자법, 고과법
  ㉠ 순자법 : 근무 기간을 채웠을 경우 승진
  ㉡ 고과법 : 하급 관리의 근무 성적을 평가하여 승진 및 좌천의 자료로 활용
④ 분경 금지법
  ㉠ 청탁과 부정을 금지하기 위해 실시
  ㉡ 이조·병조의 당상관, 승지, 사헌부·사간원의 관원, 장례원판결사의 집에 동성 8촌 이내, 인척 6촌 이내, 혼인한 가문, 이웃 사람 등이 아니면서 출입하는 자는 분경자로 간주하여 처벌하는 규정이 명문화
⑤ 행수 제도 : 관계는 높은데 관직이 낮은 경우[계고직비(階高織卑)]는 행(行)을, 관계가 낮은데 관직이 높은 경우[계비직고(階卑織高)]는 수(守)를 명기하여 관계와 관직의 상관관계를 파악

(3) 의정부와 6조 체계

① 의정부
  ㉠ 최고 관부로서 재상의 합의로 국정을 총괄
  ㉡ 정1품의 영의정과 좌의정, 우의정의 삼정승이 수반
  ㉢ 그 밑에 종1품 직위인 좌찬성·우찬성, 정2품 좌참찬·우참찬이 보좌하며, 그들의 합의로 중요 국사를 의결

② 6조

6조	역할	속사	속아문
이조(吏曹)	문관 인사, 공훈 관리	문선사·고훈사·고공사	상서원(옥새 관리)·사옹원(식사 담당)·내수사·내시부
호조(戶曹)	호구 조사, 조세, 조운	판적사·회계사·경비사	내자시·광흥창(녹봉)·양현고(성균관 물품 공급) 등 17사
예조(禮曹)	의식, 외교, 학교, 과거 시험	전객사·전형사·계제사	춘추관·홍문관·성균관·관상감·사역원 등 30사
병조(兵曹)	국방, 통신, 무관 인사	무선사·승여사·무비사	5위·훈련원·사복시(왕의 수레, 말, 마구 관리)·군기시(병기제조) 등
형조(刑曹)	법률, 소송, 노비	상복사·고율사·장금사·장예사	장예원(노비)·전옥서(죄수)
공조(工曹)	토목, 공장, 도량형	영조사·공야사·산택사	상의원(의복)·수성금화사(축성)·와서(기와) 등

(4) 언론, 학술 기구(3사, 권력 독점과 부정의 방지)

① 양사(대간) : 사간원(간쟁)과 사헌부(감찰)를 의미, 5품 이하 관원에 대한 서경권 행사
  ㉠ 사헌부 : 관료의 부정과 실정을 규찰하는 역할을 수행
  ㉡ 사간원 : 국왕에 대해 간쟁, 논박을 담당하는 관청으로 1401년(태종 1) 문하부가 없어지고 의정부가 생기면서 문하부의 낭사가 독립
② 홍문관 : 궁중의 서적을 관리, 경연을 담당

(5) 왕권 강화 기구

① 승정원(국왕 비서 기구, 왕명 출납)
  ㉠ 6승지제 : 도승지는 이조, 좌승지는 병조, 우승지는 호조, 좌부승지는 예조, 우부승지는 공조, 동부승지는 형조의 사무를 각각 관할
  ㉡ 승지는 국정의 중요 사무에 직접·간접으로 관련
② 의금부(국왕의 직속 사법기관)
  ㉠ 왕명에 따라 왕족의 범죄, 국사범이나 반란·역모 등 중대 옥사, 사헌부가 탄핵한 사건, 강상죄, 중외에서 장기간 처리하지 못한 사건 등을 처리
  ㉡ 판의금부사가 수장이나 금부도사 실제 업무를 주로 담당

(6) 4관

① 예문관 : 임금의 말이나 명령을 대신하여 짓는 것을 담당하기 위해 설치한 관서로 원봉성·사림원·문한서·한림원이라고도 지칭
② 승문원 : 사대교린에 관한 문서를 관장하기 위해 설치했던 관서로 아울러 이문의 교육도 담당
③ 성균관 : 최고 학부로서 유학 교육만을 담당
④ 교서관 : 경적의 출판과 제사 때 쓰이는 축문을 작성

(7) 기타 기구
① 춘추관 : 시정과 역사 기록을 담당하는 관청
② 한성부 : 수도인 한성의 행정과 치안을 담당, 전국적인 사법권을 행사

(8) 사법 기능
① 사헌부, 의금부, 형조, 한성부, 장례원 등이 전국적인 사법 기능을 행사
② 위 다섯 개의 기관 중 일부 관청을 삼법사로 일컬음

3 지방 행정 제도

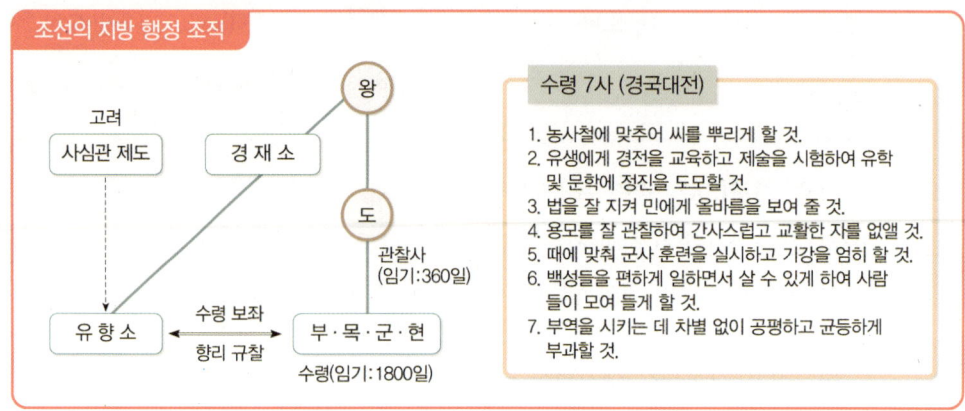

(1) 중앙 집권 체제의 강화(모든 군현에 지방관 파견, 향·소·부곡 폐지)
① 지방 통치를 위해 전국을 8도로 나누고, 각 도에는 관찰사 또는 감사라 하는 방백을 파견
② 각 고을을 300여 고을로 나누고 부·대도호부·목·도호부·군·현을 두어, 각각 중앙에서 부윤·대도호부사·목사·도호부사·군수·현령·현감 등의 수령을 파견

(2) 지방 조직(전국을 8도, 하부에 부·목·군·현 설치)
① 관찰사(감사, 종2품)
　㉠ 8도의 지방 장관, 수령에 대한 행정 감찰, 비행 견제, 민생 순찰을 담당
　㉡ 관찰사는 도내의 각 수령을 감독할 임무를 띠고 행정·사법뿐만 아니라 병마절도사·수군절도사도 겸했으므로 군사권까지 장악
　㉢ 관찰사는 출신지에 임명하지 않았고, 임기는 1년
② 수령(부·목·군·현)
　㉠ 행정·사법·군사권을 행사
　㉡ 유수부 : 개성부는 유수라는 경관직이 다스린 중앙 직할 지구. 후기에는 광주·강화·수원에도 유수를 두어, 개성과 함께 4도 유수라 함
　㉢ 수령의 임기는 5년(후기에는 3년으로 조정)이고, 역시 출신지에는 임명되지 않음
　㉣ 수령 7사 : 농업의 장려, 호구의 확보, 교육의 진흥, 군정의 수비, 부역, 사송 및 향리의 지휘·감독 등을 수행

③ 향리
- ㉠ 수령의 행정 실무를 보좌하였으며 6방에 배속되어 세습적인 아전으로 격하 (향역 세습)
- ㉡ 6방 체제 : 이방·형방·호방을 3공형으로 중시하고, 후기에는 이방이 수석 향리가 되어 6방 체제를 주도

▶ 고려와 조선의 향리

구 분	고 려	조 선
지 위	지방의 실질 지배	수령의 행정 보조
신분 상승 여부	신분 상승 가능	신분 상승 제한(세습 아전)
보 수	외역전(外役田) 지급	무보수(각 관아에서 음성적으로 해결)
과거 응시 자격	문과 응시 허용	문과 응시 불허

🎧 조선의 8도

(3) 향촌 사회

① 면·리·통 제도 : 주민 중에서 책임자 선임, 수령의 명령을 받아 인구 파악, 부역 징발 담당
② 양반 중심의 향촌 질서 확립 : 사심관 제도의 분화
- ㉠ 유향소(향청) : 향촌 양반의 자치 조직(수령 보좌, 향리 규찰), 지방 행정 참여, 좌수와 별감 선출, 향규 제정, 향회를 통한 여론 수렴과 백성에 대한 교화 담당
- ㉡ 경재소 : 유향소와 정부 사이의 연락 사무, 유향소를 중앙에서 통제

▶ 고려와 조선의 지방 행정 조직

구 분	고 려	조 선
행정기능	왕 — 도(행정기능(無)) — 안찰사 / 주·군·현 지방수령	왕 — 도 — 관찰사 / 부·목·군·현 지방수령
지방 통제	관리가 모든 지역에 파견된 것은 아님 (주현 < 속현)	관리가 모든 지역에 파견 (중앙 집권 강화)
행정 구역 편제	특수 행정 구역 존재 (향·소·부곡)	특수 행정 구역 소멸 (양인의 수와 권리 증대)
향리의 역할	지방관보다 영향력 큼	세습아전으로 격하

> **경재소와 유향소**
>
> - 고을에서 부모에게 불효하는 자, 형에게 불경하는 자, 친족 간에 불복하는 자, 인척 간에 불화하는 자, 남에게 신의가 없고 남을 구휼해 주지 않는 자가 있으면, 유향소에서 그에 대한 징계를 의논할 수 있으며, 아전(衙前)으로 백성의 재물을 침탈하는 자가 있으면, 이곳에서 징계를 의논할 수 있다. - 『경국대전』 -
> - 이 팔조 호구의 법식에 따라 2품 이상은 8향, 6품 이상은 처의 고향을 제외한 6향, 그 이하는 조부와 증조의 외향을 제외한 4향, 관직이 없는 의관족의 자제는 부모의 외향을 제외한 2향으로 하여 매 향마다 경재소에서 좌수 1명을, 참상은 별감 2명을 정하여 고을의 일을 맡기되, 수령의 정치에는 간여하지 못하게 하고 어긴 사람은 죄로 다스리게 하십시오. - 『세종실록』 -

4 관리 등용 제도

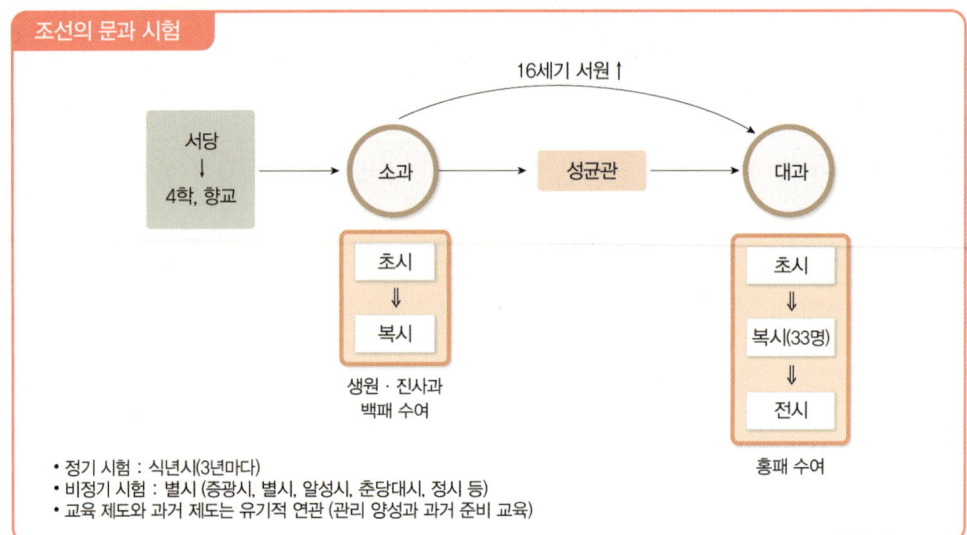

(1) 응시자격(양인이상, 실제로는 양반이 주로 응시)

구 분	문 과	무 과	잡 과
목 적	문관 선발시험	무관선발시험	기술관 선발
주 관	예조	병조	해당 관청
특 징	• 소과(생진과) : 생원, 진사 ➡ 성균관 입학 • 대과(문과) : 소과 출신, 성균관생, 현직관료 응시(초시 ➡ 복시 33명 ➡ 전시)	28명 선발	역·율·의·음양과
응 시	양반계층이 주로 응시		양반의 서얼과 중간계층이 주로 응시

(2) 시험 시기

① 정기 시험 : 식년시로 3년 마다 실시
② 부정기 시험 : 증광시, 별시, 알성시, 황감제 등

(3) 기타 관리 등용 방법

① 취재 : 서리, 하급관리 선발(요직 승진 불가능)
② 음서 : 2품 이상 고관자제 과거 없이도 관직, 출세에 지장
③ 천거 : 대개 기존 관리 대상(추천, 특별 채용 제도)

5 군역 제도와 군사 조직의 정비

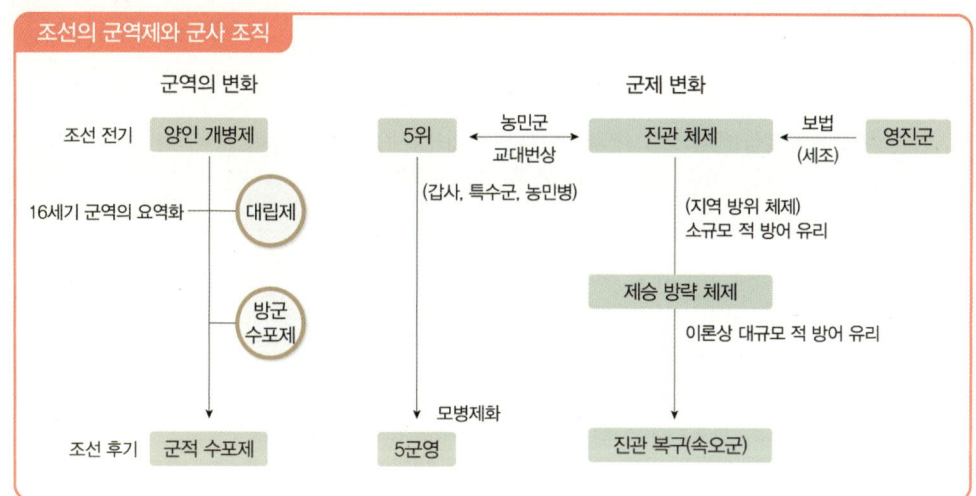

(1) 조선 전기의 군사 제도

① 군역 제도
- ㉠ 원칙 : 양인 개병제, 농병 일치제, 농민 의무병제
- ㉡ 운영 : 16세~60세의 양인 장정
- ㉢ 보법 : 정군(현역으로 복무), 보인(봉족으로 정군의 비용 부담명 1필)
    - ⓐ 정군 : 1보(2인)로 구성
    - ⓑ 수군 : 1.5보(3인)로 구성
    - ⓒ 갑사 : 2보(4인)로 구성
- ㉣ 군역 면제 신분 : 현직 관료(양반 관료 및 기술관)와 학생, 상인, 수공업자, 노비
- ㉤ 종친, 외척, 공신, 고급 관료 자제는 특수군 편제

② 군사 조직
- ㉠ 중앙군 : 5위(5위 도총부), 궁궐과 서울 수비, 편성(정군, 갑사, 특수병)
    - ⓐ 의흥위(중위) : 서울 중부, 개성부, 경기, 강원, 충청, 황해도
    - ⓑ 용양위(좌위) : 서울 동부, 경상도
    - ⓒ 호분위(우위) : 서울 서부, 평안도
    - ⓓ 충좌위(전위) : 서울 남부, 전라도
    - ⓔ 충무위(후위) : 서울 북부, 함경도
- ㉡ 잡색군 : 각계각층의 장정들로 구성된 예비군(전직 관료, 서리, 향리, 교생, 노비)으로 농민은 제외
- ㉢ 진관 체제 : 세조 때 군현 단위의 독자적 · 지역적 방위 체제
    - ⓐ 익군(북방), 영진군(남방)의 2원 체제로 전국을 군익도 체제로 재편
    - ⓑ 보법의 형성으로 완성
- ㉣ 국방력 유지 : 호적 제도와 호패 제도(국방력 강화에 기여)

(2) 군사 제도의 변화

① 중앙군 : 5군영 설치
  ㉠ 설치 배경
    ⓐ 왜란을 계기로 5위제 붕괴
    ⓑ 임기응변식으로 대외 관계와 국내 정세 변화에 따라 설치 → 서인 정권의 유지를 위한 군사 기반의 역할로 변질
  ㉡ 훈련도감
    ⓐ 선조 대 임진왜란 중에 삼수병제(포수·사수·살수)로 구성
    ⓑ 명의 장수 척계광의 『기효신서』의 영향을 받음
    ⓒ 모두 용병인 급료병·직업군인제으로 편제되어 직업적 상비군의 성격

> **╋ 훈련도감 설치**   한능검(韓能檢) 출제 자료
>
> 선조 26년(1593) 10월 국왕의 행차가 서울로 돌아왔으나 성 안은 타다 남은 건물 잔해와 시체로 가득하였다. 굶주림에 시달린 사람들은 인육(人肉)을 먹기도 하고, 외방에는 곳곳에서 도적들이 일어났다. 이때에 상(上)께서 도감(都監)을 설치하여 군사를 훈련시키라고 명하시고 나를 도제조(都提調)로 삼으시므로, 나는 청하기를 '당속미(唐粟米) 1천 석을 군량으로 하되 한 사람당 하루에 2승(升)씩 준다 하여 군인을 모집하면 응하는 자가 사방에서 모여들 것입니다.'라고 하였다. …… 얼마 안 되어 수천 명을 얻어 조총 쏘는 법과 창·칼 쓰는 기술을 가르치고 초관(哨官)과 파총(把摠)을 세워 그들을 거느리게 하였다. 또 당번을 정하여 궁중을 숙직하게 하고, 국왕의 행차가 있을 때 이들로써 호위하게 하니 민심이 점차 안정되었다.
> – 류성룡 『서애집』 –

  ㉢ 어영청·총융청·수어청 : 인조 대 후금과의 항쟁 과정에서 국방력 강화를 명분으로 설치
    ⓐ 어영청 : 향군을 위주로 하는 군역병으로 편제, 도성을 경비
    ⓑ 총융청 : 경기 일대 중 북부를 수비, 속오군을 중심으로 운영
    ⓒ 수어청 : 경기 일대 중 남부를 수비, 속오군을 중심으로 운영
  ㉣ 금위영 : 숙종 대 창설되었으며 향군 위주의 군역병 편제, 도성을 수비

▶ **5군영의 구성**

군영	설치	특징	경비
훈련도감(선조)	1593	임진왜란 중 설치, 삼수병(포수·살수·사수)으로 구성, 장번급료병, 의무병제에서 용병제로의 전환	삼수미세(2.2두)
어영청(인조)	1623	후금의 침입에 대비하여 설치, 이괄의 난 이후 도성 방어 목적에서 강화, 북벌의 본영(1652), 번상병 중심	둔전과 보인
총융청(인조)	1624	이괄의 난 이후에 설치, 북한산성을 중심으로 수도 북부 수비, 속오군 중심	
수어청(인조)	1627	정묘호란 후 → 남한산성을 중심으로 수도 남부 수비, 속오군·번상병	
금위영(숙종)	1682	왕궁 수비, 국왕 숙위, 번상병	

* 수어청은 1626년에 남한산성에 방위 부대를 설치, 1632년에 수어청이라는 명칭이 생김.

② 지방군 체제의 변화(속오군)
　㉠ 지방 군제의 변천 : 진관 체제(15세기, 세조) ➡ 제승방략 체제(16세기) ➡ 속오군 체제(왜란 중에 진관을 다시 복구)로 변화
　㉡ 제승방략 체제
　　ⓐ 적의 침입이 있을 때 각 읍의 수령이 가능한 한 많은 인원을 동원하여 이끌고 자신의 진을 떠나 배정된 방어 지역으로 가서 방어하는 병법
　　ⓑ 중종 때부터 구체화되었으며 북방족의 침입을 막는 데도 효과를 거두어 그 뒤 남방에까지 확산되었고 임진왜란을 계기로 무력화
　㉢ 속오군 : 양천 혼성군 편제(양반, 농민, 노비 포함), 농한기에 훈련, 평상시 생업에 종사, 유사시 전투 동원, 양반들이 노비와 함께 속오군에 편제되는 것 회피
　　ⓐ 성립 : 핵심적인 지방군의 하나로 임진왜란 중 1594년 『기효신서』의 속오법에 따라 조직
　　ⓑ 편제 및 운영 : 형편에 따라 대·기·초·사·영 등으로 상향 조직(약 2,500여 명)으로 편제
　㉣ 속오군의 변천
　　ⓐ 속오군은 전란 뒤 지방군에 대한 관심이 희박해져 노약자들로 충당
　　ⓑ 병자호란 속오군은 약화
　　ⓒ 영조 대 속오군의 구성에 양인은 제외되고 점차 천인으로 채워져, 마침내 『속대전』에는 천예군으로 기록되어 사노비만으로 편성

21 붕당 정치의 전개와 변질

1 훈구와 사림

	훈구파(관학파)	사림파(사학파)
연 원	혁명파(정도전, 조준, 권근)	온건파(정몽주, 이색, 길재)
융성 시기	15세기	16세기 이후
학 풍	사장(시와 문장) 중시	경학 중시
역사관	단군 중시, 자주적	기자 중시, 존화주의적
정치적 성향	• 부국강병 추진 • 중앙 집권 추구(패도 정치 인정) • 새로운 문물제도 정비 • 민생 안정 중시	• 왕도 정치(도덕과 교화의 통치) • 향촌 자치(지방 분권적) • 학술, 언론 중시
사상적 특징	• 사회 개혁의 원리(실천적) • 성리학의 정치 이념화(주례) • 성리학 이외의 사상 포용(현실적·융통성) • 과학기술 발달	• 관념적, 대의명분 강조 • 성리학적 사회 질서 구현(주자가례) • 성리학 이외의 사상 배척 • 과학기술 쇠퇴

(1) 훈구
① 세조의 즉위를 도운 공신 세력
② 관학파 학풍을 계승
③ 왕권 강화에 따른 패도 정치를 인정, 사장을 중시

(2) 사림
① 정몽주, 이색, 길재, 이숭인 등의 고려 말 온건파 사대부의 후예들로 구성
② 경학을 중시
③ 향촌 사회의 안정과 영향력을 강화하기 위해 향촌 자치를 옹호

2 사화의 전개

훈구와 사림의 대립

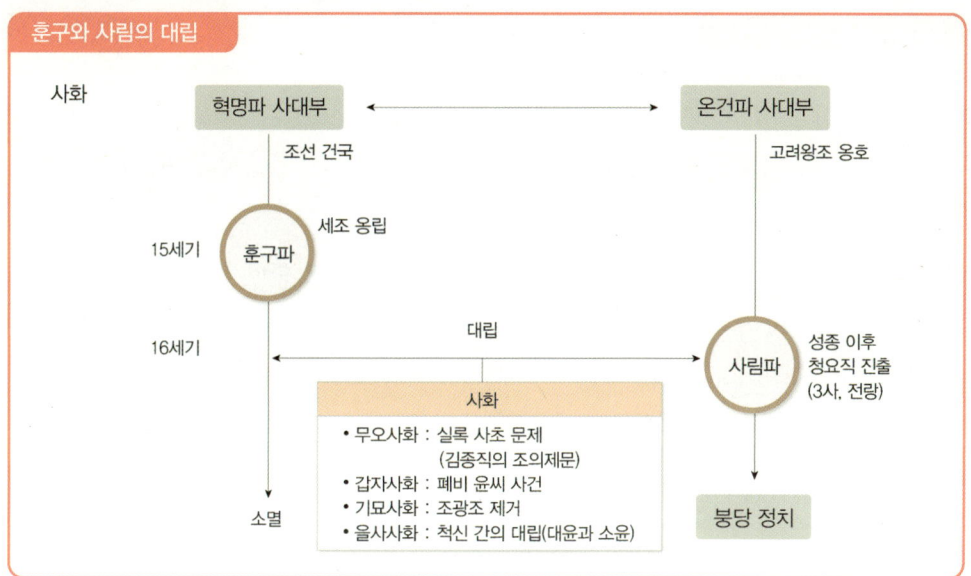

▶ 조선의 4대 사화

사 건	왕	원 인	결 과
무오사화(1498)	연산군	김종직의 조의제문	영남 사림의 몰락
갑자사화(1504)		폐비 윤씨 사건	
기묘사화(1519)	중 종	연산군의 폭정	중종 반정(1506) → 조광조의 개혁정치(사림 재등장)
		위훈삭제사건	조광조 제거, 사림세력 몰락
을사사화(1545)	명 종	척신(외척) 간의 대립	사림세력 몰락

✚ 조의제문 〔한능검(韓能檢) 출제 자료〕

정축 10월 어느 날에 밀성으로부터 경산으로 향하여 답계(踏溪)역에서 자는데, 꿈에 신이 칠장(七章)의 의복을 입고 훤칠한 모양으로 와서 스스로 하는 말이 "나는 초나라 회왕 손심(孫心)인데, 서초 패왕 항우의 죽인 바 되어 빈 강에 잠겼다."하고 문득 보이지 않았다. …… 역사를 상고해 보아도 강에 잠겼다는 말은 없으니, 정녕 항우가 사람을 시켜서 비밀리에 쳐 죽이고 그 시체를 물에 던진 것일까. 드디어 문을 지어 조(弔)한다.

✚ 무오사화 〔한능검(韓能檢) 출제 자료〕

유자광이 하루는 소매 속에서 한 권의 책자를 내놓았는데, 바로 김종직의 문집이었다. 그중에서 조의제문(弔義帝文)과 술주시(述酒詩)의 내용을 지적하면서 여러 추관들에게 "이는 다 세조를 지목한 것이다. 김일손의 악은 모두가 김종직이 가르쳐서 이루어진 것이다."라고 하였다. 그리고 즉시 스스로 주석을 만들어 글귀마다 풀이를 하여 왕께 아뢰기를 "김종직이 우리 전하를 헐뜯는 것이 이에 이르렀으니, 그 부도덕한 죄는 마땅히 대역으로 논해야 하고, 그가 지은 다른 글도 세상에 남아 있는 것이 마땅치 않으니 아울러 모두 불태워 버리소서."하니 왕이 이에 따랐다.
— 『연산군일기』 —

✚ 갑자사화 〔한능검(韓能檢) 출제 자료〕

왕이 어머니 윤씨가 폐위되고 죽은 것이 엄씨와 정씨의 참소 때문이라 여기고, 밤에 엄씨와 정씨를 대궐뜰에 결박하여 놓고 손수 마구 치고 짓밟았다. …… 왕이 장검을 들고 자순 왕대비 침전 밖에 서서 …… 말하기를 "대비는 어찌하여 내 어머니를 죽였습니까?"라고 하며 불손한 말을 많이 하였다.

3 붕당정치의 전개와 변질

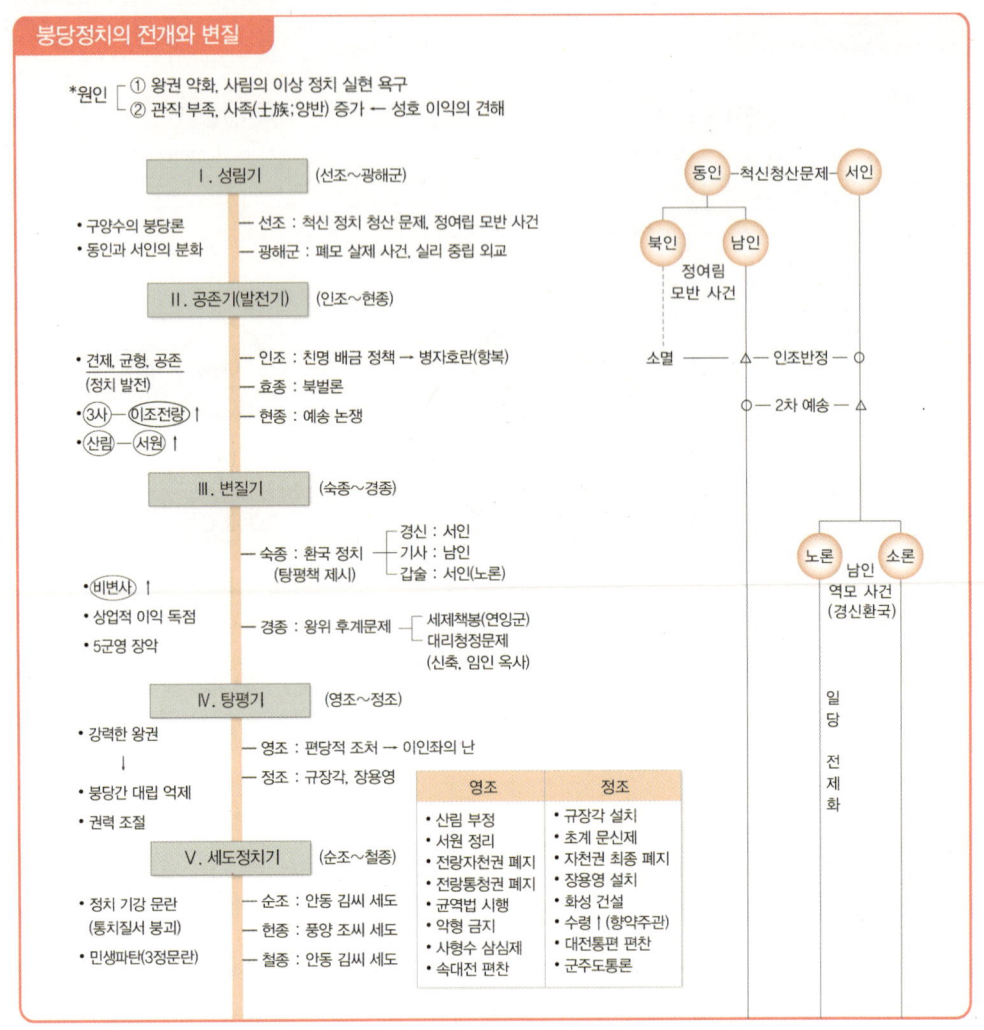

구분	출신배경	정치개혁	정치적 입장	학맥
동인	• 신진 사림으로 구성 • 김효원	• 척신 정치 청산에 적극적	• 수기강조 • 지배자의 도덕적 자기절제 강조	• 이황, 조식, 서경덕의 학문계승 • 영남학파
서인	• 기성 사림으로 구성 • 심의겸	• 척신 정치 청산에 소극적	• 치인에 중심 • 제도 개선을 통한 부국안민	• 이이, 성혼의 문인 중심 • 기호학파

(1) 성립기

국 왕	정치적 쟁점	특 징
선조	• 을해붕당(척신 청산 문제와 이조 전랑 문제를 둘러싼 심의겸과 김효원의 대립) ➡ 동·서인의 분화 • 기축옥사(정여립 모반 사건)와 세자 건저 문제 ➡ 동인의 남인·북인 분화	• 왕권 약화, 사림의 이상 정치 실현 욕구(구양수 주자의 붕당관 대두) • 관직 부족, 사족 증가(이익
광해군	• 전후 복구 사업(5대 사고 정비, 대동법 경기 실시, 개간 장려, 양전 사업) • 폐모 살제 사건 • 실리적 중립 외교(친명친금)	

✦ 이익의 붕당관 — 한능검(韓能檢) 출제 자료

붕당은 싸움에서 생기고 싸움은 이해 관계에서 생긴다. 이해 관계가 절실하면 붕당이 깊어지고, 이해 관계가 오래될수록 붕당이 견고해지는 것은 당연한 형세다. 그렇게 되는 이유는 무엇인가? 지금 열 사람이 함께 굶주리는데, 한 그릇의 밥을 같이 먹게 되면, 그 밥을 다 먹기도 전에 싸움이 일어날 것이다. … 조정의 붕당도 어찌 이와 다르겠는가. … 대개 과거 제도가 번잡하여 인재를 너무 많이 뽑으며, 애증이 치우쳐서 진퇴가 일정하지 못하였기 때문이다. … 이 밖에도 벼슬길이 분분하게 많으니, 이것이 이른바 관직은 적은데 과거에 응시한 사람은 많아서 모두 조처할 수 없다는 것이다. 하물며 당파가 생긴 뒤로는 구름과 비가 뒤집히듯 하여 아무리 총명하여도 제대로 판단하기 어렵다. 중립을 지켜 시비를 가리는 자를 용렬하다 하고, 붕당을 위해 죽어도 굽히지 않는 자를 절개가 뛰어나다고 한다. 또 영욕이 갑자기 뒤바뀌니 사람들이 어찌 붕당을 만들어 싸우지 않겠는가.

— 『성호집』 —

(2) 공존·발전기

국 왕	정치적 쟁점	특 징
인조	• 인조반정과 이괄의 난 • 친명배금 정책 ➡ 정묘호란, 병자호란(항복)	• 3사의 언관과 이조 전랑의 정치적 비중 증대 • 재야의 여론 수렴 • 주도자인 산림 출현 • 서원의 역할 강화
효종	• 북벌 추진(소중화 사상, 서인), 어영청 중심 • 명분적 북벌론(송시열, 송준길) • 실질적 불벌론(효종, 이완)	
현종	• 1차 예송(기해) : 기년설(서인) 대 삼년설(남인), 서인의 승리 • 2차 예송(갑인) : 9개월(서인) 대 1년설(남인), 남인의 승리	

✦ 인목대비의 광해군 비판 — 한능검(韓能檢) 출제 자료

내가 비록 부덕하더라도 일국의 국모 노릇을 한 지 여러 해가 되었다. 광해군은 선왕(先王)의 아들이다. 나를 어미로 여기지 않을 수 없는데도 내 부모를 죽이고 품속의 어린 자식을 빼앗아 죽였으며, 나를 유폐하여 곤욕을 치르게 하였다. 어디 그뿐인가, 중국이 우리나라를 다시 일으켜 준 은혜를 저버리고, 속으로 다른 뜻을 품고 오랑캐에게 성의를 베풀었다.

— 『계축일기』 —

✦ 인조반정 — 한능검(韓能檢) 출제 자료

적신 이이첨과 정인홍 등이 또 그의 악행을 종용하여 임해군(臨海君)과 영창대군을 해도(海島)에 안치하여 죽이고 …… 대비를 서궁(西宮)에 유폐하고 대비의 존호를 삭제하는 등 그 화를 헤아릴 수 없었다. 선왕조의 구신들로서 이의를 두는 자는 모두 추방하여 당시 어진 선비가 죄에 걸리지 않으면 초야로 숨어버림으로써 사람들이 모두 불안해하였다. 또 토목 공사를 크게 일으켜 해마다 쉴 새가 없었고, 간신배가 조정에 가득 차고 …… 임금이 윤리와 기강이 이미 무너져 종묘사직이 망해가는 것을 보고 개연히 난을 제거하고 반정(反正)할 뜻을 두었다.

— 『조선왕조실록』 —

(3) 변질기

국 왕	정치적 쟁점	특 징
숙 종	• 경신환국(1680) : 남인 역모 사건 → 서인의 집권, 노·소론의 분화 • 기사환국(1689) : 원자 정호 문제와 인현왕후 폐위 → 남인의 집권 • 갑술환국(1694) : 인현왕후 복위, 장희빈 몰락 → 서인의 집권(노론) • 병신처분(1716)과 정유독대(1717) → 노론의 위상 강화	• 환국을 국왕이 주도 • 왕실, 외척 및 종실의 정치적 비중 증대 • 왕위 후계문제의 쟁점화 • 군사력 확보를 위한 군영의 장악이 쟁점화 • 비변사의 기능 강화 • 3사와 이조전랑의 비중 감소 • 보복과 사사 반복 • 공존적 기능 붕괴, 일당 전제화 추진 • 정치 집단의 상업적 이익 독점 경향 대두
경 종	• 세제 책봉 문제과 대리청정 문제 • 신축·임인옥사(노론의 몰락)	

> **붕당 정치의 폐해** ─ 한능검(韓能檢) 출제 자료
>
> 신축·임인(1721·2년) 이래로 조정에서 노론, 소론, 남인의 삼색(三色)이 날이 갈수록 더욱 사이가 나빠져 서로 역적이란 이름으로 모함하니 이 영향이 시골까지 미치게 되어 하나의 싸움터를 만들었다. 그리하여 서로 혼인을 하지 않을 뿐만 아니라 다른 당색(黨色)끼리는 서로 용납하지 않는 지경까지에 이르렀다. …… 대체로 당색이 처음 일어날 때에는 미미하였으나 자손들이 그 조상의 당론을 지켜 200년을 내려오면서 마침내 굳어져 깨뜨릴 수 없는 당이 되고 말았다. …… 근래에 와서는 사색이 모두 진출하여 오직 벼슬만 할 뿐, 예부터 저마다 지켜온 의리는 쓸모없는 물건처럼 되었고, 사문(斯文 : 유학)을 위한 시비와 국가에 대한 충역은 모두 과거의 일로 돌려 버리니 ……
> ─ 『택리지』 ─

(4) 탕평기

① 영·정조의 탕평책

국 왕	정치적 쟁점	특 징
영 조	• 편당적 조처 → 이인좌의 난 → 완론 탕평(탕평파 기용, 탕평 교서 발표, 탕평비 건립) • 업적 : 삼군문도성방위체제, 악형 금지, 신문고 부활, 사형수 삼심제, 서원 정리, 청계천 준설, 산림의 존재 부정, 전랑권 약화 • 임오화변(사도세자의 죽음)	• 강력한 왕권으로 붕당간의 대립 완화
정 조	• 준론 탕평 : 정책의 시비 분별 → 규장각, 장용영 강화, 초계문신제 실시, 문체반정 • 업적 : 화성 건설, 수령의 향약 주관, 신해통공(1791)	

> **정조의 만천명월주인옹자서(萬川明月主人翁自序)** ─ 한능검(韓能檢) 출제 자료
>
> 달은 하나이며 물은 수만(數萬)이다. 물이 달을 받으므로 앞 시내[川]에도 달이요, 뒷 시내에도 달이다. 달의 수는 시내의 수와 같은데 시내가 만 개에 이르더라도 그렇다. 그 이유는 하늘에 있는 달이 본디 하나이기 때문이다. 달은 본래 천연으로 밝은 빛을 발하며, 아래로 내려와서는 물을 만나 빛을 낸다. 물은 세상 사람이며, 비추어 드러난 것은 사람들의 상(象)이다. 달은 태극(太極)이며, 태극은 바로 나다.
> ─ 『홍재전서』 ─

✜ 정조의 수원 화성 축조

"현륭원이 있는 곳은 화산(花山)이고 이 부(府)는 유천(柳川)이다. 화(華) 땅을 지키는 사람이 요(堯)임금에게 세 가지를 축원한 뜻을 취하여 이 성의 이름을 화성(華城)이라고 하였는데 화(花)자와 화(華)자는 통용된다. 호산의 뜻은 대체로 8백 개의 봉우리가 이 한 산을 둥그렇게 둘러싸 보호하는 형세가 마치 꽃송이와 같다 하여 이른 것이다. 그렇다면 유천성(柳川城)은 남북이 조금 길게 하여 마치 버들잎 모양처럼 만들면 참으로 의의가 있을 것이다. 어제 화성과 유천의 뜻을 이미 영부사에게 언급한 바 있지만, 이 성을 좁고 길게 하여 이미 버들잎 모양처럼 만들고 나면 북쪽 모퉁이의 인가들이 서로 아울려 있는 곳에 세 굽이로 꺾이어 천(川) 자를 상징한 것이 더욱 꼭 들어맞지 않겠는가."하였다. 이아(貳衙)에 이르러 배종하는 시임과 원임의 대신 홍낙성 등을 소견하였다. 상이 이르기를, "아까 팔달산에서 멀리 바라보니 영부(營府)가 웅장하고 여염(閭閻)이 즐비하여 참으로 큰 도회지였다. 5, 6년 안에 취락을 이루고 도회지를 형성하는 것이 이렇듯 빨랐으니 내 마음의 기쁨은 진실로 한량없다. 성터의 형세에 대해서는 이제 막 감독하는 당상관에게 하교하였다. 이 성을 쌓는 것은 장차 억만년의 유구한 대계를 위함에서이니 인화(人和)가 가장 귀중한 것이다.

– 『정조실록』 –

② 영·정조 대 편찬 사업

㉠ 영조

편찬 사업	내 용
동국문헌비고	• 영조 46년(1770)에 왕명에 따라 홍봉한 등이 우리나라 고금의 문물 제도를 수록한 책
속대전	•『경국대전』 시행 이후에 공포된 법령 중에서 시행할 법령만을 추려서 편찬한 통일 법전
속오례의	•『국조오례의』의 부적합한 부분과 개정·폐지되어야 할 내용을 수정·보완해 1744년(영조 20)에 완성
속병장도설	•『병장도설』의 체제를 바탕으로 중앙군의 진법·조련·편성·기구 등을 재정비한 병서
무원록	• 1440년(세종 22)에 주석을 붙여『경국대전』에 조선의 공식 법의학서로 규정된『신주무원록』을 1748년(영조 24)에 내용을 증보하고 용어를 교정·해석하여 편찬

🎧 영조(1724~1776)

㉡ 정조

편찬 사업	내 용
증보동국문헌비고	• 영조 시기 편찬된『동국문헌비고』를 개정 증보한 책
대전통편	•『경국대전』과『속대전』 및 그 뒤의 법령을 통합해 편찬한 통일 법전
무예도보통지	• 이덕무·박제가·백동수 등이 왕명에 따라 편찬한 종합무예서
동문휘고	• 조선 후기의 대청 및 대일 관계의 교섭 문서를 집대성한 책
규장각지	• 규장각의 설치 연혁을 비롯하여 제도와 의식 등을 수록한 책
홍문관지	• 홍문관의 연혁·고사 등을 기록해 엮은 책
탁지지	• 호조의 모든 사례를 정리하여 편찬한 책
태학지	• 성균관의 제도, 교과, 학생 생활 등에 관한 내용을 기록한 책
추관지	• 형조의 소관 사례를 모아 편집한 책
춘관지	• 영조 시기 편찬되었으나 소략하여 이를 증보함, 예조의 관장 사항에 관한 준거가 되는 법례(法例)와 사례를 모아 편찬한 책

규장전운	• 이덕무 등이 편찬한 한자 운서. 동음(조선의 한자음)과 화음(중국 본토 자음)을 함께 표시한 운서
홍재전서	• 조선 시대 정조의 시문집으로 어제시문을 규장각에서 편찬
일성록	• 『일성록』은 조선 후기에 문화 사업을 크게 일으켰던 정조에 의하여 기록되기 시작하여 그 뒤 정부의 업무로서 지속적으로 편찬

(5) 세도 정치기

◯ 철종(1849~1863)

국 왕	정치적 쟁점	특 징

순 조	• 정순왕후의 대리청정 : 신유박해(1801)
	  → 정조의 측근 세력 제거, 장용영 폐지
	  → 훈련도감 정상화
	• 안동 김씨(김조순), 반남 박씨(박종경)의 권력 독점
	• 효명세자의 대리청정
	• 홍경래의 난(1811)
		• 왕실의 외척, 산림 또는 관료 가문 중심으로 연합 권력과 이권 독점
		• 세도 가문이 차지한 정2품 이상의 고위직만이 정치권력 발휘, 그 이하의 관리는 행정 실무만 담당
		• 비변사의 권력 강화 → 의정부·6조의 기능 약화, 과거제 문란, 수령직의 매관매직 성행, 삼정 문란 가중
		• 세도가들은 상업 발달과 서울의 도시적 번영에 만족 → 고증학에 치중, 개혁 의지 상실
		• 다양한 정치 세력의 참여 배제

헌 종	• 풍양 조씨(벽파) 세도 • 기해박해(1839), 척사윤음(1839)	
철 종	• 안동 김씨 세도 • 임술 농민 봉기(1862~) • 암행어사 파견, 삼정이정청(1862) 설치 시도 → 삼정 안정 실패	

✛ 세도 정치의 폐단

한능검(韓能檢) 출제 자료

가을에 한 늙은 아전이 대궐에서 돌아와 처와 자식에게 "요즘 이름 있는 관리들이 모여서 온종일 이야기를 하여도 나랏일에 대한 계획이나 백성을 위한 걱정은 전혀 하지 않는다. 오로지 각 고을에서 보내오는 뇌물의 많고 적음과 좋고 나쁨에만 관심을 가지고, 어느 고을의 수령이 보낸 물건은 극히 정묘하고 또 어느 수령이 보낸 물건은 매우 넉넉하다고 말한다. 이름 있는 관리들이 말하는 것이 이러하다면, 지방에서 거두어들이는 것이 반드시 늘어날 것이다. 나라가 어찌 망하지 않겠는가?"하고 한탄하면서 눈물을 흘리마지 않았다.

– 정약용 『목민심서』 –

22 조선의 대외 관계

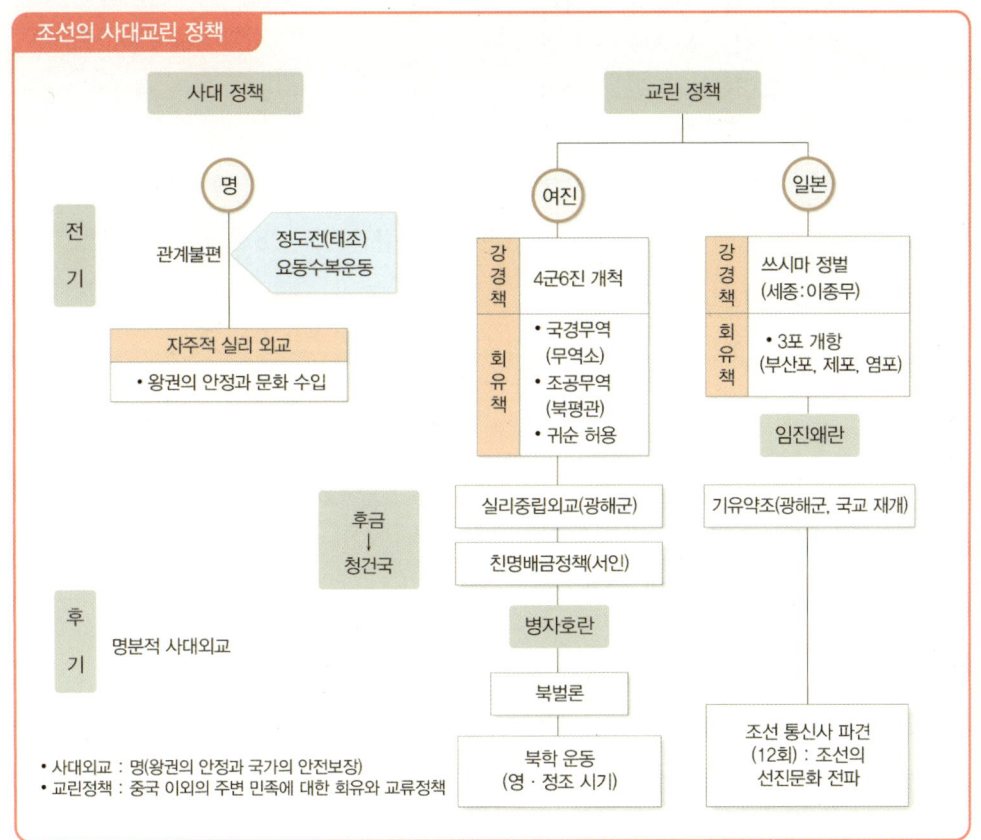

1 조선 전기의 대외 관계

(1) 명과의 관계
① 건국 초 : 정도전을 중심으로 요동 수복 운동으로 명과 긴장 관계가 지속
② 친명 외교
   ㉠ 태종 이후 관계 호전
   ㉡ 조공 외교
      ⓐ 명의 문화와 물품을 수입하는 문화·경제적 목적
      ⓑ 정기, 부정기 조공 사절을 파견
      ⓒ 조공 책봉외교로 명의 정치적 간섭은 배제
   ㉢ 성격 : 표면상 사대 정책의 성격을 띠었으나, 그 본질은 자주적 실리 외교
   ㉣ 교역품 : 수출(종이, 마필, 인삼, 화문석), 수입(비단, 서적, 약재, 도자기)
   ㉤ 폐단 : 금·은 요구(금·은광 폐쇄), 사치품 수입으로 국내 수공업 위축
③ 변천 : 16세기 이후 사림의 집권으로 존화주의 심화

✚ 사절의 종류
정기적으로 보내는 하정사(정월 초하루), 성절사(황제의 탄신일), 동지사(동짓날) 외에 필요할 때 부정기적으로 보내는 사절이 있었다.

(2) 여진과의 관계

① 대여진 정책: 회유와 토벌의 화전(和戰) 양면 정책
  ㉠ 회유책: 여진족에게 관직과 토지, 주택 등을 제공하며 귀순을 장려하는 한편 사절의 왕래를 통한 조공 무역(북평관)과 무역소(경원·경성)를 통한 국경 무역을 허용
  ㉡ 강경책
    ⓐ 태조: 두만강 지역 개척
    ⓑ 세종: 4군 6진 개척(오늘날의 국경선인 압록강~두만강까지 영토 확보)
② 사민 정책: 삼남 지방의 일부 민호를 북방으로 이주하여 북방을 개척하는 정책
③ 토관 제도: 토착민을 하급 관리로 등용

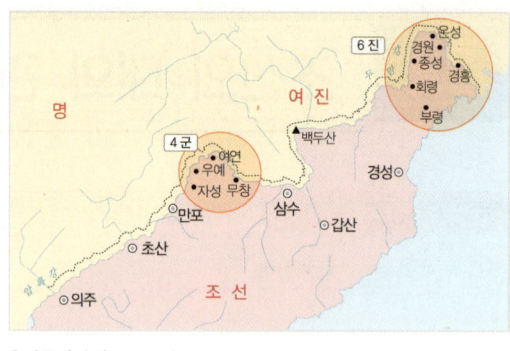
🎧 4군과 6진

🎧 국경선 변천

(3) 일본 및 동남아시아와의 관계

① 왜구의 토벌(강경책)
  ㉠ 최해산을 특채하여 화약 무기를 개발
  ㉡ 세종 대 이종무가 쓰시마를 정벌✛
  ㉢ 정부의 강경 대응에 왜구들은 평화적 무역 관계를 요구, 조선 정부는 일부 항구를 개방하여 제한된 무역 허용
② 교린 정책: 3포 개항[부산포, 제포(창원), 염포(울산)], 계해약조(1443, 세종)
③ 동남아시아와의 교역: 류큐와 교역 활발, 문화 발전에 기여(불경, 유교 경전, 범종, 부채 등)

2 임진왜란과 대일 관계

(1) 왜군의 침략

① 임난 전 조선의 정세
  ㉠ 왜구의 약탈

사건	연도	내용
삼포 왜란	중종 5년(1510)	국교 단절, 임시 기관으로 비변사 설치
임신약조	중종 7년(1512)	일본인의 3포 거주 금지, 3포 중 제포만 개항, 세견선 25척, 세사미두 100석으로 무역 범위 제한
사량진 왜변	중종 39년(1544)	단교 조치
정미약조	명종 2년(1547)	• 세견선 25척으로 유지. 단, 큰 배는 9척, 중간 배는 8척, 작은 배 8척으로 제한 • 인원의 제한 규정 위반 시 벌칙 강화
을묘왜변✛	명종 10년(1555)	국교 일시 단절, 비변사의 상설 기관화

✛ **쓰시마 섬 토벌**
왜구의 소굴인 쓰시마 섬에 대한 토벌은 고려 말과 조선 초에 이루어졌다. 1419년(세종 1) 이종무는 병선 227척, 병사 1만 7,000명을 이끌고 쓰시마 섬을 정벌하여 왜구의 근절을 약속받고 돌아왔다.

✛ **을묘왜변**
3포를 개항한 이후 왜인들은 약조를 지키지 않고 자주 소란을 피웠다. 특히 1555년(명종 10)에는 왜인들이 70여 척의 배를 몰고 전라남도 연안 지방을 습격해 왔다. 이후 일본과의 교류는 일시 단절되었다.

ⓛ 비변사 설치 : 삼포 왜란을 계기로 병조의 한 부서로 설치되어(1517) 군무 협의 임시 기구 역할을 하다가, 명종 대 일어난 을묘왜변(1555) 이후 상설 기구화

> **✚ 비변사의 기능**　　　　　　　　　　　　　　　　　　**한능검(韓能檢) 출제 자료**
>
> 김익희가 상소하여 말하기를, "요즘 이 기구(비변사)가 큰일이건 작은 일이건 모두 취급합니다. 의정부는 한갓 겉 이름만 지니고 육조는 할 일을 모두 빼앗기고 말았습니다. 이름은 '변방을 담당하는 것'이라고 하면서 과거에 대한 판정이나 비빈 간택까지도 모두 여기서 합니다."라고 하였다.
> – 『효종실록』 –

　　　ⓒ 정치적 혼란
　　　　　ⓐ 조선 정부는 1590년 3월에 일본에 통신사를 파견 → 황윤길과 김성일이 돌아와 일본 정세 변화에 대해 각기 다른 의견(황윤길 : 전쟁 가능성, 김성일 : 전쟁 불가능성) 제시
　　　　　ⓑ 국방력의 약화 : 대립제와 방군수포제로 인해 국방력 약화

　　② 일본의 정세
　　　ⓐ 일본은 100여 년간 지속되었던 전국 시대(1467~1568)를 도요토미 히데요시(풍신수길)가 통일
　　　ⓑ 그는 공명심과 자신을 반대하는 제후들의 강력한 무력을 해외로 방출시켜 정권을 안정시키기 위해 대외 침략을 준비

　　③ 임진왜란(1592. 4)
　　　ⓐ 왜군(20만)의 침략(1592. 4. 13) : 조총으로 무장한 왜군 20만여 명이 세 갈래로 길을 나눠 진격 → 부산진 첨사 정발과 동래 부사 송상현의 분전
　　　ⓑ 탄금대 전투(1592. 4. 30) : 일본군은 충주 탄금대에서 배수의 진을 치고 있던 신립의 부대를 격파 → 선조의 의주 몽진(4. 30)

❍ 부산진 순절도

> **✚ 신립의 탄금대 전투(1592. 4)**　　　　　　　　　　**한능검(韓能檢) 출제 자료**
>
> 신립이 충주에 이르렀을 때 여러 장수들은 모두 새재의 험준함을 이용하여 적의 진격을 막고자 하였으나, 입은 따르지 않고 들판에서 싸우려고 하였다. 27일 단월역 앞에 진을 쳤는데 군졸 가운데 "적이 벌써 충주로 들어왔다."라고 하는 자가 있자, 신립은 군사들이 놀랄까 염려하여 즉시 그 군졸을 목 베어서 엄한 군법을 보였다. 왜적이 복병을 설치하여 우리 군사의 후방을 포위하였으므로 우리 군사가 크게 패하였다. 삼도순변사 신립은 포위를 뚫고 달천의 월탄가에 이르러, "전하를 뵈올 면목이 없다."고 하고 빠져 죽었다. 그의 종사관 김여물과 박안민도 함께 빠져 죽었다.
> – 『선조실록』 –

　　　ⓒ 한양 함락(1592. 5. 2) : 일본군은 5월 2일에는 한양 점령에 이어 평양(6. 13)과 함경도 일대까지 진격 → 조선은 명에 파병을 요청
　　　ⓓ 한산도 대첩(1592. 7) : 이순신이 한산도 앞바다에서 학익진으로 일본군 격퇴
　　　ⓔ 진주 혈전(1592. 10) : 진주목사 김시민이 진주를 통해 전라도 진격을 막아냄, 김시민 전사
　　　ⓕ 평양성 전투(1593. 1) : 조·명 연합군의 활약으로 평양성을 수복
　　　ⓖ 행주 대첩(1593. 2) : 행주산성에서 권율이 우수한 화약 무기로 일본군을 격퇴, 비격진천뢰 사용

> **✚ 권율의 행주 대첩(1593. 2)**　　　　　　　　　　　**한능검(韓能檢) 출제 자료**
>
> 왜적들은 세 개로 부대를 나누어 번갈아가며 쳐들어왔으나 모두 패하고 달아났다. 때마침 날이 저물자 왜적들은 서울로 돌아갔다. 권율은 군사로 하여금 왜적의 시체를 나뭇가지에 걸어놓아 그 맺혔던 한을 풀었다.
> – 『징비록』 –

◎ 2차 진주 혈전(1593. 6) : 일본군이 진주성을 재침, 진주성 함락 후 인근 주민 학살

(2) 수군과 의병의 승리

① 이순신의 활약
  ㉠ 왜군의 작전 : 일본은 안정적인 보급을 위해 수륙 병진 작전을 사용
  ㉡ 전란 대비 : 류성룡의 천거로 전라좌수사에 부임한 이순신은 판옥선과 거북선을 건조하고 함포를 주조하는 등 전함과 무기를 정비
  ㉢ 남해의 제해권 장악 : 전라 우수영·경상 우수영과 함께 연합 함대를 편성하여 옥포(최초의 해전), 사천(거북선 최초 사용), 한산도(학익진), 당포, 당항포 등에서 대승을 거두고 왜군의 수륙 병진 작전을 좌절

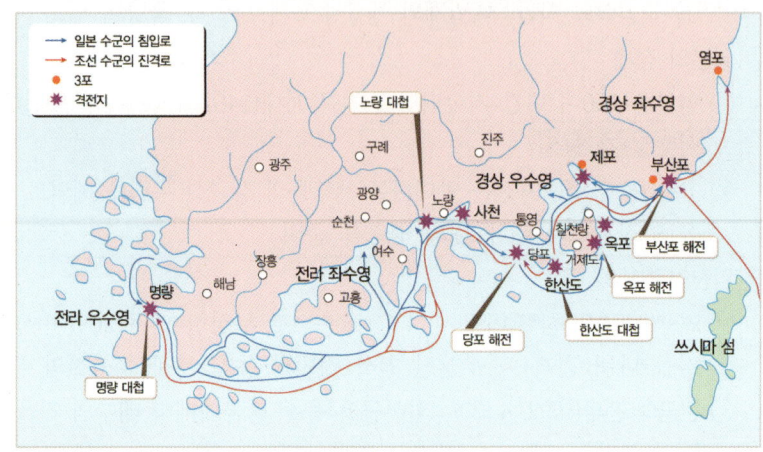

🎧 임진왜란 해전도

② 의병의 봉기
  ㉠ 조직 구성비 : 일반 사병의 경우 자발적으로 모인 농민이 주축
  ㉡ 의병의 전술
    ⓐ 초기 : 의병들이 원주민으로써 향토 지리에 밝다는 데에 착안하여 기동력을 주 무기로 삼아 왜군을 기습하는 유격전술로 점차 변화
    ⓑ 의병의 관군 편입 : 전쟁이 장기화되자 이들은 스스로 관군에 편입하여 전쟁 후반기 관군의 전투력을 크게 강화
  ㉢ 주요 의병장 : 곽재우(의령), 조헌(금산), 고경명(담양), 정문부(길주), 서산대사(묘향산), 사명당(금강산) 등

(3) 전란의 극복과 영향

① 왜란의 극복
  ㉠ 조·명 연합군 : 이순신의 활약으로 조선군이 점차 전쟁의 주도권을 회복하고 있을 때, 명에서 보낸 5만여 명의 원군이 도착, 행주 대첩 이후에 왜군은 남쪽으로 패주
  ㉡ 휴전 회담 : 행주 대첩에서 패한 왜군은 겉으로는 휴전 회담을 제의

② 정유재란(1597. 1)
  ㉠ 칠천량 해전(1597. 7) : 선조의 명을 어겼다는 이유로 삼도수군통제사 이순신 파직 ➡ 원균이 수군을 지휘하게 되었고 일본 수군에 의해 칠천량에서 조선 수군 전멸
  ㉡ 남원 전투(1597. 8) : 조·명 연합군이 남원성에서 일본군과 싸웠으나 패배
  ㉢ 직산 전투(1597. 9. 7) : 조·명 연합군이 직산에서 일본군을 격파
  ㉣ 명량 해전(1597. 9. 16) : 다시 복직한 이순신이 울돌목 앞바다에서 수적으로 불리함에도 불구하고 일본 수군을 격퇴하여 남해안을 거쳐 한양으로 진격하는 진로를 봉쇄

🎧 관군과 의병 활동

명량 해전 한능검(韓能檢) 출제 자료

조수(潮水)를 타고 여러 장수들을 거느리고 우수영 앞바다로 진을 옮겼다. 벽파정 뒤에 명량이 있는데 수가 적은 수군으로서는 명량을 등지고 진을 칠 수 없었기 때문이다. 여러 장수들을 불러 모아, 약속하되, "병법에 이르기를 '반드시 죽고자 하면 살고 반드시 살려고 하면 죽는다(必死則生, 必生則死).'고 하였고, 또 '한 사람이 길목을 지키면 천 명도 두렵게 할 수 있다(一夫當逕, 足懼千夫).'고 하였는데, 이는 오늘의 우리를 두고 이른 말이다. 너희 여러 장수들이 조금이라도 명령을 어기는 일이 있다면 즉시 군율을 적용하여 조금도 용서하지 않을 것이다."라고 하고 재삼 엄중히 약속하였다. 이날 밤 꿈에 神人이 나타나 가르쳐 주기를, "이렇게 하면 크게 이기고, 이렇게 하면 지게 된다."라고 하였다.
― 『난중일기』 ―

  ㉤ 노량 해전(1598. 11) : 이순신이 도요토미 히데요시 사후 본토로 돌아가던 일본군을 격퇴, 이순신 전사

노량 해전(露梁海戰) 한능검(韓能檢) 출제 자료

왜군은 명량 해전에서 크게 패한 뒤, 지상전에서도 조·명 연합군의 반격으로 고전을 면치 못하였다. 이듬해 도요토미 히데요시가 죽자, 왜군은 점차 철병하기 시작하였는데, 이순신은 명나라 수사제독(水師提督) 진린과 함께 명나라 육군 장수 유정(劉綎)과 연합하여 왜교(倭橋)에 진을 치고 있던 왜장 소서행장(小西行長, 고니시 유키나가)의 부대를 전멸시키고자 하였다. 소서행장은 수륙 양면으로 곤경에 처하자, 진린에게 뇌물을 주고는 후퇴할 수 있도록 도와주기를 간청하였고, 진린은 이를 받아들여 왜의 통신척 1척이 빠져나가도록 방조하였다. 이순신은 이에 크게 노하였고, 조·명 연합군의 진영을 재정비하여 이후 쳐들어올 왜군에 대비하였다. 소서행장은 빠져나간 통신선을 이용하여 사천(泗川), 남해, 부산 등지에 있는 왜선을 모아 조·명 연합군을 공격하고자 하였다. 11월 18일 500여 척의 왜선이 노량수로와 왜교 등지에 집결하여 공격을 감행하자, 이순신은 200여 척의 함선을 지휘하면서 두 배가 넘는 적 앞에서도 굴하지 않고 싸움에 임하였다. 이 전투에서 200여 척의 일본 수군이 격파되고 패잔선 50여 척만이 관음포 방면으로 겨우 달아났다. 이순신은 관음포로 마지막 도주하는 일본군의 퇴로를 차단하고 적을 격파하였으며, 다시 남해 방면으로 계속 도주하는 적을 추격하다가 왜적의 흉탄을 맞고 쓰러졌다. 한편, 패전한 왜군들은 부산에 집결한 후 철수하였다.

③ 왜란의 영향
  ㉠ 승리 요인 : 문화적 우월감이 자발적인 전투 의식으로 승화, 장거리포·함선의 우위, 의병 활약

이몽학의 난
1596년(선조 29) 왕실 서얼 출신인 이몽학이 민심의 불만을 선동하여 충청도에서 일으킨 난이다.

공명첩(空名帖)
관직·관작의 임명장인 공명고신첩으로 이름을 기재하지 않은 백지 임명장. 나라의 재정을 보충하기 위하여 부유층으로부터 돈이나 곡식을 받고 팔았던 명예직 임명장으로 양역의 면제를 인정하는 공명면역첩, 천인에게 양인이 되는 것을 인정하는 공명면천첩 등이 있다.

일본에 잡혀간 도자기 기술자
이삼평을 비롯한 도자기 기술자들은 일본에 끌려가 일본 도자기의 발달에 결정적으로 기여하였다. 이에 임진왜란을 도자기 전쟁이라고도 한다.

ⓛ 국내적 영향
  ⓐ 인구와 농토의 격감, 농촌 황폐화, 이몽학의 난+ 발생
  ⓑ 토지 대장(양안)과 호적 소실 : 조세, 요역 징발 곤란(재정 악화)
  ⓒ 국가 재정 타개책 : 공명첩+의 대량 발급, 납속책 실시 → 신분제 동요
  ⓓ 문화재 소실 : 경복궁, 불국사, 서적, 실록 등 소실
  ⓔ 명에 대한 사대의식 강화 : 명이 조선을 도와준 은혜를 과장하기 시작, 명 신종 만력제의 요청으로 관우를 숭배하는 사당인 동묘가 설치 → 숭명의식

ⓒ 국제적 영향
  ⓐ 중국 : 여진족의 급성장(후금 건국, 1616), 명의 쇠퇴(명·청 교체)
  ⓑ 일본 : 활자, 서적, 그림 약탈, 성리학자와 도공의 납치+ → 일본 문화의 획기적 발전 계기

(4) 임난 이후의 대일 관계

① 기유약조(1609) : 왜란 이후 도쿠가와 막부의 요청으로 체결, 부산포 개항, 왜관 설치 → 쌀, 무명, 인삼 수출, 대일 무역 재개

② 조선 통신사 파견
  ⓛ 일본의 요청으로 조선 후기 12회 파견(1607~1811)
  ⓒ 계기 : 조선의 선진 문화를 수용하고, 쇼군이 바뀔 때마다 그 권위를 국제적으로 인정받기 위해 조선에 요청

③ 울릉도와 독도
  ⓛ 우리 고유 지역 : 울릉도와 독도는 삼국 시대 이래 우리의 영토
  ⓒ 일본의 침입 : 일본 어민이 자주 이곳을 침범하여 충돌이 생김
  ⓒ 안용복의 활약 : 숙종 대 안용복은 일본에 건너가 울릉도와 독도가 우리 영토임을 확인받고 돌아왔다.
  ⓔ 정부의 대책
    ⓐ 1900년 대한제국 시기에 칙령 제41호를 반포하여 울릉도와 독도 경영
    ⓑ 울도군 절목을 통해 독도에서 강치 잡이를 하던 일본인에게 세금 부과
  ⓜ 일제의 독도 강탈 : 러·일 전쟁 중 자국의 영토로 불법 편입

○ 안용복의 활약

✛ 강원도에서 의정부에 올린 보고서 답변

- 울릉군수 심흥택의 보고서는 다음과 같습니다. "본군 소속 독도가 본부 바깥 바다 100여리 밖에 있는데, 4월 4일 진시 가량에 윤선 1척이 군내 도동포에 다가와 정박하고 일본 관리 일행이 관사에 이르러 말하기를 '독도가 지금 일본 영토가 되었으므로 시찰차 왔다.'고 하였습니다. …… 이에 보고하오니 살펴 헤아리시기를 엎드려 바라옵니다."라고 하였습니다. - 강원도 관찰사 서리 춘천 군수 이명래, 1906년 -
- 보고는 잘 받았다. 독도의 일본 영토설은 전혀 사실 무근이니, 그 섬의 형편과 일본인이 어떻게 행동하는 지를 다시 조사하여서 보고하라. - 참정대신 박제순의 지령, 1906년 -

> ✚ 울릉도를 울도(鬱島)로 개칭하고 도감(島監)을 군수로 개정하는 건   **한능검(韓能檢)** 출제 자료
>
> 제1조 울릉도를 울도라고 개칭하여 강원도에 부속하고 도감을 군수로 개정하여 관제 중에 편입하고 군의 등급은 5등으로 할 것
> 제2조 군청의 위치는 태하동(台霞洞)으로 정하고 구역은 울릉전도(鬱陵全島)와 죽도(竹島)·석도(石島)를 관할할 것
> 제3조 개국(開國) 504년(1895) 8월 16일자 『관보』 중 '관청 사항란' 내에 울릉도 이하 19자를 삭제하고 개국 505년(1896) 칙령 제36호 제5조 '강원도 26군'의 '6'자는 '7'자로 개정하고 안협군(安峽郡) 아래에 울도군 '3'자를 추가해 넣을 것
> 제4조 경비는 5등군으로 마련하되 현재 아전의 정원도 갖추어지지 못하고 제반 업무가 처음 만들어지므로 해당 도(島)가 거두어들인 세금 중에서 잠시 먼저 마련할 것
> 제5조 미진한 제반 조항은 본도(本島)의 개척에 따라 차츰 마련할 것. …… — 『관보』 1900년(광무 4년) —

3 광해군의 중립 외교

(1) 내정 개혁
① 북인을 중심으로 실용적 관점에서 전후 복구 사업에 노력
② 양안, 호적의 재작성 : 국가 재정 수입 기반 확보, 산업 진흥
③ 군사력 강화 : 성곽과 무기 수리
④ 동의보감 편찬 : 허준이 질병 예방과 퇴치를 위해 편찬
⑤ 5대 사고✚의 설치 : 춘추관, 태백산, 오대산, 묘향산(후에 적상산), 마니산(후에 정족산) 설치

(2) 실리 외교의 추진(친명친금 정책, 일본과의 국교 재개)
① 대중 관계 : 명이 조선에 출병 요구(재조지은) ➡ 출병 거부 끝에 강홍립을 파견 ➡ 서인은 중립 외교에 반발 ➡ 인조반정(폐모살제, 북인 정권 축출)
② 대일 관계 : 왜란 직후에는 일본과의 외교 관계 단절
    ㉠ 일본 : 에도 막부는 경제적인 어려움을 해결하고 선진 문물을 받아들이기 위하여 쓰시마 섬 도주를 통하여 조선에 국교를 재개하자고 요청
    ㉡ 조선 : 임진왜란 때 잡혀간 포로를 데려오기 위하여 유정(사명대사)을 파견하여 일본과 강화하고 조선인 포로 7,000여 명을 송환
    ㉢ 기유약조(1609) : 왜란 이후 도쿠가와 막부의 요청으로 체결

4 호란의 발발과 전개

(1) 정묘호란(1627)
① 원인 : 서인의 친명 배금 정책, 명의 모문룡 군대의 가도 주둔, 이괄의 잔당 후금 투항
② 경과 : 후금의 침입 ➡ 정봉수(철산 용골산성), 이립(의주)의 의병 활약
③ 결과 : 형제 관계를 맺고 후금 군대 철수

> ✚ 정묘호란   **한능검(韓能檢)** 출제 자료
>
> 정주 목사(定州牧使) 김진(金搢)이 치계하기를, "14일에 금나라 군대가 와서 능한(凌漢)을 포위 하였다가 싸우지 않고 퇴각하여 곧바로 읍내(邑內)에다가 대진(大陣)을 쳤습니다. 이미 선천(宣川)·정주(定州)의 중간에 육박하였으니 장차 얼마 후에 안주(安州)에 도착할 것입니다."하였다. 이때 대신들이 정청(庭請)으로 인하여 궐하(闕下)에 와 있었다. 임금께서 묻기를, "이들이 명나라 장수 모문룡을 잡으려고 온 것인가, 아니면 전적으로 우리나라를 침략하기 위하여 온 것인가?"하니, 장만이 아뢰기를, "듣건대 홍태시(洪泰時)란 자가 매번 우리나라를 침략하고자 했다는데 이 자가 만일 일을 맡게 되면 반드시 그 계획을 성취할 것입니다."하였다. — 『인조실록』 —

✚ **사고(史庫)**
조선왕조실록을 보관하던 곳으로 처음에는 춘추관, 충주, 성주, 전주 4곳에 설치되었다가, 임진왜란 때 전주 사고의 실록만 남고 모두 소실된 것을 왜란 이후 5대 사고로 복원하여 춘추관, 태백산, 오대산, 묘향산(→적상산), 마니산(→정족산)에 설치하였다.

(2) 청의 성립과 군신 관계 요구

① 주화론 : 군신 관계 요구에 외교적 교섭으로 문제 해결 주장, 최명길
② 주전론 : 군신 관계 요구 거부(척화 주전론)하고 전쟁도 불사, 김상헌 등 3학사(윤집, 오달제, 홍익한)

🔸 정묘 · 병자호란

윤집의 척화론 — 한능검(韓能檢) 출제 자료

화의로 백성과 나라를 망치기가 …… 오늘날과 같이 심한 적이 없습니다. 중국(명)은 우리나라에 있어서 곧 부모요, 오랑캐(청)는 우리나라에 있어서 곧 부모의 원수입니다. 신하된 자로서 부모의 원수와 형제의 의리를 맺고 부모의 은혜를 저버릴 수 있겠습니까. 더구나 임진왜란의 일은 조그마한 것까지도 모두 명나라 황제의 힘이니 살아 숨 쉬는 한 어찌 그 은혜를 잊을 수 있겠습니까? 지난번 오랑캐가 서울을 점령하고 능을 더럽혔는데 어찌 다시 화의를 주장할 수 있겠습니까?
— 『인조실록』 —

최명길의 주화론 — 한능검(韓能檢) 출제 자료

화친을 맺어 국가를 보존하는 것보다 차라리 의를 지켜 망하는 것이 옳다고 하였으나, 이것은 신하가 절개를 지키는 데 쓰이는 말입니다. …… 자기의 힘을 헤아리지 않고 경망하게 큰 소리를 쳐서 오랑캐들의 노여움을 도발, 마침내는 백성이 도탄에 빠지고 종묘와 사직에 제사 지내지 못하게 된다면 그 허물이 이보다 클 수 있겠습니까. …… 우리의 국력은 현재 바닥나 있고 오랑캐의 병력은 강성합니다. 정묘년의 맹약을 아직 지켜서 몇 년이라도 화를 늦추시고, 그동안을 이용하여 인정을 베풀어서 민심을 수습하고 성을 쌓으며, 군량을 저축하여 방어를 더욱 튼튼하게 하되 군사를 집합시켜 일사불란하게 하여 적의 허점을 노리는 것이 우리로서는 최상의 계책일 것입니다.
— 『지천집』 —

(3) 병자호란(1636)

① 남한산성에서 항전(45일간)
② 청과 군신 관계 수립 후 소현세자 · 봉림대군 · 3학사 등 인질로 보냄
③ 서북 지방 황폐화, 청에 대한 적개심과 문화적인 우월감으로 북벌론 제기
④ 청의 대륙 지배 : 명 멸망(1644)

✚ 소현세자의 귀국과 죽음

한능검(韓能檢) 출제 자료

우소현 세자의 졸곡제를 행하였다. 전일 세자가 심양에 있을 때 집을 지어 단확을 발라서 단장하고, 또 포로로 잡혀간 조선 사람들을 모집하여 둔전을 경작해서 곡식을 쌓아 두고는 그것으로 진기한 물품과 무역을 하느라 관소(館所)의 문이 마치 시장 같았으므로, 상이 그 사실을 듣고 불평스럽게 여겼다. …… 세자는 본국에 돌아온 지 얼마 안 되어 병을 얻었고 병이 난지 수일 만에 죽었는데 온몸이 전부 검은 빛이었고 이목구비의 일곱 구멍에서는 모두 선혈이 흘러나오므로, 검은 멱목으로 그 얼굴 반쪽만 덮어 놓았으나, 곁에 있는 사람도 그 얼굴빛을 분변할 수 없어서 마치 약물에 중독되어 죽은 사람과 같았다. 그런데 이 사실을 안 외인(外人)들은 아는 자가 없었고, 상도 알지 못하였다.

– 『인조실록』 –

(4) 북벌 운동의 전개

① 북벌 정책의 전개(효종, 숙종) ✚
  ㉠ 이념 기반 : 화이론적 세계관(소중화 의식)
  ㉡ 효종(1649~1659) : 서인의 북벌 추진, 송시열·이완·임경업 등
  ㉢ 숙종(1674~1720) : 남인의 북벌 추진, 윤휴
② 북학 운동(18세기) : 청의 문물 수용 주장 (북학파)
③ 나선 정벌(효종) : 청의 요청으로 러시아 정벌에 군대 파병(변급, 신유의 승리), 실상은 북벌 역량을 간접적으로 실험해 보는 계기

🔸 나선정벌

(5) 조선과 청의 국경 분쟁

① 대청 관계의 이중성
  ㉠ 내면적 : 청에 대한 적개심이 오랫동안 남아 있어서 북벌 정책을 추진
  ㉡ 외면적 : 사대 관계를 맺고 사신 왕래
② 백두산 정계비 건립 : 숙종(1712) 대 백두산 일대의 경계 확정
  ㉠ 청의 간도 정책 : 청은 중국을 차지한 후에도 그들의 본거지였던 만주 지방에 관심을 기울여 이 지방을 성역화
  ㉡ 국경 분쟁 : 우리나라 사람들의 일부가 두만강을 건너 인삼을 캐거나 사냥을 하는 경우가 있었기 때문에 청과 국경 분쟁 발발
  ㉢ 정계비 건립 : 조선과 청의 두 나라 대표가 백두산 일대를 답사하고 국경을 확정하여 징계비 건립(1712, 숙종)
  ㉣ 비문 내용 : 서쪽으로는 압록강을 경계로, 동쪽으로는 토문강을 경계로 국경을 확정
  ㉤ 간도 귀속 분쟁 ✚ (19세기) : 토문강에 대한 해석상의 차이로 문제 발생
  ㉥ 간도 협약(1909) : 청과 일본 간의 협약으로 청의 영토로 귀속

🔸 백두산 정계비

✚ 북벌론

문화가 높은 조선이 문화가 낮은 오랑캐에게 당한 수치를 씻고, 임진왜란 때 조선을 도와준 명에 대한 의리를 지켜 명을 대신하여 복수하자는 주장

✚ 간도 분쟁

1712년 숙종 때 정계비가 설치된 이래 청과의 국경 문제는 소강상태로 유지되어 왔으나, 19세기 중엽 이후 한국 농부들이 두만강을 넘어 이주가 활발해지고 간도 지역에 이들의 집단적인 거주지가 형성되면서 중국과 국경 문제가 대두되었다. 당시 청국은 백두산을 중심으로 하는 간도 일대를 자기 민족의 근원지라 하여 주민의 공개적인 출입을 금지하고 있었으므로, 한국 농민들의 퇴거를 한국 정부에 요청하기에 이르렀다. 1885년 조선과 청국 영국 사이에 간도 지방에 대한 관할권과 관련되어 담판이 열렸으나, 정계비가 나오는 토문강에 대한 해석이 서로 달라 한국 측은 송화강 상류가 토문강이라 하였고, 청국측은 이를 두만강이라고 하였다.(西爲鴨綠 東爲土門 故於分水嶺上 斬石爲記) 이에 대한 결말이 나지 못하고 시일이 경과하였으며, 1900년에는 청에서 일어난 의화단 운동으로 출병하였던 러시아군이 간도를 점령하고 한국인들을 괴롭혔으며, 청국 측에서도 관리와 토호세력이 한국인들에 대한 간섭과 세금 징수를 강요하였다. 한국인의 피해가 커짐에 따라 이를 보호하기 위하여 당시 대한제국 정부에서는 1901년 회령에 변계경무서(邊界警務署)를 설치하였고, 1902년에 이범윤(李範允)을 북간도 관리사로 간도에 파견하여, 함경도 행정구역으로 편입, 한국인들을 보호, 관리하며 이 지역에 대한 영유권을 행사하였다.

우리 역사의 경제·사회·문화

- **23** 수취 체제의 변천
- **24** 토지 제도
- **25** 농민 생활의 변화
- **26** 산업의 발달
- **27** 사회 구조와 사회생활
- **28** 불교 사상과 신앙의 흐름
- **29** 도교 사상
- **30** 유학 사상과 학문의 전개
- **31** 건축 양식과 조각, 고분의 발달
- **32** 글씨와 그림·음악
- **33** 공예 기술의 발달

23 수취 체제의 변천

1 신라 민정문서

ⓞ 민정문서

(1) 발견
① 일본 동대사 정창원에서 발견
② 일제 강점기인 1933년 10월 『화엄경론질』의 파손 부분을 수리하던 중 발견

(2) 작성
① 촌락 지배의 책임자였던 촌주가 작성
② 문서의 기록은 식년 기록과 추기로 구분하여 식년 기록은 3년 마다 작성

(3) 의의
① 촌락의 경제 상황과 국가의 세무 행정을 파악할 수 있는 중요한 자료
② 당시의 농촌 사회상 연구에도 귀중한 근거 제공

(4) 촌의 범위
① 민정문서에서 개별촌을 자연촌으로 보거나 행정촌으로 파악
② 당시의 촌역에는 주거지·경작지뿐 아니라 산천이 포함됨

(5) 인구
① 인구는 연령과 성별에 따라 촌락 단위로 6등급으로 구분
② 호구는 인정의 다과에 따라 9등급으로 구분
③ 노비의 수가 현저히 적음, 주된 계층이 일반 농민임을 알 수 있음
④ 수좌내연의 존재로 제한적이나마 인구이동이 가능

(6) 토지 조사
① 토지의 증감은 나타나 있지 않음
② 전과 답으로 이루어졌는데 비옥한 토지인 답이 농경지 면적의 45% 정도에 해당
③ 토지의 종류
　㉠ 연수유전·답 : 농민의 사유지 및 경작지로 여겨지며 정전(丁田)과 동일한 토지로 파악, 전체 토지의 약 97% 정도를 차지
　㉡ 촌주위답 : 촌주에게 주어진 토지로 여겨지며 연수유전·답에 포함, 민정문서에 의하면 촌주위답은 4개 촌락 중 하나인 사해점촌에만 설치
　㉢ 마전 : 농민의 공동 경작지
　㉣ 관모전·답 : 관청 운영 경비를 조달하기 위해 고려시대의 공해전과 같은 용도로 사용된 토지
　㉤ 내시령답 : 내시령이라는 관리에게 주어지는 직전의 성격

(7) 생산자원 편제
  ① 유실수 : 뽕나무, 잣나무, 호두나무를 기재
  ② 소와 말의 수 : 4개 촌락 중 3개 촌락에서 말의 수가 소의 수보다 많게 기록되었는데
      이는 신라의 국방력 증강과 관계

▶ [자료 A] 신라 촌락 문서

A	촌락1	촌락2	촌락3	촌락4
논/밭(結)	102/62	63/119	71/58	29/77
호수(戶)	10	15	8	10
인구(노비)	142(9)	125(7)	69(0)	106(9)
소	22	12	11	8
말	25	18	8	10
뽕나무	1,004	1,280	730	1,235
잣나무	120	?	42	68
호도나무	112	71	107	48

▶ [자료 B] 호(戶)

촌락 구분	1	2	3	4
중하	4	1		
하상	4	2		
하중		5	1	1
하하	4	6	6	9
기타		1	1	
합계	10	15	8	10

▶ [자료 C] 노동력

	나이
소(小)	1~9
추(追)	10~12
조(助)	13~15
정(丁)	16~57
제(除)	58~60
노(老)	60~

2 농경 형태에 따른 수취 기준 변화

(1) 삼국과 남북국 시대
  ① 휴경지가 많아 연작상경이 불가능
  ② 한해 농사를 지으면 그 다음 해에 쉬어야 하는 토지가 다수

(2) 고려 시대
  ① 고려 초에 일부 지역에서 휴경지가 소멸하고 연작상경이 가능해짐
  ② 고려 후기에 이르러 남부 일부 지방에서 이앙법이 등장

(3) 조선 시대
  ① 조선 초부터 휴경지가 완전 소멸하고 연작상경이 전국적으로 확대
  ② 조선 후기에 이앙법이 발달

▶ 농경지의 변화

시 기	고려 전기~고려 중기	고려 후기~조선 초기	조선 세종 이후~
농경 형태	휴경 농법	연작 상경	연작 상경
결부제 특징 (생산량 기준)	1결 (절대 면적) 18석(1/10)	1결 (상대 면적) 300두(1/10)	1결 (상대 면적) 400두 (1/20)
비옥도에 따른 구분	불역전(연작상경가능) 일역전(1년 휴경) 재역전(2년 휴경)	상등전(20) 중등전(25) 하등전(30)	전분 6등법
측량 기준	단일양전척(주척)	수등이척(수지척)	수등이척(주척)
수세 기준	동적 이세	이적 동세	이적 동세

3 조선의 조세제도 변천(공법과 영정법)

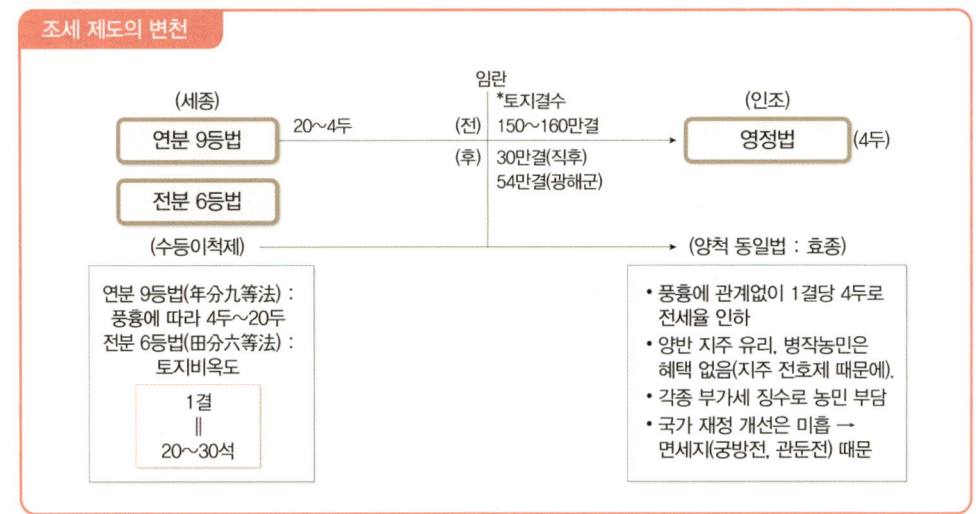

(1) 공법의 시행

① **공법의 시행 목적**: 답험손실의 폐단을 지양하며, 농업 생산력의 발전에 상응하고, 객관적 기준에 의거하는 전세 제도의 개혁이 요구됨
② **여론 수렴**: 세종은 1428년부터 전세 제도의 전면 개혁을 위하여 공법이라는 새로운 정액세법(定額稅法)을 구상하기 시작하였으며 1430년 17만 명에 이르는 전국 관민의 여론을 수렴해 제도의 개선을 논의
③ **공법상정소와 전제상정소의 설치**: 공법 시행을 위한 여러 논의 끝에 공법상정소와 전제상정소를 설치
④ **연분9등법**: 세액은 1결의 생산량을 400두로 계산하고 풍흉에 따라 20분의 1세(稅)인 상상년 1결 최고 20두에서 하하년 최하 4두인 정액세로 개정
⑤ **전분6등법**: 3등 전품으로 나누었던 기존의 양전제를 6등 전품으로 구분하였으며 다수의 하등전을 1·2·3등전으로 편입

⑥ 잉류 지역 : 사신 접대비와 군사 비용의 충당 때문에 평안도와 함경도는 세곡을 중앙으로 운반하지 않고 자체 경비로 활용하였고 또한 제주도도 잉류 지역으로 지정

(2) 영정법의 시행

① 배 경 : 양난 이후 농경지가 황폐화되고 국가가 파악한 토지도 왜란 전 토지 결수 150만 결에서 왜란 후 30만 결로 감소
② 내 용 : 풍흉에 관계없이 전세로 토지 1결당 미곡 4두를 고정하여 징수
③ 결 과
　㉠ 토지의 증가 : 토지는 광해군 대 54만 결에서 영정법을 시행한 인조 대 120만 결로, 숙종 대에는 140만 결로 점차 증가
　㉡ 지주의 부담 감소 : 지주들은 상대적으로 낮아진 세액으로 인한 혜택을 누렸으나 전세율은 이전보다 감소하였지만 수수료, 운송료, 자연 소모에 대한 보충비 등 여러 명목의 비용을 함께 징수하여 농민의 부담은 오히려 증가
　㉢ 재정의 증대 실패 : 정부의 재정은 궁방전, 관둔전 등 면세지의 증가로 원장부 결수보다 현저히 떨어진 수세 결수를 확보할 수밖에 없었기 때문에 실질적인 증대 효과를 거두지 못함

> **＋ 영정법의 시행**　　　　　　　　　　　　　　　　　한능검(韓能檢) 출제 자료
>
> 인조 갑술년(1635) 토지 조사 사업 뒤에 마침내 연분 9등법을 혁파하였다. 삼남 지방은 각 등급으로 결수를 정해 조세 대장에 기록하였다. 영남은 상지하(上之下)까지만 있게 하고, 호남과 호서 지방은 중지중(中之中)까지만 있게 하였다. 나머지 5도는 모두 하지하(下之下)로 정하여 세금을 징수하였다.　　　－ 『만기요람』 －

4 공납의 전세화(공납과 대동법)

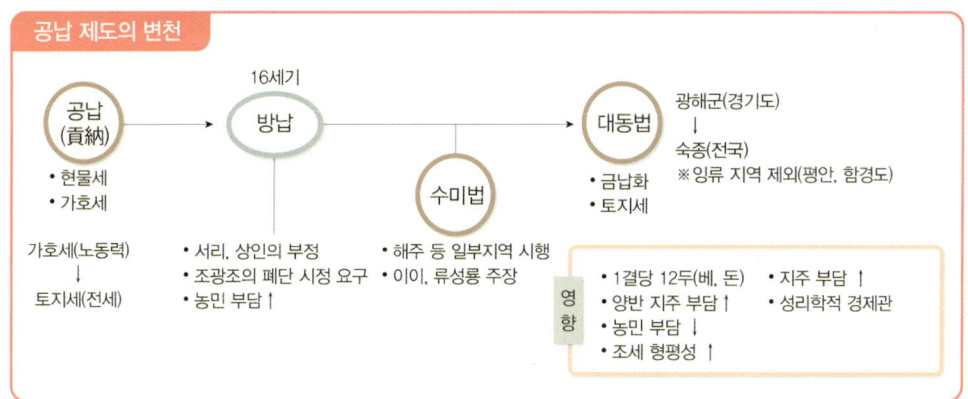

(1) 공납

① 징수 방법 : 중앙 관청에서 각 지역의 토산물을 조사하고 공물의 품목과 수량을 적은 공안(貢案)을 작성하여 군현에 물품과 액수를 할당하면 군현은 가호에 다시 부과
② 공물의 내용 : 지방 토산물, 각종 수공업 제품, 광물, 수산물, 모피, 과실, 약재 등을 현물로 거두었으며 국가 전체 재정의 60%를 차지
③ 공납의 종류
　㉠ 상공 : 매년 정기적으로 지정된 품목의 토산물을 호조에 납부

ⓛ 별공 : 부정기적으로 정부의 필요에 따라 징수
ⓒ 진상 : 각 도의 관찰사, 병사, 수사 등 외관들이 왕실 및 관내 각 사에 대한 예헌으로 지방 특산물을 상납
④ 공납 부담의 가중
㉠ 공안에 정해진 공물은 한번 정해지고 나면 조정하기가 어려움
ⓛ 연산군 대 이후 재정 수요가 크게 늘어나면서 수시로 별공 형태로 공물을 추가로 징수

> **공물의 문제** 한능검(韓能檢) 출제 자료
>
> 벌꿀이 강원도에서 생산된다 하여 다른 도에 배정하지 않고 모두 강원도에만 배정하면, 강원도는 반드시 그것을 감당할 수가 없을 것입니다. 경상도 용궁과 예천에서 돗자리가 생산된다 하여 돗자리를 모두 여기에만 부과하면 또한 이를 감당해 낼 수가 없습니다. 모든 물품이 이러하니 공물을 오로지 토산물로만 배정하는 것은 불가능합니다.
> – 『문종실록』 –

(2) 공납의 문란

① 방납의 폐단 : 점차 사주인(私主人)들이 백성의 희망이나 물품 종류에 관계없이 공납을 자의로 대신한 다음 공정가의 규정이 없는 것을 빌미로 백성들에게 비싼 대가를 강제로 징수하여 폭리를 취하는 방납(防納)이 성행

② 개선 시도
㉠ 황해도 지역의 방납 폐해 시정 : 황해도의 해주와 송화 등지에서는 명종 때부터 자체적으로 현물 대신 쌀로 걷는 수령이 등장하여 토지 1결당 1두씩의 쌀을 거두어 서울에 납부할 각종 공물을 마련
ⓛ 수미법 대두
ⓐ 이이 : 전국의 모든 공납을 쌀로 대신 수납하게 하는 대공수미법의 시행을 건의
ⓑ 류성룡 : 임난 중에 군량미 확보를 위해 다시 대공수미법이 제기되어 전국에 시행

◑ 이원익(1547~1634)

(3) 공납의 전세화

① 대동법의 실시
㉠ 목적 : 농민의 부담을 경감시키고 국가 재정을 보완하려는 목적에서 시행.
ⓛ 과정
ⓐ 광해군 : 이원익의 주장에 의해 1608년에 경기도에서 시범적으로 시행
ⓑ 효종 : 김육의 적극적인 시행으로 더욱 확대
ⓒ 숙종 : 잉류 지역을 제외한 전국적인 확대

◑ 김육(1580~1658)

> **김육의 호서대동절목** 한능검(韓能檢) 출제 자료
>
> 나는 어리석고 생각이 얕아 비록 학문이 어떤 것인지 알지 못하지만 바라는 바는 마음을 바르게 하고 일처리를 실질적으로 하는 것이니 쓰임을 절약하여 백성을 사랑하고 요역(徭役)을 줄여 세금을 적게 거두는 것이다. 헛되고 멀리 있는 것을 쫓거나 뜬구름 잡는 글을 숭상하는 것은 하고 싶지가 않다.

② 내용
㉠ 대동법은 공물을 각종 현물 대신 쌀로 통일하여 징수하였고, 과세 기준도 종전의 가호에서 토지 결수로 변화

ⓒ 토지를 가진 농민들은 1결당 쌀 12두(처음에는 16두)만을 납부하면 되었으므로 종전의 공납제에 비해 훨씬 부담이 가벼워졌고, 소작농은 부담에서 벗어날 수 있었음

　　ⓒ 쌀을 납부하기 어려운 지방에는 포(마포)·목(면포)·전 등으로 대신 납부하였는데, 특히 충청·전라·경상·황해 4도에서는 연해읍과 산군을 구별하여 각각 쌀이나 포·전으로 상납

③ 운영

　　㉠ 거두어들인 대동미는 공물·진상물의 마련을 위한 상납미와 지방 관아의 제반 경비 조달을 위한 유치미로 구분하여 사용

　　ⓒ 상납미는 선혜청이 신설되어 관리하였는데, 선혜청은 징수한 대동미를 현물 종류에 따라 지정된 공인들에게 공물가로 지급하고 필요한 물품을 받아 각 궁방·관청에 공급

④ 결과

　　㉠ 과세 기준이 종전의 가호에서 토지 결수로 바뀜으로써 농민의 부담은 감소하였으며, 양반 지주의 부담은 증가

　　ⓒ 토지 소유 정도에 따라 차등을 두어 과세하였으므로 세제의 합리화가 이루어져 조세 형평성이 높아짐

　　ⓒ 현물 대신 쌀·포(布)·전(錢) 등으로 징수가 행해져 조세의 금납화 진전

⑤ 영향

　　㉠ 공인의 등장 : 공인은 관청에서 공가를 미리 받아 물품을 사서 납부하여 이에 따라 상품 수요가 증가하고 유통 경제가 크게 성장(일부가 독점적 도매상인인 도고로 성장)

　　ⓒ 상품 화폐 경제의 발달 : 대동법의 실시 결과 공인의 주문을 받아 수요품을 생산하는 수공업도 활기를 띠는 등 전반적인 상품 화폐 경제가 발달하였으며 농민들의 상업 활동 참가도 활발히 전개

⑥ 한계

　　㉠ 18세기 후반에 이르면서 상납미가 매년 증가하여 지방 유치미가 부족하게 되자 지방 수령들은 부족한 경비를 점점 농민에게 부담시켰으며, 이는 다시 농촌 사회가 동요되는 문제점을 야기

　　ⓒ 별공과 진상이 유지되어 토산물을 수시로 징수하는 문제가 발생하였으며, 대동세를 소작인에게 전가하는 지주가 늘어나 농민 생활이 피폐해짐

5 역의 변천과 문란(균역법)

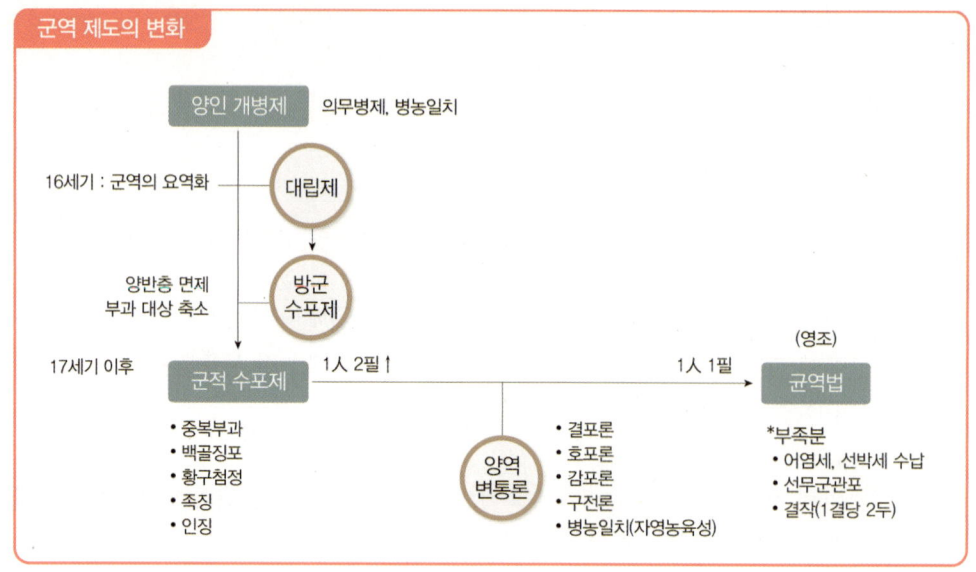

(1) 군역의 요역화

① 농민의 요역 기피가 심화되자 군인을 토목 공사에 동원하는 일이 잦아졌으며 이는 곧 군역의 기피로 연결

② 대립과 방군 수포제의 성행
  ㉠ 입번 시 다른 사람을 사서 대신 입역시키는 대립 행위가 성행해 대립가가 폭등
  ㉡ 지방의 각 군사 지휘관들이 임의로 포나 쌀을 받고 복무를 면제시키는 방군 수포 증가

(2) 군포 부담의 감소

① 군역의 폐단
  ㉠ 군적수포제의 확립과 수포군의 증가
    ⓐ 중종 대 정부는 정군 중 기병을 제외하고 번상 보병을 중심으로 대립가의 수납 절차를 통일시키는 군적 수포제 실시
    ⓑ 군역제는 군영의 경비 마련을 위해 포를 내는 것으로 그 역을 대신하는 수포 군이 증가하여 병농 분리의 특성을 갖는 급료병제로 전환
  ㉡ 농민 부담의 가중
    ⓐ 군포 징수가 단일 관청에서 통일성을 갖추고 배분되는 것이 아니라 군영, 지방 감영, 병영에서 독자적으로 이루어짐에 따라, 농민 장정들은 이중 삼중의 부담
    ⓑ 정부는 전국의 군액을 정확하게 파악하지 못한 상태에서 재정의 어려움이 발생하자 각 군현 단위로 군액을 증액 배정
    ⓒ 수령과 아전들의 부정행위까지 겹쳐 백골징포·황구첨정·인징·족징 등의 양역 폐단이 자행됨

ⓒ 군역 재원의 감소
  ⓐ 공명첩, 납속책 등의 실시로 양반 수가 증가
  ⓑ 이는 군역 재원의 감소로 이어져 재정 궁핍이 가속화. 군역 재원의 감소는 군포 부과량의 증가
  ⓒ 몇 배의 부담이 농민에게 지워졌으며 농민의 파산과 유망이 속출
② 양역변통론의 대두
  ㉠ 대변통론
    ⓐ 효종과 현종 대 논의되기 시작하여 숙종과 영조 대 크게 논의
    ⓑ 호포론(양반층에게도 포를 부과), 결포론(토지세 전환을 모색, 구전론(양반·농민·노비에게 차등을 두어 화폐로 징수) 등이 존재
  ㉡ 소변통론
    ⓐ 군제 변통론 : 군비 지출을 줄이기 위한 군액 감축, 군영 축소
    ⓑ 유포론 : 유생, 교생 등 역에 응하지 않는 자들을 모아 포를 징수
③ 균역법 실시
  ㉠ 내용
    ⓐ 영조 26년(1750) 양인 농민의 군포 부담을 반으로 줄이자는 감포론을 기반으로 한 균역법이 실시
    ⓑ 균역법은 농민 1인당 1년에 군포 1필을 부담하는 내용을 골자로 하는 것이었으며, 이 법의 시행을 위해 균역청이 1750년에 설치되었는데, 균역청은 1753년에 선혜청에 통합
  ㉡ 보충
    ⓐ 균역법의 실시로 연간 2필씩의 군포 부담은 1필로 줄어들고, 절반으로 줄어든 군포 수입 부족분은 결작미·어염세·선세·은여결세·선무군관포 등을 통해 보충
    ⓑ 결작미(1결당 2두), 어염세(왕실에 속해 있던 어장과 소금에 대한 과세), 은여결세(전국의 탈세진을 적발하여 수세), 선무군관포(양역의 부과 대상에서 빠져 있는 피역자로 이들을 선무군관으로 편성하여 다시 수포한 것)을 통해 보충

✧ 균역법의 실시 한능검(韓能檢) 출제 자료

양역을 절반으로 줄이라고 명하셨다. 왕이 말하였다. "구전은 한 집안에서 거둘 때 주인과 노비의 명분이 문란해지고, 결포는 이미 정해진 세율이 있어 더 부과하기 어렵다. … 호포나 결포는 모두 문제점이 있다. 이제는 1필로 줄이는 것으로 온전히 돌아갈 것이니 경들은 대책을 강구하라."
— 『영조실록』 —

✧ 19세기 군정의 문란 한능검(韓能檢) 출제 자료

갈밭 마을 젊은 아낙네 곡소리가 긴데 / 곡소리 동헌을 향해 하늘에 울부짖는다.
싸우려 나간 남편 돌아오지 못하는 것은 / 있을 수 있는 일이지만
예로부터 남자의 절양은 들어 보지 못했네 / 시아버지 죽어서 벌써 상복 벗었으며
갓난아기 배냇물도 안 말랐는데 / 3대의 이름이 첨정되어 군보에 올랐네
하소연 하러 가니 호랑이 같은 문지기 지켜 섰고 / 이정이 호통 치며 외양간에서 소마저 끌어갔네
— 『목민심서』 애절양 —

24 토지 제도

1 삼국과 남북국 시대의 토지 제도

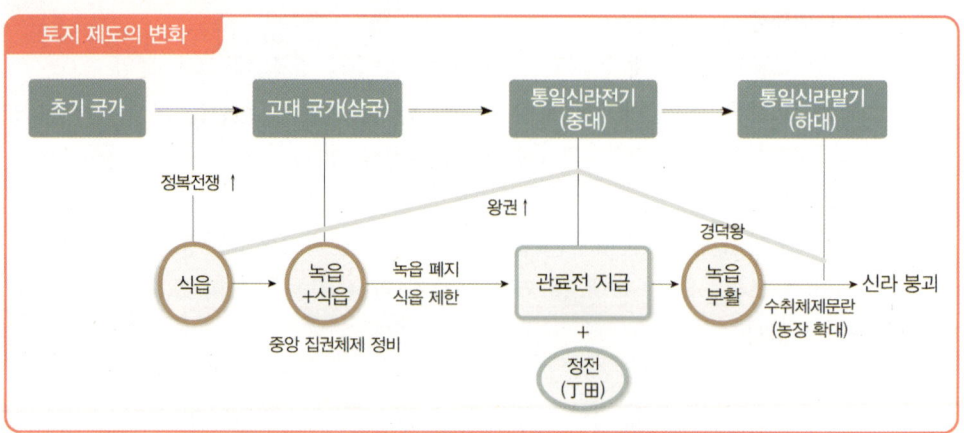

구분	식읍	녹읍
대상	군공, 왕족, 공신	직역(職役)의 대가
성격	수조권(조세, 공물)과 노동력 징발권	

관료전
수조권 지급 (귀족권 약화, 왕권 강화)

구분	정전
사상	왕토 사상(관념적)
성격	• 토지를 통한 농민 지배력 강화 • 민생 안정 • 재정 확보

✚ 토지와 농민을 둘러싼 국왕과 귀족 간의 갈등

- 신문왕 7년(687) 5월에 교서를 내려 문무관료전을 차등 있게 주었다.
- 신문왕 9년(689) 봄 정월에 중앙과 지방 관리들의 녹읍(祿邑)을 폐지하고 해마다 조(租)를 차등 있게 주어 일정한 법을 삼았다.
- 성덕왕 21년(722) 가을 8월에 처음으로 백성들에게 정전(丁田)을 지급하였다.
- 경덕왕 16년(757) 3월에 중앙과 지방의 여러 관리에게 매달 주던 녹봉을 없애고 다시 녹읍(祿邑)을 주었다.
- 소성왕 원년(799) 봄 3월에 청주(菁州) 거로현(居老縣)을 학생의 녹읍으로 삼았다.

— 『삼국사기』 —

- 재상(宰相)의 집에는 녹(祿)이 끊어지지 않으며, 노비(奴婢)가 3천 명이나 되고, 갑병(甲兵)과 소·말·돼지도 이에 맞먹는다. 가축은 바다 가운데의 산(山)에 방목(放牧)을 하였다가 필요할 때에 활을 쏘아서 잡는다. 곡식을 남에게 빌려주어서 늘리는데, 기간 안에 다 갚지 못하면 노비로 삼아 일을 시킨다.

— 『신당서』 —

2 고려의 토지 제도

구분		역분전(태조)	시정 전시과(경종)	개정 전시과(목종)	경정 전시과(문종)
지급 기준		• 태조 대 논공행상 (수조권 지급) • 공훈과 인품 기준	• 관품과 인품 기준 • 한외과 지급 • 전현직 지급	• 18과 차등 지급(관품) • 전현직 지급 • 원칙적으로 세습 불가 • 한외과 지급 • 군인 전시과 처음 시행(무관에 대한 문관의 우위 규정)	• 현직만 지급 • 무신의 지위 상승 • 한외과 폐지 • 별정 전시과 시행
문제점		• 왕권 미약	• 왕권 미약 • 지급 기준 모호	• 지급 토지 부족	• 공음전(세습토지) 지급

> ┼ **시정전시과의 시행**   한능검(韓能檢) 출제 자료
>
> 경종 원년 11월 직관·산관의 각 품 전시과를 제정하였는데 관품의 높고 낮음은 논하지 않고 인품만으로 전시과의 등급을 결정하였다. 자삼 이상은 18품으로 나눈다. … 문반 단삼 이상은 10품으로 나눈다. … 비삼은 8품으로 나눈다. … 녹삼 이상은 10품으로 나눈다. …전중·사천·연수·상선원 등 잡업의 단삼 이상은 10품으로 나눈다. … 비삼 이상은 8품으로 한다. … 녹삼 이상은 10품으로 나눈다. … 무반의 단삼 이상은 5품으로 나눈다 … 이하 잡직 관리들에게도 각각 인품에 따라 차이를 두고 나누어 주었다.
> – 『고려사』 –

┼ **산관(散官)**
실제 근무처는 없고 이름만 있는 관직인 산직을 가진 관리이다. 관직 수요에 비해 관직에 오르고 싶은 사람이 많아서 생겨났다.

(1) 토지의 종류

① 공전(公田)
  ㉠ 공해전(公廨田) : 중앙·지방 관청의 운영 비용으로 지급되는 토지
  ㉡ 내장전(內莊田) : 왕실 재정을 위해 왕실에 지급된 토지로 세습
  ㉢ 학전(學田) : 관학의 재정을 위해 유지비로 지급된 토지
  ㉣ 둔전(屯田) : 군수 비용을 위해 변방 및 군사상 요지에 설치한 토지
② 사전(私田)
  ㉠ 과전(科田) : 문무 관리에게 관등에 따라 지급한 토지로 양반전에 해당
  ㉡ 공음전(功蔭田) : 5품 이상의 고위 관료에게 지급된 세습 가능한 영업전
  ㉢ 한인전(閑人田)
    ⓐ 관인 신분 세습을 위해 6품 이하 하급 관리의 자제에게 지급한 토지
    ⓑ 과거에 합격하고도 관직에 오르지 못한 예비 관리에게 분급
  ㉣ 구분전(口分田) : 6품 이하 하급 관리와 군인의 유가족 또는 자손이 없이 퇴직한 70세 이상의 군인에게 지급된 토지
  ㉤ 군인전(軍人田) : 군호(軍戶)에게 분급되는 토지로 군역을 계승한 자손에게 세습
  ㉥ 외역전(外役田) : 향리에게 분급되는 토지로 향리직의 계승으로 세습
  ㉦ 사원전(寺院田) : 사원에 지급된 토지로 면세전이며 영업전에 해당
  ㉧ 별사전(別賜田) : 승려·풍수지리업자에게 분급되는 토지, 사망 시 반납
  ㉨ 별정전(別丁田) : 악공·공장 등 무산계로 지정된 직에 지급된 토지

(2) 전시과의 붕괴와 토지 제도의 문란

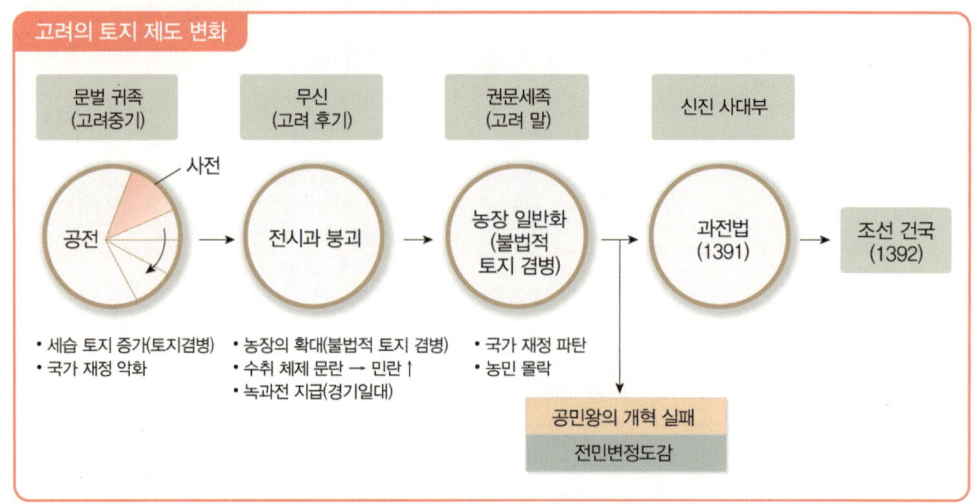

① 무신 정변 이후 전시과의 붕괴와 농장의 확대로 대토지 점유 현상이 나타나 토지 제도의 문란이 심화 ➔ 무신 정권에서 원 간섭기로 이행하는 시기에 토지에 대한 지배층의 불법적 토지 겸병은 더더욱 확대

② 토지 겸병으로 등장한 농장은 수조권을 중심으로 형성된 경우, 소유권만으로 형성된 경우, 수조권과 소유권을 모두 장악한 경우(사패전)로 세분화되며 국가 재정과 민생을 모두 위협

(3) 녹과전 지급과 과전법 체제로의 이행

① 녹과전(원종, 1271) 지급
  ㉠ 녹봉의 부족분을 보충하기 위해 경기 8현의 토지를 녹과전으로 지급하였는데 충렬왕 때(1278) 재정비
  ㉡ 경기 지역만으로 지역을 규정한 것은 토지 겸병과 농장 발달이 성행하는 추세 속에서 녹과전 자체를 보호하고 지급 대상자인 관리들을 예우하고 편리를 제공하기 위한 것
  ㉢ 녹과전의 지급을 위해 급전도감이 설치되었는데 이 기구는 전시과를 공정하게 운영하기 위해 문종 시기에 처음 설치된 후 설치와 폐지가 반복됨

② 전민변정도감의 설치
  ㉠ 목적 : 고려 후기 권세가에게 점탈된 토지와 억울하게 노비화, 사민화된 농민을 되돌리기 위해 설치
  ㉡ 설치와 폐지 : 원종 대 최초로 설치 ➔ 충렬왕·공민왕·우왕 대 각각 설치되었다가 폐지
  ㉢ 공민왕 대 신돈이 이 기구를 주관하면서 활발히 활동하였으나, 권문세족의 반발과 개혁 세력 내부의 갈등 등으로 결국 큰 성과를 거두지 못하고 폐지

3 조선의 토지 제도(과전법의 변천)

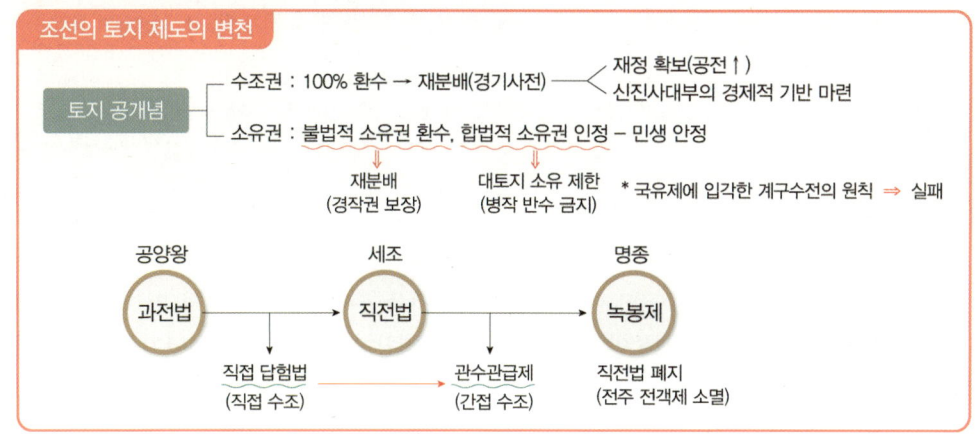

(1) 과전법의 시행

① 과전법은 전·현직 문무 관리들에게 수조권을 분급하였는데 죽거나 반역을 한 경우 국가에 반환하는 것이 원칙(최고 150결에서 최하 10결)

▶ 과전법의 과전 분급 액수

등급	1과	2과	3과	4과	5과	6과	7과	8과	9과	10과	11과	12과	13과	14과	15과	16과	17과	18과
지급 결수	150결	130결	125결	115결	106결	97결	89결	81결	73결	65결	57결	50결	43결	35결	25결	20결	15결	10결

② 과전은 **경기사전의 원칙**에 입각하여 사전을 기내로 한정하고 타 도의 토지는 공전화
③ 과전법은 전시과와 달리 시지는 지급하지 않았음
④ 사전에서 백성이 수조권자에게 바치는 조는 1결당 10분의 1에 해당하는 30두로 지정
⑤ 국가 유공자에게 공신전 또는 별사전을 지급
⑥ **수신전과 휼양전, 공신전은 세습이 가능**

> **과전법 시행 배경** 한능검(韓能檢) 출제 자료
>
> 토지 제도가 무너지면서 부유하고 권세있는 자가 남의 토지를 차지하여 부자는 밭두둑이 잇닿을 만큼 토지가 많아지고, 가난한 사람은 송곳 꽂을 땅도 없게 되었다. 그래서 가난한 사람은 부자의 토지를 빌려 일년 내내 부지런히 고생하여도 식량은 오히려 부족하였고, ……
> – 『고려사』 –

(2) 과전의 부족

① 수신전과 휼양전의 증가, 전·현직 관리의 증가는 사전의 부족을 초래하여 1417년(태종 17)에 과전의 3분의 1을 충청·전라·경상도에 이급
② 1431년(세종 13)에는 과전의 지급 결수를 줄임으로써 경기도로 환원

(3) 직전법(세조)

① 직전법의 시행
  ㉠ 새로운 관리에게 지급할 토지가 부족해짐
  ㉡ **현직 관리에게만 수조권을 지급**
  ㉢ 수신전·휼양전을 폐지

> **직전법의 시행**
>
> 대사헌 양성지가 상소하였는데, 상소는 이러하였다. "…… 과전(科田)은 사대부를 기르는 것입니다. 장차 직전(職田)을 두려고 한다. 하지만, 조정의 신하는 봉록(俸祿)을 먹고서 또 직전(職田)을 먹게 되는데, 벼슬에서 물러난 신하와 무릇 공경대부(公卿大夫)의 자손들은 장차 1결(結)의 토지도 가질 수 없게 되니, 이는 대대로 국록(國祿)을 주는 뜻에 어긋납니다. …… 관리들이 봉록을 먹지 않고 조세(租稅)를 먹는다면 서민과 다를 바가 없게 될 것입니다. 서민과 다름이 없게 된다면 나라에 세신(世臣)이 없게 될 것이니, 이를 염려하지 않을 수 없습니다."
> – 『세조실록』 –

  ② 관수관급제(성종)
    ㉠ 배경 : 직전법 체제에서 관리들의 위법, 탈법이 자행되어 대토지 소유가 증가함
    ㉡ 정부의 해결책 : 수조권자가 세를 직접 걷을 수 없게 하였으며 전객이 관청에 납부하면 관이 이를 받아서 1결당 세에 해당하는 2두를 뺀 나머지를 관리들에게 나눠 주는 제도

(4) 직전법 폐지(명종) 및 녹봉제 실시
  ① 지배층의 대토지 소유 확대 현상이 지속적으로 확대되자 정부는 직전법을 폐지하고 녹봉제를 실시
  ② 사적 수조권은 소멸하게 되었으며 토지 제도는 소유권 중심의 체제로 이행

(5) 지주전호제의 확산
  ① 수조권을 박탈당한 양반 지주의 토지 집적이 성행
  ② 사적 소유권과 병작 반수제가 강화
  ③ 농장의 확대(매매·겸병), 대다수 농민이 소작농으로 몰락(전호 증가)

25 농민 생활의 변화

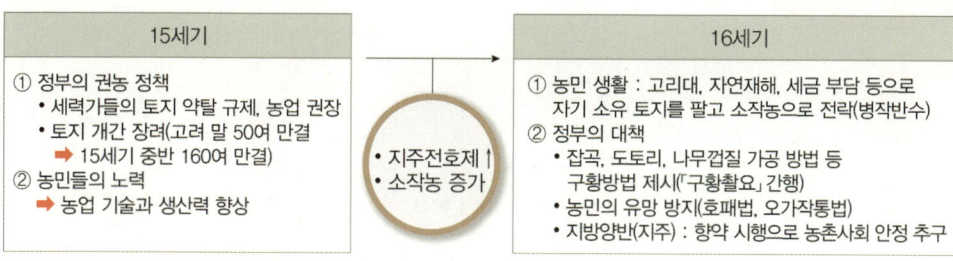

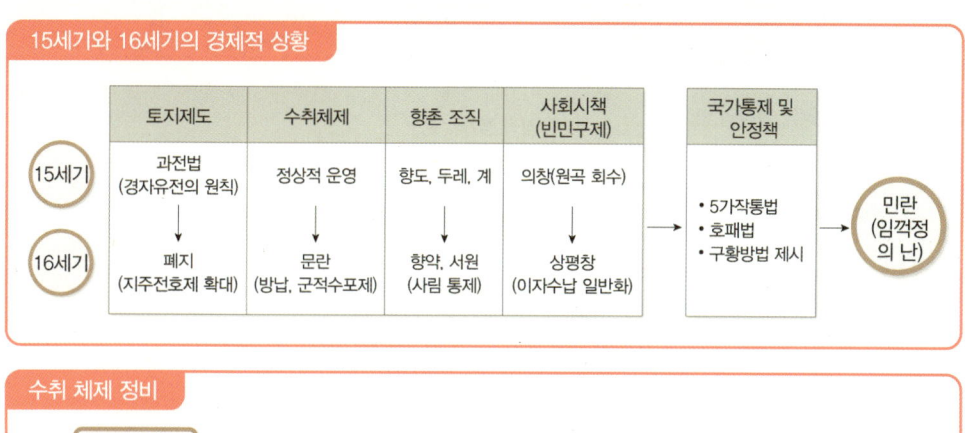

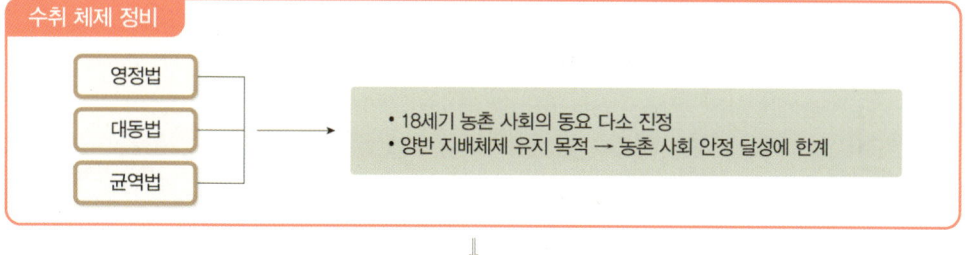

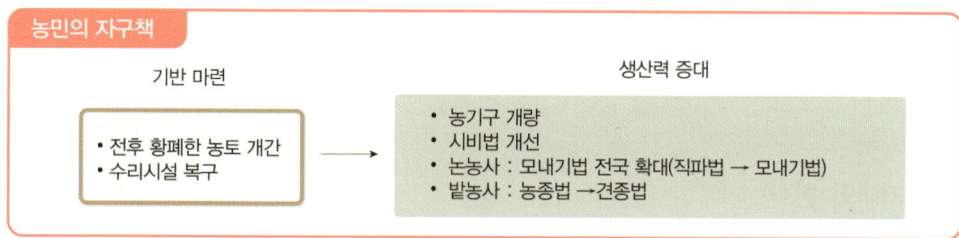

(1) 수취 체제의 조정

　① 농촌 사회 동요의 진정 : 정부는 양난 이후 영정법, 대동법, 균역법 등 수취 체제 개편을 통해 농촌 사회를 안정시키고 재정 기반 확대를 위한 노력을 강화(농촌 사회의 동요는 어느 정도 진정)

　② 한계 : 양반 지배 체제 유지를 목적으로 토지 재분배는 외면, 농촌 사회 안정 달성에 한계 노출

(2) 농민의 자구책

　① 농경지의 확대 : 농민들은 황폐한 농토를 개간하고 수리 시설을 복구하고 확대하여 다시 농업 기반을 마련

② 생산력 확대 : 생산력을 높이기 위하여 농기구와 시비법을 개량하고, 견종법·이앙법 등 새로운 영농 방법 시도

(3) 이앙법의 발달(조선 후기)

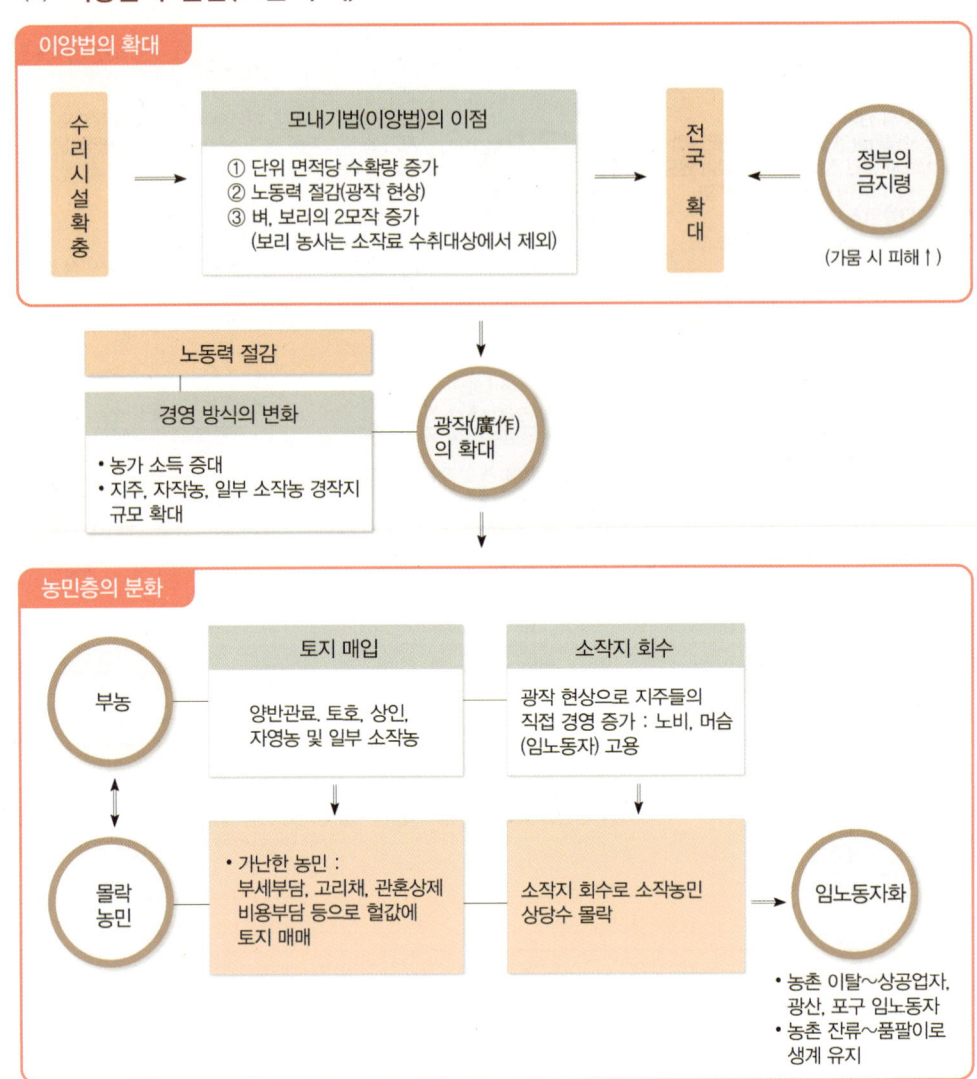

(4) 지대의 변화

① 타조법과 지주·전호의 관계
  ㉠ 특징 : 지대액을 미리 정하지 않고 해마다 수확량을 지주와 작인이 절반씩 나누는 병작반수제를 의미
  ㉡ 종자벼와 전세·대동세·삼수세·결작세 등 토지세와 부가세를 일반적으로 지주가 부담하여 영농 경비의 지주 부담률이 달랐음
  ㉢ 농사 작황에 따라 지주의 이윤이 좌우되므로 지주가 농업 경영에 많이 관여하게 됨으로써 농민의 자율적 영농에 제약
  ㉣ 특히 작인이 소득을 높이기 위해 특수 작물을 재배하려 할 경우 지주의 간섭과 제재를 피할 수 없었음

② 도조법과 지주·전호의 관계
  ㉠ 특징 : 지주와 작인 사이에 일정한 지대액(생산량의 1/3)을 미리 정하여 농사의 풍작과 흉작에 관계없이 해마다 일정액을 바치는 정액제
  ㉡ 정액 지대로 고정된 액수만 납부하면 되었으므로 토지세와 기타 부과세를 모두 작인이 부담하는 조건 하에서 영농 과정 전체와 일부 작물의 파종까지도 농민의 자율적 영농 가능
  ㉢ 총생산량 중에서 계약한 지대액을 뺀 나머지 분량을 자기 소유로 할 수 있게 된 농민들은 타조법하의 농민보다 생산 의욕이 고취
  ㉣ 지주·전호의 관계는 경제 외적 강제를 바탕으로 한 신분적 예속 관계에서 점차 경제적 관계로 이행

(5) 도조법의 등장과 상품 화폐 경제의 발달

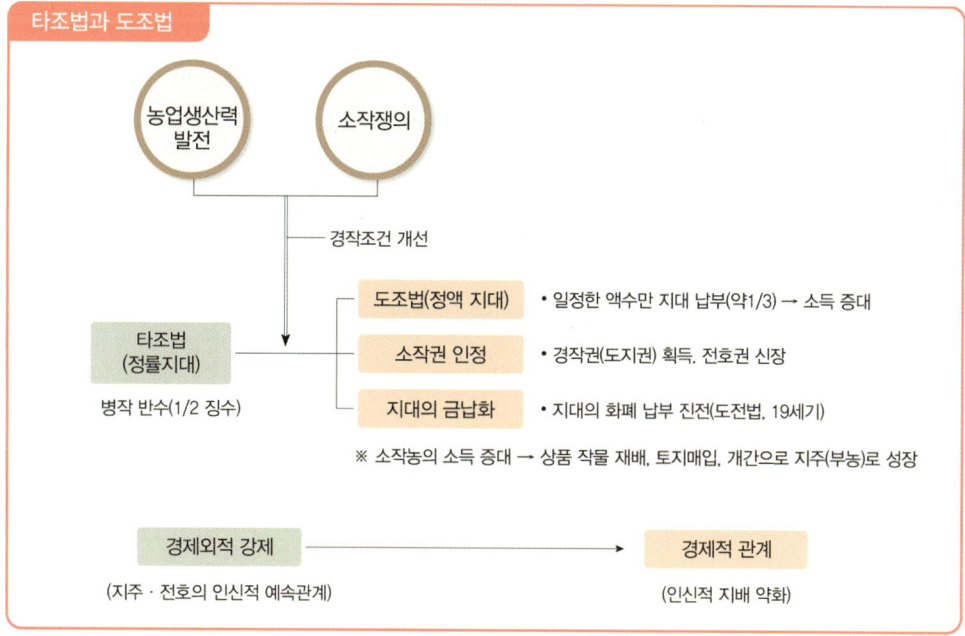

✣ 상품 작물의 재배   한능검(韓能檢) 출제 자료

- 진안의 담배 밭, 전주의 생강 밭, 임천과 한산의 모시 밭, 안동과 예안의 왕골 밭은 우리나라에서 으뜸으로 손꼽히는 곳이다. 이곳들은 부유한 이들이 이익을 얻는 원천이다. ─ 『택리지』 ─
- 농민들이 밭에 심는 것은 곡물만이 아니다. 모시, 오이, 배추, 도라지 등이 농사도 잘 지으면 그 이익이 헤아릴 수 없이 크다. 도회지 주변에는 파 밭, 마늘 밭, 배추 밭, 오이 밭 등이 많다. 특히 서도 지방의 담배 밭, 북도 지방의 삼 밭, 한산의 모시 밭, 전주의 생강 밭, 강진의 고구마 밭, 황주의 지황 밭에서의 수확은 모두 상상등전(上上等田)의 논에서 나는 수확보다 그 이익이 10배에 이른다. ─ 『경세유표』 ─
- 이른 새벽 보슬비에 담배 심기 참 좋다네 / 담배 모종 옮겨다가 울 밑 밭에 심어보세
  금년 봄에 가꾸는 법 영양법을 배워 들여 / 황금 같은 잎담배를 팔아 일 년 살아보세   ─ 『장기 농가』 ─

산업의 발달

1 서울 상업의 발달

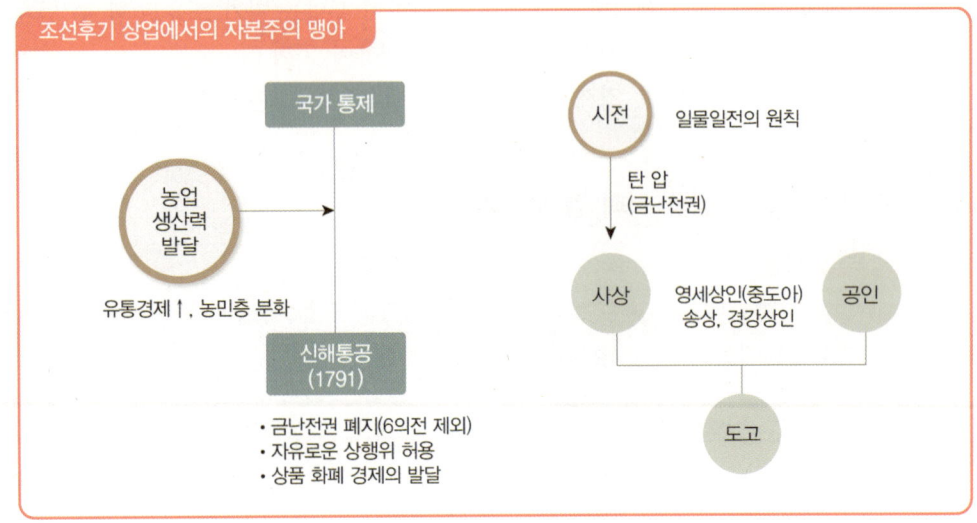

(1) 조선 후기 상품 화폐 경제 발달

① 배경 : 농업생산력 증대, 수공업 생산 활발, 부세 및 소작료의 금납화 ➡ 상품 유통의 활성화

② 상업인구 증가 : 농민의 계층 분화로 도시유입 인구 증가

③ 상업 활동 : 공인과 사상이 주도

(2) 공인의 활동

① 대동법 실시로 등장한 관수품 조달의 어용상인

② 관청별 또는 종목별 공동 출자로 계를 조직하여 상권 독점

③ 상업 자본의 규모 확대 : 일부 공인 도고로 성장, 상품 화폐 경제의 활성화

✚ 도고의 활동 — 한능검(韓能檢) 출제 자료

그(허생)는 안성의 한 주막에 자리 잡고서, 밤, 대추, 감, 배, 귤 등의 과일을 모두 사들였다. 허생이 과일을 도거리로 사 두자, 온 나라가 잔치나 제사를 치르지 못할 지경에 이르렀다. 따라서 과일 값은 크게 폭등하였다. 허생은 이에 10배의 값으로 과일을 되팔았다. 이어서 허생은 그 돈으로 곧 칼, 호미, 삼베, 명주 등을 사 가지고 제주도로 들어가서 말총을 모두 사들였다. 말총은 망건의 재료였다. 얼마 되지 않아 망건 값이 10배나 올랐다. 이렇게 하여 허생은 50만냥에 이르는 큰 돈을 벌었다. — 『연암집』 허생전 —

(3) 사상의 등장

① 출현(17세기) : 도시 근교의 농어민, 소생산자, 군졸 등의 행상, 이농민들이 시전에서 물건을 떼다 파는 중도아로 활동

▶ 조선의 사상

구 분	활동 내용 / 특징	공 통 점
개성(송상)	전국에 지점 설치(송방), 인삼재배/판매, 대외무역관여	• 각 지방 도시에서 활동 • 각 지방의 장시 연결 • 각지에 지점을 설치하여 상권 확대
평양(유상)	대청 무역활동 관여	
의주(만상)	대청 무역활동 주도	
동래(내상)	대일 무역활동 주도	
경강상인	한강 중심, 운송업에 종사, 선박의 건조 등 생산 분야에 진출	

② 17세기 후반 : 종루, 이현, 칠패 등 도성 주변에서 난전 형성 ➡ 시전 상인과 대립
③ 시전 상인들은 금난전권을 이용해 사상의 활동 억압(일물일전) ➡ 사상들은 정부와 결탁하거나 도성 외곽의 송파 등으로 상권 확대
④ 신해통공(1791) : 금난전권 철폐(육의전 제외)로 자유로운 상업 활동 보장 ➡ 사상의 일부가 도고로 성장

2 지방 상업의 발달

(1) 장시의 발달

① 장시의 증가
  ㉠ 15세기 남부 전라도 지방에서 출현
  ㉡ 18세기 중엽 전국에 1천여 개로 증가
② 장시의 기능
  ㉠ 5일장, 지방민의 교역 장소, 정보 교환 장소, 오락 장소
  ㉡ 일부 장시의 상설 시장화, 상업 도시 성장, 지역적 시장권 형성
③ 전국적 유통망 형성 : 경기도 광주 송파장, 덕원 원산장 등 연계
④ 보부상의 활동 : 농촌의 장시를 하나의 유통망으로 연계, 생산자와 소비자 연결, 보부상단(조합) 결성
  ㉠ 보상 : 보자기에 물건을 싸서 다니며 고가품인 의복·혁대·포목·유기·금·은·동 제품을 취급
  ㉡ 부상 : 물건을 등에 짊어지고 다녔는데, 어염·토기·목기·약재 등 가내 수공업 제품이나 농수산물을 취급
  ㉢ 보부상 조직의 변천 : 보부상단 ➡ 임방 ➡ 보부청(1866) ➡ 혜상공국(1883) ➡ 상리국(1885) ➡ 황국협회(1898) ➡ 상무사(1899) ➡ 공진회(1904) ➡ 일제 강점기 거의 소멸

+ 보부상의 활동   한능검(韓能檢) 출제 자료

짚신에 감발치고 패랭이 쓰고 / 꽁무니에 짚신 차고 이고 지고
이장 저장 뛰어가서 장돌뱅이 동무들 만나 반기며 / 이 소식 저 소식 묻고 듣고
목소리 높여 고래고래 지르며 / 비가 오나 눈이 오나 외쳐가며 돌도부 장사하고
해질 무렵 손잡고 인사하고 돌아서네 / 다음날 저 장에서 다시 보세
― 이효석 『메밀꽃 필 무렵』 ―

(2) 포구에서의 상업 활동

① 포구의 성장
- ㉠ 세곡, 소작료의 운송 기지 역할 : 구릉과 하천이 많은 자연 지리적 조건 때문에 수로 운송에 의존
- ㉡ 포구의 역할 변화 : 18세기 상거래가 활발해지면서 포구가 상업의 중심지로 성장
- ㉢ 대표적 포구 : 칠성포, 강경포, 원산포 등 포구 상권 형성, 연해안이나 큰 강 유역에서 인근 포구와 장시 연결 유통권 형성

② 포구의 상업 활동
- ㉠ 선상 : 선박을 이용한 운송 및 판매를 담당하였던 상단으로 경강상인이 대표적 선상이며, 한강을 근거지로 미곡·소금·어물 등을 거래
- ㉡ 객주, 여각 : 선상의 상품 매매 중계 및 운송·보관·숙박·금융 영업

3 민영 수공업의 발달

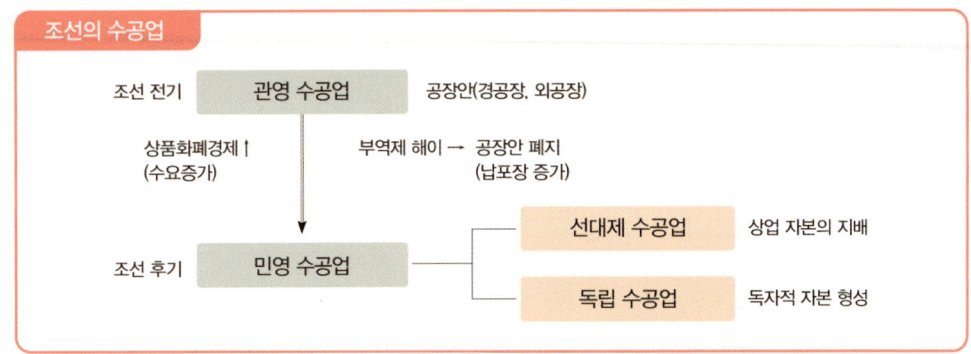

(1) 관영 수공업
① 장인 등록제 : 공장은 공장안에 이름을 등록 후 관청에 소속
② 16세기 이후 부역제가 해이해지고 상업이 발전하면서 쇠퇴

(2) 민영 수공업의 발달
① 납포장의 대두 : 장인세만 납부하면, 자유로운 생산 활동이 보장
② 장인 등록제(공장안) 폐지(정조)
- ㉠ 정부 재정이 악화되면서 관장이 관영 수공업장에서 이탈하는 현상이 증가하였고, 이탈한 장인들은 장인세를 납부하는 독자적 수공업장 경영자로 성장하거나 민간 수공업장의 기술 노동자로 포섭됨
- ㉡ 이들의 제품은 품질과 가격 면에서 관장들의 물품보다 우수하여 정부는 고용제로 전환하여 관영 수공업 유지
- ㉢ 결국 종래의 관영 수공업이 쇠퇴하면서 정조 연간에는 정부가 공장안을 폐기(장인 등록제 폐지)하였고, 이후부터 사영 수공업자들은 공장세만 부담하면 자유롭게 제품을 생산
③ 철점과 사기점이 도시를 중심으로 발달

(3) 경영 형태 변화
① 선대제 수공업
- ㉠ 상인 자본이 수공업자를 지배하는 형태, 공인이 효시
- ㉡ 상인 물주가 자금과 원료를 선대하고 수공업자는 제품을 만들어 납품하는 형식 (종이, 화폐, 철물)

② 독립 수공업자 출현(18세기 후반) : 생산과 판매까지 주관하는 독립 수공업자가 등장 (놋그릇, 농기구, 모자)

(4) 농촌 수공업
① 자급자족의 형태에서 판매를 목적
② 수공업 제품 전문 생산 농가가 등장(옷감, 그릇, 종이)

4 광업의 발달

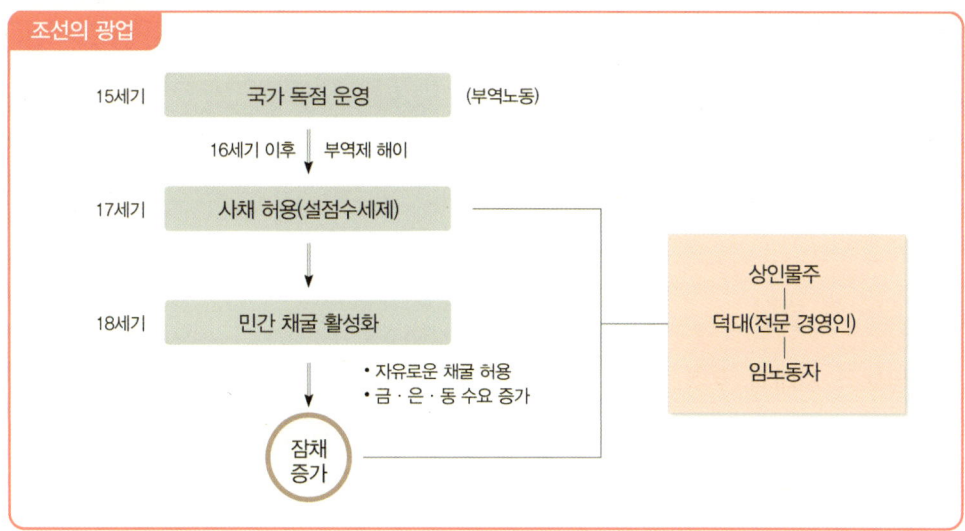

(1) 조선 전기의 광업
① 철광업
- ㉠ 염철법과 철장 제도 : 염철법과 철장 제도로 철물을 조달, 폐단으로 15세기 후반에 모두 폐지
- ㉡ 철장도회제 : 농민들을 봄·가을 농한기에만 철장에 투입하여 공동으로 철을 채납하게 하는 제도
- ㉢ 각읍체납제 : 철장도회제의 폐단으로 인해 농민들이 반발을 일으켜 폐지시키고 각읍체납제 실시
- ㉣ 대동법 실시 이후, 철을 공납하는 제도는 원칙적으로 폐지

② 유황광업 : 임진왜란 이후 병기용 화약 제조를 위해 정책적 뒷받침 속에서 발전한 분야

③ 금·은·연광업
- ㉠ 15세기 : 국용과 명나라의 공납을 목적으로 금·은 광산 개발 시작

ⓒ 16세기 : 은 제련기술의 개발과 명나라와 일본 두 나라와의 무역 확대로 많은 곳의 은광 개발

ⓒ 은광의 민영화와 잠채 : 은 수요가 급증하면서 역관과 부상대고들은 은광의 민영화를 끈질기게 추진하였고, 한편으로는 산은지 주민들에 의한 잠채가 성행

(2) 조선 후기의 광업

① 광산 개발의 증가 : 민영수공업 발달에 따라 광물수요 증가
  ㉠ 대청무역으로 은의 수요 증가 은광 개발 활기(17세기 후반 70개소의 은광개발)
  ㉡ 18세기 후반 상업자본의 채굴과 제련이 쉬운 사금 채굴에 몰리면서 금광 투자 증가
  ㉢ 잠채 성행(비합법적인 채굴행위)

② 광산 개발 방식의 변화
  ㉠ 덕대(경영전문가) : 상인 물주로부터 자본 조달 ➡ 채굴업자인 혈주와 채굴 노동자, 제련 노동자 등을 고용하여 운영
  ㉡ 특징 : 분업에 의한 협업(굴진 ➡ 운반 ➡ 분쇄 ➡ 제련), 상업 자본의 축적(은의 축적)

> ✤ 조선 후기 광산촌의 모습 [한능검(韓能檢) 출제 자료]
>
> 황해도 관찰사의 보고에 의하면, 수안에는 본래 금광이 다섯 곳이 있었다. 두 곳은 금맥이 다하였고, 세 곳만 금맥이 풍성하였다. 그런데 지난해 장마가 심해 작업이 중지되어 광군들 대부분이 흩어졌다. 금년(1799년, 정조 23) 여름 새로이 39개소의 금혈을 팠는데, 550여 명의 광군들이 모여들었다. 이들은 일부가 도내의 무뢰배들이지만 대부분은 사방에서 이득을 쫓아 몰려온 무리들이다. 그리하여 금점 앞에는 700여 채의 초막이 세워졌고 광군과 그 가족, 좌고, 행상, 객주 등 인구도 1,500여 명에 이른다. 갑자기 많은 사람들이 모여들어 그 곳에서는 생필품의 값이 폭등하는 사태가 종종 일어나고 있다고 한다.
> – 『비변사등록』 –

5 무역의 발달

(1) 남북국 시대의 무역

① 통일 신라
  ㉠ 대당 무역 : 당과의 교역이 활발해지면서 신라소(자치 기관), 신라관(숙소), 신라원(사원) 등을 설치
  ㉡ 장보고 : 완도에 청해진을 설치하고 해적을 소탕하면서 서남해안 무역권을 장악, 당에는 견당매물사 파견하였고 일본에는 회역사를 파견, 산둥 반도에 거대 사원인 법화원 건립

ↂ 장보고(?~846)

② 발해
  ㉠ 대당 무역
    ⓐ 발해는 초기에는 당과 대립하였으나, 이후에는 당과의 무역이 활발하게 전개
    ⓑ 당은 덩저우(산둥 반도)에 발해관을 설치
  ㉡ 대일 무역 : 발해는 신라를 견제하기 위한 목적으로 일본과의 외교 관계를 중시

ↂ 남북국 시대의 무역

(2) 고려의 무역

① 무역 발달 : 공무역이 중심이었으며, 예성강 어귀의 벽란도가 국제 무역항으로 번성

② 대송 무역 : 종이와 인삼 등을 수출하고 비단과 약재 등을 수입
③ 거란과의 무역
 ㉠ 고려와 거란의 무역을 활발하지 못하였으나 주로 불교문화의 교류가 이루어짐
 ㉡ 원효의 『기신론소』가 요에 전해졌으며, 요의 대장경이 『교장』 간행에 영향을 줌
④ 아리비아(대식국)와의 무역 : 아라비아 상인들은 벽란도를 통해 고려와 교역을 하였으며 이들에 의해 고려(Corea)라는 이름이 서방에 알려지게 됨

 🔵 조선 후기 상업과 무역 활동

(3) 조선의 무역
① 대명 무역 : 조공 무역 중심, 정기와 비정기 사절단을 파견
② 대청 무역 : 17세기 중엽부터 성행
 ㉠ 무역 형태 : 개시(공적으로 허용된 공무역)와 후시(사적인 무역)로 구분
 ㉡ 교역품
  ⓐ 수입품 : 비단 · 약재 · 문방구 등
  ⓑ 수출품 : 은 · 종이 · 무명 · 인삼 등
 ㉢ 압록강 국경 무역

구 분		내 용
공무역	조공무역	• 명 이후, 정기 사절과 임시 사절을 파견 • 금 · 은 · 모피 · 인삼 · 포목 등을 가져가고, 비단 · 약재 · 주옥 · 서적 · 문방구 등을 가져오는 일종의 물품 교역
	중강 개시	• 압록강 의주 중강(中江)에서 이루어진 명 · 청과의 무역 • 임진왜란 중 조선의 요구로 기황을 구제하고 요동의 쌀을 수입하기 위해 개설, 곧 폐지 ➡ 명의 요구로 재개 ➡ 폐지 ➡ 청의 요구로 재개 • 소 · 해삼 · 해태 · 포 · 백지 · 소금 · 사기 등을 판매, 말과 인삼은 금지
사무역	중강 후시	• 매매 금지물의 교역과 함께 밀무역(사무역)으로 번성하자 숙종 때 정부는 중강후시를 폐지 • 사무역은 책문후시를 중심으로 전개
	책문 후시	• 현종 1년(1660) 이래 양국의 사신의 왕래를 따라 책문에서 요동의 상인과 의주 · 개성의 조선상인 간에 통상이 시작 • 한말까지 존속 • 조선 측의 금 · 인삼 · 종이 · 모피 · 우피 등과 청국의 비단 · 당목(피륙) · 보석 등이 교역됨
	회동관 후시	• 인조 18년(1640)부터 조공 사행과 동시에 사신 유숙소인 회동관에서 사신의 수행원과 중국 상인 간에 밀무역이 행해짐. • 잠상(潛商)의 활동으로 조선의 재화가 청에 많이 흘러 들어감
	단련사 후시	• 중국으로 가는 사신 또는 중국사신의 환영과 환송에 수행 · 호송하는 임무를 가진 단련사에 의해 이루어진 밀무역

 ㉣ 두만강 국경 무역

회령 개시	경원 개시
• 초기 : 여진과 무역 • 인조 16년(1638) 개설, 양국 관헌의 감시 하에 행해진 공무역이었으나 사무역도 행해짐 • 만주 일대의 상인뿐만 아니라 봉천 · 북경 상인까지 모여들어 봄 · 가을 또는 겨울에 열렸고, 우리나라가 청의 사신 · 상인들의 체재비를 부담 • 고종 21년(1884), 자유 무역 시장으로 개방	• 인조 24년(1646)에 청의 요청으로 경원에 개설 • 격년제로 열려 소록피(小鹿皮)와 농구 · 일용품 등을 교환 • 회령 개시와 함께 북관 개시 또는 쌍시(雙市)라 불림

③ 대일 무역(기유약조 이후) : 왜관 개시를 통한 공무역의 형태, 내상이 주도

◐ 건원중보

◐ 삼한통보

◐ 활구

6 화폐

(1) 고려 시대의 화폐

① 화폐주조 : 화폐 발행으로 인한 이익금으로 재정 증가, 정부의 경제 활동 장악

성 종		숙 종		결 과
건원중보(철전)	→	삼한통보 · 해동통보 · 해동중보 활구(은병)	→	자급자족적 경제 구조로 유통 부진, 곡식이나 삼베(포)가 유통의 매개체

② 고리대의 성행 : 왕실, 귀족, 사원의 재산 증식 수단, 농민의 토지 상실, 노비화
③ 보(寶)의 발달 : 기금을 조성하여 그 이자를 공익사업(학보, 경보, 팔관보, 제위보 등)경비로 충당(고리대로 변질)

> **고려의 화폐 정책** — 한능검(韓能檢) 출제 자료
>
> 내(목종) 선대의 조정에서는 이전의 법도와 양식을 따라서 조서를 반포하고 화폐를 주조하니 수년 만에 돈꿰미가 창고에 가득 차서 화폐를 통용할 수 있게 되었다. …… 이에 선대의 조정을 이어서 전폐(돈)는 사용하고 추포(발이 굵고 바탕이 거친 베)를 쓰는 것을 금하게 함으로써 세상을 놀라게 하는 일은, 국가의 이익을 이루는 것이 아니라 한갓 백성들의 원성을 일으키는 것이라 하였다. …… 문득 근본을 힘쓰는 마음을 지니고서 돈을 사용하는 길을 다시 정하니, 차와 술과 음식 등을 파는 점포들에서는 교역과 전과 같이 전폐를 사용하도록 하고, 그 밖의 백성들이 사사로이 서로 교역하는 데에는 임의로 토산물을 쓰도록 하라.
> – 『고려사』 –

◐ 저화

(2) 조선 시대의 화폐

① 전황의 발생 : 지주, 대상인이 화폐를 고리대나 재산 축적 수단으로 인식함에 따라 전황 발생
② 전황에 대한 해결책 제시
  ㉠ 유통 화폐가 부족해지는 전황 현상이 발생
  ㉡ 중농학파인 이익은 폐전론 주장
  ㉢ 중상학파인 박지원은 용전론 주장

▶ 조선 시대 화폐

◐ 조선통보

◐ 상평통보

◐ 대동폐

화폐	발행 시기	내 용
저화	태종(1401)	사섬서, 지폐
조선통보	세종(1423)	철전
팔방통보	세조(1464)	유엽전(전시에 화살촉으로 활용)
상평통보	인조(1634)	효종 때 2차, 숙종 때 전국 유통
당백전	고종(1866)	경복궁 중건
대동폐	고종(1882)	은으로 만든 최초의 근대적 화폐
당오전	고종(1883)	홍순목의 건의로 전환국에서 발행
백동화	고종(1894)	갑오개혁 때 만든 화폐(은화, 황동화, 적동화)

27 사회 구조와 사회생활

사회 구조와 신분제의 변천

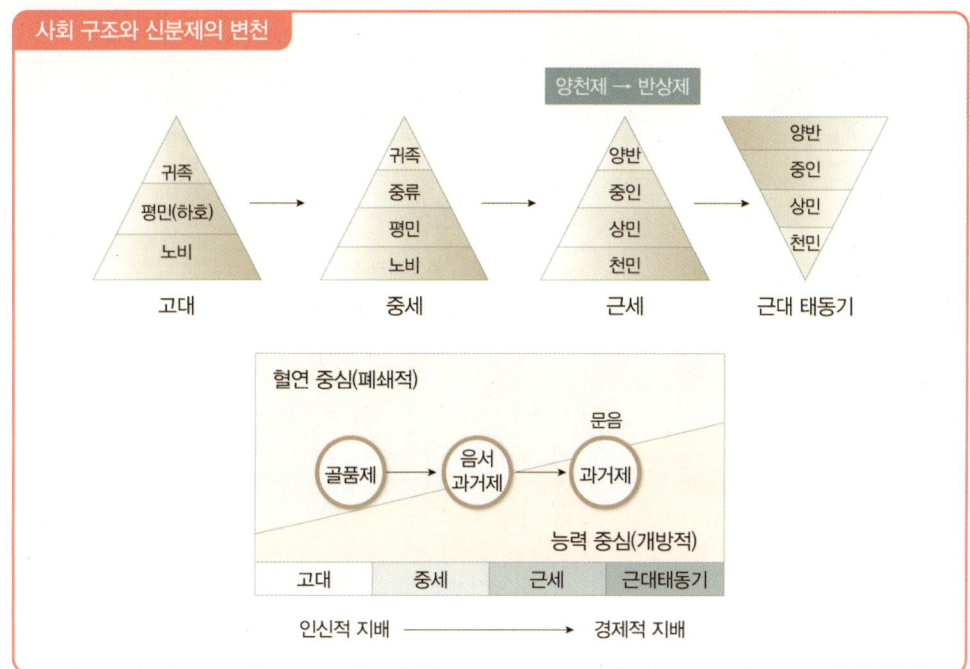

1 삼국 시대의 신분제

(1) 신분제 강화

고대의 신분제

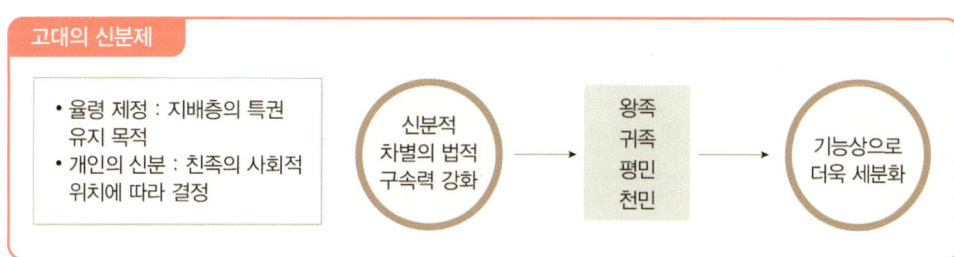

- 율령 제정 : 지배층의 특권 유지 목적
- 개인의 신분 : 친족의 사회적 위치에 따라 결정

(2) 신분제의 특징

지 배 층	피 지 배 층	
	평 민 층	천 민
• 왕족, 부족장 세력은 중앙 귀족으로 재편성 • 지배층의 신분제 : 골품제	• 대다수 농민 • 신분적으로 자유민 • 조세 납부, 노동력 징발 • 정치·사회적 제약, 어려운 생활	• 노비, 집단 예속민(촌락 단위) • 왕실, 귀족, 관청에 예속(부자유) • 삼국시대 : 전쟁노비 비중↑ • 통일신라 : 전쟁노비 비중↓

(3) 신라의 사회 제도

① 골품제

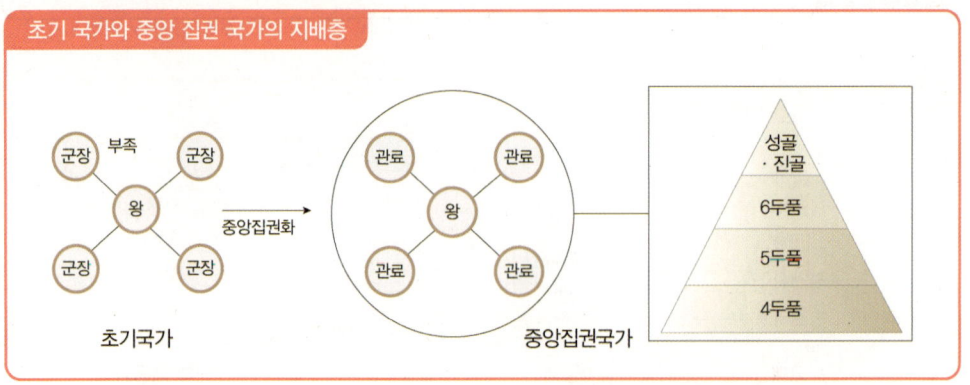

성립	성격
골품제	• 중앙 집권화 • 왕족(성골·진골) • 귀족(6·5·4두품)	• 혈연에 따른 제약 : 골품은 개인 신분과 친족 등급 표시, 개인·사회생활, 정치활동 범위 규제 • 관등 승진의 상한선 결정 : 관등 조직은 골품 제도와 연계되어 편성 • 지배층 내부의 서열 체계 : 가옥규모, 장식물, 복색, 수레 크기 등 일상생활 규제 • 폐쇄적 신분제도 : 모순으로 불만 야기(6두품)

㉠ 부족 연맹체 단계에서 고대 국가로 발전하면서 지방의 족장 세력을 통합하기 위해 마련된 폐쇄적 신분 제도

㉡ 편제

ⓐ 왕족(성골, 진골)과 귀족(6·5·4두품)으로 구분

ⓑ 처음에는 왕경만의 신분제(경위제)로 지방 지배층은 제외되어 별도의 외위제를 구성

ⓒ 통일 과정에서 가야계인 김유신 계와 고구려계인 안승이 진골로 인정되었으며, 이러한 과정에서 외위제는 경위제로 통합되어 골품제가 비로소 전 지배층을 편제하는 신분제로 확대

㉢ 성격

ⓐ 혈연에 따른 사회적 제약 : 골품은 개인 신분과 친족의 등급의 표현으로, 개인·사회·정치 활동의 범위를 엄격히 제한

ⓑ 지배층 내부의 서열 체계 : 가옥 규모, 장식물, 복색, 수레 크기 등의 일상생활에서도 규제하는 기준으로 작용

ⓒ 관등 승진의 상한선 결정 : 신라의 관등 조직은 골품 제도와 연계되어 편성

㉣ 중위제

ⓐ 골품제의 불만을 무마하기 위해 아찬·대나마·나마에 중위제를 설치. 6등급인 아찬은 사중아찬까지, 10등급인 대나마는 구중대나마까지, 11등급 나마는 칠중나마까지 진급

ⓑ 골품제의 한계를 벗어나지 않으려는 신분의 허구적 이동 방법으로 해석할 수 있음

▶ 신라의 골품과 관등

등급	관등명	진골	6두품	5두품	4두품	복색	중시령	시랑·경	도독	사신	군태수	현령
1	이벌찬	■				자색						
2	이찬	■				자색	■		■			
3	잡찬	■				자색	■		■			
4	파진찬	■				자색	■		■	■		
5	대아찬	■				자색	■		■	■		
6	아찬	■	■			비색		■	■	■	■	
7	일길찬	■	■			비색		■	■	■	■	
8	사찬	■	■			비색		■	■	■	■	■
9	급벌찬	■	■			비색		■	■	■	■	■
10	대나마	■	■	■		청색					■	■
11	나마	■	■	■		청색					■	■
12	대사	■	■	■	■	황색						■
13	사지	■	■	■	■	황색						■
14	길사	■	■	■	■	황색						■
15	대오	■	■	■	■	황색						■
16	소오	■	■	■	■	황색						■
17	조위	■	■	■	■	황색						■

✚ 최치원 — 한능검(韓能檢) 출제 자료

최치원이 서쪽으로 당에 가서 벼슬을 하다가 고국에 돌아왔는데 전후에 난세를 만나서 처지가 곤란하였으며 걸핏하면 모함을 받아 죄에 걸리겠으므로 스스로 때를 만나지 못한 것을 한탄하고 다시 벼슬할 뜻을 두지 않았다. 그는 세속과 관계를 끊고 자유로운 몸이 되어 숲 속과 강이나 바닷가에 정자를 짓고 소나무와 대나무를 심으며 책을 벗하며 자연을 노래하였다.
― 『삼국사기』 ―

② 화랑도

	조직	기능	활동
화랑도	• 원시 씨족 사회의 청소년 집단에서 유래 • 진흥왕 대 국가조직으로 확대 개편 (미륵신앙)	• 인재 양성의 교육적 기능(임신서기석) • 전사단 기능 : 사냥과 전쟁에 관한 교육 • 계급 간 대립 완화 • 화랑은 귀족 자제로 구성, 낭도는 귀족~평민으로 구성	• 제천 의식과 심신 수련 (원광의 세속 5계 제시)

✚ 화랑도 사상 — 한능검(韓能檢) 출제 자료

최치원은 난랑비 서문에서 이르기를 "이 나라에 현묘한 도가 있어 이를 풍류라 하였다. 이 교의 기원은 선사(仙史)에 자세히 실려 있거니와 실로 이는 3교를 포함한 것으로 모든 민중을 교화하였다. 즉, 집안에서는 효도하고 밖에서는 나라에 충성을 다하니 이것은 노사구(공자)의 취지이다. 모든 일을 거리낌 없이 처리하고 말하지 않고 실행하는 것은 주주사(노자)의 종지였으며, 모든 악한 일을 하지 않고 선(자비)만 행하는 것은 천축태자(석가모니)의 교화 그대로이다."라고 하였다.
― 『삼국사기』 ―

③ 화백 회의

	조직	특징	기능
화백회의	• 진골 대등들의 회의 • 4영지 중심 개최	• 만장일치제 • 집단 간 부정 방지	• 왕과 귀족의 권력 조절 • 왕권 견제

2 고려 시대의 신분제

(1) 지배층

1) 왕족

① 구성 : 왕과 왕후 및 후비와 그들의 소생 자녀 등, 왕의 일족을 의미

② 특권과 봉작제

　㉠ 비주부를 설치하여 왕후와 후비들을 보필하게 하였으며, 왕자부를 설치하여 왕자들을 우대하고 그들에게 후(候)의 작위를 내려 특권을 보장

　㉡ 왕후와 태자비의 아버지도 후작0에 봉하여 우대

　㉢ 왕의 사위인 부마에게도 백작의 지위가 인정

　㉣ 작위는 상속되지 않는 것이 원칙

③ 실무직 제한 : 왕족들은 봉작에 대응한 명예직을 부여받았으나, 실직으로의 관직 취임은 금지. 또한 왕자들 중, 궁인 소생의 자식은 승려로 출가

2) 문벌 귀족의 특성

① 귀족의 구성과 특권

　㉠ 구성 : 개경에 거주한 문무 관리 중 가문이 좋은 일부계층만이 귀족으로서 왕실의 외척이 되거나 상호간의 혼인 관계를 통해 정치적·경제적 실권을 장악. 이들은 지배층의 핵심으로 5품 이상의 고위 관료들이 주류를 형성

　㉡ 특권 : 귀족은 정치적 특권인 음서나 경제적 특권인 공음전의 혜택을 누렸으며, 요직을 독점하고 정책 결정이나 가치의 배분을 자기중심으로 하면서 국가 운영을 하여 귀족 사회를 유지

② 문벌 귀족의 형성 및 강화

　㉠ 본관제를 바탕으로 가격을 유지하였으며, 주로 개경에 거주하였고 죄를 지으면 형벌로 귀향

　㉡ 중서문하성이나 중추원 등 핵심 관부의 고위 관직을 독점하고, 토지 소유를 확대하여 부를 축적

　㉢ 유력한 귀족 가문과 서로 중첩된 혼인 관계를 맺었으며 특히 왕실과 사돈 맺기를 원함

③ 신분 변동

　㉠ 중류층에서 귀족으로 신분 상승 : 지방 향리의 자제들이 과거를 통해 벼슬에 진출

　㉡ 귀족에서 중류층으로 신분 하락 : 중앙 귀족이 귀향형을 받으면, 낙향하여 향리로 전락하는 경우도 발생

3) 귀족층의 변화

① 무신의 집권 : 무신 정변(1170)으로 종래의 문벌 귀족들이 약화되고 무신들이 권력을 장악

② 권문세족

㉠ 성장 : 문벌 귀족사회가 무너진 후 무신 정권 시대에 등장하기 시작하여 원 간섭기에 부원세력으로서 성장하였으며, 이들 중 일부가 충선왕대 왕실과 혼인할 수 있는 재상지종(宰相之宗)으로 정해진 고려 후기의 대표적 지배세력

㉡ 특권

ⓐ 고려 후기 정계의 요직을 장악하고 가문의 힘을 이용하여 음서로써 신분을 세습

ⓑ 다수의 노비와 강과 하천을 경계로 삼을 만큼 대규모의 농장을 소유

ⓒ 후에 신진 사대부의 비판 대상이 됨

㉢ 가문 : 대표적 가문으로는 경주 김씨, 안산 김씨, 인주(경원) 이씨, 해주 최씨, 파평 윤씨, 청주 이씨, 공암 허씨, 철원 최씨, 정안 임씨 등

③ 신진 사대부

㉠ 고려 후기의 향리 출신 중에서 경제력을 토대로 과거 시험에 합격한 후 관계에 진출한 세력

㉡ 권문세족과의 대립 : 국가 재정이 어려워지고 전시과의 붕괴로 과전을 받지 못하자 사전의 폐단을 지적하여 권문세족과 대립하면서 날카로운 비판을 가함

㉢ 개혁 추구 : 고려 말 권문세족으로 대표되는 구질서와 여러 가지 사회 모순을 비판하고 전반적인 사회 개혁과 문화 혁신을 추구

▶ **고려 시대의 주요 지배 세력**

구 분	문벌 귀족	권문세족	신진 사대부
출신	호족+6두품	친원 세력	지방 향리
정치 기반	과거, 음서, 통혼(왕실, 귀족 간)	음서(도평의사사 독점)	과거
경제 기반	과전, 공음전, 사유지	대농장(토지 겸병)	중소 재지 지주
특 징	자주적(초기) → 보수적(중기)	보수적	개혁적(공민왕의 개혁 정치, 조선 건국)

(2) **중류층**

1) 특성

① 역할 : 지배 체제의 중간 역할을 담당하는 계층으로, 지배 기구의 말단 행정직으로 존재하면서 통치 체제의 하부 구조를 형성

② 직역의 세습 및 토지 분급 : 중류층의 직역은 세습되었으며, 그 직역의 대가로 외역전과 같은 토지를 분급. 하층 향리의 경우에는 직역이 세습되긴 하였지만 개인의 능력에 따라 신분 내 상위 품계로 이동이 가능

2) 유형

구 성	특 징	역 할
호족 출신 향리	호장, 부호장을 대대로 배출하는 지방의 실질적 지배층 → 하층 향리과 구별	통치 체제의 하부 구조 형성(지배 체제의 중간 역할 담당)
말단 행정직	서리(중앙 관청 업무), 남반(궁중 실무), 군관(하급 장교, 직업군인), 잡류(말단 서리), 하층 향리, 역리 → 직역의 세습 및 토지 분급	

① 호족 출신의 향리 : 호장·부호장을 대대로 배출하는 지방의 실질적 지배층으로 하층 향리와 구별. 이들은 향역(鄕役)에 복무하는 고위의 직역 부담자로써 문무 관료로의 진출이 가능한 자유로운 신분층

향리직의 분류		역할	특징
호장층 (戶長層)	호장(戶長)	지방관을 보좌하면서 기관층 이하의 향리층을 지휘·통제, 국가로부터 향직(鄕職)과 동정직(同正職)을 제수받음, 수령의 추천(擧望)을 받아 임명	• 향역(鄕役)의 대가로 외역전(外役田)을 지급 • 과거에 응시할 수 있었으나 제술업과 명경업에 응시할 수 있는 계층은 부호정 이상의 손(孫)과 부호정 이상의 자(子)로 제한 • 기인(其人)으로 중앙에 선상(選上)되어 역을 부담
	부호장(副戶長)		
기관층 (記官層)	병정(兵正)·창정(倉正)	조세·역역 등의 행정실무를 전담	
	호정(戶正)		
	부호정(副戶正)		
	부병정(副兵正)·부창정(副倉正)		
색리층 (色吏層)	주·부·군·현 사(史)	기관층을 보좌하면서 잡무를 전담	
	병사(兵史)·창사(倉史)		
	제단사(諸壇史)		

② 말단 행정직
  ㉠ 남반 : 궁정의 당직이나 국왕의 호종 및 왕명의 전달, 의장(儀仗) 등의 궁중의 실무를 담당하는 관리를 말하며 횡반이라고도 칭함
  ㉡ 군반 : 직업 군인에 해당하였으며, 2군6위 등 중앙군을 형성. 일부는 25명으로 편성된 대(隊)라는 단위부대의 장인 대정(隊正)과 같은 직위를 담당하기도 함
  ㉢ 서리 및 잡류 : 서리는 도필지임(刀筆之任)으로 불림, 관청의 말단 행정을 담당
  ㉣ 하층 향리 : 대개 색리층으로 직접 백성을 상대로 조세와 역역(力役)의 징수 및 간단한 소송의 처리 등을 담당
  ㉤ 역리 : 지방의 역(驛)을 관리, 왕래인의 규찰, 죄인의 압송 등의 임무를 수행

(3) 피지배층

1) 정호(丁戶)
  ① 정호(丁戶)는 태조 이래 국가로부터 성씨와 본관을 부여받은 지방의 유력자로서 군역 등 직역의 수행과 공로에 따라 지배질서에 참여할 수 있는 계층에 해당, 일반 백정보다는 우월한 신분적 지위를 누릴 수 있었음
  ② 정호는 그들이 부담하고 있는 직역을 수행하고 대가를 지불 받음

2) 백정 농민층
   ① 조세·공납·역의 의무를 가진 계층은 법제적으로 과거 응시에 제약이 없었으며 이들인 정호와 구별되어 중앙의 군역·기인역·역역 등의 직역을 부담하지 않는 농민층을 의미
   ② 자기 소유의 민전을 경작하거나 다른 사람의 토지를 빌려 경작
3) 특수 집단민(잡척층)
   ① 역할 : 고려시대 대표적인 잡척층은 주로 향·소·부곡·장·처 지역에 거주하는 양인의 최하층이며 사람이나 교통의 요지인 역이나 진에 근무했던 사람들로 파악
   ② 신분적 특성
      ㉠ 양민보다 하급 신분으로, 신분은 양민이면서도 일반 양민에 비하여 심한 규제
      ㉡ 양민에 비하여 더욱 과중한 세금을 부담
      ㉢ 국가에 직역이나 조세·공납·역을 부담
      ㉣ 일반 군현민에 비해 관직 진출과 교육 등에서 법제적 차별 대우. 이들은 국학에 입학하거나 과거에 응시가 불가능
      ㉤ 형벌상 노비와 동등한 취급을 받았으며 승려 역시 될 수 없었음
   ③ 거주 : 양민인 군현민과는 달리 특수 행정 구역인 향·소·부곡·장·처·역·진에 거주하였고 다른 지역으로 이주의 자유가 없음
   ④ 특수 집단민의 유형
      ㉠ 향·부곡 : 하삼도 지역에 집중적으로 분포하였으며, 공해전·둔전·학전 등 국가의 공유지를 경작
      ㉡ 소 : 수공업이나 광업품의 생산에 종사
      ㉢ 역·진 : 육로 교통이나 수로 교통에 종사하였으며, 교통, 통신 등과 관련된 다양한 국역에 종사
      ㉣ 장·처 : 경기·충청 지역에 집중적으로 분포하였으며, 각 궁원, 내장택, 사원 등 왕실 재정과 사원 재정을 담당

▶ 백정층과 특수 집단민

구 성	특 징
일반 지역 [일반 농민(백정), 상인, 수공업자]	• 자기 소유의 민전을 경작하거나 다른 사람의 토지를 빌려 경작 • 법제적으로 과거 응시에 제약이 없고 전지를 받는 군인으로 선발 가능 • 조세·공납·역의 의무
특수 집단민	• 양인에 비해 세금 부담 가중, 거주 이전 금지 ➡ 향·부곡(농업), 소(수공업, 광업), 역(육로 교통), 진(수운 교통), 장·처(왕실 재정)

4) 천민

구 분		특 징	처 지
공노비 (공공 기관)	입역 노비	궁중, 중앙 관청, 지방 관아에서 잡역 종사	• 매매·증여·상속의 대상 • 천자수모법 : 천인 혼시 노비의 자녀 소유권이 모계 주인 쪽에 귀속(정종 2) • 일천즉천 : 부모 중 한쪽이 노비이면 자식도 노비가 되는 규정(충렬왕 24)
	외거 노비	농업에 종사, 수입 중 규정된 액수를 관청에 납부	
사노비 (개인, 사원 예속)	솔거 노비	귀족이나 사원에서 직접 부리는 노비, 잡일 담당	
	외거 노비	주인과 따로 살면서 농업에 종사, 신공 납부, 소작 및 토지 소유 가능, 양민 백정과 비슷한 경제적 생활	

3 조선 시대의 신분제

(1) 양천제의 법제화
① 양인 : 자유민으로서 과거 응시 가능, 관료 진출 허용, 조세·국역의 의무
② 천인 : 비자유민으로서 개인·국가 기관에 소속되어 천역 담당

(2) 반상제의 정착
① 양반이 실제적 신분층으로 정착하였고, 더불어 양반을 보좌하던 중인도 새로운 신분층이 됨
② 지배층인 양반과 피지배층인 상민 간의 차별을 강조하면서 일반적 신분 제도로 정착

(3) 양반 사대부의 신분화
① 문무 양반만 사족으로 인정하여, 중인층(향리, 서리, 기술관, 군교, 역리 등)을 양반 계층보다 격하시켰고, 서얼을 양반에서 배제 → 기득권을 지키기 위해 양반 수의 증가를 억제
② 양반의 부류
  ㉠ 부·조부·증조부·외조부 등 4조 이내에 벼슬을 한 사람을 배출한 집안
  ㉡ 과거 합격자 및 성균관 유생·교생
  ㉢ 지방의 향안에 이름을 올린 집안 등의 사족
③ 양반이 하나의 사회 신분으로 고정되어 가면서 양인은 점차 양반·중인·상민으로 분화

(4) 중인층
① 서리
  ㉠ 서리의 중인화 : 서리는 문무 관료와 엄격히 구분되어 하급 행정 실무를 전담하는 특수신분인 이서층으로 전락하였고, 다른 중인 계층과 더불어 위항인으로 불리기도 함
  ㉡ 녹봉의 미지급 : 1445년(세종 27) 외역전이 폐지된 뒤 일체의 과전이나 녹봉이 지급되지 않아 부정과 비리가 일어나게 되는 원인이 됨

ⓒ 중간 계층의 형성 : 하급행정실무와 대민업무(對民業務)에 종사
② 향리
　　㉠ 향리직의 격하 : 전국을 중앙에서 직접 통제하고자 하는 의도에서 조선은 건국 초기부터 지방의 토착세력이었던 향리에 대한 대대적인 규제 정책을 펼침
　　㉡ 원악향리처벌법과 부민고소금지법 제정
　　　　ⓐ 원악향리처벌법 : 수령을 조롱하거나, 백성의 토지를 강제로 빼앗는 등의 향리를 처벌
　　　　ⓑ 부민고소금지법 : 품관·향리·백성들이 수령을 고소할 수 없다는 규정을 법제화
　　㉢ 향리의 구분 : 조선 전기의 향리는 호장·기관·장교·통인 등 대체로 네 계열로 구분
③ 기술관 : 대체적으로 역관과 의관으로 구성, 전문적 지식을 바탕으로 조선 후기 부를 축적하기도 함
④ 서얼
　　㉠ 특징
　　　　ⓐ 양반의 자식이지만 정실 소생이 아닌 첩실의 자식으로서 양첩의 자는 서자(庶子), 천첩의 자는 얼자(孼子)라 불림
　　　　ⓑ 조선시대에 중인과 같은 신분적 처우를 받았으며, 문과 응시는 금지 당함
　　　　ⓒ 중서(中庶)라고도 불렸으며, 사회적 차별로 인하여 주로 무반직에 등용
　　㉡ 서얼 차대법(태종)을 통해 서얼들을 관직 진출을 제한하려고 함 → 명종 대에는 서얼의 자손을 자자손손까지 관직 진출을 제한해야 된다는 규정까지 추가

(5) 상민

① 성격 : 양인인 농민·수공업자·상인 등 대부분의 백성을 의미하는 명칭으로 과거 응시 자격은 있었으나 사실상 어려웠으며, 전쟁이나 비상시 군공을 세울 경우 신분 상승 가능
② 농민 : 과중한 조세·공납·부역의 의무를 부담하였으며, 상민의 대다수를 차지하는 계층으로 법제적으로 과거에 응시할 자격을 가짐
③ 수공업자와 상인
　　㉠ 수공업자 : 공장이라고도 불리며, 관영이나 민영 수공업에 종사하였고, 공장세를 납부
　　㉡ 상인 : 공식적인 관허상인인 시전상인과 보부상으로 구분되며, 이들은 국가 통제 아래 상거래에 종사, 중농억상 정책으로 농민보다 낮은 지위에 위치
　　㉢ 유외잡직의 진출 : 이들은 모두 하급 기술직인 유외잡직으로 진출할 수 있는 기회를 부여. 유외잡직은 액정서·공조·교서관·사섬시·조지서 등의 관청에 설치된 기술직
④ 신량역천 : 양인 중에서 천역을 담당하는 계층으로 조례(관청에서 경호·경비·사령 등 잡역에 종사)·나장(일명 나졸이라고도 하며 형사 업무 이외에 죄인의 압송 등을 담당)·일수(지방 관아의 잡역)·조군(조운의 업무)·수군(해군)·봉군(봉수 업무)·역보(역의 업무) 등을 지칭

(6) 천민

① 노비
- ㉠ 천민의 대부분을 차지하였으며, 비자유민으로 교육과 벼슬이 금지
- ㉡ 재산으로 취급되어 매매·상속·증여의 대상이었으며, 국역에서 제외
- ㉢ 천자수모법 : 고려조부터 유지되어 왔던 법으로 천인혼의 경우 비(婢)의 소유주가 자식의 소유권을 갖게 됨
- ㉣ 일천즉천 : 양천교혼의 경우에 부모 중 한쪽이 노비이면 그 자녀도 노비

② 노비의 구분
- ㉠ 공노비 : 국가에 신공을 바치거나 관청에 노동력을 제공
- ㉡ 사노비 : 주인과 함께 사는 솔거 노비와, 독립된 가옥에서 거주하며 주인에게 신공을 바치는 외거 노비로 구분

▶ 공노비와 사노비

구 분	입역(솔거) 노비	외거(납공) 노비
공노비 (공공 기관)	관아의 노역이나 주인집의 잡역에 종사	• 관아나 주인으로부터 독립적인 생활 영위 • 일정한 신공(身貢, 몸값)을 바칠 의무가 있음(노 : 무명 1필, 저화 20장, 비 : 무명 1필, 저화 10장) • 외거 상태에서 주인의 토지를 경작, 수확의 반을 소작료로 상납하거나 작개지를 경작하고 사경지를 대여받기도 함
사노비 (개인, 사원 예속)		

▶ 노비의 신분 세습

구 분	신분 세습(양천교혼)	소유권
고려~조선 초기	일천즉천	노비 소유주(양천교혼 : 일천즉천) + 천자수모법(천인혼, 타 집안의 노와 비가 혼인 시 그 자녀 소유)
태 종	노비종부법	
세 종	노비종모법	
조선 중기(세조 이후)	일천즉천	
조선 후기(영조 이후)	노비종모법	
특 징	양인 수 확대, 국가 재정 확보 목적	조선 전기까지 노비 소유권 분쟁↑(장례원)

4 사회 구조의 변화(조선 후기)

(1) 신분제의 동요

양반층의 분화	• 벌열 양반, 향반, 잔반으로 나누어짐 • 붕당정치의 변질(노론의 일당 전제화) ➡ 양반층의 자기 도태(다수의 양반 몰락) • 몰락한 양반은 향촌 사회에서 영향력 행사(향반)하거나 잔반으로 전락
부농층의 신분상승	• 부농층의 신분 상승(지위 상승과 역의 부담 모면) • 납속책, 공명첩, 족보 매입 및 위조 ➡ 양반 중심의 신분 체제 와해
특 징	• 부(富)와 신분의 불일치 현상(몰락 양반, 부농) • 양반 수의 급격한 증가, 상민과 노비 감소

(2) 중간 계층(서얼과 중인)의 신분 상승 운동

중간 계층		
	• 처지 : 서얼(庶孼)과 중인층은 현실 사회에서 성리학적 명분론에 의해 각종 출세제 제한	
	서얼	• 임진왜란 이후 차별 완화(납속책 실시, 공명첩 발급 통해 관직 진출) • 영·정조 대 집단적 상소 운동 전개(청요직 진출 허용 요구) • 관직 기용 : 유득공, 이덕무, 박제가 등(정조 대 규장각 검서관에 등용) • 신해허통(1851) : 청요직 진출 허용
	중인	• 축적된 부와 전문적 지식 소유했으나 고급 관료 진출 제한 • 19세기(철종) 대규모 소청 운동 전개(실패) • 역관 : 청과의 외교 업무 종사, 서학 등 외래문물 수용 주도, 성리학적 가치 체계의 도전 • 역할 : 전문직으로서의 역할 부각, 외래문물 수용 주도

(3) 노비의 해방

노비제의 변화	• 국가 : 공노비 유지비가 증가하고 효율성이 떨어짐 → 입역 노비에서 납공 노비화 • 군공과 납속 통해 면천, 도망 확산(도망 후 생계 유지 가능) • 노비의 신분 상승 촉진 : 아버지가 노비라도 어머니가 양민이면 양민(노비종모법)
공노비 해방	• 순조(1801년) : 중앙 관서의 노비 6만여 명 해방(국가 재정·국방 안정 목적)
사노비 해방	• 갑오개혁(1894년) : 신분제 폐지, 노비제의 법제상 폐지

(4) 가족제도의 변화

구 분	고려~조선 중기	조선 후기(17세기 이후)
혼인 형태	• 연애혼	• 중매혼(남녀칠세부동석)
혼인 제도	• 남귀여가혼(처가살이) 일반적	• 친영 제도(시집살이) 정착
금지 규정	• 별다른 제약이 없었고, 다만 고려 시대에 근친 금혼을 규정하였으나, 실효는 거두지 못함	• 동성동본 불혼 등 금지 규정이 강화
이혼	• 이혼은 가능한 한 불허	• 이혼 불허 • 칠거지악이 있어 여자가 이혼을 당할 수 있음
재혼	• 재혼이 사회적인 문제가 되지 않음	• 재가녀의 소생은 사로가 금지 • 삼가녀는 자녀안에 기재되어 부정한 여자로 인식됨
부모 봉양	• 사위에게 노후를 의지하는 경우가 많았음	• 남자, 그 중 장자가 봉양하는 경우가 대부분
제사 제도	• 자식이 돌아가며 제사하는 자녀 윤회 봉사	• 장자 봉사
상속 제도	• 남녀 균분 상속 • 사위와 외손도 상속에 참여	• 적장자 우선 상속 • 사위와 외손은 배제
가족 제도	• 부계·모계 비중 균형	• 부계 친족 중심 (양자입양, 종중 의식 확대)

족보 수록	• 출생 순 기재 • 친손 · 외손 모두 수록	• 외손 배제 • 딸의 비중 약화
양자	• 후손을 이으려는 목적이 아님	• 대를 잇고자 양자를 받아들임

∴ 고려 시대 여성의 지위 　　　　　　　　　　　한능검(韓能檢) 출제 자료

박유가 왕에게 글을 올려 말하기를 "…… 우리나라는 남자는 적고 여자가 많은데 지금 신분의 높고 낮음을 막론하고 처를 하나 두는 데 그치고 있으며 아들이 없는 자들까지도 감히 첩을 두려고 생각하지 않고 있습니다. …… 그러므로 청컨대 여러 신하, 관료들로 하여금 여러 처를 두게 하되 품위에 따라 그 수를 점차 줄이도록 하여 보통 사람에게 이르러서는 1인 1첩을 둘 수 있도록 하며 여러 처에서 낳은 아들들도 역시 본처가 낳은 아들처럼 벼슬을 할 수 있게 하기를 원합니다. 이렇게 한다면 나라 안에 원한을 품고 있는 남자와 여자들이 없어지고 인구도 늘게 될 것입니다."라고 하였다. 부녀자들이 이 소식을 듣고 원망하고 두려워하지 않는 자가 없었다. 때마침 연등회 날 저녁 박유가 왕의 행차를 호위하여 따라갔는데 어떤 노파가 그를 손가락질하면서 "첩을 두고자 요청한 자가 저 놈의 늙은이이다."라고 하니, 듣는 사람이 서로 전하여 서로 가리키니 거리마다 여자들이 무더기로 손가락질 하였다. 당시 재상들 가운데 그 부인을 무서워하는 자들이 있었기 때문에 그 건의를 정지하고 결국 실행되지 못하였다.
― 『고려사』 ―

(5) 향촌 질서의 변화

① 양반의 향촌 지배력 약화(구향)
　㉠ 양반층(사족)의 향촌 지배 유지 노력
　　ⓐ 족보 제작, 청금록과 향안 작성
　　ⓑ 양반으로서 향안, 향회, 향약을 통해 향촌 지배
　　ⓒ 촌락 단위의 동약 실시, 족적 결합 강화
　　ⓓ 동족 마을 형성, 문중 서원과 사우 건립
　㉡ 향촌 지배력 약화
　　ⓐ 붕당 정치 변질로 다수 사족이 정권으로부터 소외 (일당 전제화 경향)
　　ⓑ 양반 중에 전호나 임노동자로 전락하는 경우 발생

② 농민층의 분화와 부농층의 대두(신향)
　㉠ 경영형 부농 성장 : 다각적인 경영으로 부를 축적한 서민 출신 지주출현
　　ⓐ 양반 신분획득 : 부를 축적하여 공명첩, 족보 매입·위조
　　ⓑ 향촌 사회에서 영향력 강화
　㉡ 임노동자 : 토지에서 밀려난 다수의 농민
　　ⓐ 16세기 이후 부역제의 해이 : 17~18세기 국가가 필요로 하는 노동력 동원 곤란, 국가 부역에 임노동자 고용
　　ⓑ 품팔이 노동력의 출현(1년 단위) : 부농층의 임노동자 고용, 농민 계층의 분화
　㉢ 농민의 사회적 현실
　　ⓐ 호패법 : 유망 방지 목적, 자급자족 정착 생활
　　ⓑ 대동법과 균역법의 효과가 없자 농민 불만 고조

③ 향촌 질서의 재편(향전)
　㉠ 부농층(신향)의 대두 : 납속과 향직 매매로 신분 상승
　㉡ 향임직 담당 : 사족의 향촌 지배권에 도전, 향전의 발생
　　ⓐ 관권과 결탁, 정부 부세 운영에 적극 참여
　　ⓑ 향회 및 향안 참여 시도

④ 정부의 향촌 지배력 강화 : 수령의 권한과 면리제, 오가 작통법 강화
　㉠ 관권과 향리세력의 강화(농민 수탈 심화)
　㉡ 향회의 역할 변화 : 수령이 세금을 부과할 때 의견을 묻는 자문 기구
　㉢ 공동납제의 강화
　　ⓐ 배경 : 부세의 토지 집중, 상민 인구의 감소
　　ⓑ 내용 : 전세, 군포, 환곡을 공동납의 형태로 촌락 단위로 부과
　　ⓒ 결과 : 농민의 궁핍 가속화, 농민층의 불만 고조

5 사회 변혁의 움직임

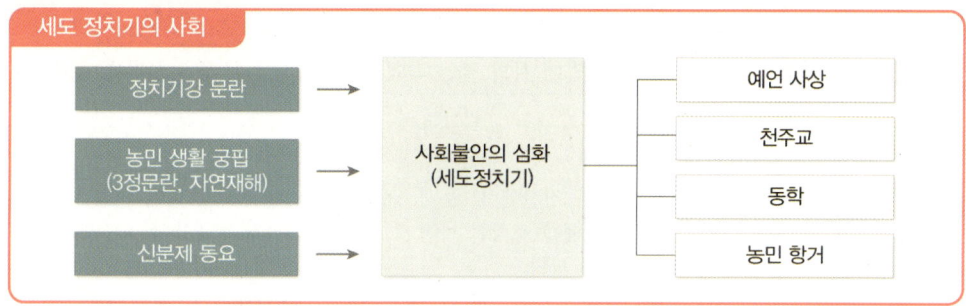

(1) 사회 불안의 심화

사회의 동요	• 신분제의 동요 : 양반 중심의 지배체제 위기 • 농민 경제 파탄 : 지배층과 농민층의 갈등 심화, 국가 재정 악화 • 농민 의식의 향상 : 적극적인 항거운동 발생
농민 생활의 궁핍	• 세도 정치로 인한 정치 기강 문란 : 탐관오리의 탐학과 횡포 심화 • 재난과 질병 : 1820년 전국적 수해, 1821년 콜레라 만연 ➔ 굶주려 떠도는 백성 속출, 기민(飢民), 유민(流民), 화전민(火田民)
민심의 불안	• 비기와 도참설의 유행, 서양 이양선의 출몰 : 민심 흉흉해짐, 위기 의식 고조 • 도적(화적, 수적)의 창궐 : 화적의 지방 토호나 부상 공격, 수적의 조운선과 상선 약탈

(2) 예언 사상의 대두

예언 사상	• 비기(정감록), 도참 등을 이용한 낭설 유행, 벽서 사건 빈발 ➔ 말세의 도래, 왕조의 교체 및 변란 예고, 민심 혼란
무격신앙, 미륵신앙	• 현세 구복적 무격 신앙 확장 • 현세에서 얻지 못하는 복을 미륵 신앙에서 해결

(3) 천주교의 전파

전래와 연구	• 17세기 베이징(천주당) 왕래 사신들에 의해 서학으로 전래 → 학문으로서 연구
초기 활동	• 18세기 후반 근기 남인 계열의 일부 실학자에 의해 연구 • 신앙 운동 시작(이승훈 영세), 신앙 공동체 형성
천주교 박해 - 원인	• 유교적 제사 의식 무시, 신분 질서 부정, 국왕의 권위에 대한 도전으로 간주 → 사교로 규정, 탄압
천주교 박해 - 과정	• 정조(관대-시파), 순조(박해-벽파), 세도정치기(탄압완화) ┌ 신유박해(1801, 순조, 노론 벽파의 시파 탄압 구실로 악용) ├ 기해박해(1839, 헌종) ├ 병오박해(1846, 헌종) └ 병인박해(1866, 고종)
교세 확장	• 세도 정치로 인한 사회 불안 속에서, 평등 사상과 내세 신앙에 공감

구 분	원 인	결 과
신해박해 (1791)	• 진산 사건: 전라도 진산에서 윤지충·권상연 등이 위패를 소각한 사건이 알려지자 이들을 사형	• 정조 시기에는 천주교에 비교적 관대하였던 시파가 정권을 잡고 있었기 때문에 큰 탄압은 없었음
신유박해 (1801)	• 순조가 즉위하고 천주교에 적대적인 노론 벽파가 정적인 남인들 가운데 천주교 신자가 많음을 알고 이를 이용해 대탄압을 강행	• 이가환, 정약종, 이승훈, 주문모(중국인 신부) 사형, 정약용, 정약전 등 유배 • 황사영 백서 사건: 황사영이 신유박해와 조선 내의 실정 및 포교 방안을 명주천에 기록하여 당시 베이징 주교에게 보내려 한 사건, 청원서가 관변에게 발각되면서 황사영은 처형당함
기해박해 (1839)	• 헌종 때 벽파인 풍양 조씨 일파가 정하상 등 신도 200여 명과 프랑스 신부를 색출하여 처형	• 정부는 조직적으로 천주교 신자를 색출, 처형하기 위해 오가작통법이나 척사윤음까지 반포 → 천주교 박해 강화
병오박해 (1846)	• 김대건 신부가 외국 선교사들이 안전하게 입국할 비밀 항로를 개척하다가 들통	• 김대건을 비롯한 천주교인 9명 처형
병인박해 (1866)	• 불평계층인 천주교 세력에 대한 불안 • 남종삼을 시켜 프랑스로 하여금 러시아의 남하 저지를 꾀한 것이 실패	• 천주교 세력을 탄압하여 프랑스 신부 12명 중 9명을 처형 • 이는 병인양요 발생의 원인으로 작용

✚ 신해박해 〔한능검(韓能檢) 출제 자료〕

전라도 진산에 거주하던 윤지충은 유교식으로 제사를 지내지 않고 조상의 신주를 불태웠으며, 어머니 상을 당하자 조문을 거절하고 천주교식으로 장례를 치렀다. 그는 이 일로 혹독한 고문을 받고 천주교 신앙을 버릴 것을 강요받았으나, 거부하여 결국 처형당하였다.

✚ 황사영 백서 〔한능검(韓能檢) 출제 자료〕

베이징에 계신 주교님께
…… 이 탄압만 한 나라가 홀로 명령에 순종하지 않을뿐더러 도리어 강경하게 버티어 성교(聖敎)를 잔혹하게 해치고 성직자를 마구 학살하였습니다. …… 군사를 보내어 문책해 주시기를 간곡히 청합니다.

(4) 동학의 발생(최제우가 창시)

배 경	• 지배 체제의 모순 심화 • 서양 세력의 접근으로 위기의식 고조 • 농민을 위한 새로운 사상 체계의 필요성 대두
사상 체계	• 유불선 융합, 민간 신앙 요소(부적, 주문) 결합 　➡ 사회모순 극복과 일본과 서양의 침략 배격 주장 • 시천주(侍天主), 인내천(人乃天) 사상(평등사상) 　➡ 양반과 상민의 신분 차별과 노비 제도의 폐지, 여성과 어린이 존중
전 개	• 혹세무민을 이유로 최제우 처형 • 제2대 교주 최시형의 노력으로 교세 확대 ➡ 교단 정비 • 『동경대전』, 『용담유사』 편찬(교리 정리) ➡ 교리 정리 • 삼남 지방의 농민들에게 전파

> **➕ 동학의 교리(인내천)**　　　　　　　　　**한능검(韓能檢)** 출제 자료
>
> 사람이 곧 하늘이니라. 그러므로 사람은 평등하며 차별이 없나니, 사람이 마음대로 귀하고 천함을 나누는 것은 하늘을 거스르는 것이다. 우리 도인은 모든 차별을 없애고 스승의 뜻을 받들어 생활하기를 바라노라.

(5) 농민의 항거

▲ 홍경래의 난과 임술농민봉기

배 경	• 19세기 사회 불안 고조, 유교적 왕도정치 퇴색 • 세도 정치로 인한 관료의 부정부패 만연 ➡ 삼정 문란 ➡ 농촌 피폐, 암행어사 파견 효과 없음
농민몰락	• 화전민, 간도·연해주 이주, 임노동자(도시, 포구, 광산촌, 수공업촌)로 생계 유지
정부의 대응	• 삼정이정청 설치, 삼정 문란의 시정 약속, 암행어사 파견 등 미봉책으로 일관 ➡ 유명 무실(지주제에 대한 개혁 의지 결여)
소극적 저항	• 항조(抗租), 거세(拒稅), 소청(疏請), 벽서(壁書), 괘서(掛書) 운동 ➡ 봉기로 발전

적극적 저항	홍경래의 난 (순조, 1811)	• 정치 부패, 서북민에 대한 차별 • 중심세력 : 몰락 양반 홍경래의 지휘 아래 영세농민, 중소상인, 광산 노동자 등이 합세 • 경과 : 가산 봉기 ➡ 선천·정주 점거 ➡ 한때 청천강 이북 지역 장악 ➡ 5개월 만에 평정 • 영향 : 사회 불안으로 농민 봉기 계속됨 ➡ 관리들의 부정과 탐학 여전
	임술농민봉기 (철종, 1862)	• 진주 민란을 계기로 전국화 ➡ 농민 의식의 성장 계기 • 발생 : 진주에서 시작되어 탐관오리와 토호의 탐학에 저항(진주 병사 백낙신), 한때 진주성 점령 • 확대 : 함흥에서 제주까지 전국적으로 농민 항거 발생 • 영향 : 농민의 사회 의식 성장, 양반 중심의 통치 체제 붕괴

✣ 홍경래의 격문

평서대원수는 급히 격문을 띄우노니 관서의 부로와 자제와 공사천민들은 모두 이 격문을 들으라. 무릇 관서는 성인 기자의 옛 터요 단군 시조의 옛 근거지로서 의관(衣冠, 유교 문화를 생활화하는 사람)이 급제하고 문물이 아울러 발달한 곳이다. 그러나 조정에서는 관서를 버림이 분토와 다름없다. 심지어 권문의 노비들도 서토의 사람을 보면 반드시 평안도 놈이라 한다. 서토에 있는 자 어찌 억울하고 원통하지 않은 자 있겠는가. ……
이제 격문을 띄워 먼저 열부군후에 알리노니, 절대로 동요하지 말고 성문을 활짝 열어 우리 군대를 맞으라. 만약 어리석게 항거하는 자가 있으면 철기 5,000으로 남김없이 밟아 무찌르리니, 마땅히 속히 명을 받들어 거행함이 가하리라. 대원수

– 『순조실록』 –

✣ 임술 농민 봉기

이번의 민란은 비록 전례 없는 난이었지만 원래 민심이냐 어찌 난을 일으키고자 하였겠느냐? 조정의 영이 여러 번 내렸으나 백성이 그것을 자세히 알지 못하여 처음에는 등소를 올릴 의논을 하다가 갑자기 거세게 일어났던 것이다. 이는 무지와 분별없음에서 나온 일이라. 우리 성상께오서는 항상 백성을 근심하시고 전국의 쇠잔함과 삼정의 문란을 애통해 하셨다. 이에 대신들에게 명하여 이정청을 설치하였다.

– 『일성록』 –

28 불교 사상과 신앙의 흐름

1 삼국과 남북국 시대의 불교

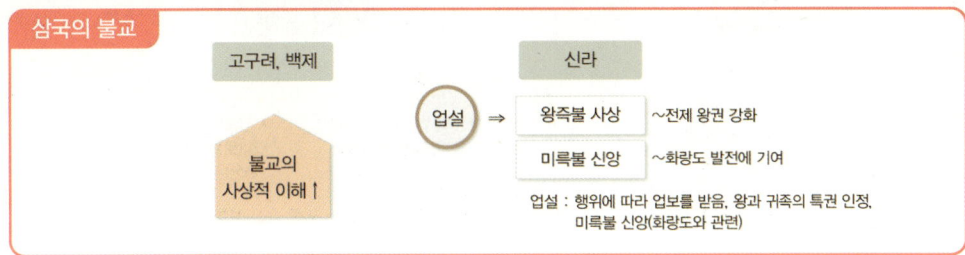

(1) 불교의 수용

① 불교의 수용 경로(중앙 집권 체제의 확립)
  ㉠ 고구려(소수림왕, 372) : 전진으로부터 수용
  ㉡ 백제(침류왕, 384) : 동진으로부터 수용 ➡ 왜(6세기)에 전파
  ㉢ 신라(눌지마립간 수용 ➡ 법흥왕 공인) : 고구려로부터 수용

② 수용 배경
  ㉠ 국가 정신 확립 및 왕권 강화의 이념적 토대
  ㉡ 중앙 집권 국가 체제 정비 무렵, 왕실이 선도적 역할 ➡ 왕실, 귀족 중심으로 발전

③ 삼국의 불교
  ㉠ 고구려 : 대승불교로 공사상과 비유비무를 강조하는 삼론종 발전
  ㉡ 백제
    ⓐ 율종을 중심으로 발달하였는데, 성왕 때 겸익은 인도에서 율종 관계의 불경을 가지고 돌아와서 번역
    ⓑ 성왕 때 노리사치계가 일본에 불교를 전해 주었으며, 많은 승려를 보내 일본 불교의 기초 마련
  ㉢ 신라
    ⓐ 미륵불 신앙 : 사람의 행위에 따라 업보를 받는다는 업설을 기반으로 함
    ⓑ 미륵불 신앙은 왕즉불 사상을 통해 왕의 권위를 높여주는 한편, 귀족의 특권을 인정해 주는 일면이 있었고, 진흥왕 때 조직화된 화랑제도와 밀접한 관련을 가지며 신라사회에 정착
    ⓒ 불교식 왕명 사용 : 법흥왕 이후 진덕여왕까지 불교식 왕명을 사용, 상주불 사상에 입각해 진흥왕은 전륜성왕을 진중설로, 진평왕은 석가의 아버지 이름인 백정으로, 왕비는 석가의 어머니 이름인 마야의 이름을 사용
    ⓓ 신라의 교단 정비 : 진흥왕 때 고구려의 승려 혜량을 맞아 국통(승통)으로 삼고, 그 아래 주통·군통을 두어 교단 조직
    ⓔ 선덕여왕 대 자장율사의 건의로 황룡사 9층 목탑 건립(호국적)

④ 발해의 불교
  ㉠ 불교 융성 : 상경 절터 10여개 발견, 불교 유물 출토(불상·석등·와당)
  ㉡ 고구려 불교 계승 : 왕실이나 귀족 중심으로 신봉(문왕, 불교적 성왕)

(2) 불교 사상의 발달

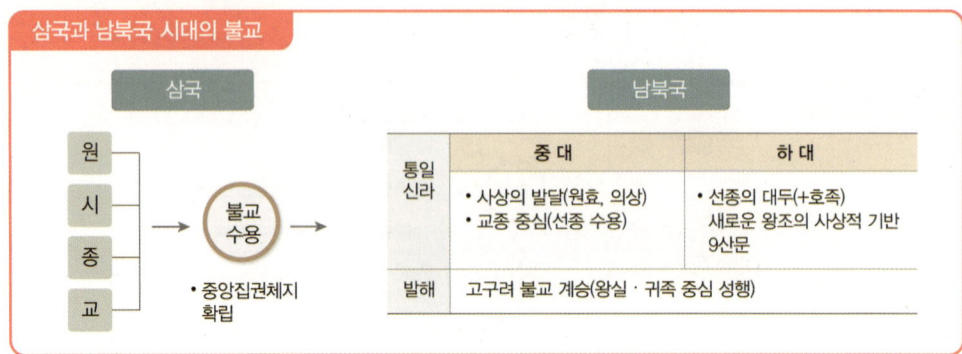

① 원효
  ㉠ 불교의 이해 기준 확립 : 『대승기신론소』, 『금강삼매경론』 등 저술
  ㉡ 종파 간의 융합 도모 : 일심 사상, 화쟁 사상(원융회통사상, 십문화쟁론)
  ㉢ 불교의 대중화에 공헌 : 아미타 신앙(정토종)

② 의상
  ㉠ 화엄사상 : 『화엄일승법계도』, 전제 왕권 강화
  ㉡ 화엄종 교단 양성 : 부석사 등 사원 건립, 제자 양성
  ㉢ 관음 신앙, 아미타 신앙 및 불교 대중화의 공헌

③ 기타
  ㉠ 원측 : 현장법사의 제자 규기와 논쟁
  ㉡ 혜초 : 인도를 다녀와서 쓴 기행문인 『왕오천축국전』 저술

🔊 선종의 발달

(3) 선종의 대두

① 전래 : 신라 하대의 혼란기에 유행(9산 선문)
② 특징
  ㉠ 실천 수행을 통해 깨달음 추구(실천적)
  ㉡ 사색과 참선 중시, 개인적 정신세계 추구, 경전 이해(교종)보다 실천 수행을 통한 깨달음 추구
③ 발달 : 호족과 결합되어 지방에서 확산되어 도당 유학생의 반 신라적 움직임과 결부(고려 개창의 사상적 바탕)

▶ 교종과 선종

구 분	교 종	선 종
성 격	교리연구(경전연구)	참선 중시, 실천적 경향 (불립문자, 교외별전, 견성성불)
특 성	집단적(형식추구)	개인적(형식파괴)
영 향	조형 예술↑ (탑, 불상)	조형예술↓ (부도 - 승탑)
발전시기	신라중대(통일신라 전기)	신라하대(통일신라 말기)
정치성향	중앙 집권체제 강화↑	지방 분권적
후원세력	진골	호족
종 파	5교	9산

2 고려 시대의 불교

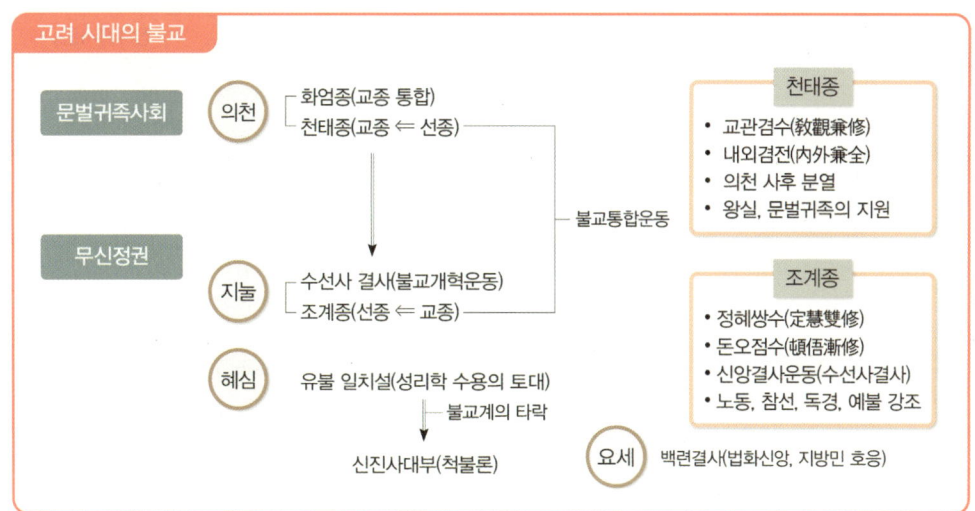

(1) 불교 정책
① 태조 : 개경에 사원 건립과 훈요 10조(연등회, 팔관회 강조)
② 광종 : 승과제도 실시, 국사·왕사제도 실시, 분열된 종파 수습(화엄종의 본찰인 귀법사 창건)
③ 성종 : 연등회·팔관회 폐지(유교 정치사상 강조)
④ 현종 : 현화사 사찰 건립
⑤ 문종 : 흥왕사 사찰 건립

(2) 불교 통합 운동의 전개
① 화엄종과 법상종의 발달 : 보수적인 왕실, 귀족 세력 옹호(선종 위축)
② 대각국사 의천(교종 중심의 선종 통합) : 화쟁 사상(원효)을 토대로 불교 사상 통합 시도
  ㉠ 불교 교단 통합 운동 : 흥왕사, 화엄종 중심으로 교종 통합 노력
  ㉡ 해동 천태종 창시 : 교선 통합, 국청사 창건 ➡ 교관겸수와 내외겸전
  ㉢ 한계 : 불교의 폐단 시정 대책 미흡 ➡ 의천 사후 교단 분열, 선종 독립

◑ 대각국사 의천(1055~1101)

✦ 의천의 천태종 교리

교(敎)를 배우는 사람은 내(內)를 버리고 외(外)를 구하려는 경향이 강한 반면에, 선(禪)을 익히는 사람들은 인연 이론을 잊어버리고, 내조만 좋아하나니, 이 모두가 편비된 것이다. 가만히 생각하면 성인이 가르침을 편 목적은 행(行)을 일으키려는 데 있는 것이므로, 입으로만이 아니라, 몸으로 행동하게 하려는 것이다. 그러므로 양자를 고루 갖추어 안팎으로 모두 조화를 이루어야 한다.
– 내외겸전 –

③ 무신 정변 이후 불교계의 변화 : 선종 부흥, 신앙결사 운동 전개(최씨 정권의 후원)
  → 개혁적인 승려와 지방민의 호응
④ 보조국사 지눌(선종 중심의 교종 통합) : 조계종의 성립
  ㉠ 불교 개혁 운동 : 독경과 선 수행, 노동 강조, 수선사 결사 운동 제창(송광사)
  ㉡ 돈오점수와 정혜쌍수 제창 : 참선(선종)과 지혜(교종)를 함께 수행
  ㉢ 성격 : 선종 중심으로 교종과 조화 → 선·교 일치의 완성된 철학체계 성립

◉ 보조국사 지눌
(1158~1210)

✦ 보조국사 지눌의 조계종

• 한마음(一心)을 깨닫지 못하고 한없는 번뇌를 일으키는 것이 중생인데, 부처는 이 한마음을 깨달았다. 깨닫고 아니 깨달음은 오직 한마음에 달려 있는 것이니, 이는 마음을 떠나서 따로 부처를 찾을 곳은 없다.
– 『정혜결사문』 –
• 먼저 깨치고 나서 후에 수행한다는 뜻은 못의 얼음이 전부 물인 줄은 알지만 그것이 태양의 열을 받아 녹게 되는 것처럼 범부가 곧 부처임을 깨달았으나 불법의 힘으로 부처의 길을 닦게 되는 것과 같다는 것이다.
– 『수심결』 –

⑤ 혜심 : 유불 일치설, 심성의 도야 강조, 성리학 수용의 사상적 토대 마련

✦ 혜심의 유불일치설

나는 옛날 공(公)의 문하에 있었고, 지금 우리 사중(社中)에 들어왔으니, 공은 불교의 유생이요, 나는 유교의 불자입니다. 서로 손님과 주인이 되고 스승과 상좌가 되는 것은 예부터 그러하였고, 현재에서 비롯된 것은 아닙니다. 그 이름만을 생각한다면 불교와 유교가 아주 다르지만, 그 실자를 알면 유교와 불교가 다르지 않습니다. 부처님이 말씀하시기를, "나는 두 성인을 중국에 보내어 교화를 펴라고 하셨는데, 한 사람은 노자로 그는 가섭보살이요, 또 한 사람은 공자로 그는 유동보살이다." 하였습니다. 이 말에 의하면 유(儒)와 도(道)의 종은 부처님의 법에서 흘러나온 것이니, 방편은 다르나 진실은 같은 것입니다.
– 『진각국사 어록』 –

◉ 진각국사 혜심
(1178~1234)

⑥ 요세의 백련결사(강진 만덕사) 제창
  ㉠ 법화신앙을 통해 백련결사 운동 전개
  ㉡ 참회 신앙으로 지방민이 호응
  ㉢ 당대 수선사와 양립

✦ 백련결사의 전개

대사(요세)는 '묘종'을 설법하기 좋아하여 언변과 지혜가 막힘이 없었고 대중에게 참회 수행을 권하였다. …… 왕공대인과 지방 수령, 높은 낮은 사부 대중 가운데 결사에 들어온 자들이 300여 명이나 되었고, 가르침을 전도하여 좋은 인연을 맺은 자들이 헤아릴 수 없이 많았다.
– 『동문선』 –

◉ 원묘국사 요세
(1163~1245)

▶ 수선사와 백련사

결사	종파	인물	내용	특징	연대	중심 사찰
수선사	조계종	지눌	예불 독경, 선 수행, 노동	성리학 수용의 사상적 토대 마련	1204	송광사(순천)
백련사	천태종	요세	참회 강조(법화 신앙)	백성들의 신앙적 요구 고려	1208	만덕사(강진)

⑦ 불교의 세속화와 폐단 : 원 간섭기에 개혁 운동의 의지가 퇴색하고 귀족 세력과 연결되어 폐단 노출
  ㉠ 막대한 사원전, 노비 소유, 고리대업, 상업에 관여
  ㉡ 공민왕 대 보우의 교단 정비 실패 → 신진사대부의 배불론(척불론) 제기

(3) 대장경 간행
① 배경 : 고려 불교가 지닌 호국적, 현세 구복적 성격
② 초조대장경 : 거란 격퇴 염원, 불교의 교리 정리, 대구 부인사에 보관 중에 몽골 2차 침입으로 소실
③ 교장
  ㉠ 의천의 교장도감 설치 : 『신편제종교장총록』 작성
  ㉡ 송과 요의 대장경 주석서 모아 편찬, 대구 부인사에 보관 중에 몽골 2차 침입으로 소실
④ 팔만대장경 : 부처의 힘으로 몽골 침입 격퇴 염원, 대장도감 설치(최우), 합천 해인사에 보관

3 조선의 불교

(1) 불교의 정비

구 분	전 기(15세기)	중 기(16세기)
성 격	• 불교 및 도교 제한적 인정	• 성리학 이외의 모든 사상을 이단 음사로 여겨 배격
불 교	• 태조 : 도첩제 실시(승려 출가 제한, 유교윤리 정착과 국가 재정 확보) • 태종 : 사원을 242사로 정비, 사원의 토지와 노비 몰수 • 세종 : 선·교 교단 정리, 각 18사씩 36본사만 인정 • 성종 이후 : 사림들의 적극적인 불교 비판 → 왕실에서 멀어져 산간 불교화, 사회적 위상 약화	• 성종 : 도첩제 폐지

① 억불정책 : 사원 소유의 막대한 토지와 노비 회수 → 집권 세력의 경제적 기반 확보
② 불교 보호 : 왕실과 민간에서 신봉, 왕실의 안녕과 왕족의 명복을 비는 행사 시행
  ㉠ 세종 : 내불당 설치
  ㉡ 세조 : 원각사 10층 석탑 건립 및 간경도감 설치, 한글로 불경 간행 보급
  ㉢ 명종 : 문정왕후의 후원으로 불교 회복 정책, 승과제도 부활, 보우 중용)
③ 세도 정치기 미륵 신앙의 확대 : 현세의 정치 기강문란과 사회혼란으로 촉발된 불행을 미륵신앙으로 극복하려는 움직임

29 도교 사상

1 삼국과 남북국 시대의 도교

(1) 도교의 전래
① 도교의 유입과 토착 신앙과의 결합
  ㉠ 자연과 결부(자연친화적)되어 안빈낙도·안분지족과 같은 분수를 아는 삶을 강조
  ㉡ 우리나라에서 도교는 삼국시대부터 유행

○ 사신도 백호 ○ 사신도 주작

○ 사신도 청룡 ○ 사신도 현무

(2) 고구려
① 사신도 벽화
  ㉠ 강서대묘·진파리 1호분 등에도 사신도가 그려져 있음
  ㉡ 사신도는 도교의 방위신과 관련됨
  ㉢ 청룡도(동쪽)·백호도(서쪽)·주작도(남쪽)·현무도(북쪽)가 존재
② 고구려의 도교 전래와 수용
  ㉠ 공식적 수용 : 영류왕 대(624)에 당나라에서 도사 파견
  ㉡ 여수장우중문시 : 을지문덕은 수나라의 2차 침입을 격퇴하는 과정에서 도덕경의 내용(知足)을 반영하여 자신이 직접 쓴 시를 보내 수나라 장수 우중문을 조롱
  ㉢ 연개소문의 도교 장려 : 보장왕 대 연개소문은 당에 사절을 보내 도사의 파견을 요청

(3) 백제
① 금동대향로와 산수무늬 벽돌(산수문전)
  ㉠ 금동대향로 : 부여 능산리에서 출토된 금동대향로 뚜껑에 신선이 사는 이상 세계가 형상화
  ㉡ 산수무늬 벽돌 : 부여 외리에서 발견된 산수무늬 벽돌에 신선 사상 표현
② 사택지적비 : 사택지적이 세월의 덧없음을 한탄하는 표현에서 노장 사상을 확인
③ 무령왕릉 지석 : 토지신에게 무덤 터를 샀다는 내용과 오수전이 무덤에서 발견
④ 사신도 벽화 : 공주 송산리 고분군과 부여 능산리 고분군에서 사신도 벽화가 그려진 무덤 발견

(4) 신라
① 신라 문화의 도교적 요소 : 최치원이 난랑비 서문에서 화랑도를 국선도 또는 풍류도라 칭함
② 해동전도록의 내용 : 광해군 대 한무외가 찬술한 『해동전도록』에서는 신라 말에 도당 유학생들에 의해 수련과 공행을 쌓아 도를 얻으려는 한다는 내용을 기록하고 있음

○ 금동대향로

○ 산수문전

○ 사택지적비

(5) 발해
① 정혜 공주와 정효 공주 묘비 : 신선과 곤륜산이라는 내용이 있음
② 두 공주의 묘비에서 발해 지배층의 도교적 소양을 확인할 수 있음

2 고려의 도교

① 태조 : 「훈요 10조」에서 태조 왕건이 도교 행사인 팔관회 행사를 강조
② 성종 : 원구단에서 원구제라는 제천 행사가 거행
③ 예종 : 최초의 도교 사원인 복원궁을 처음 건립

◐ 팔관회

3 조선의 도교

① 성리학적 이념에 입각해 이단 음사로 여겨 배격, 도관과 도교 행사 대폭 축소
② 세조 : 왕권 강화의 수단으로 원구단을 설치하여 제천 행사 실시
③ 중종 : 조광조의 건의로 소격서 폐지
④ 16세기 이후 : 성리학에서 이단으로 간주되어 사림들이 정계에 진출하면서 점차 사라짐

◐ 원구단

30 유학 사상과 학문의 전개

1 삼국과 남북국 시대의 유교

(1) 한자의 보급과 교육
① 한자 문화의 형성
② 한자의 사용 : 철기 시대
③ 이두, 향찰 사용 : 한문의 토착화

(2) 삼국 시대(충·효·신 장려)
① 고구려
 ㉠ 태학(수도) : 유교 경전, 역사 교육
 ㉡ 경당(지방) : 한학, 무술
 ㉢ 광개토대왕릉 비문, 동수 묘지, 모두루 묘지, 충주 고구려비

> **경당** 한능검(韓能檢) 출제 자료
> 습속은 서적(書籍)을 매우 좋아하여, 문지기·말먹이 등 미천한 집에 이르기까지 각 거리마다 큰 집을 지어 경당(扃堂)이라 부른다. 자제(子弟)들이 결혼할 때까지 밤낮으로 이곳에서 독서와 활쏘기를 익히게 한다. 책은 5경 및 『사기』, 『한서』, 범엽의 『후한서』, 『삼국지』, 손성의 『진춘추』, 『옥편』, 『자통』, 『자림』이 있다. 또 『문선』이 있는데, 더욱 귀중하게 여긴다.
> – 『구당서』 –

② 백제
 ㉠ 5경 박사, 의박사, 역박사 : 유교 경전, 기술학 교육
 ㉡ 북위 국서, 사택지적 비문, 무령왕릉 지석
③ 신라
 ㉠ 이두와 향찰
 ㉡ 임신서기석(유교 경전 공부), 영일 냉수리비, 진흥왕 순수비, 신라 울진 봉평비, 단양 적성비, 남산 신성비

◐ 신라 울진 봉평비

(3) 통일 신라
① 교육
 ㉠ 국학 설립(신문왕) ➡ 태학(경덕왕)으로 변경
 ㉡ 독서 삼품과(원성왕) : 진골 귀족의 반발로 실패 후 국학의 졸업 시험 성격으로 변화
② 한문학
 ㉠ 김대문 : 『화랑세기』, 『계림잡전』·『고승전』·『한산기』 등 저술
 ㉡ 6두품 유학자 : 도덕적 합리주의 제시(골품 제도 모순 비판)
  ⓐ 신라 중대 : 강수는 「답설인귀서」·「청방인문표」 저술, 설총은 이두를 정리하고 「화왕계」를 저술

◐ 임신서기석

◐ 영일 냉수리비

ⓑ **신라 하대** : **최치원**은 빈공과 급제하였고, 시무 10조 건의, 『계원필경』·『제왕연대력』·『사륙집』·『난랑비서문』·『법장화상전』 등 저술

(4) 발해
① 주자감 설치 : 귀족 자제에게 유교 경전 교육
② 도당 유학생 파견, 빈공과 급제자 다수

🎧 **최치원**(857~?)

2 고려의 유교

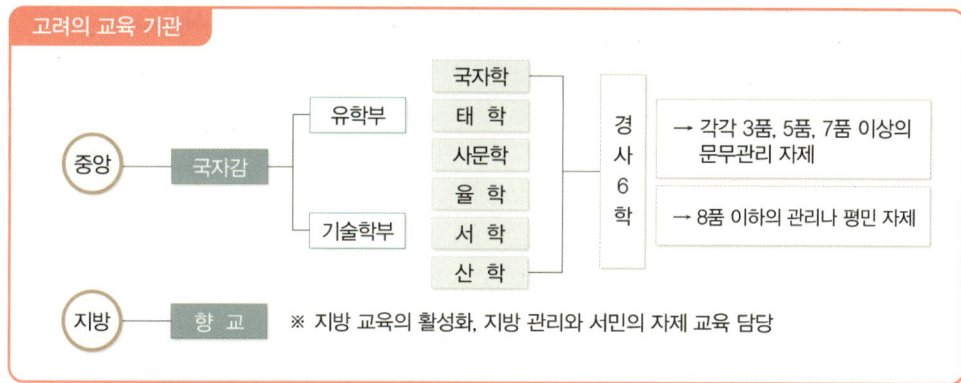

고려의 교육 기관

중앙 — 국자감 — 유학부 — 국자학/태학/사문학 — 경사 6학 → 각각 3품, 5품, 7품 이상의 문무관리 자제
                        율학/서학/산학   → 8품 이하의 관리나 평민 자제
         └ 기술학부

지방 — 향교 ※ 지방 교육의 활성화, 지방 관리와 서민의 자제 교육 담당

(1) 고려의 교육 기관
① 초기(성종)
　㉠ 지방 교육 : 지방 관리 자제들에게 유학 교육, 지방 12목에 박사 파견, 경사 6학 정비, 향교 교육 강화
　㉡ 국자감 정비
② 중기
　㉠ 사학의 융성 : **최충의 문헌공도** 등 사학 12도 → 국자감의 관학 교육 위축
　㉡ 관학 진흥책
　　ⓐ 숙종 : 서적포(출판) 설치
　　ⓑ 예종 : **7재(강예재) 개설**, 양현고(장학), 청연각·보문각 설치
　　ⓒ 인종 : 경사 6학 정비, 유교 교육 강화
③ 후기
　㉠ 충렬왕 : 섬학전 설치, 국자감을 성균관으로 개칭, 문묘 건립
　㉡ 공민왕 : **성균관을 순수 유교 교육 기관으로 개편**(기술학부 이탈)

(2) 유학의 발달
① 초기 : 자주적, 주체적 특성, 유교주의적 정치와 교육의 기틀 마련
　㉠ 태조 : 신라 6두품 계열의 유학자들의 활약
　㉡ 광종 : 과거제 실시
　㉢ 성종 : 최승로의 시무 28조, 김심언의 봉사 → 유교를 치국의 근본 사상으로 인식, 유교정치 사상 정립, 유학 교육기관 정비
② 중기 : 귀족 사회의 발달 → 보수적 성격
　㉠ 학풍의 변화 : 경원 이씨 집권으로 보수화

ㄴ 최충(해동공자) : 9재 학당(사학) 설립, 훈고학적 유학
  ㄷ 김부식 : 보수적, 현실적 성격의 유학
 ③ 무신 정변 이후 유학 위축 : 문벌귀족 세력 몰락으로 유학 위축

(3) 성리학의 전래

① 성리학 : 남송의 주희가 완성, 인간의 심성과 우주 원리 문제를 철학적으로 탐구하려는 신유학(기존의 훈고학 탈피)

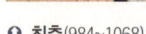
ⓘ 최충(984~1068)

② 전래 : 충렬왕 때 안향이 소개 → 백이정 → 이제현 → 이색 → 정몽주, 권근, 정도전으로 계승

③ 영향 : 신진 사대부의 현실 사회의 모순을 시정하기 위한 개혁 사상으로 성리학을 수용 → 새로운 국가 지도 이념으로 등장

  ㄱ 일상생활에 관계되는 실천적 기능 강조 : 예속 교정, 유교적인 생활관습 시행하기 위해 『소학』, 『주자가례』 권장
  ㄴ 권문세족과 불교 폐단 비판 : 정도전이 『불씨잡변』에서 불교를 비판
  ㄷ 사상계의 변화 : 훈고학에서 성리학으로 변화
  ㄹ 국가 사회의 지도 이념 변화 : 불교 → 성리학

ⓘ 김부식(1075~1151)

ⓘ 안향(1243~1306)

ⓘ 정몽주(1337~1392)

ⓘ 정도전(1342~1398)

▶ 유학의 발달과 성리학의 전래

시대구분	주도세력	학풍	성격	학자
전기	문벌귀족	훈고학	자주적·주체적	최승로, 김심언
중기			사대적·보수적	최충, 김부식
무신집권기	무신		위축	이규보
몽골집권기	신진 사대부	성리학	성리학 전래	안향, 이제현
고려 말기			실천적·사회개혁적 (소학, 주자가례 보급)	정몽주, 정도전

3 조선 전기의 유교와 성리학의 발달

(1) 성리학의 정착

	훈구파(관학파)	사림파(사학파)
연 원	혁명파(정도전, 조준, 권근, 윤소종)	온건파(정몽주, 이색, 길재, 이숭인)
융성시기	15세기	16세기 이후
학 풍	사장(시와 문장) 중시	경학 중시
역사관	단군 중시, 자주적	기자 중시, 존화주의적
정치적 성향	• 부국강병 추진, 왕권 강화 인정 • 중앙 집권 추구(패도 정치 인정) • 새로운 문물 제도 정비 • 민생 안정 중시	• 왕도 정치(도덕과 교화의 통치) • 향촌 자치(지방 분권적) • 학술, 언론 중시
사상적 특징	• 사회 개혁의 원리(실천적) • 성리학의 정치 이념화(주례 중시) • 성리학 이외의 사상 포용(현실적·융통성) • 과학 기술 발달	• 관념적, 대의 명분 강조 • 성리학적 사회 질서 구현(주자가례 중시) • 성리학 이외의 사상 배척 • 과학 기술 쇠퇴

ⓘ 이황(1501~1570)

ⓘ 이이(1536~1584)

(2) 성리학의 융성

① 심오한 이기 철학 성립, 왕도적 정치 철학 확립에 영향
② 정치의 활성화에 기여, 지나친 도덕주의로 부국강병책 소홀

▶ 주리론과 주기론

구 분	주리론	주기론
특 징	원리적 문제 중시 ➡ 도덕적 이상주의	경험적 문제 중시 ➡ 사회 경장론
선구자	이언적 ➡ 이황	서경덕 ➡ 기대승 ➡ 이이
집대성	[이황] • 이원적 이기이원론 • 도덕적 행위의 근거로 인간의 심성 중시 • 일본 성리학에 영향 • 경(敬)의 실천 강조 • 이귀기천론 • 『주자서절요』, 『성학십도』	[이이] • 일원적 이기이원론 • 현실적, 개혁적 성격(사회 경장론) • 현실 문제 해결책 제시(수미법, 10만양병설) • 성(誠)의 실천 강조 • 이통기국론 • 『동호문답』, 『성학집요』
학 파	영남학파(김성일, 류성룡)	기호학파(조헌, 김장생)
발전 계승	남인 ➡ 위정척사	서인(노론) ➡ 북학사상 ➡ 개화사상

　조식(1501~1572)

　성혼(1535~1598)

(3) 학파의 형성과 대립

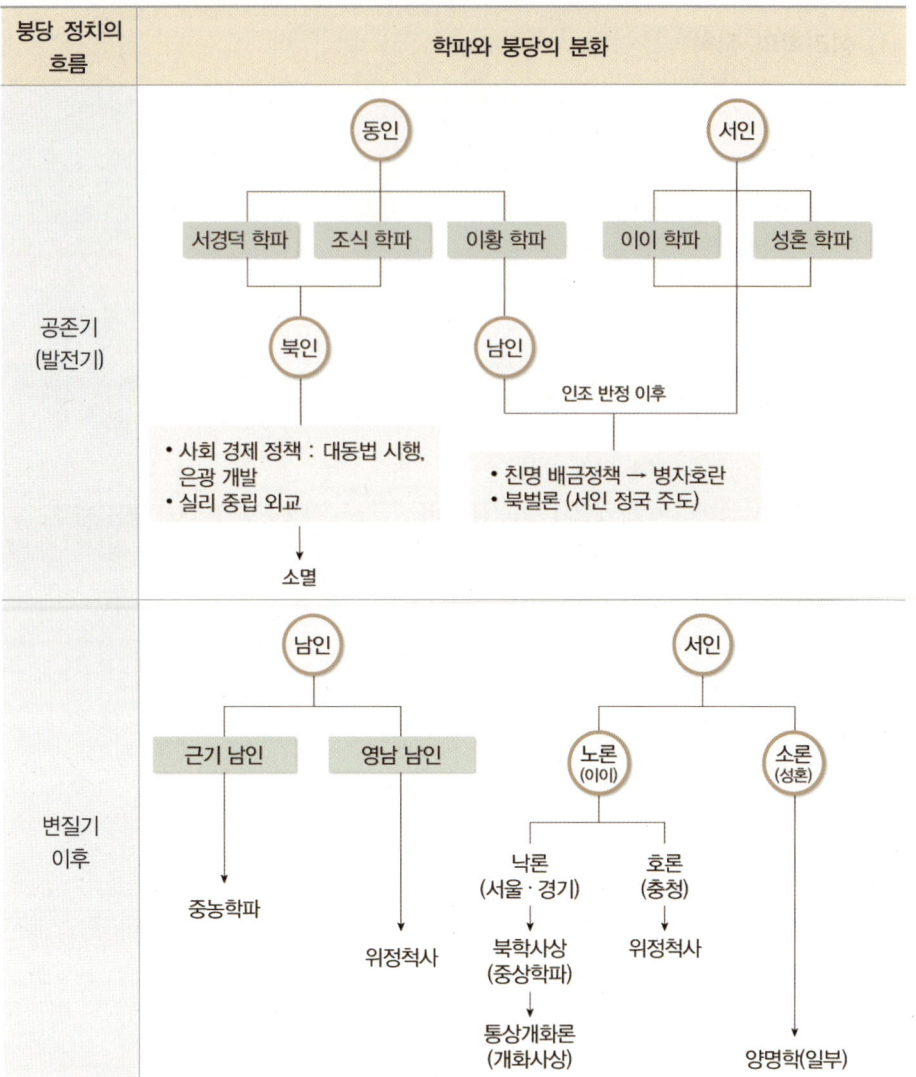

① 학파 형성의 배경 : 16세기 중반부터 성리학의 이해 심화에 따른 학설과 지역의 차이, 서원을 중심으로 학파 형성
② 학파의 형성 : 서경덕, 이황, 조식, 이이, 성혼 학파
　㉠ 동인 : 서경덕, 이황, 조식학파 → 정여립 모반사건으로 남인(이황학파)과 북인(서경덕, 조식학파)로 나뉨
　㉡ 서인 : 이이, 성혼학파
　㉢ 북인 : 광해군 대 집권, 대동법의 시행, 중립 외교 추진
　㉣ 서인 : 인조반정으로 집권, 서경덕, 조식의 사상과 양명학, 노장사상 등 배척
　㉤ 서인, 남인 : 명에 대한 의리 명분론 강화, 반청정책 추진 → 병자호란 초래
　㉥ 인조 후반 송시열 등 서인 산림이 정국 주도 : 척화론과 의리 명분론이 대세, 각 학파들은 대동법과 호포법 등 사회 경제 정책을 둘러싸고 격렬한 논쟁과 대립

(4) 예학의 발달

① 배경 : 16세기 중반 『주자가례』 중심의 생활 규범서 출현, 주자가례에 대한 학문적 연구
  ㉠ 16세기 후반 성리학자들의 관심 증대
  ㉡ 17세기 예학 발달 → 예학의 시대
② 성격 : 양난 이후 유교적 질서 회복 강조로 더욱 중시됨 → 예치 강조
③ 성립 : 주자가례를 모범으로 하여 김장생, 정구 등이 발전
④ 영향 : 예에 관한 각 학파간의 입장의 차이 → 예송논쟁

4 조선 후기의 성리학과 실학의 발달

(1) 성리학의 변화

① 성리학의 교조화 경향
  ㉠ 주자 중심 성리학의 절대화 : 서인 집권 후 의리 명분론 강화(송시열이 주자 중심의 성리학 강조)
  ㉡ 성리학 이외의 학문을 이단시하여 사문난적으로 공격(보수성, 경직성 심화, 비현실성 노출)
② 성리학 비판
  ㉠ 성리학의 상대화(17세기 후반) : 주자 중심의 성리학을 상대화하고, 6경과 제자백가 등에서 모순 해결의 사상적 기반을 찾으려는 경향
  ㉡ 윤휴 : 유교 경전에 대하여 독자적인 해석, 서경덕의 영향
  ㉢ 박세당 : 양명학과 노장 사상의 영향을 받아 주자의 학설 비판(사문난적으로 죽음)
③ 사상 논쟁
  ㉠ 이기론 논쟁 : 이황 학파의 영남 남인과 이이 학파의 노론(주자 중심의 성리학 절대시)의 대립
  ㉡ 호락논쟁
    ⓐ 충청도 지역의 호론과 서울 경기 지역의 낙론(노론)의 대립
    ⓑ 심성론에 대해 관심으로 인간과 사물의 본성의 문제를 둘러싸고 노론 중심의 호락논쟁 발생
④ 성리학의 탄력적 이해 : 성혼의 사상을 계승한 소론을 중심으로 양명학과 노장 사상 수용

⦿ 송시열(1607~1689)

⦿ 윤휴(1617~1680)

(2) 양명학의 수용

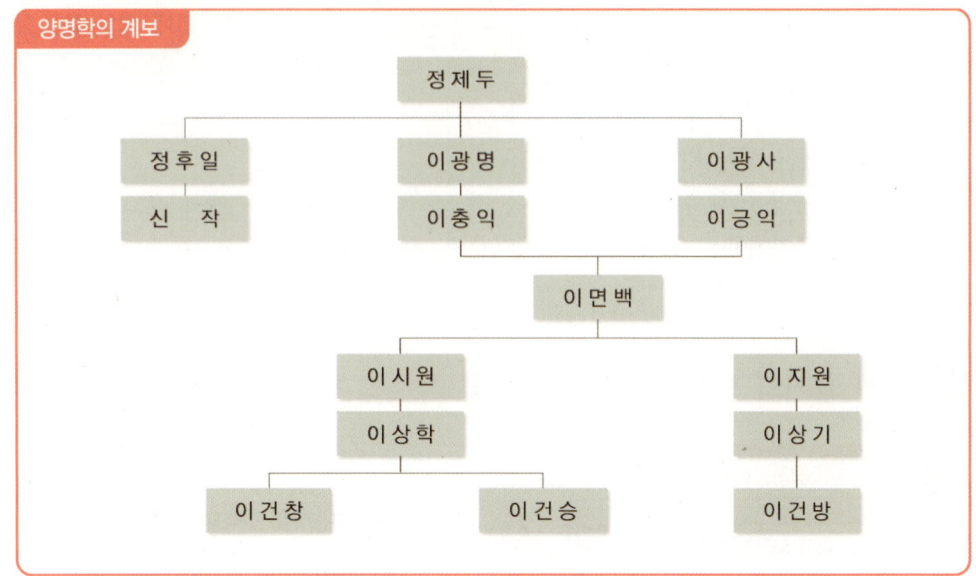
양명학의 계보

① **양명학** : 성리학의 교조화와 형식화에 대한 비판 → 지행합일설
② **수용** : 서경덕 학파와 종친들 사이에 확산 17세기 후반, 근기 지방의 재야 소론 학자, 불우한 왕실 종친에 의해 본격적 수용
③ **강화 학파 형성**
  ㉠ 정제두의 체계화 : 『존언』, 『만물일체설』 저술
  ㉡ 일반민을 도덕 실천의 주체로 상정, 양반 신분제의 폐지 주장
  ㉢ 집안의 후손과 인척 중심의 가학(家學)의 형태로 계승
④ **영향**
  ㉠ 역사학, 국어학, 서화, 문학 등에서 새로운 경지 개척, 실학자들과 교류
  ㉡ 한말과 일제 강점기에 국학자인 박은식과 정인보 등으로 계승

(3) 실학의 발달

① **실학의 등장**
  ㉠ 배경
    ⓐ 성리학이 현실 모순에 대한 해결 능력 상실, 성리학의 한계성 노출
    ⓑ 경제적 사회적 변화(서민층 성장)
    ⓒ 조선 후기(17~18세기)의 사회·경제적 변동에 따른 사회적 모순에 직면, 해결하기 위한 학문과 사회 개혁론
  ㉡ 실학의 태동 : 부국강병과 민생안정 목표, 현실 문제와 직결된 문제 탐구
    ⓐ 17세기 : 한백겸(동국지리지, 우리나라역사 지리 고증), 이수광(지봉유설, 문화 인식의 폭 확대), 유형원 등
    ⓑ 18~19세기 : 서학과 청의 고증학의 영향
  ㉢ 농업 중심 개혁론, 상공업 중심 개혁론, 국학 연구 등으로 확산
  ㉣ 실학의 특징 : 실증적, 민족적, 근대 지향적 특성을 지닌 학문, 19세기 후반 개화 사상으로 이어짐

② 농업 중심의 개혁론(경세치용 학파, 중농 실학자)
  ㉠ 18세기, 서울 부근의 경기 지방에서 활약한 남인 출신
  ㉡ 농민층의 입장에서 토지 및 각종 조세, 군사, 교육 제도 개혁 중시
  ㉢ 토지 제도의 개혁 : 자영농 육성, 농촌 경제 안정 도모
  ㉣ 국가 제도의 개편 : 유교적 이상 사회의 재건
  ㉤ 한말 애국 계몽 사상가들에 영향

▶ 경세치용 학파

출신	인물	저술	주장
근 기 남 인	유형원 (17세기)	반계수록	• 균전론(사농공상에 따른 차등분배) 주장 • 자영농에 바탕을 둔 농병일치(군사 조직), • 사농일치(교육 제도) • 양반 문벌 · 과거제 · 노비제 모순 비판
	이익 (18세기)	성호사설 곽우록	• 성호학파(안정복, 이중환, 정약용) 형성 • 한전론(영업전 이외의 토지만 매매 허용) • 6좀의 폐단 지적 • 폐전론, 사창제 주장
	정약용 (실학의 집대성)	여유당전서(목민심서, 경세유표, 흠흠신서, 아방강역고, 아언각비 등 500여권)	• 여전론 ➡ 정전제로 변경 • 마을 단위의 공동 농장제, • 정전론(국가가 토지를 매입하여 농민에게 분배 • 백성의 의사가 반영되는 정치 제도 모색 • 과학과 상공업 관심 • 성기호설

🎧 이익(1681~1764)

🎧 정약용(1762~1836)

✥ 유형원의 균전론

한능검(韓能檢) 출제 자료

진실로 현재의 적절하고 마땅한 점을 바탕으로 하여 옛 정전제도의 뜻을 살려 행한다면 할 수 있는 방법도 있으니 … 면적은 사방 100보를 1무로 하여 100무를 1경(약 40마지기)으로 하고, 4경을 1전(佃)으로 한다. 농부 한 사람이 1경의 토지를 받으며 법에 따라 조세를 내고, 4경마다 군인 1명을 내게 한다. 사(士)로서 처음 학교에 입학한 자는 2경의 토지를 받고, 내사에 들어간 자는 4경을 받되 병역의무는 면제한다. 현직관료는 9품에서 7품까지는 6경, 그리고 정2품의 12경에 이르기까지 조금씩 더 준다.

✥ 유형원의 노비 세습제에 대한 비판

한능검(韓能檢) 출제 자료

이 법(노비법)이 언제부터 시작되었는지 알 수 없지만, 대개 고려 초부터 성하여 왔다. …… 이는 그 폐단이 심한 것으로서 형편이 궁하면 부득불 변통하여야 할 것이다. 소위 혁파한다는 것도 갑자기 현재의 노비를 모두 혁파한다는 것이 아니고, 단지 현재의 노비에게 그치게 하여 노비 세습법을 혁파함을 의미한다. …… 노비의 세습법을 혁파하고 그 대신 고용 제도를 채택함이 어찌 지극히 공평하고 지극히 당연한 길이 아니겠는가? 진실로 이와 같이만 되면 천리가 구현되고 인정이 순해지며, 사송(詞訟)이 적어지고 형정(刑政)이 맑아지며, 풍속이 도타워지고 예의가 행하여져서 백성이 편안하고 생산은 증가되어 부강의 효과가 그 안에 있게 될 것이다.

— 유형원 『반계수록』 —

한전론
이익은 한 가정의 생활을 유지하는 데 필요한 규모의 토지를 영업전으로 정한 다음, 영업전은 법으로 매매를 금지하고, 나머지 토지만 매매를 허용하자고 주장하였다.

이익의 한전론

국가는 마땅히 한 집의 생활에 맞추어 재산을 계산해야 토지 몇 부(負)를 한 집의 영업전(永業田)으로 하여 당나라의 제도처럼 한다. 그러나 땅이 많은 자는 빼앗아 줄이지 않고 못 미치는 자도 더 주지 않으며, 돈이 있어 사고자 하는 자는 비록 천백 결이라도 허락해 준다. 영업전 이외에 땅이 많이 있으면서도 팔려고 하지 않으면 억지로 팔게 하지 않고, 땅이 영업전에 미치지 못해도 땅 살 능력이 없는 자에게 재촉하지 않는다. 오직 영업적 몇 부 안에서 사고파는 것만을 철저히 살핀다.
— 『곽우록』 —

정약용의 여전론

이제 농사짓는 사람은 토지를 갖고 농사짓지 않는 사람은 토지를 갖지 못하게 하려면 여전제를 실시하여야 한다. 산골짜기와 시냇물의 지세를 기준으로 구역을 획정하여 경계를 삼고 그 경계선 안에 포괄되어 있는 지역을 1여로 한다. …… 1여마다 여장을 두며 무릇 1여의 인민이 공동으로 경작하도록 한다. ……여민들이 농경하는 경우도 여장은 매일 개개인의 노동량을 장부에 기록하여 두었다가 가을이 되면 오곡의 수확물을 모두 여장의 집에 가져온 다음 분배한다. 이 때 국가에 바치는 세와 여장의 봉급을 제하며, 그 나머지를 가지고 노동 일수에 따라 여민에게 분배한다.
— 『여유당전서』 —

정약용의 원목

백성을 위해서 목(牧:지방관)이 존재하는가? 백성이 목을 위해서 태어났는가? 백성들은 곡식과 피륙을 내어 목을 섬기고 백성들은 수레와 말을 내어 추종하면서 목을 보내고 맞이하며, 백성들은 고혈(膏血)과 진수(津髓:침과 골수)를 모두 짜내어 목을 살찌게 하니, 백성들이 목을 위해서 태어났단 말인가? 아니다. 목이 백성을 위해서 존재하는 것이다.
— 『여유당전서』 —

③ 상공업 중심의 개혁론(이용후생 학파, 북학파, 중상 실학자)
  ㉠ 서울의 노론 집안 출신이 대부분으로 청 문물 수용에 적극적이고 상공업 진흥과 기술 혁신을 통한 부국강병 추구 및 농업 생산력 증대를 중요시
  ㉡ 개화 사상가들에 의해 계승

▶ 이용후생 학파

○ 박지원(1737~1805)

○ 박제가(1750~1805)

출신	인물	저술	주장
주로 노론	유수원 (18세기)	우서 (중국과 우리나라 비교)	• 중상 학파의 선구자(소론 출신) • 사·농·공·상의 직업적 평등화와 전문화 추구 • 상공업 진흥과 기술혁신 강조
	홍대용	담헌서, 임하경륜, 의산문답, 주해수용	• 기술혁신, 문벌제도 철폐 • 성리학의 극복 → 부국강병의 근본 • 중국 중심 세계관 비판 → 의산문답(지전설) • 임하경륜(균전제)
	박지원	열하일기, 양반전, 허생전, 호질	• 농업 생산력 증대에 관심 • 과농소초(한전제) • 상공업 진흥 • 수레, 선박의 이용, 화폐 유통의 필요성 강조 • 양반 문벌제의 비생산성 비판
	박제가	북학의	• 청과의 통상 강화, 수레와 선박 이용 • 절약보다 소비 권장 → 우물물에 비유

> **유수원의 상공업 진흥론** · 한능검(韓能檢) 출제 자료
>
> 지금 양반이 명분상으로 상공업에 종사하는 것을 부끄러워하지만 그들의 비루한 행동은 상공업자보다 심한 자가 많다. 학문이 없어도 세력만 있으면 부정하게 과거에 합격하고, 그렇지 않으면 음직(蔭職)을 바라거나 공물의 방납과 고리대를 하거나 노비를 빼앗기 위한 소송이나 벌임으로써 생활을 영위하거나, 또 그렇지 않으면 억지로 수령 자리를 얻어 토색질을 하고, 전지(田地)와 노비를 많이 가짐으로써만 가계를 이룰 수 있으니 이것이 모두 비리가 아닐 수 없다. …… 상공업은 말업(末業)이라 하지만 본래 부정하거나 비루한 일은 아니다.
> – 『우서』 –

> **홍대용의 과학 사상** · 한능검(韓能檢) 출제 자료
>
> 허자가 말하였다. "옛날 사람들은 이르기를, '하늘은 둥글고 지구는 네모나다.'고 하거늘 지금 당신이 말하기를, '지구의 모양이 틀림없이 둥글다.'고 하는 것은 무엇 때문이냐?" 실옹이 말하였다. "심하구나! 사람들의 깨우치기 어려운 것이 만물의 이루어진 형체는 둥근 것은 있으나 네모난 것은 없거늘 하물며 지구에 있어서랴? 달이 해를 가려 (해가) 가려지는데, 일식에 있어서 (가려진) 모습이 반드시 둥근 것은 달의 실체가 둥글기 때문이고, 지구가 해를 가려 (달이) 가려지는데, 월식에 있어서 (가려진) 모습이 또한 둥근 것은 지구의 실체가 둥글기 때문일 것이다. 그렇다면 월식은 지구의 거울이거늘, 월식을 보고도 지구가 둥글다는 것을 모르면 이것은 거울을 끌어당겨 스스로 비춰 보면서도 그 모양을 분별하지 못하는 것과 같으니, 또한 어리석지 아니한가?" – 『의산문답』 –

> **박지원의 한전론** · 한능검(韓能檢) 출제 자료
>
> 오늘날 조상으로부터 물려받은 땅을 능히 지켜 타인에게 팔아먹지 않은 사람은 얼마 되지 않고, 매년 토지를 팔아먹는 사람이 열에 일고여덟 정도가 됩니다. 이로 보아 재산을 모아 토지 소유를 증대시켜 가는 자의 수효도 알 만합니다. 만약 "모년 모월 이후 제한된 면적을 초과해 있는 자는 더 이상 소유할 수 없다. 이 법령이 시행되기 이전부터 소유한 것에 대해서는 불문에 붙이고, 자손에게 분배해 주는 것은 허락한다. 사실대로 고하지 않고 숨기거나 법령 공포 이후 제한을 넘어 토지를 소유한 사람을 백성이 적발하면 그 토지를 백성에게 주고, 관에서 적발하면 몰수한다."라고 법령을 세워 보십시오. 이렇게 한다면 수십 년이 못 가서 전국의 토지 소유는 균등하게 될 것입니다.
> – 『연암집』 한민명전의 –

> **박제가의 소비 권장** · 한능검(韓能檢) 출제 자료
>
> 비유하건대 재물은 대체로 샘과 같은 것이다. 퍼내면 차고, 버려두면 말라 버린다. 그러므로 비단옷을 입지 않아서 나라에 비단 짜는 사람이 없게 되면 여공이 쇠퇴하고, 쭈그러진 그릇을 싫어하지 않고 기교를 숭상하지 않아서 공장(수공업자)이 도야(기술을 익힘)하는 일이 없게 되면 기예가 망하게 되며, 농사가 황폐해져서 그 법을 잃게 되므로 사농공상의 사민이 모두 곤궁하여 서로 구제할 수 없게 된다.
> – 『북학의』 –

5 역사 편찬

(1) 삼국의 역사 편찬
① 고구려 : 국초에 『유기』를 영양왕 대 이문진에 의해 『신집』으로 축약
② 백제 : 근초고왕 대 박사 고흥의 『서기』
③ 신라 : 진흥왕대 거칠부의 『국사』 → 모두 전해지지 않음
④ 가야 : 『개황록』

(2) 고려 시대 학문의 발달과 역사 편찬
① 전기
  ㉠ 황주량의 7대 실록 : 편년체 서술, 거란의 침입으로 소실
  ㉡ 박인량의 고금록 : 현존하지 않음

② 중기
　　㉠ 편년통재 : 고려 시대에 간행된 최초의 편년체 역사서, 전해지지 않음
　　㉡ 김부식의 삼국사기 : 기전체 서술, 유교적 합리주의 사관에 입각, 신라 계승 의식,
　　　　현존 우리나라 최고 역사서

> **삼국사기 서문**
>
> 지금의 학사와 대부들은 5경과 제자백가의 글, 진나라와 한나라 이래 역대의 역사에는 혹 두루 통하여 상세히 말하는 자가 있어도 우리나라의 일에 대해서는 도리어 그 시말을 까마득히 알지 못하니 심히 한탄스러운 일이다. 하물며 신라·고구려·백제가 나라를 열어 대치하였으나, 능히 중국 국내 기사는 자세히 기술하고, 외국 기사는 소략히 서술하였으므로, 우리나라 기사는 상세히 실리지 않았다. 또한, 그에 관한 옛 기록은 표현이 거칠고 졸렬하며, 사건의 기록이 빠진 것이 있으므로, 이로써 군주와 왕비의 착하고 악함, 신하의 충성됨과 사특함, 나랏일의 안전함과 위태로움, 백성의 다스려짐과 어지러움을 모두 펴서 드러내어 권하거나 징계할 수 없다. 그러므로 마땅히 재능과 학문과 식견을 겸비한 인재를 찾아 권위 있는 역사서를 완성하여 만대에 전하여 빛내기를 해와 별처럼 하고자 한다. - 『삼국사기』 -

> **삼국사기 편찬에 앞서 김부식이 올린 표**
>
> 신 부식은 아뢰옵니다. 옛적에는 열국도 역시 각기 사관을 두어 일을 기록하였습니다. 그러므로 맹자는 말하기를 "진나라의 승(乘)과 초나라의 도올(檮杌)과 노나라의 춘추(春秋)는 의의가 한가지다."하였습니다. 오직 해동의 삼국이 지나온 세월이 장구하니 마땅히 그 사실이 책으로 기록되어야 하므로 마침내 노신(老臣)에게 명하여 이를 편집하게 하는 것이온데 견식이 부족하여 어찌할 바를 모릅니다. …… - 김부식『진삼국사기표』 -

③ 후기
　　㉠ 이규보의 동명왕편 : 영웅 서사시, 고구려 계승 의식 강조

> **이규보의 동명왕편 서문**
>
> 세상에서는 동명왕의 신통하고 이상한 일들에 대하여 많이 이야기한다. 비록 어리석은 남녀까지도 제법 그 일을 이야기할 수 있을 정도이다. 나는 일찍이 그것을 듣고는 웃으며 말하였다. "선사(先師) 공자께서는 괴이한 힘과 어지러운 신(神)을 말씀하지 않았다. 이는 실로 황당하고 기괴한 일이니, 우리들이 이야기할 바가 아닌 것이다." 그러다『위서』와『통전』을 읽게 되었더니, 역시 그 사실이 기술되어 있었다. 그러나 간략하고 자세하지 못하니, 어찌 저희 나라의 것은 자세히 밝히고 외국의 것은 소홀히 다루려는 뜻이 아니겠는가? - 이규보『동국이상국집』-

　　㉡ 각훈의 해동고승전 : 삼국 시대 승려 30여명의 전기를 서술
　　㉢ 일연의 삼국유사 : 기사본말체, 불교사 중심, 고유문화·전통 중시(민간설화,
　　　　전래 기록 수록), 고조선 계승의식(단군을 시조로 인식)

> **일연의 삼국유사 집필 동기**
>
> 대체로 성인이 예악으로 나라를 일으키고 인의(仁義)로 가르침을 베푸는 데 있어 괴력난신(怪力亂神)은 말하지 않는 바였다. 그러나 제왕이 장차 일어나려 함에 부명(符命)을 받고 도록(圖籙)을 받아 반드시 남과 다른 점이 있은 연후에야 능히 대변(大變)을 타고 대기(大器)를 쥐어 대업(大業)을 이룰 수 있었던 것인데 삼국의 시조가 모두 신이한 데서 나왔다는 것이 무엇이 괴이하겠는가. - 일연『삼국유사』 -

　　㉣ 이승휴의 제왕운기 : 고조선 계승 의식(단군부터 역사 서술), 우리 역사를 중국과
　　　　대등하게 파악

> **제왕운기 본문**
>
> 처음에 누가 나라를 열고 바람과 구름을 이끌었는가? 석제(釋帝)의 손자, 그 이름은 단군(檀君)이로세. 본기에 이르기를, 상제(上帝) 환인(桓因)에게 서자가 있어 웅(雄)이라 하였는데, 일러 말하기를, "삼위태백에 이르러 널리 인간을 이롭게[弘益人間] 한다."라고 하였다. …… 요동에 별천지가 있으니, 중국과는 확연히 구분되도다. 큰 파도가 출렁거리며 3면을 둘러싸는데 북녘에는 대륙이 있어 가늘게 이어졌도다. 가운데에 사방 천 리 땅, 여기가 조선(朝鮮)인, 강산의 형승은 천하에 이름이 있다.

　　㉤ 이제현의 사략 : 성리학적 사관 강조

▶ 고려 시대의 역사서

구분	역사서	역사관
고려 전기	7대 실록(소실), 가락국기(소실)	자주적 사관
고려 중기	삼국사기(김부식)	유교적 합리주의 사관(신라 계승 의식)
무신 집권기	동명왕편(이규보)	자주적 사관(고구려 계승의식)
원 간섭기	삼국유사(일연), 제왕운기(이승휴)	자주적 사관(고조선 계승 의식)
고려 말기	사략(이제현), 본조편년강목(민제)	성리학적 사관

(3) 성리학적 통치 질서의 정비와 역사서 편찬

① 조선 전기의 역사서

서적명	편찬자	편찬 연대 (기록 방식)	내 용
고려국사	정도전, 정총	고려 말 ~태조 (편년체)	• 이제현의 『고려국사』를 계승 • 현존하지 않음 • 후대 군주들에게 정치적 교훈을 주려는 목적
동국사략 (삼국사략)	권근, 하륜	태종 (편년체)	• 단군 조선~신라 말까지의 역사 서술 • 성리학적 사관 강화 • 신이한 내용의 신화나 전설은 삭제 • 단군·기자·위만의 3조선을 설정 • 마한을 기자의 후예로 파악 • 신라의 고유 왕호를 중국식 왕호로 수정
고려사	정인지, 김종서	세종 ~문종 (기전체)	• 고려 시대의 문물 정리 • 문종 대 완성 • 본기가 아닌 세가로 정리(우왕, 창왕을 열전으로 격하) • 성리학적 사관(문신 중심, 사대외교 중시) • 민간 자료가 부족해 내용의 범위가 편협
고려사절요	김종시 외	문종 (편년체)	• 『고려사』의 편찬과 병행하여 보완적 입장에서 편찬 • 『고려사』에서 누락된 기록이 포함
삼국사절요	서거정 외	성종 (편년체)	• 삼국 시대의 역사를 자주적 입장에서 재정리 • 단군조선~삼국 멸망까지의 역사를 정리 • 삼국의 역사를 각각 독립적으로 대등하게 서술 • 신라의 삼국 통일 이후부터 신라를 정통으로 다룸 • 발해 역사는 서술에서 제외 • 단군신화를 서술하지 않음
동국통감	서거정 외	성종 (편년체)	• 단군조선~고려 말까지의 역사를 정리 • 단군조선을 민족사의 기원으로 정립 • 단군신화를 추가적으로 서술 • 조선 초기 역사 서술의 완성본이라는 평가

❶ 고려사

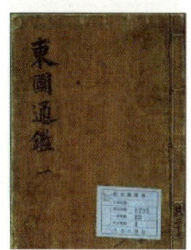

❶ 동국통감

○ 동국사략

○ 동몽선습

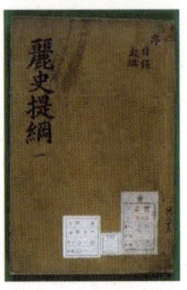
○ 여사제강

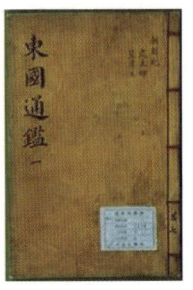
○ 동국통감제강

② 16~17세기의 역사서

서적명	편찬자	편찬연대 (기록방식)	내 용
동국사략	박상	중종 (편년체)	• 『동국통감』을 압축 • 단군조선~고려 말까지의 역사 서술 • 신라 통일의 의미를 크게 부각 • 고조선과 고구려의 중심지를 한반도에 비정 • 16세기 사림파의 역사의식이 반영 • 15세기 사서와 17세기 사서의 중간적 위치
표제음주 동국사략	유희령	중종 ~명종 (편년체)	• 단군조선~고려까지의 역사 서술(단군조선을 상세히 설명) • 삼국시대 이전의 역사를 전조선으로 명명 • 고구려를 삼국의 첫머리에 서술 • 권근이나 박상의 『동국사략』과 다른 역사관 • 가야사를 다루어 4국의 시대인식을 표현
동몽선습	박세무	중종 ~명종	• 아동 교육용 역사서로 천자문과 함께 필수적 교과서 • 총론에서는 오륜의 의의를 간략하게 설명 • 소중화의식이 반영된 역사관(존화의식)
기자지	윤두수	선조	• 사서 등에서 기자에 관한 사실을 모아놓은 자료집 • 기자를 왕도와 명분 및 절의의 구현자로서 추앙
기자실기	이이	선조	• 윤두수의 『기자지』를 취사 및 선택하여 서술 • 기자의 입국~기자조선의 멸망 과정을 서술 • 기자조선의 전통은 마한이 계승했다고 서술 • 기자를 우리 역사의 최초의 성인으로 정립 • 당시 사림들의 기자관을 살펴볼 수 있는 사서로 평가
동사찬요	오운	선조 ~광해군, (기전체)	• 군왕기와 열전으로 구성 • 관찬사서로 『동국통감』· 『고려사』 등을 참고 • 신라 위주로 삼국시대를 서술 • 임진왜란 시기 명장들의 활약을 강조
여사제강	유계	현종, (강목체)	• 이성계가 창왕을 내쫓고 시중이 되는데서 끝남 • 우리나라 사서에 불만을 느껴 강목체로 정리 • 우리 역사의 주체성을 살리고자 노력
동국통감제강	홍여하	현종, (편년체)	• 『동국통감』을 취사 · 절충하여 저술 • 임상덕의 『동사회강』, 안정복의 『동사강목』에 영향
해동전도록	한무외	광해군	• 우리나라의 도가의 계보를 밝힌 책
동사	허목	17세기 후반 (기전체)	• 단군정통론 주장 • 한국사의 전통론의 입장에서 단군에 대한 인식이 강화
해동이적	홍만종	현종	• 단학설화 수집하여 인물별 · 시대별로 배열한 전기집 • 단군부터 곽재우까지 서술
규원사화	북애자	숙종	• 왜란과 호란을 겪은 뒤 편찬 • 유학자들이 외면해 온 고기(古記)들을 참고 • 민족 고유 신앙의 입장에서 쓰인 일종의 종교사화
동국역대총목	홍만종	숙종, (편년체)	• 단군에서부터 조선에 이르기까지의 역사를 정리 • 단군조선 · 기자를 머리로 삼음

③ 조선 전기의 지리지와 지도

구분	서적명	편찬자	특 징
지리지	세종실록지리지 (단종)	춘추관	• 군현 단위로 연혁, 인물, 고적, 토지, 호구, 물산 등 기록 • 『고려사』의 지리지보다 자세하게 기록 • 세종 대 편찬된 『신찬팔도지리지』를 수정, 정리하여 완성 • 인구·거리·면적 등을 정확한 숫자로 표시 • 그 지방의 특이한 지리적 성격을 파악하여 기재
	동국여지승람 (성종)	노사신, 강희맹, 서거정 등	• 조선 전기 지리지의 완성이라 불림 • 명나라 이현의 『대명일통지』를 모방
	신증동국여지승람 (중종)	이행, 윤은보, 신공제 등	• 조선 전기의 대표적인 관찬지리서 • 중종 대 증보하여 편찬함 • 지리뿐만 아니라 정치·경제·역사·사회·예술·인물 등 모든 방면에 걸친 종합적 성격을 지닌 백과전서식 서적
지도	혼일강리역대국도지도 (태종)	김사형, 이회 등	• 역대제왕혼일강리도고도 함 • 아시아·유럽·아프리카를 포함하는 세계 지도 • 우리나라 지도가 상대적으로 크게 그려져 있는 것이 특징 • 현존하는 동양 최고의 세계지도 • 현재 원본은 없고 모사본이 일본에 전함
	팔도도 (태종)	이회	• 조선시대 최초의 지도로서 그 원본은 남아 있지 않음 • 북방 영토를 실측하여 정밀하게 제작
	동국지도 (세조)	정척, 양성지	• 도·주·부·군·현 별로 제작한 실측 지도를 모은 지도 • 도로·병영·수영 등 인문현상이 자세하게 기록
	조선방역지도 (명종)	정척, 양성지	• 8도를 색깔별로 구분 • 대마도를 표기

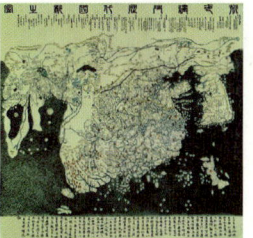

🔾 혼일강리역대국도지도

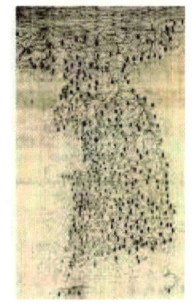

🔾 조선방역지도

6 국학 연구의 확대

(1) 18세기 국학의 발달 배경

① 실학의 발달과 함께 민족의 전통과 당면 현실에 대한 깊은 관심에서 출발
② 성리학의 비현실성 자각
③ 중국 중심의 역사관(화이사관)에 대한 반성과 비판
　㉠ 독자적 정통론, 조선 중화주의
　㉡ 주체적 국사 인식 강조, 객관적·실증적 서술

(2) 실학자들의 대표적 저서

○ 동사강목

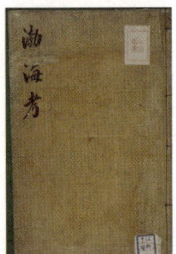
○ 발해고

○ 연려실기술

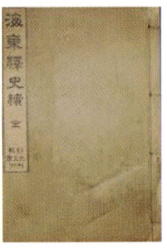
○ 해동역사

저서	저자 (기록방식)	내용
동사회강 (숙종)	임상덕 (편년체) (강목체)	• 삼국~고려까지의 역사를 서술(고려를 가장 자세히 기술) • 『여사제강』 계승 • 기자와 마한을 높이는 17세기의 역사인식이 반영 • 삼국시대를 무통의 시대로 간주 • 삼국 무통론은 『동사강목』에 영향
동사강목 (정조)	안정복 (강목체)	• 고조선~고려 말까지의 통사 • 삼한정통론으로 한국사의 체계화 • 마한 멸망 후 삼국시대는 정통 국가가 없는 시대로 파악) • 발해를 서술하였으나 우리역사로 파악하지는 않음
열조통기 (정조)	안정복 (편년체)	• 조선 태조로부터 영조까지의 역사를 편년체로 기록 • 『국조보감』, 『동문선』 등을 기본 자료로 이용
동 사 (1780년대)	이종휘 (기전체)	• 단군 조선~고려까지의 역사 서술 • 고조선과 삼한·부여·고구려 계통의 역사와 문화를 기술 • 고대사에 주로 관심 • 부여·고구려·백제·예맥 등을 모두 단군의 후예인 것으로 간주 • 고구려 전통을 강조하면서 만주 수복을 희구 • 발해를 고구려 후계자로 인정 • 윤관 9성의 선춘령을 두만강 북쪽 700리에 있었다고 주장) • 한사군의 역사 서술을 배제 • 신채호는 그를 조선 후기 역사가 중 가장 주체적 인물로 평가
발해고 (정조)	유득공	• 발해사만을 최초로 다룬 역사서 • 고려가 발해의 역사를 기술하지 않은 점을 비판 • 발해사를 한국사의 체계에 수용해야 한다는 역사의식이 반영 • 남북국 시대에 대해 처음으로 언급 • 걸걸중상을 속말말갈인으로 규정하는 등 고증에 오류 있음. • 고대사의 시야를 만주와 연해주 지역으로 확대
연려실기술 (영조, 정조)	이긍익 (기사본말체)	• 조선 태조~현종까지 각 왕대의 중요 사건 정리 • 숙종 당대 사실 및 역대 관직과 각종 천문·지리 등을 서술 • 조직적 체계, 편안한 열람, 풍부한 사실의 수록을 추구 • 기사본말체의 서술 방식 • 400여 종의 자료를 참조하여 조선 시대의 정치와 문화를 정리 • 실증적·객관적 서술(인용서목을 표기) • 우리나라 야사 가운데 가장 모범적이고 풍부한 사료를 제시
해동역사 (순조)	한치윤 (기전체)	• 단군~고려까지의 역사를 기술 • 객관적 한국사 서술을 위해 편찬 • 중국·일본의 자료 참고(550여종의 인용서 동원) • 한국사 인식의 폭을 넓히는데 기여
중인이 편찬한 역사서	연조귀감 (정조)	이진흥	• 고려시대~19세기 중엽에 걸친 시기 향리들의 사적을 정리 • 향리의 전반적인 역사를 집약·수록 • 향리를 단순행정 실무자로 고정시킨 양반 중심의 통치체제의 변화상을 반영
	호산외사 (헌종)	조희룡	• 중인층 42인의 행적을 기록한 전기 • 호산외기라고도 함 • 중인·화가·승려 등 특이한 행적을 남긴 사람들을 수록 • 사마천이 『사기』에서 보여준 불우한 위항인의 입전에 근거를 두어 위항인 자신들의 이름을 후세에 드리우겠다는 의지를 표명
	규사 (철종)	달서정사	• 대구의 유림 단체가 편찬한 역사서 • 역대의 서얼에 관계되는 사실을 왕조 순으로 서술
	희조일사 (고종)	이경민	• 95명 위항인+들의 집단 전기

✚ 위항 및 위항인

위항은 여항, 이항과 동의어로서 '꼬불꼬불한 골목'을 의미하며, 위항인은 '골목에 사는 사람'이라는 뜻이다. 위항인이란 조선에서 중인, 서얼, 서리 등의 중서 신분층을 통칭하였다.

(3) 조선 후기 지리서·지도·금석학

구 분			편찬자	특 징
지리지	관찬 지리지	여지도서 (영조)	각 읍	• 각 읍에서 편찬한 읍지를 모아 성책한 전국 읍지 • 전국에 걸쳐 동일한 시기에 작성된 공시적 기록 • 읍별로 가호수와 남녀 인구수를 상세하게 기재
		동국문헌비고 (영조)	채제공, 서호수, 신경준 등	• 국가사업으로 문화 백과사전의 형식을 띤 지리서 • 고종 대 『증보동국문헌비고』 편찬 • 각종 제도를 여지·예·병·학교 등 13고로 분류 • 각종 제도의 연혁과 내용을 계통적 정리
	민간 지리지	동국지리지 (광해군)	한백겸	• 중국사서의 기록된 부족국가에 대한 서술을 인용 • 우리나라 역사지리학의 창시
		지승 (17세기 중엽)	허목	• 우리나라를 각 지방 문화의 특성을 찾아내고 중국과 다른 인문지리적 특성 설명
		동국여지지 (효종)	유형원	• 우리나라 최초의 사찬 전국지리지 • 역사 지리적 측면을 중시 • 국토를 실증적이고 사실적으로 인식
		택리지 (영조)	이중환	• 현지답사를 통해 얻은 각 지방의 인심·산천·풍속·인물·산물을 소개 • 가거지 선정 • 우리나라를 총론별로 정리 • 사민총론, 팔도총론, 복거총론(생리), 총론
		아방강역고 (순조)	정약용	• 기자조선에서 발해까지 우리나라 강역의 역사를 정리 • 백제의 첫 도읍지가 지금의 서울이라는 점을 서술 • 1903년에 장지연이 증보하여 『대한강역고』 간행
		산경표 (영조)	신경준	• 풍수지리에 의해 우리나라의 산과 강을 정리 • 오늘날 지질학적 특성을 바탕으로 한 산맥 체계와는 매우 다름 • 백두대간과 장백정간, 13정맥의 산줄기 구분 • 산시 분류 체계는 강의 수계(水系)를 기준으로 함 • 국토 전체가 산줄기의 맥으로 연결되어 있는 점 강조 • 조선시대 우리 선조들의 자연에 대한 인식을 보여줌 • 한말 조선광문회에서 간행하여 널리 보급
지도	국방 지도 (관방 지도)	요계관방지도 (숙종)	이이명	• 북벌 정신을 담은 10폭 병풍의 방대한 지도 • 우리나라 북방 지역과 만주, 만리장성을 포함하여 중국 동북지방의 군사적 요새지가 상세히 표현
	민간 지도	동국지도 (영조)	정상기	• 100리척➕사용(최초의 축척 지도) • 육로와 해로를 자세하게 기입 • 산계의 줄기가 뚜렷하게 표시
		대동여지도 (철종)	김정호	• 하천, 포구, 도로망 정밀 • 100리척 사용 • 10리마다 눈금 표시(방점) • 대동여지도(축척 1/162,000) • 분첩절첩식
금 석 학		금석과안록 (철종)	김정희	• 북한산 순수비를 진흥왕 순수비로 고증

➕ **100리척**
100리를 1척으로 정한 지도 제작 방식

◉ 요계관방지도

◉ 동국지도

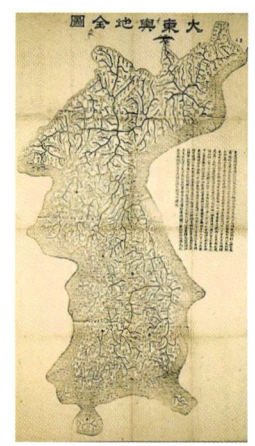
◉ 대동여지도

(4) 18세기 국어 연구
① 음운학 : 신경준의 『훈민정음운해』, 유희의 『언문지』
② 어휘 수집 : 이의봉의 『고금석림』(방언과 해외 언어 정리), 이성지의 『재물보』, 권문해의 『대동운부군옥』

(5) 18세기 백과사전
① 이수광 『지봉유설』, 이익 『성호사설』
② 이덕무 『청장관전서』, 서유구의 『임원경제지』 이규경 『오주연문장전산고』
③ 동국문헌비고 : 영조 대 국가적 사업으로 편찬(한국학 백과사전)

7 윤리·의례서·법전·과학기기

(1) 조선 시대 윤리·의례서와 법전의 편찬
① 윤리의례서 : 유교적인 사회 질서 확립 목적
  ㉠ 유교 윤리 보급
    ⓐ 15세기 : 세종 대 『삼강행실도』, 『효행록』
    ⓑ 16세기 : 중종 대 사림에 의해 『소학』과 주자가례 보급, 『이륜행실도』, 『동몽수지』 간행
  ㉡ 국가 의례 : 성종 대 『국조오례의』 편찬
② 법전 : 통치 규범 성문화, 통치 질서 확립 목적
  ㉠ 초기 법전 : 정도전은 『조선경국전』과 『경제문감』 저술, 조준은 『경제육전』 편찬
  ㉡ 경국대전 : 세조 대 착수하여 성종 때에 완성
    ⓐ 구성 : 6전 체제(이·호·예·병·형·공전)로 구성
    ⓑ 성격 : 조선 왕조의 기본 법전(통치 체제의 완성)

(2) 윤리·의례서

구분		제목	편찬자	내용
윤리	15세기	효행록(세종)	설순	• 고려 충목왕 대 간행한 것을 개정하여 보완 • 효행설화에 대한 내용
		삼강행실도(세종)	설순	• 우리나라와 중국의 서적에서 군신·부자·부부의 삼강에 모범이 될 만한 충신·효자·열녀의 행실을 모아 만든 책 • 백성들의 교육을 위한 일련의 조선시대 윤리·도덕 교과서 중 제일 먼저 발간, 가장 많이 읽혀진 책 • 조선시대 삼강이륜계통 판화의 시초
		오륜록(세조)	노사신	• 국민 윤리인 오륜에 의한 윤리의식 고취
	16세기	속삼강행실도(중종)	신용개	• 『삼강행실도』의 속편 • 『삼강행실도』 이후의 뛰어난 효자 36인, 충신 6인, 열녀 28인의 사례를 추가
		동몽수지(중종)	주희	• 어린이가 지켜야 할 기본적인 예절을 정리 • 의복·언어·걸음걸이·청소 등을 정리

		이륜행실도(중종)	김안국	• 장유와 붕우의 윤리를 강조
		동몽선습(중종)	박세무	• 서당에 처음 입학한 학동을 위하여 지은 책 • 학동들의 필수 교양서적으로 쉬운 글자 사용
		격몽요결(선조)	이이	• 어린이의 성리학 입문서
	18세기	오륜행실도(정조)	이병모	• 『삼강행실도』와 『이륜행실도』를 수정하여 합본
의례서	15세기	국조오례의(성종)	신숙주	• 길례·가례·빈례·군례·흉례 등 5례를 정리
	18세기	속오례의(영조)	예조	• 왕명에 의해 예조에서 『국조오례의』의 많은 부분을 수정, 보완하여 편찬

(3) 법전 편찬

시기	제목	편찬자	내용
15세기	조선경국전 (태조)	정도전	• 『주례』를 모범으로 하여 치전·부전·예전·정전·헌전·공전 등 6전으로 편찬
	경제문감 (태조)	정도전	• 『조선경국전』의 '치전'을 보완하여 정리 • 재상의 직위를 역사적으로 기술하고 그 이상적 모델을 제시
	경제육전 (태조)	조준	• 위화도 회군 이후부터의 법령 정비(6전 체제)
	속육전 (태종)	하륜 등	• 『경제육전』 이후의 법령을 추가하고 개정하여 편찬
	육전등록 (세종)	이직·이원·맹사성·허조 등	• 『속육전』 이후의 수교·조례 등을 모아 편찬
	경국대전 (성종)	최항, 노사신 등	• 세조 대 시작하여 성종 대 완성 • 유교적 통치 질서와 문물제의 완성됨을 의미
18세기	속대전 (영조)	김재로, 송인명 등	• 『경국대전』의 137항목을 개정, 증보하여 법령을 재정비
	대전통편 (정조)	김치인	• 『경국대전』과 『속대전』 및 추가 법령을 통합해 편찬
19세기	대전회통 (고종)	조두순	• 『대전통편』 체제 이후 각종 조례 등을 보완하고 새로운 법령을 첨가하여 정리한 조선 시대 최후의 통일 법전
	육전조례 (고종)	조두순	• 육조 각 관아의 사무 처리에 필요한 행정법규와 사례를 편집

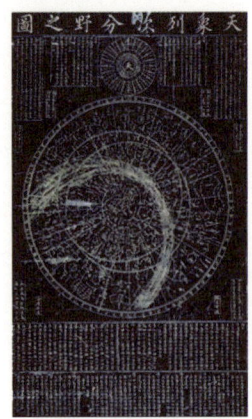
◑ 천상열차분야지도

◑ 자격루

◑ 앙부일구

◑ 측우기

◑ 칠정산

(4) 과학기기

명칭	제작연대	용도	특징
천상열차분야지도	태조	천문도	• 하늘의 형체를 본떠 황도 부근을 12지역으로 나눈 12차와 이에 대응하는 지상의 지역인 분야에 맞추어 별자리의 위치와 크기를 사실적으로 그림
자격루	세종	물시계	• 지렛대 원리를 이용 • 자동시보장치 부착
간의대	세종	천문 관측대	• 혼천의, 혼상, 간의, 규표 설치
일성정시의	세종	주야시계	• 태양시와 항성시를 측정
규표	세종	천문 관측기구	• 보시(시간을 알리는 것)의 오류를 수정
앙부일구	세종	해시계	• 공중용 해시계
현주일구	세종	휴대용 해시계	• 남북을 잇는 가는 줄을 지구의 자전축 방향과 일치하도록 추를 달아 팽팽하게 당기도록 설치하여 이 줄의 그림자를 둥근 시반에 나타나게 하여 그 가리키는 눈금을 보고 하루의 시간을 측정
천평일구	세종	해시계	• 계량형 휴대용
정남일구	세종	해시계	• 정밀도 높음. 나침반 불필요
옥루	세종	물시계	• 천체 시계, 물레바퀴 동력 이용
측우기	세종	강우량 측정	• 서운관에서 제작, 서울과 각 군현에 설치
칠정산 내외편	세종	천문 달력	• 한양을 기준으로 삼아 우리나라의 도수에 맞게 작성
인지의	세조	원근과 고저를 측량	• 각도와 축적을 이용

31 건축 양식과 조각, 고분의 발달

1 우리나라 건축 양식

(1) 지붕 양식

① 맞배지붕
  ㉠ 의미 : 가장 간단한 형식으로 주심포 양식에 많이 쓰이며 처마 양끝이 조금씩 올라가고 측면은 대부분 노출되는 구조
  ㉡ 종류 : 수덕사 대웅전, 무위사 극락전, 부석사 조사당, 개심사 대웅전, 선운사 대웅전

↑ 수덕사 대웅전(맞배집)

↑ 부석사 조사당(맞배집)

② 우진각 지붕
  ㉠ 의미 : 지붕면이 전후·좌우로 물매를 갖게 된 지붕양식으로 지붕면 높이가 팔작 지붕보다 높은 구조
  ㉡ 종류 : 해인사 장경판전, 창덕궁 돈화문

↑ 해인사 장경판전(우진각집)

↑ 창덕궁 돈화문(우진각집)

③ 팔작지붕
  ㉠ 의미 : 가장 아름다운 구성미를 지닌 지붕으로 곡면이 특이한 점이 특징
  ㉡ 종류 : 부석사 무량수전, 통도사 불이문

🔹 부석사 무량수전(팔작집)

🔹 통도사 불이문(팔작집)

(2) 공포양식

① **주심포 양식** : 신라와 송의 건축양식을 바탕으로 주두 위에만 짜는 양식으로 지붕의 무게를 기둥에 전달하면서 건물 치장하는 장치인 공포가 기둥 위에만 짜여 있는 건축 양식, 고려 초기에 유행

  ㉠ 특징
   ⓐ 기둥 위에 바로 주두를 놓았고 치목이 아름답게 되어 있으며 천장은 연등천장
   ⓑ 전통 목조 건축의 가구형식 중 가장 오래된 형식으로 소박한 느낌
   ⓒ 배흘림 기둥에 간단한 맞배지붕 형식
  ㉡ 건축물
   ⓐ 고려 중기 : 봉정사 극락전(현존 최고), 부석사 무량수전
   ⓑ 고려 후기 : 수덕사 대웅전, 부석사 조사당
   ⓒ 조선 초기 : 은혜사 거조암 영상전, 무위사 극락전, 송광사 국사전, 고산사 대웅전
   ⓓ 조선 중기 : 봉정사 화엄강당 및 고금당

② **다포 양식** : 원을 통해 유입된 다포양식은 고려 후기에 유행, 기둥 위에만 짜이지 않고 기둥 사이 공간에도 창방 위에 두꺼운 평방을 더 올려놓은 양식

  ㉠ 특징
   ⓐ 공포가 기둥 위뿐만 아니라 기둥 사이에도 짜여 있는 건물로 웅장한 지붕이나 건물을 화려하게 꾸밀 때 쓰임
   ⓑ 건물을 장중하게 보이게 하며 포작도 여러 흥 겹쳐 짜고 팔작지붕 사용
  ㉡ 건축물
   ⓐ 고려 후기 : 심원사 보광전, 석왕사 응진전
   ⓑ 조선 전기 : 서울 남대문, 봉정사 대웅전, 율곡사 대웅전
   ⓒ 조선 중기 : 전등사 대웅전, 법주사 팔상전, 내소사 대웅전
   ⓓ 조선 후기 : 불국사 극락전·대웅전, 해인사 대적광전

○ 주심포 양식(봉정사 극락전)

○ 다포양식(성불사 응진전)

(3) 원(圓) 기둥 양식

① 기둥을 단면형태로 구분하면 원기둥과 각기둥이 있고, 위치에 따라서는 건물 외곽은 외진주, 내부는 내진주로 구분
② 원통 기둥 : 기둥 위부터 아래까지 일정한 굵기의 기둥(송광사 국사전, 내소사 대웅보전)
③ 배흘림 기둥 : 육중한 지붕을 안전하게 지탱하고 있는 것처럼 보이며 높이의 1/3정도에서 가장 굵어졌다가 다시 차츰 가늘어 져 시각적 안정감을 주는 기둥(부석사 무량수전과 조사당, 무위사 극락전, 봉정사 극락전, 해인사 대장경판전)

원통기둥　○ 송광사 국사전　　배흘림기둥　○ 무위사 극락전

(4) 가람 배치 양식

① 고구려(1탑 3금당)
　㉠ 정확한 가람 배치 양식은 알기 힘드나 평양을 중심으로 발견된 몇몇 절터를 통해 추정 가능
　㉡ 평양 청암리사지, 평남 대장군 상오리사지 : 목탑으로 추청되는 8각탑을 중심으로 동, 서, 북, 세곳에 각각 금당 배치, 남쪽에는 중문터로 추정되는 곳이 있고 8각탑으로부터 건물지까지 걸어다닐 수 있도록 보도로 연결
② 백제(1탑 1금당)
　㉠ 부여 군수리사지 : 목탑터로 보이는 정방향의 기단을 중심으로 북쪽에는 금당, 강당, 남쪽에는 중문을 일직 선상에 배치
　㉡ 부여 정림사지 : 중문, 탑, 금당, 강당을 남북 일직선상에 배치하는 1탑 1금당식
　㉢ 익산 미륵사지
　　ⓐ 1탑 1금당식을 기본으로 한 3탑 3금당식의 특별한 형식
　　ⓑ 남북 일직선상에 중문과 목탑, 금당, 강당을 배치하고 그 좌우 동원과 서원에 각각 석탑과 금당 배치

○ 미륵사지 조형도

ⓒ 회랑(승려들이 이동할 때 부처님이 모신 곳으로 가지 않고 돌아서 가기 위한 통로)으로 중문에서부터 강당까지 연결, 강당 좌우에는 승방으로 추정되는 건물이 연결
③ 신라[단탑식(삼국 통일 이전)] : 고구려나 백제와 마찬가지로 하나의 탑을 중심으로 가람이 형성지만 고구려·백제의 경우처럼 금당 건물의 수가 획일화되지 않고 다양하게 나타나므로 단탑식이라 추정
④ 통일신라(쌍탑식)
ⓐ 금당 앞에 하나뿐이던 탑이 좌우 두 개로 나누어지게 되면서 두 개의 탑이 가람의 중심부에 자리 잡는 형식
ⓑ 불상을 모신 금당이 사리를 모신 탑보다 더 중요한 예배 대상이 되었음을 의미
  → 탑은 하나의 상징적 조형물의 역할 수행
ⓒ 쌍탑식 뿐만 아니라 예전의 단탑식도 명맥을 유지하여 고려, 조선으로 이어짐
⑤ 고려(단탑식) : 평지가람이든 산지가람이든 모두 단탑식의 형식을 취함
⑥ 조선(단탑식)
ⓐ 조선시대에는 대부분이 산지형 가람이며 모두 단탑식을 취함
ⓑ 금당이 중심 예배대상이 되어 규모는 작아지고 약화됨
ⓒ 탑이 금당 앞의 중앙선 밖으로 위치하거나 영역 밖으로 밀려나서 사찰의 한 장식품으로 변함
ⓓ 조선 후기
 ⓐ 금당 앞의 좌우에는 승방이 놓이고 금당 앞으로 누각, 천왕문, 금강문, 일주문의 순서로 배치
 ⓑ 회랑은 모두 없어졌고 산 전체가 사찰화되어 일주문이 그 영역의 시작을 상징

2 시대별 건축의 흐름

(1) 삼국과 남북국 시대의 건축

구분		건축
삼국시대	고구려	• 안학궁 터(평양, 장수왕) : 남진 정책의 기상 반영 • 석성 : 돌을 다듬어서 쌓음 → 중국은 벽돌을 선호 • 가옥 구조(고분 벽화에서 추측)
	백제	• 토성 : 판축법 • 미륵사 터(사원 건축, 무왕) : 백제의 중흥 반영
	신라	• 황룡사 터(사원 건축, 진흥왕) : 신라의 팽창 의지 반영 • 산성 : 방어를 위한 성곽 축조(삼국)
남북국	통일신라	• 조화와 균형미 • 불국사 : 불국토의 이상 표현(청운교, 백운교 - 세속과 이상 세계 구분) • 석굴암 : 비례와 균형의 조형미(불교의 이상세계 표현) • 안압지 : 화려한 귀족 생활과 뛰어난 조경술

○ 황룡사 복원도

○ 불국사

○ 석굴암

○ 안압지

시대	발해	• 상경 : 당의 장안을 모방하여 만든 계획도시로 외성과 내성의 이중 방어체계를 취하고 있음 　┌ 주작대로(당 모방) 　└ 온돌장치(고구려 영향) • 금당과 좌우 건물(회랑 연결)

◑ 발해 상경용천부 평면도

(2) 고려의 건축

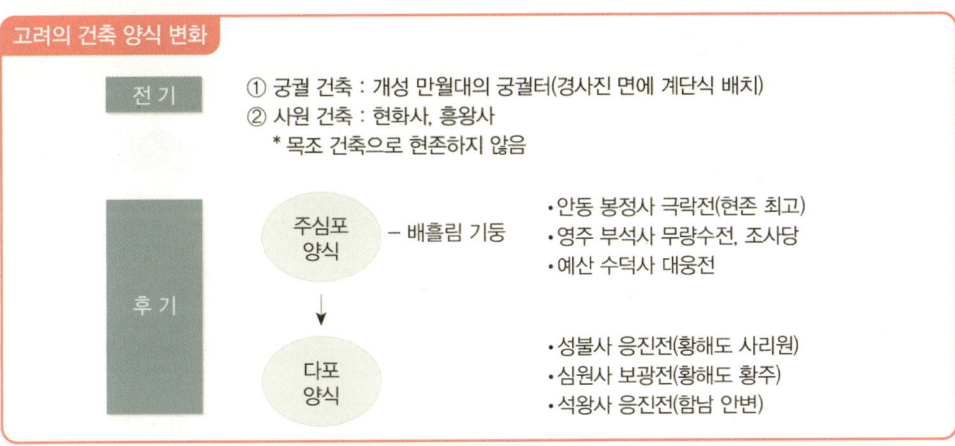

고려의 건축 양식 변화

- 전기
  ① 궁궐 건축 : 개성 만월대의 궁궐터(경사진 면에 계단식 배치)
  ② 사원 건축 : 현화사, 흥왕사
  　* 목조 건축으로 현존하지 않음

- 후기
  주심포 양식 – 배흘림 기둥
  • 안동 봉정사 극락전(현존 최고)
  • 영주 부석사 무량수전, 조사당
  • 예산 수덕사 대웅전
  　↓
  다포 양식
  • 성불사 응진전(황해도 사리원)
  • 심원사 보광전(황해도 황주)
  • 석왕사 응진전(함남 안변)

◑ 개성 만월대

◑ 석왕사 응진전

(3) 조선 왕실과 양반의 건축

구분	건축
15세기	① 특징 : 궁궐, 관아, 성문, 학교 등 건국 후 기반 시설 건축 ② 목적 : 국왕의 권위 강화, 신분질서 유지(크기와 장식에 대한 법적 제한), 실용성 추구 ③ 기반 시설(현존) : 창덕궁 돈화문, 숭례문(2008년 소실), 개성 남대문, 평양 보통문 ④ 정원 문화 : 인공적 요소를 가하지 않고 자연미를 그대로 살린 것이 특징(창덕궁 후원) ⑤ 불교 건축 : 무위사 극락보전, 해인사 장경판전(팔만대장경 보관)
16세기	• 서원 건축(사림) : 가람 배치 양식과 주택 양식 • 시설 : 강당(교육 공간, 사당, 동재, 서재(기숙 시설) • 대표적 서원 : 옥산 서원(경주), 도산 서원(안동) • 정원 : 소쇄원(전라도) • 정자 : 식영정, 송강정, 면앙정

↑ 서원 건축 양식

↑ 경복궁 근정전

↑ 창덕궁 돈화문

↑ 숭례문

↑ 개성 남대문

↑ 평양 보통문

↑ 무위사 극락전

↑ 해인사 장경판전

↑ 옥산 서원

↑ 도산 서원

(4) 조선 후기의 건축 변화

구분	조선 후기의 변화
특징	① 불교의 중흥 : 사원 건축 증가(양반, 부농, 상공업 계층의 지원) ② 왕권의 재정비 : 수원 화성, 경복궁 중건
17세기	• 종묘 : 광해군 즉위년에 재건(1608) • 금산사 미륵전 ┐ • 화엄사 각황전 ├─ 불교의 사회적 지위 향상과 양반 지주층의 경제적 성장 반영(규모가 큰 다층건물) • 법주사 팔상전 ┘

18세기	① 불교 건축
	  • 논산 쌍계사 ┐
	  • 부안 개암사 ├─ 사회적으로 크게 부상한 부농과 상인의 지원(근거지에 장식성 강한 사원 건립)
	  • 안성 석남사 ┘
	② 수원 화성(정조) : 종합적인 도시 계획 아래 건설, 방어·공격에 유리한 성곽시설(문화적 역량 결집)

19세기	• 경복궁 중건(흥선 대원군)
	  ┌ 근정전
	  └ 경회루

⋂ 금산사 미륵전

⋂ 화엄사 각황전

⋂ 법주사 팔상전

⋂ 부산 개암사

⋂ 수원화성

⋂ 경복궁 근정전

3 탑

(1) 삼국과 남북국 시대의 탑

구분			탑
삼국 시대	고구려		• 주로 목탑 건립(현존하지 않음)
	백제	미륵사지 석탑	• 소재지 : 전라북도 익산시 금마면 기양리 • 국보 제11호, 삼국유사의 기록으로 보아 무왕 대 건립 추정 • 우리나라 최고최대의 석탑으로 목탑 양식 재현
		정림사지 5층 석탑	• 소재지 : 충청남도 부여군 부여읍 동남리 254 • 백제의 석탑으로 목탑에서 시작되었다는 것을 추정할 수 있는 근거가 됨 • 정돈된 형태에서 세련되고 창의적인 조형을 보임 • 백제탑 형식 중 전형적인 석탑이자 시조로서 석탑 양식의 기틀 마련
	신라		• 목탑에서 점차 화강암 석탑으로 변화
		황룡사 9층 목탑	• 소재지 : 경북 경주시 구황동 • 자장율사의 건의로 643년(선덕여왕 12)에 건립 • 신라 삼보 중 하나 • 호국 정신 반영, 백제 장인 아비지의 지도, 몽골침략기(3차 침입)때 소실
		분황사 모전 석탑	• 소재지 : 경북 경주시 구황동 • 국보 제30호, 분황사 창립연대인 534년(선덕여왕 3)에 건립 추정 • 벽돌 양식의 석탑, 9층탑이라는 기록이 있으나 3층까지만 현존
남북국 시대	통일 신라	중대	• 목탑과 전탑 양식 계승 • 이중기단 위의 3층 석탑 양식 완성, 전탑 등장(법흥사지 7층 전탑)
		감은사지 3층 석탑	• 소재지 : 경북 경주시 양북면 용당리 • 국보 제112호, 682년(신문왕 2)에 건립 • 2기의 쌍탑 • 목탑의 구조 계승, 기단을 2단으로 한 새로운 형식을 도입, 석탑 양식의 시원을 마련
		고선사지 3층 석탑	• 소재지 : 경북 경주시 암곡동 • 2층 기단 위에 3층의 탑신부를 건립, 정상에 상륜부를 올려 놓음 • 규모나 각 부의 가구수법이 감은사지 3층 석탑과 비슷
		석가탑 (불국사 3층 석탑)	• 소재지 : 경북 경주시 진현동 15-1 • 국보 제21호, 742년(경덕왕 원년) 건립 • 『무구정광대다라니경』 발견 • 완전한 신라식 석탑의 정형을 확립
		다보탑 (이형탑)	• 소재지 : 경북 경주시 진현동 15-1 • 국보 제20호, 법화경에 근거하여 751년(경덕왕 10) 김대성이 건립
		중원탑평리 7층 석탑	• 소재지 : 충북 충주시 가금면 탑평리 • 국보 제6호, 각 부의 양식수법으로 보아 8세시 후반 건립 추정 • 통일신라시대 석탑 중 가장 크고 높은 석탑

	정혜사지 13층 석탑	• 소재지: 경북 경주시 안강읍 옥산리 1654 • 국보 제40호 • 일반적인 양식을 벗어난 특수형 석탑
하대	• 지방 호족의 정치적 역량 성장	
	쌍봉사 철감선사 부도탑	• 소재지: 전남 화순군 이양면 증리 • 국보 제57호, 철감선사 입적한 868년(경문왕 8)에 건립 추정 • 팔각원당형, 목조건축의 가구수법 양식 구현
	진전사지 3층 석탑	• 소재지: 강원도 양양군 강현면 둔전리 • 국보 제122호, 신라식 일반형으로 2층 기단을 갖춤

정림사지 5층 석탑

미륵사지 석탑

황룡사 9층 목탑(조형도)

분황사 모전 석탑

감은사지 3층 석탑

고선사지 3층 석탑

불국사3층석탑(석가탑)

다보탑

중원 탑평리 7층 석탑

정혜사지 13층 석탑

쌍봉사 철감선사 부도탑

진전사지 3층 석탑

(2) 고려의 탑

구분		탑의 특징
고려시대		• 신라 양식과 독자적 조형 감각, 지역적 특색 강화(삼국의 전통 양식 계승) • 송의 영향 : 다각 다층탑(안정감 부족), 석탑의 몸체를 받치는 받침 보편화
	개성 불일사 5층 석탑	• 소재지 : 경기도 개성시 태평동 • 고려 초기의 대표적인 석탑
	무량사 5층 석탑	• 소재지 : 충남 부여군 외산면 만수리 • 보물 제185호, 고려 초기 석탑의 특징이 잘 드러남
	익산 왕궁리 5층 석탑	• 소재지 : 전북 익산시 왕궁면 왕수리 • 국보 제 289호, 백제의 영향을 받은 석탑
	월정사 8각 9층 석탑	• 소재지 : 강원도 평창군 진부면 동산리 • 국보 제48호 • 고려의 다각다층석탑의 대표적 석탑으로
	보현사 8각 13층 석탑	• 소재지 : 평안북도 영변군 북신현면(북한의 행정구역상 향산군 향암리) • 송의 영향을 받은 석탑으로 고려 후기 석탑의 특징을 맞춤
	고달사 원종대사 혜진탑	• 소재지 : 경기도 여주군 북내면 상교리 • 보물 제7호 • 신라의 팔각원당형을 기본형으로 건립
	연곡사 북부도	• 소재지 : 전남 구례군 토지면 내동리 • 누구의 부도인지 알 수 없음 • 팔각원당형의 대표적 부도
	갑사 부도	• 소재지 : 충남 공주시 계룡면 중장리 • 보물 제257호 • 팔각원당형의 구조를 기본으로 기단부는 특이한 수법 사용
	인각사 보각국사 탑	• 소재지 : 경북 군위군 고로면 화북리 • 보물 제 428호 • 신라 계승 팔각원당형
	법천사 지광국사 현묘탑	• 소재지 : 서울시 종로구 세종로 국립중앙박물관 • 국보 제101호, 1085년(선종 2)을 전후하여 조성 • 팔각원당형에서 벗어나 평면방형을 기본으로 하는 새로운 양식을 보임 • 조형미가 뛰어나 우리나라 묘탑 중 최대의 걸작으로 꼽힘

🔹 개성 불일사 5층 석탑

🔹 부여 무령사 5층 석탑

🔹 익산 왕궁리 5층 석탑

 ⓞ 월정사 8각 9층 석탑
 ⓞ 보현사 8각 13층 석탑
 ⓞ 경천사지 10층 석탑
 ⓞ 고달사 원종대사 혜진탑

 ⓞ 연곡사 북부도
 ⓞ 갑사 부도
 ⓞ 인각사 보각국사 탑
 ⓞ 법천사 지광국사 현묘탑

(3) 조선의 탑

구분	탑의 특징	
15세기	원각사지 10층 석탑	• 소재지 서울시 종로구 종로 2가 • 국보 제2호, 1465년(세조 11)에 건립 • 고려의 경천사 10층 석탑과 흡사, 대리석 사용 • 형태가 특수하고, 풍부한 의장이 특징

ⓞ 원각사지 10층 석탑

4 조각

(1) 삼국과 남북국 시대의 조각

구분		조각
삼국시대	고구려	• 연가 7년명 금동여래입상(북조 양식과 고구려의 독창성)
	백제	• 금동삼산보살상(금동미륵보살 반가사유상) : 일본 교토 코류지 미륵반가사유상에 영향 • 서산 마애 삼존불상(백제의 미소) • 금동대향로 : 부여 능산리에서 발견, 불교와 도교의 세계관이 접목
	신라	• 미륵보살 반가사유상(화랑도와 관련) • 경주 배리 불상
남북국시대	통일신라	• 석굴암 본존 불상과 부조(균형미) : 불교의 이상세계 구현 • 무열왕릉비 받침돌(생동감) • 불국사 석등 ┐ 단아 • 법주사 쌍사자 석등 ┘ 균형
	발해	• 이불 병좌상(고구려 계승) • 벽돌과 기와 무늬(고구려 계승) • 석등(석조 미술의 전형)

↑ 연가 7년명 금동여래입상

↑ 백제 금동 대향로

↑ 금동미륵보살 반가사유상 (국보 제83호)

↑ 금동미륵보살 반가상 (국보 제78호)

↑ 서산 마애 삼존불

↑ 석굴암-본존불

↑ 태종 무열왕릉비(신라)

↑ 법주사 쌍사자 석등

↑ 흥륜사 석등(발해)

↑ 이불병좌상(발해)

↑ 보상화무늬 벽돌

(2) 고려의 조각

조 각
• 부석사 소조 아미타여래 좌상(통일 신라 양식) • 경기 광주 춘궁리 철불(고려 초 유행), 논산 관촉사 석조 미륵보살 입상, 안동 이천동 석불 • 자유분방함과 향토적 특색이 반영되어 독특한 모습을 보여줌 • 신라를 계승한 양식이 보이나 신라에 비해 균형과 조형미가 부족 퇴화(인체 비례 불균형)

↑ 부석사 소조아미타여래좌상

↑ 경기도 광주 춘궁리 철불

↑ 관촉사 석조 미륵보살 입상

↑ 경북 안동 이천동 석불상

5 고분 양식과 고분 벽화

구분	고분 양식의 변화		벽화 및 특징
고구려	(초기) 돌무지무덤 → (후기) 굴식돌방무덤	돌무지무덤	• 장군총, 집안 일대(벽화없음)
		굴식돌방무덤 (벽화)	• 생활도에서 추상화(사신도)로 변화 • 무용총(수렵도, 무용도) • 강서대묘(사신도) • 장천 1호분(예불도) • 안악 3호분 • 모줄임 양식
백제	(한성시기) 돌무지무덤 → (웅진시기) 벽돌무덤 → (사비시기) 굴식돌방무덤 굴식돌방무덤 *석촌동고분 *공주 송산리 고분 *부여 능산리 고분	돌무지무덤	• 서울 석촌동 고분 • 고구려 영향(건국세력 동일)
		벽돌무덤 (벽화)	• 중국 남조의 영향 • 무령왕릉(영동대장군, 지석) • 송산리 6호분(사신도 벽화)
		굴식돌방무덤 (벽화)	• 사신도(능산리고분) • 연꽃무늬 벽화 • 부드럽고 온화한 기풍
신라 ↓ 통일신라	(삼국시기) 돌무지덧널무덤 → (통일 전후) 굴식돌방무덤	돌무지덧널무덤	• 도굴 불가능 • 천마총(천마도), 벽화 없음 • 유물 다량 발견(금관) • 추가 매장 불가능
		굴식돌방무덤 (벽화)	• 둘레돌(12지신상✢) • 도교의 영향(김유신 · 괘릉) • 기타 : 화장의 유행
발해	(육정산 고분군) 굴식돌방무덤 : 정혜공주 묘 (용두산 고분군) 벽돌무덤 : 정효공주 묘		• 정혜공주 묘 : 모줄임 천장구조(고구려 영향), 돌사자상 • 정효공주 묘 : 묘지✢와 벽화

(1) 돌무지무덤

① 특징

㉠ 돌로 쌓아 만든 무덤으로 적석총이라고도 함

㉡ 청동기 시대부터 고구려·백제 초기에 나타나는 묘제 중 하나, 초기 고구려(장군총), 백제(한성 시대는 계단식 무덤, 고구려의 영향)의 묘제

㉢ 고구려와 백제의 초기단계에서 보이는 적석총은 압록강 유역과 남한강 유역에 분포

㉣ 한강유역의 돌무지무덤 : 고구려의 영향을 받은 백제시대의 것

ⓐ 문호리 석촌동 3호분 : 고식으로 백제 건국자들이 남하했던 역사적 사실을 증명

ⓑ 석촌동 4호분 : 석실묘 이전의 단계로 적석총으로서는 가장 발전된 단계, 475

✢ **12지 신상**
12지를 상징하는, 얼굴은 동물이고 몸은 사람인 상, 12지는 쥐, 소, 범, 토끼, 용, 뱀, 말, 양, 원숭이, 닭, 개, 돼지이다.

✢ **묘지**
죽은 자의 생애와 가족 관계 등을 기록하여 무덤에 함께 묻은 유물을 말한다. 돌에 기록하기도 하고, 석관에 기록한 것도 있으며, 조선 시대에는 백자로 만들기도 하였다.

년(개로왕 21) 백제의 개로왕이 욱리하(지금의 한강)에서 대석을 캐다가 석곽을 만들고 아버지를 묻었다는 『삼국사기』의 기록과도 부합, 연대는 4~5세기 정도로 추측
- ⓒ 양평 도화리 적석총 : 3단의 기단은 갖추어져 있으나 연도와 석실 부재(不在), 출토유물들로 보아 연대는 2, 3세기경으로 추측

② 장군총
- ㉠ 중국 길림성 집안현 통구의 용산에 있는 고구려시대의 돌무지무덤, 기단계단식 석실적석총
- ㉡ 연대 : 4세기 후반~5세기 전반으로 추정
- ㉢ 고구려의 무덤은 압록강 중류의 통구지방과 환인지방, 대동강 유역의 평양 지방에 주로 밀집 분포
- ㉣ 왕릉으로 추정 : 규모가 대왕릉·천추총 다음으로 큰 형태이고 많은 적석무덤 중에서도 잘 다듬은 화강석으로 7층이나 되는 높이로 축조되었고, 약 1킬로미터 거리에는 광개토대왕릉비가 있음
- ㉤ 무덤의 주인이 광개토대왕이라는 설과 장수왕이라는 설이 분분

③ 서울 석촌동 고분
- ㉠ 사적 제243호, 서울특별시 송파구 석촌동에 위치한 백제 초기의 적석총
- ㉡ 제1·2호분 : 가락동 제1호분의 서북쪽에 축조, 주민들의 경작지로 이용되어 내부구조·유물 파악이 안 됨
- ㉢ 제3호분 : 송파구 석촌동 61번지에 위치, 고구려무덤 형식인 기단식 적석총, 장군총에 버금가게 커 고구려 사람들이 남쪽에 내려와 한강유역에 백제를 세웠을 때의 절대 권력자의 무덤으로 추정
- ㉣ 제5호분 : 초기 백제시대에 이 지역 지배계층의 가족묘, 완전하게 발굴 조사되지 않아 묘곽의 구조와 유물에 관해서는 확실히 알 수 없으나 한 봉토 내에 설치된 다곽식의 목관토광묘의 구조를 띰

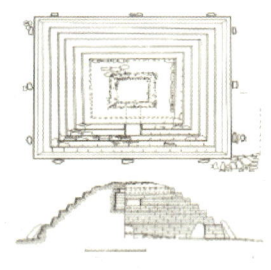
❶ 단식 돌무지 무덤

❶ 장군총

❶ 서울 석촌동 고분

(2) 굴식돌방무덤

① 특징
- ㉠ 횡혈식 석실묘라고도 함, 돌로 1개 이상의 방을 만들고 그것을 통로로 연결한 무덤으로 앞방과 널방으로 구분한 것이 일반적이고, 벽화가 존재
- ㉡ 고구려(쌍영총, 무용총), 백제(사비 시대)에서 행해진 묘제로 통일신라시대에 유행, 가야고분에서도 발견
- ㉢ 모줄임천장 양식

ⓔ 대표적 무덤 : 무용총, 강서대묘, 장천1호분, 안악3호분, 능산리 고분, 김유신묘, 괘릉, 정혜공주 묘 등

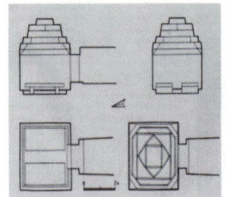
ⓝ 식돌방무덤의 구조

ⓝ 김유신 묘

ⓝ 괘릉

② 무용총
  ㉠ 중국 길림성 집안현 여산 남록에 있는 고구려 시대의 벽화고분
  ㉡ 구조 : 봉토는 방대형이며 무덤의 구조는 앞방 중앙에 달린 널길, 장방형의 앞방, 앞방과 널방 사이에 걸친 통로, 방형의 널방으로 된 두방무덤, 천장가구 앞방은 천장부의 내면이 고르게 둥근 호선을 이루면서 좁혀 올라간 궁륭천장이고, 널방은 천장을 계단식으로 괴면서 팔각형으로 좁혀 올린 팔각굄천장 형식
  ㉢ 벽화
      ⓐ 앞방 : 한 쌍의 안장과 인물·건물
      ⓑ 널방 북벽 : 주인의 접객도
      ⓒ 동벽 : 14명의 남녀가 대열을 지어 노래에 맞춰 춤을 추고 있는 가무도
          → '무용총'으로 명명
      ⓓ 서벽 : 수렵도, 기복이 있는 산악에서 4명의 기마무사가 사냥을 하고 있는 장면
      ⓔ 남벽 : 동쪽과 서쪽, 통로의 좌우 벽에 각각 큰 나무 한 그루
      ⓕ 천장 : 해·달·별·청룡·백호·비천·신선·기린과 이상한 짐승, 구름무늬·연꽃무늬·불꽃무늬 등

ⓝ 무용총 수렵도

ⓝ 무용총(무용도)

③ 강서대묘
  ㉠ 평안남도 강서군 강서면 삼묘리에 있는 고구려시대의 벽화고분, 강서대묘 중 가장 큰 벽화고분
  ㉡ 구조 : 널방 남벽의 중앙에 달린 널길과 평면이 방형인 널방으로 된 외방무덤
  ㉢ 널방 네 벽과 천장은 각각 한 장의 질이 좋고 잘 다듬어진 큰 화강암 파선으로 축조

- ㉣ 모줄임천장 : 천장은 2단의 평행 굄돌을 안쪽으로 내밀고 그 위에 2단의 삼각 굄돌을 얹고서 덮개돌을 덮음
- ㉤ 벽화 : 사신도 및 장식무늬로 회칠을 하지 않은 잘 다듬어진 널방 돌 벽면에 직접 그려짐, 사신도는 그 구상이 장대하고 힘차며 필치가 세련되어 우리나라 고분벽화 중에서 극치를 이루는 걸작으로 평가
- ㉥ 고분축조 및 벽화연대 : 6세기 후반에서 7세기 초로 추정

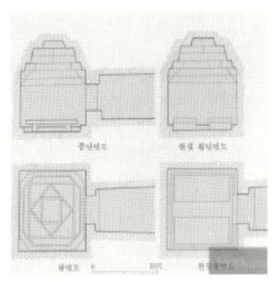
↑ 강서대묘 실측도

↑ 강서대묘 사신도 위치도

↑ 사신도(주작도)

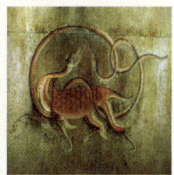
↑ 사신도(현무도)

↑ 사신도(청룡도)

↑ 사신도(백호도)

④ 부여 능산리 고분군
- ㉠ 사적 제14호, 충청남도 부여군 부여읍 능산리에 있는 백제 사비시대의 고분군
- ㉡ 형식상의 순서는 굴식천장 석실분(제2호분) → 납작천장식 석실분(제1호분) → 꺾임천장식 석실분(3·4호분)
    - ⓐ 제2호분 : 6세기 중엽, 천장구조형식이 굴식으로 되어 있고 관대도 전면관대로 되어 있으며 이는 무령왕릉과 기본구조 동일
    - ⓑ 제1호분 : 7세기 전후, 납작천장이지만 연도가 두 부분으로 구성되고 밖으로 갈수록 점점 넓어지는 나팔형(고구려 석실분에서 찾아볼 수 있는 요소)
    - ⓒ 꺾임천장식 석실분 : 부여지방에서 주종을 이루고 최후까지 존속한 형식으로 추측
- ㉢ 사비시대에는 외래문화를 점점 백제화한 본격적인 시기로써 능산리 고분문화의 역사적 의의와도 깊은 관계가 있음

↑ 부여 능산리 고분군

⑤ 정혜공주 묘
- ㉠ 중국 길림성 돈화현에 있는 발해 제3대 문왕 대흠무의 둘째 딸 정혜공주의 무덤
- ㉡ 묘비와 함께 높이 62센티미터인 2기의 돌사자상도 출토 → 발해의 석각 예술 수준이 상당한 수준이었음을 보여줌

↑ 정혜공주 묘

↑ 정혜공주묘 돌사자상

- ㉢ 정혜공주 묘에서 발견된 묘지는 발해사 연구에 귀중한 자료가 됨 → 정혜공주묘의 묘비와 대비해 본 결과, 발해 초기 한문학 수준이 그리 높은 경지에 이르지 못한 것이 밝혀짐

(3) 벽돌무덤

① 특징
  ㉠ 벽돌로 묘실을 축조해 만든 무덤, 전축분 이라고도 함
  ㉡ 대개 주실과 이실로 구성
  ㉢ 한반도에서는 대동강 유역에 3~4세기경의 전축분들이 많고, 남한지역에서는 백제의 웅진 시기에 남조와 정치·문화적으로 밀접한 관계를 맺으면서 처음 등장
  ㉣ 대표적 무덤 : 무령왕릉, 공주 송산리 6호분, 정효공주 묘 등
  ㉤ 형식
    ⓐ 쌍실묘 형식 : 2개의 묘실을 앞뒤로 갖춘 형식
    ⓑ 단실분 형식 : 凸형 평면에 돔형 또는 아치형의 천장을 가진 형식
    ⓒ 세장한 장방형 평면에 연도가 없고 아치형 천장을 가진 형식 등

② 공주 송산리 고분군
  ㉠ 사적 제13호
  ㉡ 무령왕릉과 6호분은 벽돌무덤(남한에 있는 유일한 전축분), 1~5호분은 굴식 돌방무덤
  ㉢ 지석이 발견된 무령왕릉 말고는 고분들의 주인에 대해서 자세하게 알지 못함
  ㉣ 공주 송산리 6호분
    ⓐ 성왕의 능으로 추정하고 있으나, 확실하지 않음
    ⓑ 凸자형 평면에 아치형 천장을 가진 단실분 형식 → 남제·양 등 남조시대의 전축분 형식 수용
    ⓒ 네 면에 사신도가 그려져 '송산리 벽화고분'이라고 불리기도 함
  ㉤ 무령왕릉
    ⓐ 백제 제25대 무령왕(재위 501~523)의 무덤
    ⓑ 송산리 6호분의 옆에 위치하며, 훨씬 정체된 형태
    ⓒ 凸자형 평면에 아치형 천장을 가진 단실분 형식 → 남제·양 등 남조시대의 전축분 형식 수용(다만, 반원의 아치형이 아닌 약간 뾰족한 표형(瓢形))
    ⓓ 연대 : 6세기 전반

↑ 공주 송산리 고분군   ↑ 백제 무령왕릉 내부   ↑ 송산리 6호분 벽화   ↑ 송산리 6호분 사신도

③ 정효공주 묘
  ㉠ 발해 제3대 문왕의 넷째 딸인 정효공주의 무덤
  ㉡ 묘지와 벽화 발굴
    ⓐ 1980년 발굴 시에 완전한 모습으로 발견되어, 연변조선족자치주박물관에 소장

ⓑ 이 비문이 발견되면서 용두산 고분군이 발해 왕실 내비 귀족의 묘지임이 밝혀졌고, 정효공주의 신상과 문왕의 존호 전체 및 정혜공주에 대해서 알게 됨
ⓒ 중국의 유교 경전과 역사서들을 두루 인용, 변려체 문장 구사
ⓓ 벽화 : 널길의 동·서벽과 널방의 동·서·북벽에 그려진 12명의 인물도를 통해 발해인의 모습을 보여줌, 당나라 화풍을 반영

ⓞ 정효공주 묘   ⓞ 정효 공주 묘의 벽화   ⓞ 정효공주 묘비

(4) 돌무지 덧널무덤

① 특징
  ㉠ 신라에서 주로 만든 무덤, 지상이나 지하에 시신과 껴묻거리를 넣은 나무덧널을 설치하고 그 위에 댓돌을 쌓은 다음 흙으로 덮은 형식의 무덤
  ㉡ 목곽적석총·적석목곽분·적석봉토분 등으로 불림
  ㉢ 도굴이 어려워 많은 껴묻거리가 그대로 남아 있음(단장)
  ㉣ 대표적인 무덤 : 천마총

② 천마총
  ㉠ 경상북도 경주에 있는 돌무지덧널무덤 형식의 신라시대 고분
  ㉡ 발굴 유적 : 금관(국보 제188호), 금제관모(국보 제189호), 금제과대(국보 제190호) 등
  ㉢ 소지마립간과 지증왕을 이 고분의 피장자로 추성
  ㉣ 천마도 : 천마총에서 발견된 것으로, 말의 안장 양쪽에 달아 늘어뜨리는 장니에 그려진 말

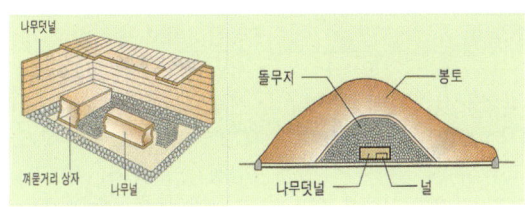 

ⓞ 천마총 단면도(돌무지 덧널무덤)   ⓞ 천마도

32 글씨와 그림·음악

○ 고사관수도(강희안)

○ 송하보월도(이상좌)

○ 수박도(신사임당)

○ 인왕제색도(정선)

○ 금강전도(정선)

구분	글씨	그림	음악(무용)
삼국	• 광개토대왕 비문 • 김생(독자적 서체) • 요극일(구양순체) : 고려 때 주로 유행	• 천마총의 천마도 • 솔거·정화·홍계 } 신라 • 화엄경 변상도 • 고분벽화(고구려)	[음악] • 왕산악(고구려) : 거문고 • 백결선생(신라) : 방아타령 • 우륵(가야) : 가야금, 12악곡 [무용] • 고분벽화(무용총) • 화랑(노래·춤 즐김)
고려	• 고려 전기 : 왕희지체, 구양순체 • 신품 4현(유신, 탄연, 최우, 김생) • 고려 후기 : 송설체(조맹부체), 이암	• 도화원 소속의 전문화원 그림, 고려 후기에는 문인화 유행 • '예성강도', '천수사남문도'(이령) • '천산대렵도'(공민왕, 원대 북화 영향) • 불화의 제작 • 관음보살도(혜허) • 사경화(불교 경전 내용 설명) • 부석사 조사당 벽화(사천왕상)	• 아악 : 제례(송의 영향) • 궁중음악으로 발전, 전통 음악화 • 향악 : 연희 • 속악, 당악의 영향으로 고유 음악 발달(동동, 한림별곡) • 나례(산대놀이), 처용무, 연화대, 선유락 등의 궁중무용이 발달
조선 전기	• 안평대군(송설체) • 양사언(초서) • 한호(석봉체)	[15세기] • 독자적 화풍과 중국 화풍의 선택적 수용 • 도화서 : 몽유도원도(안견) • 문인화 : 고사관수도(강희안) • 일본 무로마치 미술에 영향 [16세기] • 고매한 정신세계(사군자) • 이상좌(노비출신 화원, 송하보월도) • 이암(동물 그림) • 신사임당(풀, 벌레, 수박도) • 이정(대나무), 황집중(포도), 어몽룡(매화) : 3절	[음악] • 특징 : 음악을 백성 교화 수단으로 인식 • 장악원 설치(양인·노비출신) • 세종 : 여민락 등 악곡, 정간보 창안, 박연 등용(악기 개량) • 성종 : 악학궤범 편찬(성현) • 16세기 민간음악 발달(속악) [무용] • 궁중 무용(처용무, 나례춤) • 민속 무용(농악무, 무당춤, 승무) • 산대놀이(탈춤) • 꼭두각시놀이(인형극)
조선 후기	• 이광사(동국진체) : 우리의 정서와 개성 추구, 단아한 글씨 • 김정희(추사체) : 고금의 필체 집대성, 굳센 기운과 다양한 조형성	[17세기] • 우리 문화의 자부심 고취, 고유정서와 자연 표현 [18세기] • 진경산수화(정선) : 인왕제색도, 금강전도(사실적 묘사, 남종과 북종 화법 고루 수용) • 풍속화 : 생활 정경과 일상을 생동감 있게 표현 • 김홍도 : 소탈하고 익살스런 서민 모습 묘사(밭갈이, 추수, 씨름, 서당) • 신윤복 : 양반과 부녀자들의 생활, 남녀 간의 애정을 감각적이고 해학적으로 묘사	[판소리] • 창과 사설(구체적 이야기) • 직접적이고 솔직한 감정 표현 • 서민층의 전폭적 호응 • 신재효 : 판소리 창작 정리(19세기), 12마당(춘향가, 심청가, 흥보가, 적벽가, 수궁가 등 5마당 현존) 정리 [탈놀이] • 마을 굿의 일부로 공연 [산대놀이] • 산대놀이 : 민중 오락으로 정착(가면극, 지배층과 승려의 위선과 부패상 풍자, 상인·중간층 지원)

• 강세황(시·서·화 모두에 능통, 서양화 기법, 원근법), • 조영석, 김두령, 최북 등의 활동 • 장승업(홍백매도, 강렬한 필법과 채색법) **[19세기]** • 김정희 등 문인화의 부활(세한도) • 진경산수화·풍속화 침체 • 민화 : 소박한 정서, 현세 기복적	**[민요]** • 서민층이 주로 부름 • 양반 사회 모순 지적, 서민 존재 자각

↑ 몽유도원도

↑ 씨름(김홍도)

↑ 서당(김홍도)

↑ 밭갈이(김홍도)

↑ 세한도

↑ 홍백매도(장승업)

↑ 까치 호랑이(민화)

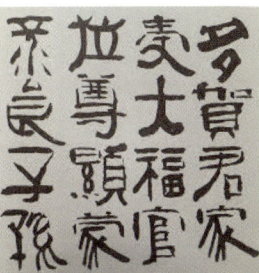
↑ 추사체(김정희)

↑ 월하정인(신윤복)

↑ 단오풍정(신윤복)

33 공예 기술의 발달

구분	공예	토기·자기
삼국과 남북국 시대	[삼국] 금속공예 [통일신라] 상원사 종, 성덕대왕 신종 [발해] 벽돌, 석등	[가야] 토기 : 일본 스에키 토기에 영향 [발해] 자기 : 당 수출, 고려자기에 영향
고려	• 금속공예 : 은입사 기술 (청동은입사포류수금무늬 정병, 향로), 상감기법과 유사 • 나전칠기 : 옻칠한 바탕에 자개 무늬(경함, 화장품함, 문방구) • 범종 : 신라 양식 계승(용주사 종, 대흥사·탑산사 종)	• 특징 : 신라 토기와 발해 전통과 송의 자기 기술의 집약체 → 집대성 11세기 **순수청자** 독자적 경지, 비취색 ↓ 12세기 **상감청자** 상감기법(강진, 부안) ↓ 퇴조 13~14세기 **분청사기** 북방 가마(원) 기술 도입 (청자에 백토의 분칠)
조선 전기	• 목공예 : 장롱, 문갑 • 돗자리 공예 : 강화도 화문석 • 화각 공예(쇠뿔을 쪼개어 무늬를 새김) • 나전칠기 • 자수, 매듭	15세기 **분청사기** 전국의 자기소와 도기소에서 생산 ↓ 16세기 **백자** 선비의 취향 (순백의 고상한 기풍)
조선 후기	• 산업 부흥에 따라 크게 발전 • 목공예, 화각공예	17~18세기 **청화백자** • 형태와 안료의 다양화 • 제기, 문방구 등(생활용품) • 옹기(서민 사용) • 민간에까지 널리 사용

◐ 토우 장식 항아리(신라)

◐ 청자상감운학문매병

◐ 청동 은입사 포류 수금무늬 정병

◐ 청화백자 매죽무늬 항아리

◐ 조선 순백자

◐ 분청사기 조화 어문 편병

◐ 청화백자

MEMO

근대 국가 수립의 노력과 국제 질서의 변화

34 흥선 대원군의 개혁과 통상 수교 거부정책
35 개항과 위정척사 운동의 전개
36 임오군란과 갑신정변
37 동학 농민 운동
38 갑오개혁
39 대한 제국과 독립 협회
40 일제의 국권피탈과 항일 의병 전쟁
41 애국 계몽 운동
42 열강의 경제침탈과 경제적 구국운동
43 근대 문물의 수용

34 흥선 대원군의 개혁과 통상 수교 거부정책

1 흥선 대원군의 개혁 정치

(1) 통치 체제의 재정비(왕권 강화)

흥선대원군(1820~1898)

개혁의 방향	개혁의 내용
인재의 고른 등용 (세도정치 일소)	• 세도정치를 일삼은 안동 김씨 세력 일소 • 귀천·지방·당색에 관계없이 사색을 고르게 등용
통치기구의 정비	• 비변사 혁파(1895), 의정부와 삼군부의 기능 부활
법치질서의 정비	• 『대전회통』과 『육전조례』를 편찬(정조 대 『대전통편』 보완)
경복궁 중건	• 경복궁 중건(1865~1868) : 임진왜란 때 소실된 경복궁을 중건 • 영건도감 설치(1865) : 경복궁 중건을 총괄하는 기구 • 공사비를 충당하기 위해 각종 악화를 발행 : 물가 상승의 원인 • 경기도 백성들을 무차별적으로 강제 징발 • 양반의 묘지림을 마음대로 벌목 : 양반·백성의 원성
경복궁 중건 / 당백전	• 경복궁 중건을 위해 발행한 동전 • 실제 가치는 상평통보의 1/6~1/5에 불과 • 주전비는 1/20 정도 • 통용 1년 만에 엄청난 인플레이션을 초래 • 그 후 당백전 사용을 금지하고 청전을 수입해 사용
원납전	• 경복궁 중건 비용을 충당하기 위하여 실시 • 자진 납부의 성격을 띠고 있었지만, 실질적으로는 관민에게 거두는 강제기부금의 성격
결두전	• 경복궁 중건을 위해 논 1결마다 100문 씩 임시세를 징수
성문세	서울의 4대문을 출입하는 사람들과 물품에 통행세를 부과

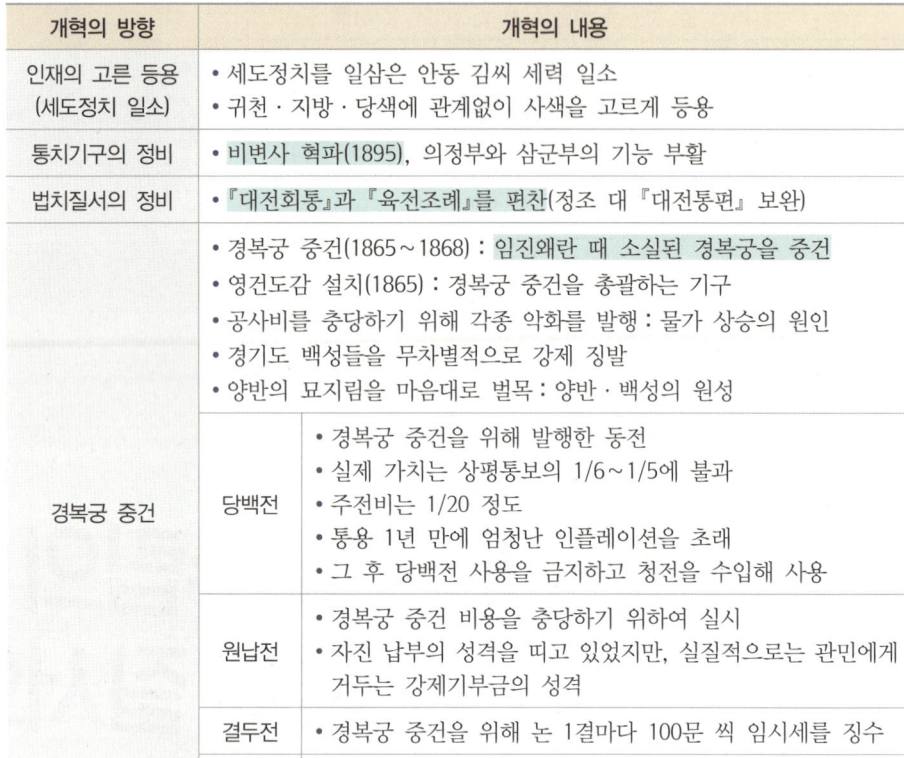

당백전

✦ 세도정치 일소   한능검(韓能檢) 출제 자료

대원군이 집권한 후 "나는 천리를 끌어다 지척을 삼겠으며, 태산을 깎아 내려 평지를 만들고, 남대문을 3층으로 높이려는데 공들은 어떠시오?"라고 하였다.
― 황현 『매천야록』 ―

✦ 경복궁 타령   한능검(韓能檢) 출제 자료

에-에헤이야 얼널널 거리고 방에 흥애로다.
을축년 4월 초 3일에 경복궁 새 대궐 짓는데 헛방아 찧는 소리다.
조선의 여덟 도 좋다는 나무는 경복궁 짓노라 다 들어간다.
도편수란 놈의 거동 보소 막통 메고 갈팡질팡한다.
남문 밖에 떡장수들아 한 개를 베어도 큼직큼직 베어라.
남문 밖에 막걸리 장수야 한 잔을 걸러도 큰 애기 솜씨로 걸러라.
에- 나 떠난다고 네가 통곡 말고 나 다녀올 동안 네가 수절하여라.
에- 인생을 살면 몇 백년 사나 생전 시절에 맘대로 노세.
남문 열고 바라 둥당 치니 계명산천에 달이 살짝 밝았네
경복궁 역사가 언제나 끝나 그리던 가족을 만나 볼까.

(2) 민생 안정(국가 재정 확보)

개혁의 방향	개혁의 내용
전정(田政)	• 양전 사업을 실시 : 토지 대상에서 누락된 토지와 면세지를 조사 • 지방관·토호의 토지 겸병 금지 • 수령과 아전의 협잡과 부정행위 금지
군정(軍政)	• 호포법 실시 : 양반에게도 포를 징수 • 양반의 반발 : 군포 납부가 반상의 구별을 고려하지 않는다 하여 반발, 양반은 노비의 이름으로 납부케 함 • 국가재정 수입 증대, 농민의 원성 감소
환곡(還穀)	• 사창제 실시 : 국가 재정수입 확대와 민심의 이반을 막고자 실시 • 큰 마을 단위로 운영 • 사수(사창 운영자)라 하여 인망 있고 경제적 여유가 있는 사람 선출 • 함경도, 평안도, 강원도에서는 실시되지 않음 • 환곡의 폐단이 소멸되지는 않았으나 부정이 크게 줄고 원곡이 보존 • 국가 재정수입의 증가
서원 정리	• 서원의 경제적 기반을 조사하여 불법적인 것은 국가가 환수 • 만동묘+와 화양서원 철폐 • 전국 650개 서원 중 소수서원·도산서원 등 도학과 정의에 뛰어난 인물을 봉사한다고 판단되는 47개의 서원만 남고 나머지는 모두 철폐 • 서원의 토지를 몰수하여 국가 재정 확충, 지방 양반의 위세가 크게 위축 • 대원군의 몰락을 촉진하는 원인으로 작용

➕ **만동묘**
송시열의 유명(遺命)으로 임진왜란 당시 군사를 보낸 명(明)의 신종과 의종을 모시던 사당이다.

➕ **흥선 대원군의 서원 정리** 한능검(韓能檢) 출제 자료

흥선 대원군은 서원 철폐령에 반대하며 시위하는 유생들을 향하여 "…… 공자가 다시 살아난다 하여도, 백성의 피를 빨아 해치려 하는 자는 내가 용서하지 못한다. 하물며 서원은 우리나라의 선현에 대한 제사를 지내는 곳인데, 어찌 이렇게 신성한 곳이 도적이 숨는 곳이 되겠느냐"라고 하면서, 군졸들로 하여금 유생들을 한강 너머로 축출하게 하였다.
— 『근세조선정감』 —

호포제 실시 전(1792)
총 3,100호
- 납부층 양인 15%
- 면제층 양반 49%
- 면제층 노비 36%

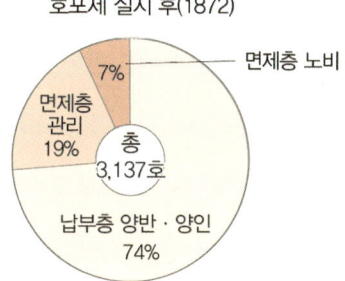

호포제 실시 후(1872)
총 3,137호
- 면제층 노비 7%
- 면제층 관리 19%
- 납부층 양반·양인 74%

> **÷ 이필제의 난**　　　　　　　　　　　　　　　　　　　　　　　　**한능검(韓能檢) 출제 자료**
>
> 1863년(철종 14) 동학에 입교한 이필제는 자신이 체포되어 처형당하는 1871년 말까지 9년 동안 진천·진주·영해·문경 등지에서 4번에 걸쳐 봉기를 주도하였다. 특히 1871년 3월 10일(음) 전개된 영해봉기는 대단한 성공을 거뒀다. 1870년 7월 진주작변에 실패한 이필제는 영해로 피신, 잠복하여 5차례에 걸쳐 최시형에게 사람을 보내 면회를 요청하였다. 이에 최시형은 수일간 이필제와 머물면서 영해봉기를 계획하였다.
> 이필제·최시형 등은 3월 10일(음) 교조 순교의 원일을 영해봉기일로 정하고, 사전 면밀한 담당부서를 정하여 봉기를 계획한 뒤 동학 조직망을 이용하여 경상도내의 동학교도 500여 명을 동원하였다. 먼저 이필제는 천제를 지낸 뒤 최시형과 더불어 500여 명의 동학군을 이끌고 야반 게릴라 작전법으로 영해부를 야습하여 군기고의 병기를 접수한 뒤 부사 이정을 문죄, 처단하였다. 당시 정부 측은 "이는 어떠한 적도인지 알 수 없다"라며 당황해 했으며, 인근 고을의 수령들은 영해봉기에 겁을 먹고 모두 도망쳤다. 이곳에서 성공을 거둔 이필제는 이 해 8월 2일 문경 봉기를 주도하다가 체포되었다.
> 동학 최초의 교조신원운동과 반봉건투쟁을 전개한 영해봉기는 분산고립적인 당시의 일반 민란과는 성격을 달리하는 것으로 동학조직망을 통한 광범위한 인원동원, 야습작전 등으로 강한 저항력을 보여주어, 후기 전반적 농민봉기의 맹아의 성격을 지니고 있는 것으로 주목된다.
> 　　－『근세조선정감』 －

(3) 기타 정책

개혁의 방향	개혁의 내용
풍속의 교정	• 일상의 의복과 풍속을 고치고 탐관오리를 숙청하여 관기를 바로잡음
기타 경제개혁	• 포구에서의 세금 징수를 금하고 도고를 금지 • 청국 문화와 일본 문화를 엄중히 감시하고 과세 • 심도포량미라는 특별세도 징수
신무기 개발	• 선제배갑(방탄조끼)·투구 • 조비선·수뢰포·목탄증기갑함 등의 무기 개발

(4) 개혁의 의의와 한계

① 의의
　㉠ 전통 지배 질서를 바탕으로 한 일련의 개혁들은 국가기강을 확립
　㉡ 양반계층의 수탈을 어느 정도 막는 효과를 가져와 민생이 안정되고 민심 수습의 계기가 됨

② 한계
　㉠ 왕조 통치체제 유지와 전제왕권 강화를 목적으로, 근대사회를 지향한 개혁이 아니라 봉건적 사회체제를 재정비·강화하려는 복고적 개혁에 그침
　㉡ 정국을 안정시킬 수는 있었지만 변화하는 세계질서의 흐름에 역행하는 결과를 초래

2 통상 수교 거부 정책과 양요

① **병인박해(1866)** : 러시아를 경계하기 위해 천주교도를 통해 프랑스와 손잡으려던 대원군의 계획 실패, 서양세력에 대한 우려 심화, 서양의 문화 유입 경계
② **제너럴셔먼호 사건(1866)** : 통상요구와 횡포, 침몰시킴
③ **병인양요(1866)** : 프랑스 선교사 처형(병인박해)를 구실로 강화도에 침입, 문수산성·정족산성(한성근·양헌수)에서 격퇴, 외규장각 도서 약탈
④ **오페르트 도굴 사건(1868)** : 남연군묘 도굴 시도, 미국의 개입(젠킨스)
⑤ **신미양요(1871)** : 제너럴셔먼호 사건 구실로 강화도 침입, 어재연·어재순의 광성보 전투, 수자기 강탈
⑥ **정한론의 등장(일)** : 1868년 일본의 외교 재개(서계) 요청 거절 후 등장하였으나 유보됨
⑦ **결과** : 척화비 건립, 근대화를 늦추는 결과를 초래

○ 병인양요와 신미양요

✚ 척화비 한능검(韓能檢) 출제 자료

"洋夷侵犯 非戰則和 主和賣國 戒我萬年子孫 丙寅作 辛未立"
(서양 오랑캐가 침범하에 싸우지 않음은 화의하는 것이요, 화의를 주장함은 나라를 파는 것이다. 만년 자손은 경계할지어다. 병인년에 만들고 신미년에 세운다.)
― 『대한계년사』 ―

○ 수자기

○ 척화비

○ 외세의 침투

35 개항과 위정척사 운동의 전개

1 개항과 불평등 조약 체제

(1) 강화도 조약(개항, 1876)
① 배경
- ㉠ 최익현의 상소로 흥선대원군의 퇴진(1873)과 고종의 친정체제 확립
- ㉡ 통상 개화론 대두(박규수·오경석·유홍기)
- ㉢ 운요호 사건(1875)을 빌미로 한 일본의 강요

> **호조 참판 최익현의 상소** — 한능검(韓能檢) 출제 자료
>
> 이 몇 가지 문제는 실로 전하께서 어려서 아직 정사를 도맡아 보지 않고 계시던 시기에 생긴 일입니다. …… 지금부터는 임금의 권한을 발휘하시고, 침식을 잊을 정도로 생각하시며 부지런히 일하셔야 할 것입니다. …… 친친(親親, 부모와 자식)의 반열에 속하는 사람은 다만 그 지위만을 높이고 녹봉을 후하게 줄 뿐이며, 나라의 정사에는 관여하지 못하게 하셔야 할 것입니다.

② 내용(최초의 근대적 조약, 불평등 조약)
- ㉠ 1조 : 조선의 자주국 지위 인정(청의 간섭 배제)
- ㉡ 4조 : 부산(1876)·원산(1879)·인천(1883) 개항(정치적·군사적·경제적 침투 목적)
- ㉢ 7조 : 해안 측량권 허용(영토 주권 침해)
- ㉣ 10조 : 치외법권 인정(조선의 사법권 침해, 일본인 활동 보호)

(2) 무역 규칙과 수호 조규 부록
① 무역 규칙(1876. 8. 24)
- ㉠ 일본 상품에 대한 무관세
- ㉡ 일본 정부 소속의 모든 선박 무항세
- ㉢ 무제한 양곡 유출 허용

> **조·일 무역 규칙** — 한능검(韓能檢) 출제 자료
>
> 제6칙 조선국 항구에 머무르는 일본인은 미곡과 잡곡을 마음대로 수출할 수 있다.
> 제7칙 일본국 정부에 소속된 선박들은 항구세를 납부하지 않을 수 있다.

② 수호 조규 부록(1876. 8. 24)
- ㉠ 간행 이정 10리
- ㉡ 개항장에서 일본 화폐 유통
- ㉢ 비상사태 시 일본 외교관의 내지 여행 허용

✦ 조·일 수호 조규 부록(부속 조약)

제1관 각 항구에 주재하는 일본인 또는 관리관은 긴급 사태가 있는 경우에 지방관에게 고하고, 한국 여행을 할 수 있다.
제2관 공문사송(公文使送)의 편의를 제공하여 비용을 사후 변상하도록 할 수 있다.
제3관 일본인이 개항장에서 지기(地基)를 조차(租借)하여 거주하는 것을 인정한다.
제4관 부산 항구에서 일본 인민들의 자유 활동 지역을 방파제로부터 동서남북으로 조선 기준 10리로 한정한다.
제5관 개항장에서의 조선인 임고(賃雇)를 허용하고, 정부의 허가를 받을 경우 일본에 왕래할 수 있다.
제7관 일본 화폐가 조선 내에서 물건 구매 시 상호 통용되도록 허용한다.
제9관 일본 측량선이 해안을 측량하다 사고를 당한 경우, 긴급 피난하도록 적극 협력한다.

(3) 구미 열강과의 조약

① 조 · 미 수호통상조약(1882. 5)
  ㉠ 『조선 책략』의 영향을 받아 청의 알선(조선에 대한 영향력 과시, 러 · 일 견제 목적)으로 체결
  ㉡ 서양 국가와 맺은 최초의 조약이자 불평등 조약(치외법권)
  ㉢ 거중조정 조항(유명무실)
  ㉣ 최초의 최혜국 대우
② 영국, 독일(1883, 청의 알선), 러시아(1884, 단독 수교), 프랑스(1886, 천주교 포교 허용) 등 조약 체결

2 개화사상의 형성

① 정부는 개화를 전담하는 기구로 통리기무아문을 설치(1881)
② 5군영을 2영(무위영 · 장어영)으로 통폐합
③ 해외 시찰단 파견
  ㉠ 수신사
    ⓐ 제1차 수신사(1876) : 김기수를 파견
    ⓑ 제2차 수신사(1880) : 김홍집 파견, 『조선책략』을 가지고 들어옴
    ⓒ 제3차 수신사(1882) : 임오군란에 대한 사죄사의 성격으로 박영효를 파견
  ㉡ 조사 시찰단(1881) : 『조선책략』 유포 이후 국내에 개화에 대한 반대 여론이 심해지자 고종이 비밀리에 일본에 파견
  ㉢ 영선사(1881) : 김윤식과 유학생들 청의 근대 문물과 무기를 배우기 위해 파견, 다녀온 뒤 기기창 설립(1883)
  ㉣ 보빙사(1883) : 조 · 미 수호 통상 조약 체결 이후 민영익과 홍영식 등이 미국의 문물을 배우고자 미국에 파견

◦ **보빙사**(왼쪽 앞줄 두번째가 홍영식, 그 오른쪽이 민영익)

3 위정척사 운동의 전개

시기	성격	대표 인물	내용
1860년대	통상 반대 운동	기정진, 이항로	척화주전론
1870년대	개항 반대 운동	최익현	왜양일체론, 개항 불가론
1880년대	개화 반대 운동	이만손, 홍재학	영남만인소(조선책략)
1890년대 이후	항일 의병 운동	유인석, 기우만	을미의병(1896,) 을사의병(1905), 정미의병(1907)

이항로의 위정척사사상 — 한능검(韓能檢) 출제 자료

양이(洋夷)의 화(禍)가 금일에 이르러서는 비록 홍수나 맹수의 해일지라도 그보다 심할 수 없습니다. 양이의 재앙을 일소하는 근본은 전하의 한 마음에 있사옵니다. 지금 전하가 할 계책은 마음을 밝게 닦아 외물(外物)에 견제당하거나 흔들리지 않는 도리밖에 없사옵니다. 이른바 외물이라는 것은 종류가 극히 많아서 일일이 열거할 수 없지만, 그중에서도 양품(洋品)이 가장 심합니다. 몸을 닦아 집안을 잘 다스리고 나라가 바로잡힌다면 양품이 쓰일 곳이 없어져 교역하는 일이 끊어질 것입니다. 교역하는 일이 끊어지면 저들의 기이함과 교묘함이 수용되지 못할 것이며, 그러면 저들은 기필코 할 일이 없어져 오지 않을 것입니다.

— 이항로의 상소문 —

개항 반대 상소 — 한능검(韓能檢) 출제 자료

우리의 물건은 한정이 있는데 저들의 요구는 끝이 없을 것입니다.…… 일단 강화를 맺고 나면 저들의 욕심은 물화를 교역하는데 있습니다. 저들의 물화는 모두가 지나치게 사치하고 기이한 노리개이고 공업 생산품이어서 그 양이 무궁한 데 반하여, 우리의 물화는 모두가 백성들의 생명이 달린 것이고 땅에서 나는 것으로 한정이 있는 것입니다.…… 저들이 비록 왜인이라 하나 실은 양적(洋賊)이옵니다. 강화가 한번 이루어지면 사학(邪學)의 서적과 천주의 초상화가 교역 속에 들어올 것입니다.…… 예의는 시궁창에 빠지고 인간들은 변하여 금수(禽獸)가 될 것입니다.

— 최익현의 상소(1876) —

황쭌셴의 조선책략 — 한능검(韓能檢) 출제 자료

조선 땅은 실로 아시아의 요충을 차지하고 있어 열강들이 차지하려고 할 것이다. 조선이 위태로우면 중국도 위태로워진다. 러시아가 영토를 넓히려 한다면 반드시 조선이 첫 번째 대상이 될 것 …… 러시아를 막는 책략은 무엇인가? 중국과 친하고(親中國), 일본과 맺고(結日本), 미국과 이어짐(聯美國)으로써 자강을 도모할 뿐이다.

— 『조선책략』 —

영남 만인소 — 한능검(韓能檢) 출제 자료

김홍집이 가져온 황쭌셴의 『조선책략』이 유포되는 것을 보고 울음이 복받치고 눈물이 흐릅니다.……『조선책략』의 요점은 '러시아를 막는 것'보다 급한 것이 없다고 하고, 러시아를 막기 위해서는 '중국과 친하고, 일본과 맺고, 미국과 이어져야 한다.'는 것보다 급한 것이 없다고 하였습니다.…… 일본은 우리에게 매어 있는 나라입니다. 임진왜란의 숙원이 가시지 않았는데 그들은 우리의 수륙요충을 점령하였습니다. 만일 방비하지 않았다가 저들이 산돼지처럼 돌진해 오면 전하께서는 장차 어떻게 이를 제어하시겠습니까? 미국은 우리가 모르던 나라입니다. 저들을 끌어들였다가 저들이 우리의 빈약함을 업신여겨 어려운 청을 강요하면 어떻게 대응하시겠습니까? 러시아는 본래 우리와는 혐의가 없는 나라입니다. 공연히 남의 이간을 듣고 배척하였다가 이것을 구실삼아 분쟁을 일으키면 어떻게 구제하시겠습니까? 하물며 러시아, 미국, 일본은 같은 오랑캐들이어서 후박(厚薄)을 두기 어렵습니다.

— 『일성록』 —

36 임오군란과 갑신정변

1 임오군란(1882)

① 원인 : 구식군인에 대한 차별대우, 곡물 값 폭등(일본 유출)으로 민중의 불만 증대, 개화에 대한 반발

② 경과
  ㉠ 구식군인의 봉기 ➜ 일본공사관 공격 ➜ 흥선대원군 재집권(민씨 정권 붕괴) ➜ 명성황후는 충주 민응식의 집으로 탈출
  ㉡ 5군영 부활, 통리기무아문 폐지 ➜ 청의 개입(대원군 납치)

③ 결과
  ㉠ 청의 내정간섭 심화 : 내정(마젠창)·외교 간섭(묄렌도르프 파견), 군대 주둔, 조·청 상민 수륙 무역 장정 체결(경제적 내지 침투 강화)
  ㉡ 제물포 조약 : 일본에 배상금 지불, 경비병 주둔 인정

○ 별기군

✣ 임오군란 〔한능검(韓能檢) 출제 자료〕

금년 봄 장정들을 일본식 군사 훈련을 시키며 별기대라 하였다. 일본군인 호리모토 레이조가 교련을 가르쳤으며 남산 밑에 훈련장을 신축하였다. 총을 메고 행군하며 날린 먼지가 공중을 덮으니 장안 사람들은 처음 보는 일이라 놀라지 않는 사람이 없었다. 또한 개화 이래 이해를 분간함이 없이 일본이라는 말만 들어도 어금니를 갈며 죽이려 하였으니 일반 백성들은 더욱 심하였다. 이때 난을 일으킨 병사들이 들고 일어나 그를 추격하였다. 호리모토는 훈련장에서 구리재로 도망가다 돌에 맞아 죽었다. 또 다른 일본 사람으로 성 내에 들어왔다 죽은 사람이 모두 7명이나 되었다. 난민들은 천연정을 포위하고 손을 휘두르며 모두 죽여 버리겠다고 외쳤다. 일본 공사 하나부사 요시타다와 그 휘하에 있던 일본인들은 대오를 편성하여 도망쳤으나 포를 쏘고 칼을 휘둘러 가까이 따라잡지 못하였다.

— 황현 『매천야록』 —

✣ 조·청 상민 수륙 무역 장정의 내용 〔한능검(韓能檢) 출제 자료〕

조항	내용	의미
제2조	조선 내에서 청 상무위원의 치외 법권을 인정한다.	치외법권
제4조	북경과 한성의 양화진에서의 개잔(開棧 : 화물을 쌓아두고 객상이 유숙하며 장사하는 곳) 무역을 허락하되, 양국 상민의 내지채판(內地采辦 : 내륙 지방의 시장에 상품을 운반해 판매하는 상행위)을 금하고 다만 내지채판과 유력(遊歷 : 돌아다니는 일)이 필요할 경우 지방관의 허가를 받아야 한다.	양화진과 도성 내에서 청국인의 점포 개설 및 상행위 허용

✣ 제물포 조약(음. 1882. 7. 17, 양. 1882. 8. 30) 〔한능검(韓能檢) 출제 자료〕

제1조 금일부터 20일 안에 조선국은 흉도를 체포하고 그 괴수를 엄중히 취조하여 중죄에 처한다. 일본국은 관리를 보내 입회 처단케 한다. 만일 그 기일 안에 체포하지 못할 때는 일본국이 처리한다.
제3조 조선국은 5만 원을 내어 해를 당한 일본 관리들의 유족 및 부상자에게 주도록 한다.
제4조 흉도의 폭거로 일본국이 받은 피해 및 공사를 호위하는 육해군의 경비 중에서 50만 원은 조선국에서 채워 준다. 해마다 10만 원씩 5개년 동안 완납한다.
제5조 일본 공사관에 군인 약간을 두어 경비한다. 그 비용은 조선국이 부담한다.

2 갑신정변(1884)과 국제정세

① 개화사상의 분화(임오군란 이후)

구분	중심인물	개혁방향	개혁 모델
온건개화파(사대당)	김홍집, 어윤중, 김윤식	동도서기론에 입각한 점진적 개혁	청의 양무운동
급진개화파(개화당)	김옥균, 박영효, 홍영식, 서광범, 서재필	정치·사회 전반에 걸친 급진적 개혁	일본의 메이지유신

② 개화당의 활동
   ㉠ 활동 방향 : 임오군란 이후 청의 내정간섭에서 벗어나 본격적 개혁을 추구하려 함
   ㉡ 활동 전개
      ⓐ 일본에게 차관 제공 요구 거절당함
      ⓑ 일본의 근대 사상가와 교류, 서구국가의 후원 모색

③ 갑신정변(1884)
   ㉠ 배경 : 민씨 정권의 친청 사대정책, 개화당 탄압, 청·프 전쟁으로 청군 일부 철수, 일본의 지원 약속(다케조에 신이치로)
   ㉡ 경과 : 우정국 축하연을 계기로 정변을 일으킴 → 청군 개입 → 실패
   ㉢ 조약 : 한성조약(1884, 일)으로 배상금 지불, 톈진조약(청·일, 1885)
   ㉣ 의의와 한계
      ⓐ 근대국가 건설을 목표로 한 사건(근대화 운동의 선구)
      ⓑ 대다수 민중의 지지를 얻지 못한 미완의 개혁
      ⓒ 외세의존으로 조선 침략 가속화
      ⓓ 토지문제 외면

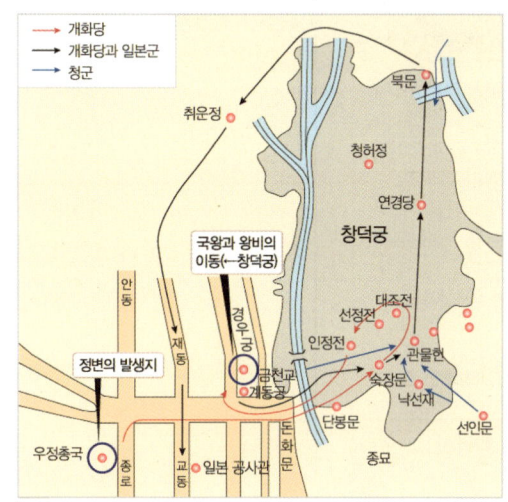
◑ 갑신정변의 경과

◑ 한반도를 둘러싼 열강의 각축

▶ 갑신정변 당시 발표된 14개조의 개혁 정강

조문	내용	의미
제1조	청에 잡혀간 흥선 대원군을 조속히 귀국시키고, 청에 대한 조공의 허례를 폐지한다.	임오군란 이후 청과의 속방 및 사대 관계 폐지
제2조	문벌을 폐지하고 인민 평등의 권리를 제정하여 능력에 따라 관리를 임명한다.	양반 신분 제도 폐지를 통한 평등권의 실현
제3조	지조법(地租法)을 개혁하고 관리의 부정을 근절하며, 빈민을 구제하고 국가 재정을 넉넉하게 한다.	지세 등 조세 제도 개혁
제4조	내시부를 폐지하고 그 가운데 우수한 자만을 등용한다.	국왕권 제한
제5조	부정한 관리와 탐관오리 가운데 그 죄가 심한 자는 처벌한다.	
제6조	각 도의 환상미(還上米)는 영구히 면제한다.	환곡 제도 폐지
제7조	규장각을 폐지한다.	양반 귀족 문화의 혁파
제8조	급히 순사를 두어 도적을 방지한다.	근대적 경찰 제도의 정비
제9조	혜상공국을 혁파한다.	봉건적 특권 상업 폐지
제10조	유배 또는 금고된 죄인을 다시 조사하여 석방시킨다.	위정척사계 인사들의 포섭
제11조	4영을 합하여 1영으로 하고 영 가운데서 장정을 뽑아 근위대를 급히 설치할 것, 육군대장은 왕세자로 한다.	청국식 군사 제도의 폐지 – 군사 제도 개혁이지만 실현되지는 못함
제12조	일체의 국가 재정은 호조에서 관할하고 그 밖의 재정 관청은 금지한다.	재정의 일원화 – 왕실 재정의 해체
제13조	대신과 참찬은 날을 정하여 의정소에서 회의하고 정령을 의정·집행한다.	
제14조	의정부와 6조 외에 불필요한 관청을 폐지하고 대신과 참찬으로 하여금 이것을 심의 처리하도록 한다.	입헌 군주제 실시

○ 급진 개화파(왼쪽부터 박영효, 서광범, 서재필, 김옥균)

④ 국제 정세와 중립화론

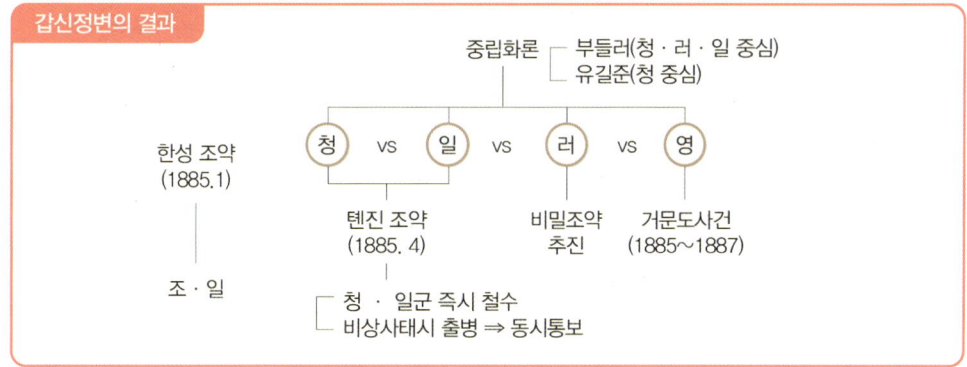

갑신정변의 결과

㉠ 청의 내정 간섭 강화, 톈진조약(1885) 체결(청·일 전쟁의 원인)
㉡ 러시아와 비밀조약 추진
㉢ 영국의 거문도 불법적 점령(1885~1887) : 청의 중재로 반환
㉣ 중립화론
　　ⓐ 국제분쟁의 위험성이 커지자 제기되었으나 배척당함
　　ⓑ 부들러(독일), 유길준이 주장

36_임오군란과 갑신정변

갑신정변에 대한 여러 평가

개화당의 실패는 우리에게 매우 애석한 일이다. 내 친구 중에 갑신정변의 내용을 상세히 알고 있는 사람이 있다. 그는 일류 수재들이 일본인에게 이용당해 그처럼 크나큰 착오를 저질렀으니 참으로 애석한 일이라고 하였다. 어찌 일본인이 진심으로 김옥균을 성공하게 하고, 성의 있게 조선의 운명을 위해 노력하겠는가? 우리가 만일 발전의 형세를 보이면 그들이 백방으로 방해할 터인데 어찌 원조하겠는가? 그 당시 일본은 계속 청의 우세에 억압되어 이를 배격·능가하려고 온갖 계획을 세우고 있었는데, 우리의 청년 수재들이 일본의 신풍조에 물들어 청의 예속으로부터 벗어나고자 한다는 것을 알게 되었다. 일본이 이를 이용하여 청으로부터의 독립을 권하고 원조까지 약속하였지만, 사실은 조선과 청의 악감정을 도발하여 그 속에서 이익을 얻으려는 속셈이었다.

– 박은식 『한국통사』 –

한성 조약(음. 1884. 11. 24, 양. 1885. 1. 9)

제1조 조선국은 국서를 보내 일본에 사의를 표명할 것.
제2조 해를 입은 일본인 유족과 부상자에게 보상금을 지불하고, 또 상인의 재물이 훼손·약탈된 것을 변상하기 위해 조선국은 11만 원을 지불할 것.

부들러의 한반도 중립화론

서양에 2, 3의 소국이 있는데 대국들 간 상호 보호함으로써 그 소국이 받는 이익은 실로 크다. 만약 서양 대국들이 교전을 한다 해도 소국은 단지 천여 명을 변경에 주둔시켜 자국을 지키게 하고 …… 지금 조선의 실정으로 말하면 청국이 군대를 파견하여 세비를 써가며 이 나라에 주둔하고 있는데, 그 까닭은 경내(境內)를 지키지 못하여 강한 인국(隣國)이 침입할 것을 두려워하고 있기 때문이라고 생각한다. 그러나 조선은 청국의 후정(後庭)이자 러시아·일본 양국과 더불어 변계(邊界)를 연접하여 있어서 반드시 서로 다투는 곳으로 되어 있다. …… 서양에서 실시하고 있는 법에 따라 청·러시아·일본 3국이 서로 입약(立約)하여 영원히 조선을 보호하는 것이다. 설혹 뒷날 타국이 공격한다 해도 조선에서 길을 빌려 주지 않으며, 국경선을 지키고, 한편 조약을 체결한 나라와 통상을 하면 조선은 영원이 큰 이익을 얻을 것이다.

– 부들러가 김윤식에게 보낸 편지 –

유길준의 한반도 중립화론

이제 우리나라는 지역으로 말하면 아시아의 인후(咽喉)에 처해 있는 것이 유럽의 벨기에와 같다. 지위는 중국에 조공하던 나라로서 불가리아가 터키에 조공하던 것과 같으나 동등한 권리로 각국과 조약을 맺은 것은 불가리아에도 없던 바요, 조공하던 나라로서 왕이 책봉(册封)을 받던 일은 벨기에에도 없던 일이었다. …… 불가리아가 중립 조약을 체결한 것은 유럽의 여러 대국들이 러시아를 막으려는 계책에서 나온 것이었고, 벨기에가 중립 조약을 체결한 것은 유럽의 여러 대국들이 자국을 보전하려는 계책에서 나온 것이었다. 대저 우리나라가 아시아의 중립국이 된다면 러시아를 방어하는 큰 기틀이 될 것이고, 또한 아시아의 여러 대국들이 서로 보전하는 정략도 될 것이다. …… 이는 비단 우리나라만을 위한 것이 아니라 중국의 이익도 될 것이고 여러 나라가 서로 보전하는 계책도 될 것이니 무엇이 괴로워서 하지 않겠는가.

– 『유길준 전서』 –

37 동학 농민 운동

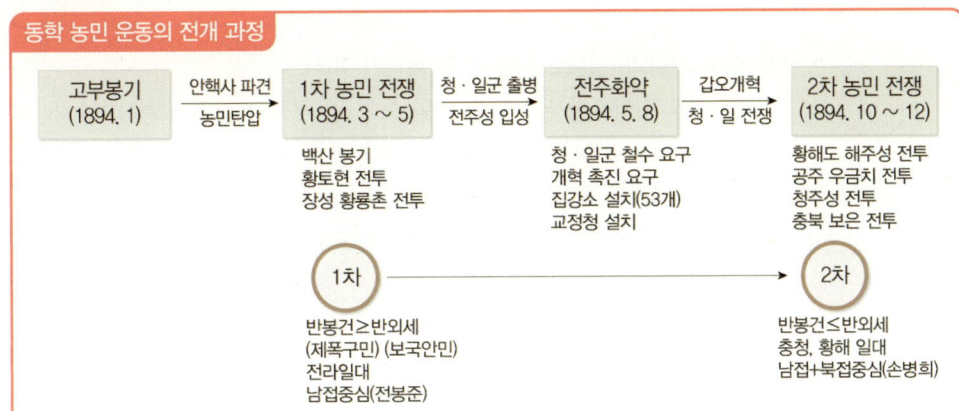

1 동학 교세의 확장과 교조신원 운동

① 동학 교세의 확장
- ㉠ 창시 : 1860년 최제우(서학에 반대, 인내천 사상) ➡ 경상도 지방을 중심으로 전파 ➡ 탄압(1864년 최제우 처형, 혹세무민)
- ㉡ 2대 교주 최시형을 중심으로 교리(동경대전·용담유사)와 조직정비(포접제) ➡ 충청·전라 등 삼남지방으로 교세 확장

② 교조 신원 운동
- ㉠ 삼례집회(1892. 11 교조신원운동, 탄압중지) ➡ 서울 집회(1893. 3 교조신원상소)
- ㉡ 보은집회(1893. 3) : 금구집회의 영향을 받아 본격적인 사회 개혁 운동으로 전환

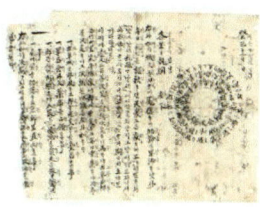

○ 사발통문

2 동학 농민 운동의 전개 과정

① 고부 봉기(1894. 1)
- ㉠ 원인 : 고부군수 조병갑의 학정(만석보사건)
- ㉡ 전개 : 전봉준과 농민군의 관아 공격 ➡ 아전 처벌 후 타협 ➡ 안핵사 파견

② 동학 농민군 1차 농민 전쟁(1894. 3)
- ㉠ 원인 : 안핵사 이용태의 탄압
- ㉡ 전개
  - ⓐ 전봉준, 김개남, 손화중 등과 봉기(4대강령과 격문 발표)
  - ⓑ 백산 봉기 ➡ 황토현 전투 ➡ 정읍·고창·흥덕·무장·영광·함평 점령 ➡ 장성 황룡촌 전투 ➡ 전주성 입성
- ㉢ 주장 : 탐관오리 제거, 조세수탈 시정, 균전사 폐지(제폭구민·보국안민)

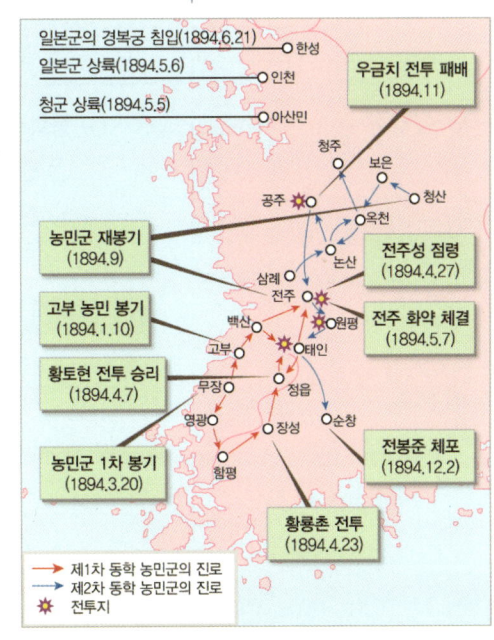

○ 동학 농민 운동의 전개 과정

전봉준의 격문

우리가 의(義)를 들어 이에 이름은 그 본의가 전연 다른 데 있지 아니하고 창생(蒼生, 세상의 모든 사람)을 도탄 속에서 건지고 국가를 반석 위에 두려고 함이라. 안으로는 탐학한 양반과 관리의 머리를 베고, 밖으로는 횡포한 강적의 무리를 쫓아 내몰고자 함이라. …… 조금도 주저하지 말고 이 시각으로 일어서라. 만일 기회를 잃으면 후회해도 미치지 못하리라.

— 오지영 『동학사』 —

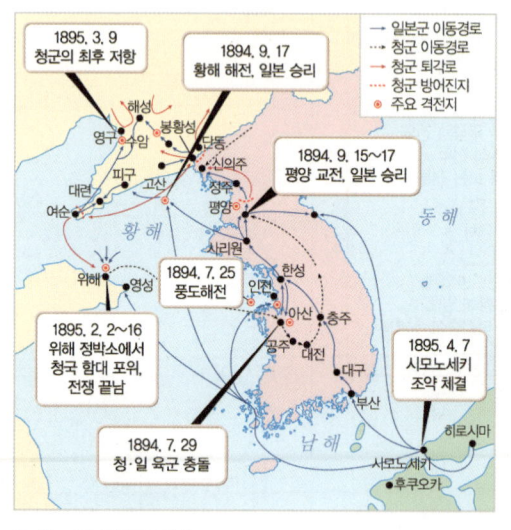

○ 청·일 전쟁의 전개

③ 전주 화약과 집강소 활동(전주 화약기 1894. 5)
  ㉠ 전주 화약 : 정부가 청의 지원 요청 → 청군 아산만 상륙(1894. 5. 5) → 일본군 상륙(1894. 5. 6) → 외국군 철수와 폐정개혁 조건으로 전주화약 체결(1894. 5. 8)
  ㉡ 집강소 설치 : 집강소의 본부인 대도소 설치, 전라도 각 고을에 설치한 농민의 자치조직(53개 군) → 폐정 개혁안 실천(폐정 개혁안 12조)
  ㉢ 정부의 교정청 설치(1894. 6) : 일본의 개혁 요구 거부, 자주적 개혁 시도

폐정 개혁안 12개조

1. 동학교도는 정부와의 원한을 씻고 서정에 협력한다.
2. 탐관오리는 그 죄상을 조사하여 엄징한다.
3. 횡포한 부호(富豪)를 엄징한다.
4. 불량한 유림과 양반의 무리를 엄징한다.
5. 노비 문서를 소각한다.
6. 7종의 천인 차별을 개선하고 백정이 쓰는 평량갓은 없앤다.
7. 청상과부의 개가를 허용한다.
8. 무명의 잡세는 일체 폐지한다.
9. 관리 채용에는 지벌(地閥)을 타파하고 인재를 등용한다.
10. 왜와 통하는 자는 엄징한다.
11. 공사채는 물론하고 기왕의 것을 무효로 한다.
12. 토지는 평균하여 분작한다.

○ 평량갓(패랭이)

④ 동학 농민군 2차 농민 전쟁(1894. 10)
  ㉠ 원인 : 일본의 철수거부, 경복궁 점령(1894. 6), 청·일 전쟁 발발 후 내정 간섭
  ㉡ 전개 : 남·북접의 연합군 형성, 우금치·청주성 전투(김개남), 논산 전투·황해도 전투(김구) 등

제2차 동학 농민 전쟁 때의 격문

일본이 구실을 만들어 군대를 동원하여 우리 임금님을 핍박하고 우리 국민을 어지럽게 함을 어찌 그대로 참을 수가 있단 말이오…… 지금 조정의 대신은 망녕되고 구차하게 생명을 유지하며, 위로는 군부를 위협하고 밑으로는 국민을 속여 왜이(倭夷)와 연결하여 삼남의 국민에게 원한을 사며 망녕되게 친병(親兵)을 움직여 선왕의 적자(赤子)를 해하려 하니 참으로 그 무슨 뜻이오.

— 『선유방문병동도상서소지등서(宣諭榜文竝東徒上書所志謄書)』 —

❖ 전봉준 공초(요약) 한능검(韓能檢) 출제 자료

심문자 : 너는 전라도 동학의 괴수라고 하던데, 과연 그러한가?
전봉준 : 처음엔 의를 주장하고자 봉기하였다. 동학 괴수의 명칭은 처음에 없었다.
심문자 : 작년(1894) 3월 무슨 사연으로 고부 등지에서 민중을 크게 모았는가?
전봉준 : 고부 군수(조병갑)의 수탈이 심하여 의거하였다.
심문자 : 흩어져 돌아간 후에는 무슨 일로 군대를 봉기하였는가?
전봉준 : 안핵사 이용태가 내려와 의거 참가자 대다수가 일반 농민[怨民]이었음에도 불구하고 모두를 동학으로 통칭하고 체포하여 살육하였기에 다시 봉기하였다.
심문자 : 고부 민란 때에 동학이 많았는가, 억울한 사람이 많았는가?
전봉준 : 억울한 사람과 동학이 비록 합세하였으나 동학은 적었으며 억울한 사람이 많았다.
심문자 : 전주 화약 이후 다시 군대를 일으킨 이유가 무엇이냐?
전봉준 : 일본이 개화를 구실로 군대를 동원하여 왕궁을 공격하고 임금을 놀라게 하였으니, 충군애국의 마음으로 의병을 일으켜 일본과 싸워 그 책임을 묻고자 함이다.
– 규장각 문서 –

❖ 전봉준의 죽음과 관련된 민요 한능검(韓能檢) 출제 자료

새야 새야 녹두새야 / 웃녘 새야 아랫녘 새야
전주고부 녹두새야 / 함박쪽박 열나무 딱딱 후여
새야 새야 녹두새야 / 녹두꽃이 떨어지면 / 청포 장수 울고 간다
새야 새야 팔왕(八王)새야 / 네 무엇하러 나왔느냐
솔잎 댓잎이 푸릇푸릇 / 하절인가 하였더니
백설이 펄펄 흩날리니 / 저 강 건너 청송 녹죽이 날 속인다.
갑오세, 갑오세(가보세, 가보세) 을미적, 을미적 병신되면 못 가리
– 오지영 『동학사』 –

🅞 들것에 실려 재판을 받으러 가는 전봉준

3 동학 농민 운동의 의의와 한계

① 의의
  ㉠ 농민이 주도가 된 근대 개혁 추진 시도
  ㉡ 반봉건 운동 : 노비 문서 소각, 토지 평균 분작 등 개혁 주장
  ㉢ 반외세 운동 : 의병 투쟁의 선두
② 한계
  ㉠ 근대 국가 건설의 구체적 대안과 인식 미흡
  ㉡ 농민층이 아닌 다양한 지지기반을 확보하지 못함

38 갑오개혁

1 갑오개혁

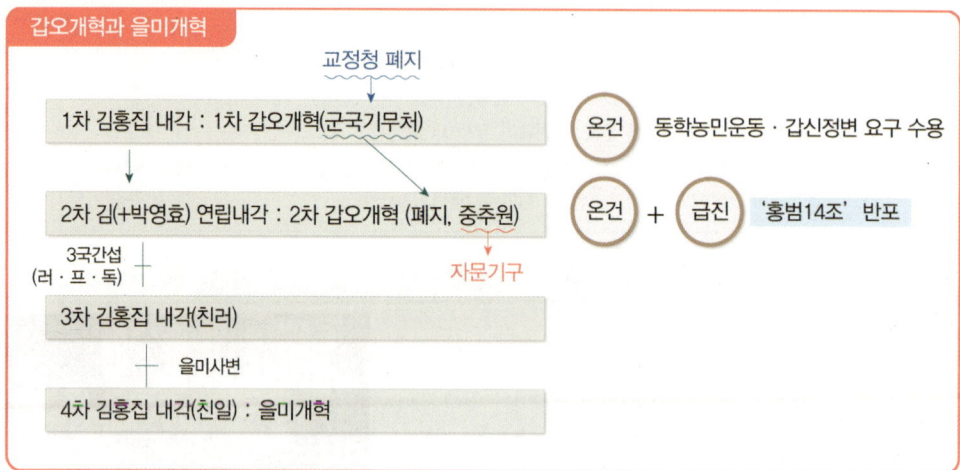

① 배경 : 동학 농민군의 요구를 일부 수용, 일본의 내정 간섭에 맞서 교정청을 설치하고 자주적 개혁 추진
② 전개 : 일본이 경복궁을 점령하고 청일전쟁 발발 후 강요 ➡ 군국기무처 설치(교정청 폐지), 제1차 김홍집 내각 수립(온건개화파) ➡ 일본의 승기(청·일 전쟁)로 내정간섭 강화 ➡ 2차 개혁 실시
③ 개혁의 과정

▶ 1·2차 갑오개혁

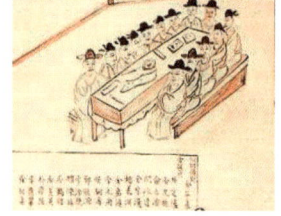

○ 군국기무처

구 분	내 용	특 징
제1차 갑오개혁 (1894. 7. 27 ~ 1894. 12. 27)	• 의정부와 궁내부 분리, 6조 ➡ 8아문 • 과거제 폐지 ➡ 새로운 관리임용제도 마련 • 대간 제도 폐지 • 경무청 신설 • 개국기년의 사용을 의무화 • 재정의 일원화(탁지아문) • 은 본위 화폐 제도(신식화폐장정) • 도량형 통일 • 신분제 폐지 • 조혼 금지, 과부의 재가 허용 • 고문·연좌법 폐지 • 의복 제도의 간소화	• 왕권 약화, 내각권한 강화 • 군국기무처 주도(온건개화파 중심) • 갑신정변과 동학농민군의 요구를 많이 수용함 • 타율적 성격 • 일본인 고문관 및 군사교관의 초빙, 일본 화폐의 조선 내 유통권 허용, 방곡령의 반포 금지조치

제2차 갑오개혁 (1894. 12. 17 ~ 1895. 7. 7)	• 의정부 ➡ 내각, 8아문 ➡ 8부(7부)로 개편
	• 8도를 23부로 개편
	• 재판소 설치(사법권 분리 독립) ➡ 지방관 권한 축소
	• 경찰권 일원화(서울의 치안 담당)
	• 교육입국조서 반포(1895)
	• 한성 사범학교 설립, 외국어 학교 관제 공포
	• 훈련대 사관 양성소, 훈련대, 시위대 설치
		• 군국기무처 폐지
		• 홍범 14조 반포
		  - 2차 김홍집·박영효 연립내각
		    (온건 + 급진개화파)
		• 군제 개혁 미흡(일본의 견제)

✥ 교육입국조서(敎育立國詔書)

세계의 형세를 보면, 부강하고 독립하여 잘사는 모든 나라는 다 국민의 지식이 밝기 때문이다. 이 지식을 밝히는 것은 교육으로 된 것이니, 교육은 실로 국가를 보존하는 근본이 된다. 교육은 그 길이 있는 것이니, 헛된 것과 실용적인 것을 먼저 구별하여야 한다. 이제 짐은 정부에 명령하여 널리 학교를 세우고 인재를 길러 새로운 국민의 학식으로써 국가 중흥의 큰 공을 세우고자 하니, 국민들은 나라를 위하는 마음으로 덕과 건강과 지식을 기를지어다. 왕실의 안전이 국민들의 교육에 있고, 국가의 부강도 국민들의 교육에 있도다.

2 을미개혁

① 전개과정
  ㉠ 삼국 간섭 이후 일본의 입지 약화(박영효 망명)
  ㉡ 제3차 김홍집 내각(친미·친러·배일 정책 추진) → 을미사변 발발
  ㉢ 제4차 김홍집 내각 : 을미개혁(1895) → 을미의병

✥ 명성 황후 살해 사건(을미사변)

고등 재판소에서 심리한 피고 이희화를 교형에 처하도록 한 안건을 법부 대신이 상주하여 폐하께서 재가하였다. …… 일본 장교는 군사의 대오를 정렬하여 합문을 에워싸고 지키도록 명령하여, 흉악한 일본 자객들이 왕후 폐하를 수색하는 것을 도왔다. 이에 자객 20~30명이 …… 전각으로 돌입하여 왕후를 찾았다. …… 자객들은 각처를 찾더니 마침내 깊은 방 안에서 왕후 폐하를 찾아내고 칼로 범하였다. …… 녹원 수풀 가운데로 옮겨 석유를 그 위에 바르고 나무를 쌓아 불을 지르니 다만 해골 몇 조각만 남았다.
― 고등재판소 보고서 ―

② 내용 : 단발령, 종두법, 태양력, 근대 우편제도, 건양 연호, 친위대(중앙)·진위대(지방) 설치, 훈련대 폐지, 소학교령 공포(남녀교육 균등 규정)

3 갑오·을미개혁의 평가

① 긍정적인 측면 : 봉건적 질서를 타파하고 근대화를 추진하기 위한 개혁
② 부정적인 측면 : 일제의 강요에 의한 비자주적 특징, 민중과 유리

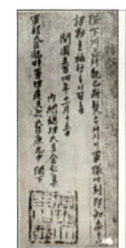

🎧 단발령

39 대한 제국과 독립 협회

1 독립 협회의 활동

① 독립 협회의 결성
  ㉠ 시대상황
    ⓐ 아관파천 이후 친러 내각 성립
    ⓑ 러시아와 일본의 세력균형 속에 이권 침탈이 가속화
  ㉡ 독립 협회의 창립(1896. 7)
    ⓐ 서재필이 독립신문 창간(1896. 4)
    ⓑ 개화 지식인과 관료들이 독립 협회 창립(민중과 지식인·관료 등 다양한 계층 참여)

② 독립 협회의 활동과 만민 공동회
  ㉠ 독립 협회의 주요 활동

○ 독립문

○ 만민공동회

자주국권	1898. 2	• 러시아의 절영도 조차 요구 저지 • 일본의 석탄고 기지를 반환하게 함
	1898. 3	• 만민 공동회를 열어 러시아의 군사 교련단과 재정 고문단을 철수시킴
	1898. 5	• 러시아의 목포, 증남포 해역 토지 매도 저지 • 프랑스, 독일의 광산 채굴권 요구 저지
	1898. 9	• 이권 양도와 관련된 이완용을 제명 처분
자유민권	1898. 3 1898. 10	• 국민의 신체와 재산권 보호 운동 전개 • 언론과 집회의 자유권 쟁취 운동 전개
자강개혁	1898. 3 1898. 10 1898. 10 1898. 11	• 의회 설립 운동 전개 • 보수파 내각 퇴진, 개혁 내각 수립 • 관민 공동회를 개최하여 헌의 6조 채택 • 관선 25명, 민선 25명으로 구성된 중추원 관제를 반포(의회 설립운동)

  ㉡ 독립 협회의 두 흐름

중심인물	서재필	윤치호, 남궁억
개혁방안	• 정부의 전제 군주정안 거부 • 군주의 권한 제한	• 정부와 협조 • 전제 황권 기반 위에 개혁추진(온건개혁)
활동	• 러시아 고문 초빙 비판 • 일부 정부대신 사퇴 종용 • 민권신장 우선 • 만민공동회(1898. 3)	• 관민공동회(1898. 10) : 헌의 6조결의 • 정부는 중추원 구성과 재정개혁 약속

ⓒ 관민 공동회의 헌의 6조(1898. 10)

제 1 조	외국인에게 기대하지 아니하고 관민이 합심 협력하여 전제 황권을 공고히 할 것
제 2 조	외국과 이권에 관한 계약과 조약은 각 대신과 중추원 의장이 합동 날인하여 시행할 것
제 3 조	국가 재정은 탁지부에서 모두 관리하고 예산, 결산을 국민에게 공포할 것
제 4 조	중대 범죄를 공판하되. 피고의 인권을 존중할 것
제 5 조	지방관을 임명할 때에는 정부에 그 뜻을 물어 중의에 따를 것
제 6 조	장정을 실천할 것

ⓔ 해산 : 공화정을 추진하려한다는 모함 속에서 황국협회와 군대를 동원, 정부가 해산시킴

> **❖ 독립 협회에 대한 모함**　　　　　　　　　　　　　　한능검(韓能檢) 출제 자료
>
> 11월 4일 밤, 조병식 등은 건의소청 및 도약소의 잡배들로 하여금 광화문 밖의 내국 조방 및 큰길가에 익명서를 붙이도록 하였다. …… 익명서는 "독립 협회가 11월 5일 본관에서 대회를 열고, 박정양을 대통령으로, 윤치호를 부통령으로, 이상재를 내부대신으로 …… 임명하여 나라의 체제를 공화정치 체제로 바꾸려 한다."라고 꾸며서 폐하게 모함하고자 한 것이다.
> 　　　　　　　　　　　　　　　　　　　　　　　　　　　　　－『대한계년사』－

ⓜ 의의와 한계
  ⓐ 의의 : 국권수호와 민권신장을 목표로 한 밑으로부터의 개혁운동
  ⓑ 한계 : 영국·미국·일본에 대한 이권 침탈은 찬성하는 모습을 보였고, 러시아·프랑스·독일에 대한 이권침탈은 비판하는 이중적 태도

③ 독립협회의 활동과 변천

시 기	성 격	대표 인물	내 용
제 1기(창립기) 1896. 7~1897. 8	개혁파와 고급관료 주도	고문 서재필, 회장 안경수, 위원장 이완용	독립문, 독립관 건립
제 2기(민중 계몽기) 1897. 8~1898. 2	보수 관료 이탈, 재야·신지식인층 주도	위원장제 폐지	토론회, 강연회 개최
제 3기(민중 운동기) 1898. 2~1898. 9	민중 주도	회장 이완용, 부회장 윤치호	만민 공동회(자주국권, 자유민권, 국민 참정권 운동)
제 4기(민중 투쟁기) 1898. 9~1898. 12	민권 투쟁	회장 윤치호, 부회장 이상재	관민 공동회(헌의 6조), 옥외투쟁

2 대한 제국과 광무개혁

① 대한 제국의 수립(1897)
  ㉠ 고종의 환궁 이후 자주적 국가의식 고양
  ㉡ 국호를 대한 제국, 연호 광무 등 칭제 건원
  ㉢ 대한국 국제 반포(1899) : 전제 군주제 강화, 독립주권 천명

> **⁛ 대한국 국제**
>
> 제1조 대한 제국은 세계 만국이 공인한 자주독립 제국이다.
> 제2조 대한 제국의 정치는 만세불변의 전제 정치이다.
> 제3조 대한 제국 대황제는 무한한 군권(君權)을 누린다.
> 제4조 신민(臣民)이 황제의 군권(君權)을 침손할 경우는 신민의 도리를 잃은 자로 본다.
> 제5조 대한 제국 대황제는 육해군을 통솔하고 편제를 정하며, 계엄과 해엄의 권한을 갖는다.
> 제6조 대한 제국 대황제는 법률을 제정하고 그의 반포와 집행을 명하며, 국내 법률을 개정하고 대사·특사·감형·복권의 권한을 갖는다.
> 제7조 대한 제국 대황제는 행정 각 부의 관제와 문관의 봉급 제정 혹은 개정권과 행정 칙령을 내릴 권한을 갖는다.
> 제8조 대한 제국 대황제는 문무관을 임명하며 작위, 훈장 및 기타 영전을 수여·박탈할 권한을 갖는다.
> 제9조 대한 제국 대황제는 각 조약국에 사신을 파견·주재하게 하며 선전·강화 및 제반 조약을 체결할 권한을 갖는다.

② 광무개혁 : 구본신참의 원칙 아래 점진적 개혁 추구

분 야	개 혁 내 용
정 치	• 전제 왕권 강화와 자주독립천명(대한국 국제 1899) • 지방제도 : 23부제를 13도제로 변경 • 평양을 서경으로 승격하고 풍경궁 건설
군 사	• 원수부 설치, 황제호위부대 증강, 무관학교 설립 • 일본으로부터 양무호(1903), 광제호(1904) 구입
경 제	• 양지아문(1898), 지계아문(1901) 설치, 토지조사사업·지계발급사업(1899~1904) • 지계 : 근대적인 토지 소유권 확립 목적 • 상공업 장려책(식산흥업정책, 섬유·운수·광업·금융·철도 등 분야 회사 설립) • 산업학교, 기술교육기관 설립
사 회	• 유학생 파견(근대 산업 기술 습득) • 신교육령에 의해 소학교, 중학교, 사범학교 등 설립
외교	• 해외교민보호 : 해삼위 통상 사무(블라디보스토크), 한·청 통상조약(1899) • 간도관리사 이범윤 파견(간도를 함경도로 편입) • 1900년 울릉도를 울도군으로 승격(대한제국 칙령 41호) • 1903년 국제 적십자 활동에 참여

③ 개혁의 한계 : 외세의 간섭을 벗어나지 못했으며 집권층의 보수적 경향으로 큰 성과를 거두지 못함

△ 지계

40 일제의 국권피탈과 항일 의병 전쟁

1 러·일 전쟁과 일제의 침략

① 러·일 전쟁(1904. 2~1905)
  ㉠ 고종의 중립국 선포(1904. 1)
  ㉡ 만주, 한반도를 둘러싼 러·일의 대립 → 일본의 기습으로 러·일 전쟁 발발
  ㉢ 일본의 승기 → 가쓰라·태프트 밀약(1905. 7) → 제2차 영일 동맹(1905. 8) → 포츠머스 조약(1905. 9)
  ㉣ 열강의 한국에 대한 일본의 독점적 지배권 인정
② 일제의 침략 강화
  ㉠ 한·일 의정서(1904. 2) : 대한 제국의 중립 선포 무시, 외교권 간여와 군사적 요충지 사용을 골자로 하는 한일 의정서 강제 체결

> **한·일 의정서** 한능검(韓能檢) 출제 자료
>
> 제1조 한·일 양국 간에 오래도록 변하지 않는 친교를 유지하고 동양 평화를 확립하기 위하여, 대한 제국 정부는 대일본 제국 정부를 확신하여 시정 개선에 관한 충고를 받아들인다.
> 제2조 대일본 제국 정부는 대한 제국 황실을 확실한 친의(親誼)로써 안전하게 한다.
> 제3조 대일본 제국 정부는 대한 제국의 독립과 영토 보전을 확실히 보증한다.
> 제4조 제3국의 침략이나 내란으로 인하여 대한 제국 황실의 안녕과 영토의 보전에 위험이 있을 경우에는 대일본 제국 정부는 속히 형편에 따라 필요한 조치를 취할 수 있다. 이 목적을 위하여 대한 제국 정부는 대일본 제국 정부의 행동을 위해 충분한 편의를 제공하고, 대일본 제국 정부는 전항의 목적을 달성하기 위하여 군사 전략상 필요한 요충지를 자유롭게 수용할 수 있다.
> 제5조 대한 제국 정부와 대일본 제국 정부는 상호 간에 승인을 거치지 않고 제3국과 이 의정서에 반하는 조약을 맺을 수 없다.

  ㉡ 제1차 한·일 협약(1904. 8) : 전쟁에 유리해지자 고문을 파견하는 것을 내용으로 하는 1차 한·일 협약 체결(외교, 재정 등 각 분야의 실권 장악)

> **한·일 외국인 고문 용빙에 관한 협정서(한·일 협정서, 제1차 한·일 협약)** 한능검(韓能檢) 출제 자료
>
> 첫째, 대한 제국 정부는 대일본 제국 정부가 추천하는 일본인 1명을 재정 고문으로 삼아 재무에 관한 사항은 모두 그의 의견에 따른다.
> 둘째, 대한 제국 정부는 대일본 제국 정부가 추천하는 외국인 1명을 외교 고문으로 하여 외부(外部)에 용빙(傭聘) 하여 외교에 관한 주요 업무를 일체 그 의견에 따른다.
> 셋째, 대한 제국 정부는 외국과의 조약 체결과 기타 중요한 외교 안건, 즉 외국인에 관한 특권 양여와 계약의 처리에 관해서는 미리 대일본 제국 정부와 협의하도록 한다.

⌒ 통감부

2 을사늑약(제2차 한·일 협약, 1905. 11)

① 일본의 의도 : 러·일 전쟁 승리 후 열강들의 묵인 하에 대한 제국 보호국화를 위한 외교권 강탈
② 과정 : 일본군의 무력시위 속에 조약 체결 강요 → 고종의 거부 → 을사 5적의 찬성 → 외교권 박탈, 통감부 설치

3 대한 제국의 멸망

① 헤이그 특사 파견(1907) : 이준·이위종·이상설을 비밀리에 각자 파견
② 고종의 강제 퇴위 : 미국 특사 헐버트와 헤이그 특사 파견을 구실로 고종을 강제 퇴위시킴
③ 한·일 신협약(정미 7조약 체결, 1907) : 내정 장악, 일본인 차관 임명

○ 헤이그 특사(왼쪽부터 이준, 이상설, 이위종)

✧ 한·일 신협약 | 한능검(韓能檢) 출제 자료

제1조 한국 정부는 시정 개선에 관하여 통감의 지도를 받을 것.
제2조 한국 정부의 법령 제정 및 중요한 행정상의 처분은 미리 통감의 승인을 거칠 것.
제3조 한국의 사법 사무는 보통 행정 사무와 이를 구분할 것.
제4조 한국 고등 관리의 임면은 통감의 동의로써 이를 행할 것.
제5조 한국 정부는 통감이 추천하는 일본인을 한국 관리에 용빙할 것.
제6조 한국 정부는 통감의 동의없이 외국인을 한국 관리에 임명하지 말 것.

④ 군대 해산(1907) : 해산 군인이 의병운동에 합류(의병 전쟁)
⑤ 기유각서(1909) : 대한 제국의 사법권과 감옥 사무권 박탈

✧ 기유각서 | 한능검(韓能檢) 출제 자료

첫째, 한국의 사법 및 감옥 사무가 완비되었다고 인정할 때까지 한국 정부는 사법 및 감옥 사무를 일본정부에게 위탁할 것.
둘째, 일본 정부는 일정한 자격을 가진 일본인 및 한국인을 재(在)한국 일본 재판소 및 감옥의 관리로 임용할 것……
넷째, 한국 지방 관청 및 관공리는 직무에 부응하여 사법 및 감옥 사무에 관해 재(在)한국 일본 당해 관리의 지휘·명령을 받고 또 그를 보조할 것……

⑥ 경찰권 위탁 협정(1910. 6) : 대한 제국의 경찰권 박탈
⑦ 국권 피탈(1910. 8) : 총리대신 이완용과 3대 통감 테라우치 간의 한·일 병합 조약 체결(대한 제국 주권 소멸)

✧ 한·일 병합 조약 | 한능검(韓能檢) 출제 자료

제1조 한국 황제 폐하는 한국 전부에 관한 일체 통치권을 완전 또는 영구히 일본국 황제 폐하에게 양여(讓與)한다.
제2조 일본국 황제 폐하는 전조(前條)에 게제한 양여(讓與)를 수락하고, 또한 한국 전체를 일본 제국에 병합함을 승낙한다.
제5조 일본국 황제 폐하는 훈공(勳功) 있는 한국인으로서 특히 표창 받을 만한 자에 대하여 영구히 작위를 수여하고 또한 은급(恩給상금)을 지급한다.
제7조 일본국 정부는 성실하게 새로운 제도를 받아들이는 한국인으로 적당한 자격이 있는 자를 사정이 허락하는 범위 내에서 한국에 있는 정부 관리에 등용한다. ─『일제 침략하 한국 36년사』 ─

4 항일 의병 전쟁의 전개

① 을미의병(1895)

원 인	중심세력	활 동
을미사변과 단발령	위정척사 사상을 계승한 유생층(주도)과 농민층 동학 농민군의 잔여세력 (반봉건으로 인한 갈등유발)	• 지방주요도시 공격, 친일관리·일본인 처단 • 아관파천 이후 단발령 철회 • 국왕의 해산 권고조칙으로 대부분 해산 • 일부 하층 세력 활빈당 등 무장조직으로 전환 • 대표적 의병장 : 유인석, 김백선 등

● 민영환(1861. 7~1905. 11)

✣ 을미의병   한능검(韓能檢) 출제 자료

격문을 띄워 팔도의 여러 마을에 고하노라. 아! 우리 팔도 동포는 차마 망해 가는 나라를 내버려 둘 것인가. 제 할아버지 제 아버지가 나라 없는 백성이 아니었거늘 내 나라 내 집을 위하여 어찌 한두 사람의 의사(義士)도 없단 말인가. …… 원통함을 어찌 하리. 국모의 원수를 생각하며 이미 이를 갈았는데, 참혹한 일이 더욱 심하여 임금께서 또 머리를 깎으시는 지경에 이르렀으니 의관을 찢긴 나머지 또 이런 망극한 화를 만났으매, 천지가 번복되어 우리 고유의 이성을 보전할 길이 없습니다. 우리 부모에게 받은 머리털을 풀 베듯이 베어 버리니 이 무슨 변고입니까. …… 이에 감히 먼저 의병을 일으키고서 마침내 이 뜻을 세상에 포고하노니, 위로 공경(公卿)에서 아래로 서민에 이르기까지 어느 누가 애통하고 절박한 뜻이 없겠습니까.
― 유인석 『창의문』(1895. 12) ―

● 나철(1863. 12~1916. 9)

② 을사·병오의병(1905)

  ㉠ 을사늑약 이후 반대 투쟁

    ⓐ 민영환과 조병세는 자결

    ⓑ 나철과 오기호는 5적 암살단 조직

    ⓒ 장지연은 황성신문에 시일야방성대곡 기재

✣ 시일야방성대곡   한능검(韓能檢) 출제 자료

지난 날 이등 후작(이토 히로부미)이 한국에 옴에 어리석은 우리 국민이 …… 크게 환영하였더니, …… 천만 뜻밖에 5조약이 어찌하여 제출되었는가? …… 우리 대황제 폐하의 거룩하신 뜻이 강경하여 거절하였으니 조약이 성립되지 않은 것인 줄 이등 후작 스스로도 잘 알았을 것이다. 그러나 슬프도다. 저 개돼지만도 못한 이른바 우리 정부의 대신이란 자들은 자기 일신의 영달과 이익이나 바라면서 위협에 겁먹어 머뭇대거나 벌벌 떨며 나라를 팔아먹는 도적이 되기를 감수하였던 것이다. 아, 사천 년의 강토와 오백 년 사직을 다른 나라에 갖다 바치고, 이천만 국민들을 타국의 노예가 되게 하였으니, …… 아! 원통한지고, 아! 분한지고, 우리 이천만 타국인의 노예가 된 동포여! 살았는가? 죽었는가? 단군·기자 이래 사천 년 국민 정신이 하룻밤 사이에 갑자기 망하고 말 것인가. 원통하고 원통하다. 동포여! 동포여!
― 황성신문(1905. 11. 20) ―

● 장지연(1864. 11~1921. 10)

  ㉡ 의병 운동

원 인	중심세력	활 동
을사늑약	• 유생층과 평민의병장의 대두	• 전국적으로 대규모 확대 • 평민주도부대 산악근거지 활용 • 소규모 유격전 전개 • 대표적 의병장 : 최익현, 신돌석 등

● 최익현(1833. 12~1906. 11)

✛ 포고팔도사민(布告八道士民, 의병 포고문)

아, 원통하도다! 오늘날의 국사를 차마 말로 할 수 있으랴. 옛날에 나라가 망할 때는 종사만 멸망할 뿐이었는데, 오늘날 나라가 망할 때는 인종까지 함께 멸망하는구나. 옛날에 나라를 멸망시킬 때에는 전쟁으로써 하더니 오늘날 나라를 멸망시킬 때에는 계약으로 하는구나. 전쟁으로 한다면 그래도 승패의 판가름이 있겠지만 계약으로 하는 것은 스스로 망하는 길로 나아가는 것이다. 아! 지난 10월 20일의 변은 전세계 고금에 일찍이 없었던 일일 것이다. 우리에게 이웃 나라가 있어도 스스로 결교(結交)하지 못하고, 타인을 시켜 결교하니 이것은 나라가 없는 것이요, 우리에게 토지와 인민이 있어도 스스로 주장하지 못하고 타인을 시켜 대신 감독하게 하니, 이것은 임금이 없는 것이다. 나라가 없고 임금이 없으니 우리 삼천만 인민은 모두 노예이며 신첩일 뿐이다. 남의 노예가 되고 남의 신첩이 된다면 살았다 하여도 죽는것만 못하다.

③ 정미의병(1907)

◉ 정미의병

배 경	중심세력	활 동
고종의 강제퇴위와 군대해산	• 각계각층(전직관리·유생·군인·농민·포수)등이 참여 • 해산군인합류로 준 군사조직화(의병전쟁)	• 서울진공작전 : 13도 창의군 결성(이인영·허위 등 유생 주도, 평민 의병장 배제) ➡ 서울 탈환 실패 • 각국 영사관에 의병을 국제법상 교전단체로 인정해줄 것을 요구 • 호남 의병의 유격전 전개 ➡ 남한대토벌작전(1909) ➡ 만주·연해주로 이동(독립군 태동)

✛ 서울 진공 작전

용병(用兵)의 요체는 고립을 피하고 일치단결하는 데 있다. 각 도의 군사를 통일하여 뚝이 무너질 듯 근기(近畿) 지방으로 밀려들어가면 온 천하를 우리 보물로 하기는 불가능하더라도 한국 문제를 해결하는 데 유리하게 될 것이다.
– 대한매일신보 발췌록 –

④ 의사와 열사들의 항일 투쟁
  ㉠ 장인환과 전명운 : 미국 샌프란시스코에서 스티븐스 암살
  ㉡ 안중근 : 만주 하얼빈 역에서 초대 통감 이토 히로부미 사살
  ㉢ 나철과 오기호 : 5적 암살단
  ㉣ 이재명 : 명동성당에서 이완용 저격 시도

◉ 장인환(1876. 3~1930. 5)

◉ 전명훈(1884. 6~1947. 11)

◉ 안중근(1879. 9~1910. 3)

✛ 안중근의 동양평화론과 조마리아

네가 만약 늙은 어미보다 먼저 죽은 것을 불효가 생각한다면, 이 어미는 웃음거리가 될 것이다. 너의 죽음은 너의 한 사람 것이 아니라 조선인 전체의 공분을 짊어지고 있는 것이다. 네가 항소를 한다면 그것은 일제에 목숨을 구걸하는 짓이다. 네가 나라를 위해 이에 이른즉 딴 맘먹지 말고 죽으라. 옳은 일을 하고 받은 형이니 비겁하게 삶을 구하지 말고 대의에 죽는 것이 어미에 대한 효도이다. 아마도 이 편지가 어미가 너에게 쓰는 마지막 편지가 될 것이다. 여기에 너의 수의를 지어 보내니 이 옷을 입고 가거라. 어미는 현세에 너와 재회하기를 기대치 않으니, 다음 세상에는 반드시 선량한 천부의 아들이 되어 이 세상에 나오너라.
– 조마리아가 아들 안중근에게 쓴 편지 –

41 애국 계몽 운동

1 애국 계몽 운동의 전개

① 성격 : 교육, 언론, 종교 등 문화 활동과 산업 진흥을 통해 실력을 양성하고 국권을 회복하자는 운동(사회 진화론의 영향)
② 중심 세력 : 서울과 지방의 지식인, 관료, 개혁적 유학자 등 진보적 지식인
③ 정치 결사 운동
  ㉠ 보안회(1904) : 보국안민 기치, 일제의 황무지 개간권 요구 철회(민중집회)

❖ 보안회 〈한능검(韓能檢) 출제 자료〉
서울 시민들이 보안회를 조직하였다. 많은 사람들이 앞다투어 상소를 하였고 소청과 회의소를 설치하니 서울과 지방에서 모인 사람들이 수만 명이나 되었다. 이에 일본인들은 보안회의 위원 송수만, 송인섭 등을 수감하였다.
― 황현 『매천야록』 ―

  ㉡ 헌정연구회(1905) : 입헌군주제 수립과 민권 확대를 바탕으로 대중 계몽운동 추진
  ㉢ 대한자강회(1906) : 헌정 연구회 계승
    ⓐ 전국에 25개 지회 설치, 교육·언론·종교 등 문화운동 치중
    ⓑ 고종 퇴위 반대 운동 전개

❖ 대한 자강회 취지문 〈한능검(韓能檢) 출제 자료〉
무릇 우리나라의 독립은 오직 자강의 여하에 있을 따름이다. …… 자강의 방법을 생각해 보면 다름 아니라 교육을 진작함과 식산흥업(殖産興業)에 있다. 무릇 교육이 일어나지 못하면 민중의 슬기가 열리지 못하고 산업이 발전하지 못하면 국부가 증가하지 못한다. 그러한즉 민중의 슬기를 계발하고 국력을 기르는 길은 무엇보다도 교육과 산업의 발달에 있지 않겠는가. 이는 교육과 산업의 발달이 곧 단 하나뿐인 자강의 방법임을 알려주는 것이다.
― 황성신문(1906. 4. 2) ―

  ㉣ 대한협회(1907) : 전국에 70여 지회 설치, 일진회의 관여로 친일 단체로 변질
  ㉤ 신민회(1907)
    ⓐ 비밀결사로 조직, 국권 회복과 공화정체의 근대 국민 국가 건설이 목표
    ⓑ 안창호, 양기탁, 김구 등 사회 전반의 각계각층이 망라된 결사단체
    ⓒ 민족 교육 육성 : 보창·오산·대성학교 설립
    ⓓ 민족 산업 육성 : 태극서관, 자기회사 설립
    ⓔ 해외 독립운동기지 건설 : 신흥 무관학교(남만주 삼원보), 밀산 무관학교, 동림 무관학교
    ⓕ 일제가 조작한 105인 사건으로 해산

🎧 대한 자강회 월보

🎧 안창호(1878. 11~1938. 3)

🎧 양기탁(1871. 4~1938. 4)

✦ 신민회 설립 취지문

> 신민회는 무엇을 위하여 일어남이뇨? 민습(民習)의 완고 부패에 신사상이 시급하며, 민습의 우미(愚迷 : 어리석고 사리에 어두운)에 신교육이 시급하며, 열심의 냉각에 신 제창이 시급하며, 원기의 모패(耗敗 : 줄고 시듦)에 신 수양이 시급하며, 도덕의 타락에 신 윤리가 시급하며, 실업의 조췌(凋悴 : 시듦)에 신 규범이 시급하며, 정치의 부패에 신 개혁이 시급이라. 천만 가지 일에 신(新)을 기다리지 않는 바 없도다. ……무릇 우리 대한인은 내외를 막론하고 통일 연합으로써 그 진로를 정하고 독립 자유로써 그 목적을 세움이니, 이것이 신민회가 원하는 바이며 신민회가 품어 생각하는 까닭이니, 간단히 말하면 오직 신 정신을 불러 깨우쳐서 신 단체를 조직한 후에 신국(新國)을 건설할 뿐이다.
>
> – 주한 일본 공사관 기록(1909) –

④ 교육과 언론 활동
　㉠ **교육운동** : 서북학회, 기흥학회 등 학회나 사립학교 설립. 근대학문, 민족의식 고취
　㉡ **언론활동** : 제국신문, 황성신문, 대한매일신보, 만세보 등 발간, 시일야방성대곡(황성신문, 장지연), 일제침략규탄(대한매일신보)

2 애국 계몽 운동의 의의와 한계

① 의의
　㉠ 민족의 역량 고취(국민적 기반 확대, 실력 양성)
　㉡ 독립 운동의 기반 마련(신민회가 해외 독립운동기지 건설)
　㉢ 민족 독립 운동의 정신적 기반 마련
② 한계 : 실력 양성의 한계점에서 친일로 변질될 가능성이 높음

42 열강의 경제침탈과 경제적 구국운동

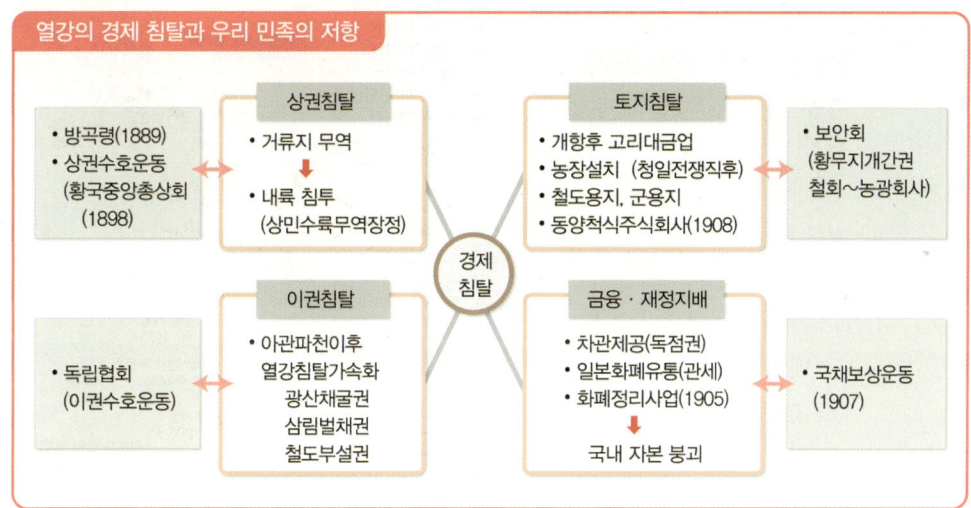

1 열강의 경제 침탈

① 일본 상인의 침투(개항 이후)
  ㉠ 일본 상인의 특권 : 치외 법권, 수출입 상품의 무관세, 양곡의 무제한 유출 허용 (강화도 조약과 조·일 통상 장정)
  ㉡ 거류지 무역 : 활동 범위를 거류지 내(개항장 10리)로 제한하자 일본 상인들은 조선 중개 상인(객주, 여각, 보부상 등)을 매개로 활동
  ㉢ 중개 무역 : 일본 상인들이 영국산 면직물을 들여와 팔고, 쌀·콩·쇠가죽·금 등을 유출로 국내 면직물 공업 타격과 쌀값 폭등

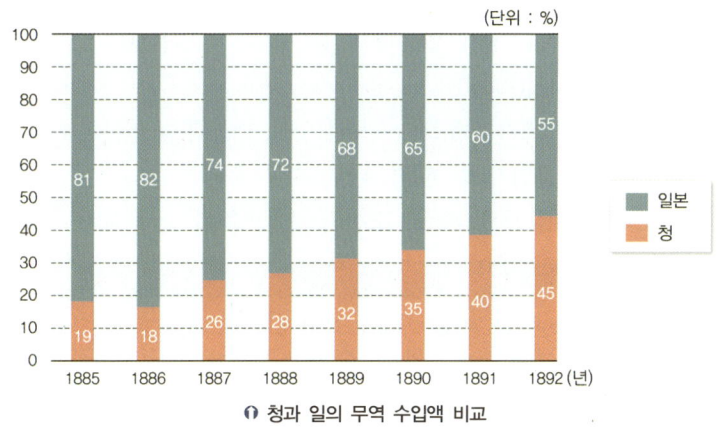

↑ 청과 일의 무역 수입액 비교

② 청과 일본의 상권 침탈 경쟁
  ㉠ 청 상인들의 세력 확대
    ⓐ 임오군란 이후 청의 정치적 영향력 강화 → 조·청 상민 수륙 무역 장정 체결(내륙 침투 허용)
    ⓑ 최혜국 규정에 따라 다른 나라 상인들도 내륙 진출로 국내 상인 몰락

ⓒ 청·일 상인의 경쟁
  ⓐ 일본 상인의 무역 독점 종식 → 청·일 상인 간의 치열한 경쟁
  ⓑ 조선의 무역 수지 점점 악화
③ 열강의 이권 침탈
  ㉠ 아관파천 이후 최혜국 대우 (이익 균점의 원리)를 내세워 각종 이권 침탈(철도 부설권, 광산 채굴권, 삼림 벌채권, 전선 가설권 등)
  ㉡ 철도 부설권
    ⓐ 경인선(1899) : 미국인 모스가 시작하였으나 일본에게 매도
    ⓑ 경부선(1901~1905) : 일본이 완공
    ⓒ 경의선(1904~1906) : 프랑스가 시작하였으나 일본이 부설권이 완공
  ㉢ 광산 채굴권 : 미국의 운산 금광 채굴권, 러시아가 경원·종성·경성 광산 채굴권 획득

❶ 열강의 이권 침탈

  ㉣ 산림 벌채권 : 러시아가 압록강·두만강·울릉도 산림 벌채권을 획득
④ 일제의 금융·재정 지배 정책
  ㉠ 차관 제공 정책
    ⓐ 청·일 전쟁 이후 차관 제공 강요 : 해관 운영권, 차관 독점권 장악
    ⓑ 러·일 전쟁 이후(대한제국의 화폐정리, 시설 개선 명목) : 재정의 예속화
  ㉡ 일본 화폐 유통 : 관세 일본화폐 징수(일본 제일은행)
  ㉢ 화폐 정리 사업(1905)
    ⓐ 재정고문 메가다 주도, 구 화폐(엽전, 백동화)를 일본의 제일 은행권으로 교환
    ⓑ 국내 상공업자 큰 타격, 국내 자본 붕괴
    ⓒ 국내 자본 은행 파산, 조선의 재정, 화폐, 금융지배

❶ 일본 제일은행에서 발행한 지폐

❶ 백동화

> ✜ **화폐 정리 사업(1905)** 　　　　　　　　　　　**한능검(韓能檢) 출제 자료**
> • 상태가 매우 양호한 백동화는 개당 2전 5리의 가격으로 새 돈과 교환하여 주고, 상태가 좋지 않은 을종 백동화는 개당 1전의 가격으로 매수하며, …… 단 형질이 조악하여 화폐로 인정하기 어려운 병종 백동화는 매수하지 않는다. 　　　　　　　　　　　　　　　　　　　　　　　- 탁지부령 제1호(1905. 6) -
> • 아무런 예고도 하지 않고 돌연히 이와 같은 발표를 하고 바로 실시함은 실로 배우지 못한 백성을 죽이는 것으로, 어떤 근거도 찾을 수 없다. ……　　　　　　　　　　- 경성 상업 회의소 의원이 일본 정부에 제출한 청원서 -

⑤ 토지수탈
  ㉠ 개항 직후 고리대금업, 토지 수탈
  ㉡ 청·일 전쟁 직후 전주, 군산, 나주 일대에 대규모 농장 설치

ⓒ 을사늑약 이후 토지가옥 증명규칙, 국유지·미개간지 이용법 시행
ⓔ 철도용지, 군용지 명목으로 토지 약탈
ⓜ 동양 척식 주식회사 설립(1908) : 국가 소유의 미개간지와 역둔토의 계획적 약탈
⑥ 산업침탈
ⓐ 삼림법, 어업법, 어염세법 : 삼림, 어업, 제염업 장악
ⓑ 철도를 이용, 상품 시장 확대, 원료수탈지화

2 경제적 구국 운동의 전개

(1) 경제 주권 수호 운동
① 방곡령
ⓐ 일본으로 곡물 유출 급증, 흉년 → 곡물 부족과 가격 폭등
ⓑ 황해도, 함경도 등지에서 방곡령 시행
ⓒ 일본의 압력으로 철회, 배상금 지불
② 상권 수호 운동
ⓐ 1880년대 조·청 상민수륙통상장정(1882. 8)이후 청과 일본 등 외국상인의 내륙 침투
ⓑ 서울상인 중심으로 철시·시위 운동 전개, 개항장에서 상권 수호 투쟁
ⓒ 청·일 전쟁 이후 황국 중앙 총상회 조직(1898, 시전상인)은 독립협회와 연계함
③ 독립 협회의 이권 수호 운동
ⓐ 활동
　ⓐ 러시아의 절영도조차 요구(저탄소 설치 목적)
　ⓑ 한·러 은행 설치(화폐 발행권·국고 출납권 등 이권 획득 목적)
　ⓒ 군사 기지 설치를 위한 도서 매입 추진을 막기 위해 만민공동회 개최
ⓑ 헌의 6조에서 외국인의 이권 금지를 강조
④ 황무지 개척권 요구 철회 운동
ⓐ 러·일 전쟁 중 일본의 요구 : 농광회사(1904) 설립으로 일본의 목적 저지하려 함
ⓑ 보안회의 요구로 일본이 황무지 개간권을 철회
⑤ 국채 보상 운동(1907)
ⓐ 배경 : 일제의 차관 제공을 통한 대한제국 예속화 의도(1300만원의 국채)
ⓑ 전개
　ⓐ 대구를 중심으로 국채 보상 운동 전개
　ⓑ 국채보상기성회 중심, 『대한매일신보』, 『황성신문』, 『제국신문』, 『만세보』 등 언론 참여
　ⓒ 모금운동, 금연운동, 패물·폐지 운동 전개하여 전국적 확대(600여 만원 모금)
ⓒ 좌절 : 통감부의 방해로 실패
ⓓ 의의와 한계 : 민중들이 자발적으로 참여했다는 점에서 의의가 있으나, 상층민·명문가·부호 등의 참여가 거의 없어 장기적으로 지속되지 못함

국채 보상 운동 취지서

국채 1천 300만 원은 우리 한 제국의 존망에 직결된 것이다. 이것을 갚으면 나라가 보존되고 이것을 갚지 못하면 나라가 망할 것은 대세가 반드시 그렇게 이르는 것이다. 현재 국고에서는 이 국채를 갚아 버리기 어려운 즉, 장차 삼천리강토는 우리나라와 백성의 것이 아닌 것으로 될 위험이 있다. 토지를 한번 잃어버리면 다시 회복하기 어려운 것이다. 어떻게 월남 등의 나라와 같은 처지를 면할 수 있을까? 2천만 인이 3개월을 한정하여 담배의 흡연을 폐지하고 그 대금으로 1인마다 20전씩 징수하면 1,300만 원이 될 수 있다. 우리 2천만 동포 중에 애국 사상을 가진 이는 기어이 이를 실시해서 삼천리 강토를 유지하게 되기를 간절히 바라는 바이다.

– 대한매일신보(1907. 2. 22) –

(2) 정부의 노력과 산업 자본의 성장

① 정부의 노력
  ㉠ 서양과학기술 도입, 광공업의 개발, 도로·항만 확충, 농업 개량의 추진, 공장제도와 회사제도의 도입 등을 추진
  ㉡ 대한 제국의 상공업 진흥 정책(식산흥업 정책) 본격 추진
    ⓐ 방직업 근대화 : 서양 직조 기계 도입, 농상회사, 인공 양잠 전습소, 잠업시험장 설치
    ⓑ 유학생 파견(기술도입과 교육)
    ⓒ 농상공학교 설립

② 상회사의 설립과 상업자본의 성장
  ㉠ 개항장의 객주 : 객주회(동업조합)설립
  ㉡ 시전상인 : 황국 중앙 총상회 조직, 근대적 생산 공장에 투자
  ㉢ 경강상인 : 일부 증기선 구입, 서울 중심의 미곡 유통에서 상권 유지
  ㉣ 대동상회(평양상인), 장통회사(서울상인)
  ㉤ 종삼회사(개성상인), 호상상회(미곡 무역 담당)
  ㉥ 철도회사 : 부하철도회사(1898), 대한철도회사(1899)
  ㉦ 광업회사 : 해서철광회사(1900), 수인금광합자회사(1903)
  ㉧ 육운회사 : 이운사(1892), 통운사(1901)
  ㉨ 해운회사
    ⓐ 전운국(1886) : 해운사무 전담, 기선 도입 운영
    ⓑ 대한협동우선회사(1900), 인천윤선주식회사(1900)

③ 산업자본의 형성과 발전
  ㉠ 유기산업 : 조선 유기 상회
  ㉡ 대한 직조 공장, 종로·한성 직조 공장 등 40여 개의 직조공업 형성
  ㉢ 평양 자기 제조 회사(신민회의 이승훈)
  ㉣ 정부의 지원(민간회사 설립지원)

④ 은행 설립
  ㉠ 조선은행(1896~1900) : 조선인 관료 중심
  ㉡ 한성은행(1897), 천일 은행(1897)

⑤ 결과
  ㉠ 자금 부족, 기술 및 운영 방식 미숙
  ㉡ 일제의 방해, 외국 상인의 상권 잠식

43 근대 문물의 수용

1 언론기관의 발달

시기	언론 단체	언론 활동
개항 이후	한성순보 (1883~1884)	• 최초의 신문(박문국) • 순한문 → 개화 필요성 계몽 목적(정부) • 갑신정변 때 폐간(1886년 한성주보로 개편)
	한성주보 (1886~1888)	• 국한문 혼용 • 최초로 광고 게재
	독립신문 (1896~1899)	• 최초의 민간 신문, 정부의 지원을 받아 창간 • 순한글, 영문 • 개혁 정책 홍보, 대중계몽, 근대화 실현, 외국인에게 국내 사정 전달 • 독립 협회 해산 후 폐간(1899)
대한 제국 수립 이후	황성신문 (1898~1910)	• 남궁억 중심, 유림층 대상 • 국한문 혼용 • 고금제 : 합자회사(부족한 자본금 충당) • 외신 게재 : 영국 로이터통신사와 정식으로 계약 체결, 외신 공급 • 을사늑약을 규탄하는 장지연의 『시일야방성대곡』 게재
	제국신문 (1898~1910)	• 이종일 중심 • 순한글 • 하층민과 부녀자 대상 • 신교육 · 실업 발달 강조 • 한일의정서 체결 반대 사설, 일제 및 무능한 정부에 대한 비판 기사 게재
	매일신문 (1898~1899)	• 순한글 • 협성회에서 발간 • 재정 문제로 창간 1년 3개월 만에 폐간
대한 제국 수립 이후	대한매일신보 (1904~1910)	• 양기탁, 베델을 중심으로 창간 • 순한글 → 국한문 혼용 • 반일논조, 의병투쟁 보도, 항일논설 게재 → 일본의 사전검열을 받지 않았음 • 을사늑약의 무효를 주장하는 고종의 친서 게재 • 국채보상운동 지원 • 베델 추방, 양기탁 구속 → 신문지법 제정(1907)으로 위축 • 경술국치 다음날부터 제호를 '매일신보'로 바꿔 총독부 기관지로 바뀜 • 시일야방성대곡 게재
	만세보 (1906~1907)	• 손병희 · 오세창 · 이인직 중심 • 천도교 기관지 • 국한문 혼용 • 일진회(이용구) 공격 • 국민교육, 특히 여성교육과 여권 신장에 관심 • 재정난으로 인해 대한신문으로 개칭(1907, 이인직) → 친일 내각의 기관지화

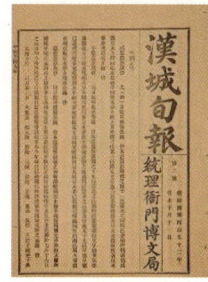

◐ 한성순보

◐ 독립신문

◐ 황성신문

◐ 대한매일신보

	경향신문 (1906~1910)	• 프랑스 드망즈(F. Demange) 신부 • 국민 계몽의 천주교 권익 보호, 교회의 기관지적 성격 • 천주교 기관지 • 순한글 • 현실 정치에 소극적, 일본의 한국 지배를 인정하는 자세를 보임
	대한민보 (1909~1910)	• 오세창 중심 • 순한글 • 대한 협회의 기관지 • 국민신보에 대항
	경남일보 (1909~1914)	• 김홍조 중심 • 최초의 지방 신문
	국외 발간 신문	• 미주 본토 : 공립신보(1905~1909, 신한민보로 개칭), 신한민보(1909년 최초 간행, 1974년 이후 월간으로 발간) • 하와이 : 한인합성신보(1907~1909), 신한국보(1909~1913) • 연해주 : 해조신문(1908. 2~1908. 5), 대동공부(1908~1910)

2 전기 시설

① 한성 전기 회사(1898) : 미국인 콜브란과 합자 설립
② 전등(1887) : 경복궁에서 우리나라 최초로 점등식을 함
③ 전차(1899) : 한성전기회사가 만든 전차가 서울 서대문과 청량리 사이를 최초로 운행

◎ 한성전기회사의 전차

3 통신

① 전화 가설(1898) : 궁중 전용으로 도입되어 궁궐 안에 가설되었고 1902년부터 민간에 보급
② 우편(1884) : 우정총국을 시작으로 각지에 우체사의 설치로 확대

4 교통

① 철도
  ㉠ 경인선(1899) : 최초로 인천(제물포)과 노량진(서울)을 잇는 철도, 처음에 미국인 모스에게 주어졌다가 일본인 회사에 전매
  ㉡ 경부선(1905)과 경의선(1906) : 경부선 부설권은 일본에, 경의선 부설권은 프랑스에 특허되었으나, 결국은 러·일 전쟁 중에 일본의 군사적 목적에 의하여 부설됨
② 자동차 : 일부 지역에서 운행되기 시작

◎ 광혜원

5 의료 기술

① 지석영과 종두법(1885) : 종두법을 배운 지석영은 본격적으로 우두 접종을 실시

② 광혜원(1885. 2) : 최초의 근대식 병원인 광혜원을 서울에 설립하였고 선교사 알렌이 운영
③ 제중원(1885. 3) : 광혜원을 제중원으로 개칭
③ 세브란스 병원(1904) : 제중원을 세브란스로 개칭

6 출판

① 박문국(1993) : 최초의 관보인 한성순보 간행, 여기에서 한성순보를 발간
② 광인사(1884) : 최초의 민간 출판사로 설립

7 화폐 주조

① 최초의 은화폐인 대동폐(1882)를 주조
② 전환국(1883) : 묄렌도르프의 건의로 당오전을 유통

8 근대 건축

① 독립문(1896) : 프랑스 개선문을 모방하여 독립 협회가 건립
② 명동 성당(1898) : 종현 성당으로도 불리며 고딕 양식의 건축물
③ 덕수궁 석조전(1910) : 르네상스 양식의 건축물

🎧 명동성당

9 교육

① 원산학사(1883. 3) : 최초의 근대 사립학교로 함경도 덕원 주민들이 설립, 무술 교육 실시
② 동문학(1883. 8) : 묄렌도르프가 정부 지원으로 설립한 외국어 교육 기관, 통역관을 양성
③ 육영공원(1886) : 정부가 설립한 최초의 관립학교로, 상류층 자제들을 대상으로 교육

🎧 덕수궁 석조전

민족 독립 운동의 전개와 일제의 강점

- 44 일제의 식민 통치 체제
- 45 3·1 운동
- 46 대한민국 임시정부
- 47 국내 항일 운동과 민족 유일당 운동
- 48 무장 독립 전쟁의 전개
- 49 중국 본토의 민족 독립 운동과 의열 투쟁
- 50 민족 문화 수호 운동

44 일제의 식민 통치 체제

1 헌병 경찰 통치(1910년대)

① 조선 총독부
  ㉠ 총독의 권한 : 행정·입법·사법 및 군대 등 권력 장악(일왕 직속)
  ㉡ 정무총감 : 행정 사무 총괄 지휘
  ㉢ 중추원 : 친일파 한국인 참여, 총독 자문 기구(3·1운동 이전까지 회의조차 소집되지 않음)
  ㉣ 지방 행정 조직 : 도·부·군·면으로 구성
② 무단 통치(헌병 경찰)
  ㉠ 헌병 경찰 통치 : 헌병 사령관이 경무총감, 헌병이 경찰권 행사, 즉결 처분권(범죄 즉결례, 경찰범 처벌 규칙), 태형 시행

> **조선 태형령(朝鮮笞刑令, 1912. 3. 18)** 한능검(韓能檢) 출제 자료
>
> 제1조 3월 이하의 징역 또는 구류에 처하여야 할 자, 100원 이하의 벌금 또는 과료에 처할 자 중 다음 각 호에 해당할 때는 그 정상에 따라 태형에 처할 수 있다.
> 1. 조선 내에 일정한 주소를 가지고 있지 않을 때
> 2. 무자산이라고 인정될 때
> 3. 제6조 태형은 태(笞)로서 볼기를 치는 방법으로 집행한다.
> 4. 제11조 태형은 감옥 또는 즉결관서에서 비밀히 집행한다.
> 5. 제13조 본령은 조선인에 한해 적용한다.
> – 조선 총독부 관보 –

  ㉡ 보안법 : 결사, 정치 집회의 해산
  ㉢ 신문지법 : 신문발행금지,
  ㉣ 출판법 : 서적 몰수
  ㉤ 언론·출판·집회·결사의 자유 허용하지 않음
  ㉥ 교원·관리까지 제복, 칼 착용
  ㉦ 민족 운동 탄압 : 105인 사건 조작, 독립 운동가 색출

ⓝ 교원의 칼 착용

2 1910년대 일제의 경제 수탈

① 토지 조사 사업(1912~1918)
  ㉠ 명분 : 근대적 소유권이 인정되는 토지 제도 확립
  ㉡ 실제 목적
    ⓐ 토지세 확보 : 식민 지배 재정 확보
    ⓑ 토지 약탈 : 식량 공급지화
  ㉢ 내용
    ⓐ 조사 대상 : 토지 소유권, 지형, 지목, 토지가
    ⓑ 신고 방법 : 복잡한 절차, 짧은 기간에 신고(기한부 신고제)

ⓔ 결과
ⓐ 정부·황실 소유지, 미신고지, 소유권 불명확한 토지는 총독부 차지한 뒤 동양척식주식회사 등에 불하, 국내에 일본인 지주 증가
ⓑ 경작권, 영구 임대 소작권, 입회권 불허로 기간제 소작농 증가
ⓒ 몰락 농민 : 만주·연해주 이주
ⓓ 과세지 증가로 총독부 수입 급증

❶ 동양 척식 주식회사

토지 조사령(1912) — 한능검(韓能檢) 출제 자료

제1관 토지의 조사 및 측량은 본령에 의한다.
제4관 토지 소유자는 조선 총독이 정하는 기간 내에 주소·씨명, 명칭 및 소유지의 소재, 지목, 자번호(字番號), 사표(四標), 등급 지적, 결수(結數)를 임시 토지 조사 국장에게 신고해야 한다. 단, 국유지는 보관 관청이 임시 토지 조사 국장에게 통지해야 한다.
제6관 토지의 조사 및 측량을 할 때, 조사 및 측량 지역 내의 2인 이상의 지주로 총대를 선정하고, 조사 및 측량에 관한 사무에 종사하게 할 수 있다.
제17관 임시 토지 조사국은 토지 대장 및 지도를 작성하고, 토지의 조사 및 측량에 대해 사정(査定)으로 확정한 사항 또는 재결을 거친 사항을 이에 등록한다. – 조선 총독부 관보(1912. 8. 13) –

② 회사령(1910) : 회사 설립의 허가제를 실시하여 민족 자본 형성 장애

회사령 — 한능검(韓能檢) 출제 자료

제1조 회사의 설립은 조선 총독의 허가를 받아야 한다.
제2조 조선 외에서 설립한 회사가 조선에 본점이나 또는 지점을 설립하고자 할 때는 조선 총독의 허가를 받아야 한다.
제5조 회사가 본령이나 혹 본령에 의거하여 발하는 명령과 허가 조건에 위반하거나 또는 공공질서와 선량한 풍속에 반하는 행위를 할 때 조선 총독은 사업의 정지, 지점의 폐쇄 또는 회사의 해산을 명한다.

③ 어업령(1911) : 어업 주도권 장악
④ 은행령(1912) : 보통은행 설립 기준 강화
⑤ 광업령(1915) : 광산물 약탈
⑥ 상품시장 및 원료 공급지화를 위해 도로, 항만, 철도 건설
⑦ 전매 제도 실시 : 소금, 인삼, 담배 등을 전매

3 문화 통치(1920년대)

① 배경 : 3·1운동으로 거족적이고 단결된 저항이 일어나자 문화 통치(민족 기만 전술)로 선회
② 내용
  ㉠ 총독의 자격기준 : 무관 뿐만 아니라 문관 총독도 임명 가능(문관이 총독에 임명되지 못함)
  ㉡ 헌병경찰제에서 보통경찰제로 변경 하였으나 고등 경찰제 치안 유지법으로 탄압은 더욱 강화

> **치안 유지법**
>
> 제1조 국체를 변혁 또는 사유 재산 제도를 부인할 목적으로 결사를 조직하거나, 또한 그 내용을 알고 이에 가입한 자는 10년 이하의 징역 또는 금고에 처한다. 전항의 미수자도 이를 처벌한다.
> 제5조 제1조 제1항, 제3조의 죄를 범하게 할 것을 목적으로 금품 기타 재산상의 이익을 공여하거나 또는 신입(申込) 혹은 약속한 자는 5년 이하의 징역 또는 금고에 처함. 그 정을 알고 공여를 받거나 또는 그 요구 혹은 약속한 자도 또한 동일하게 처벌한다.

ⓒ 언론·집회·결사의 자유 부분 허용(동아·조선일보 간행 허용 하였으나 검열 강화)
ⓔ 제2차 조선 교육령 : 교육 기회 확대, 초등 교육·실업 교육 부분 강화
ⓜ 도평의회, 면협의회, 학교평의회 설치(친일파 중심의 지방 자치적 요소)

③ 본질 : 민족의 이간, 분열, 기만전술, 친일파 육성이 목표(일부 민족성 개조·자치 운동 등 개량 운동으로 선회)

4 1920년대 일제의 경제 수탈

① 산미 증식 계획(1920~1934)
  ㉠ 배경 : 급격한 공업화로 농업부문 해체, 식량 부족 초래(일본)
  ㉡ 목적 : 일본 내 부족한 쌀 수요를 충족시키기 위해 최소한의 투자로 많은 수탈을 이루려 함
  ㉢ 내용 : 1920년부터 15년 계획 920만석 증산, 500만석 일본 유출 계획, 논의 비중 증대, 수리 시설 개설, 종자 개량 등 증산계획
  ㉣ 결과
    ⓐ 증산 목표 미달 : 수탈량 계획대로 추진, 한국 식량 사정 악화
    ⓑ 식민지 지주제 강화 : 수리조합비, 생산비용 증대 농민 부담(농민 몰락)

> **산미 증식 계획**
>
> 일본에서의 쌀 소비는 연간 약 6천5백만 석인데, 일본 내 생산고는 약 5천8백만 석을 넘지 못해 해마다 그 부족분을 다른 제국 및 외국에 의존하는 형편이다. 게다가 일본의 인구는 해마다 약 70만 명씩 증가하고 있을 뿐만 아니라 국민 생활의 향상과 함께 1인당 소비량도 역시 점차 증가하게 될 것은 필연적인 대세이다. 따라서 장래 쌀 공급은 계속 부족해질 것이고, 그러므로 지금 미곡의 증수 계획을 수립하여 일본 제국의 식량 문제를 해결하는데 도움을 주는 것은 진실로 국책상 급무라고 믿는다. - 조선 총독부 농림국, 1926 -

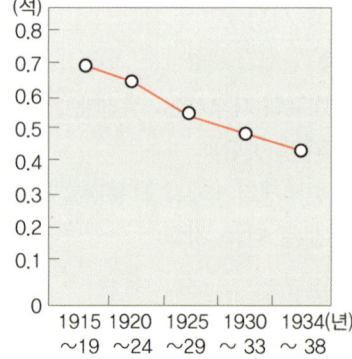

② 회사령 폐지(1920) : 허가제에서 신고제로 변화(일본 자본 70%이상, 민족 자본 10% 미만)

③ 일본 상품의 관세 폐지(1923) : 일본 상품의 수출 증대 → 국내 민족 기업 위축
④ 신은행령(1927) : 조선인 소유 은행 강제 합병

5 민족 말살 통치(1930~1945)

① 배경
  ㉠ 경제 공황(1929) 이후 대외적 침략주의(군국주의)로 전환
  ㉡ 만주 사변(1931), 중·일 전쟁(1937), 태평양 전쟁(1941) 도발
② 의도 : 인적·물적 자원 수탈 강화, 민족 말살
③ 황국 신민화 정책
  ㉠ 조선·동아 등 신문 폐간, 집회·결사의 자유 통제
  ㉡ 국민 정신 총동원 조선 동맹(친일단체)결성하여 전쟁 참여 조직적 유도
  ㉢ 신사참배, 일선동조론, 내선일체, 황국 신민 서사 암송, 궁성요배
  ㉣ 한국어 사용 금지, 창씨개명
  ㉤ 10호단위 애국반 : 국민 생활 전반 통제
④ 조선 사상범 보호 관찰령(1936) : 중·일 전쟁 직전에 사상 통제를 목적으로 실시
⑤ 조선 사상범 예방 구금령(1941) : 재판 없이 독립 운동가를 구금하기 위해 제정

○ 황국 신민 서사를 암송하는 어린이들

> **✢ 황국 신민 서사** 한능검(韓能檢) 출제 자료
>
> (아동용)
> 1. 우리는 대일본 제국의 신민(臣民)입니다.
> 2. 우리들은 마음을 합하여 천황 폐하께 충성을 다합니다.
> 3. 우리들은 인고단련(忍苦鍛鍊)하고 훌륭하고 강한 국민이 되겠습니다.
>
> (성인용)
> 1. 우리는 황국 신민이다. 충성으로써 군국(君國)에 보답하련다.
> 2. 우리 황국 신민은 신애협력(信愛協力)하여 단결을 굳게 하련다.
> 3. 우리 황국 신민은 인고단련(忍苦鍛鍊) 힘을 길러 황도(皇道) 선양(宣揚)하련다.

> **✢ 조선 사상범 예방 구금령(1941)** 한능검(韓能檢) 출제 자료
>
> 제1조 ① 치안 유지법의 죄를 범하여 형에 처하여진 자가 집행을 종료하여 석방될 경우에 석방 후 다시 동법의 죄를 범할 우려가 현저할 때에는 재판소는 검사의 청구에 인하여 본인을 예방 구금에 부치는 취지를 명할 수 있다.
> ② …… 조선 사상범 보호 관찰법에 의하여 보호관찰에 부쳐져 있는 경우에 보호관찰에 의하여도 동법의 죄를 범할 위험을 방지하기 곤란하고 재범의 우려가 현저하게 있을 때에도 전항과 같다.

6 1930년대 이후 일제의 경제 수탈

① 병참기지화 정책
  ㉠ 배경 : 세계 경제 공황
    ⓐ 타개책 : 새로운 투자 시장 확보, 한국의 공업화
    ⓑ 새로운 시장 개척 필요 : 대륙 침략, 병참기지화
  ㉡ 특징
    ⓐ 전쟁 물자 생산 : 중화학 공업과 광업 치중(군수공업)

ⓑ 공업의 북부 지방 편중
ⓒ 한국인 노동자에 대한 가혹한 착취 구조
② 남면북양 정책
㉠ 일본 방직 자본가 보호
㉡ 남부에 면화재배, 북부에 목양을 강제함
③ 1930년대 농촌 진흥 운동
㉠ 농민 반발을 무마하고 농촌 통제를 강화하려는 미봉책
㉡ 자작농 창설 계획 조선 농지령 등 실시
④ 전쟁 동원과 일본군 위안부 징용
㉠ 인적·물적 수탈
ⓐ 배경 : 대륙 침략(중일전쟁, 1937)과 태평양 전쟁(1941~1945)의 도발로 많은 인적·물적 자원 필요
ⓑ 국가 총동원령(1938) : 인적·물적 자원의 광범위한 통제권 및 동원권 부여하여 철, 금, 아연, 주석, 고무, 피혁 등의 사용 제한, 배급 통제

놋그릇 공출

> **국가 총동원법(1938)** 한능검(韓能檢) 출제 자료
>
> 제1조 국가 총동원이란 전시(전시에 준할 경우도 포함)에 국방 목적을 달성하기 위해 국가의 전력을 가장 유효하게 발휘하도록 인적 및 물적 자원을 운용하는 것을 말한다.
> 제4조 정부는 전시에 국가 총동원상 필요할 때에는 칙령이 정하는 바에 따라 제국 신민을 징용하여 총동원 임무에 종사하게 할 수 있다.
> 제7조 정부는 전시에 국가 총동원 시 필요할 때는 칙령이 정한 바에 따라 노동 쟁의의 예방 혹은 해결에 관하여 필요한 명령을 내리거나 작업소의 폐쇄, 작업 혹은 노무 중지, 기타의 노동 쟁의에 관한 행위의 제한 혹은 금지를 행할 수 있다.
> 제8조 정부는 전시에 국가 총동원상 필요할 때에는 칙령이 정하는 바에 따라 물자의 생산·수리·배급·양도·소지 및 이동에 관하여 필요한 명령을 내릴 수 있다.

ⓒ 국민 징용령(1939) : 노동력 징발(많은 노동자 강제 노동 동원)
ⓓ 지원병제(1938), 학도 지원병제(1943), 징병제(1944)를 통해 전쟁에 인력 강제 동원
ⓔ 물자의 징발 및 수탈(공출 제도) : 식량 배급 및 미곡 공출제, 농기구, 생활용품, 제기 등 금속류 공출, 산미 증식계획 재개(1940)
㉡ 일본군 위안부 강제 동원
ⓐ 여자 정신대 근무령(1944) : 조선 여성 집단 징발, 위안부 동원 강제 노역과 성 노예로 이용, 일본 정부의 직접 개입
ⓑ 현재에도 일본 정부의 직접 개입 부정하며 책임 회피

> **신고산 타령** 한능검(韓能檢) 출제 자료
>
> 신고산이 우루루 화물차 가는 소리에 / 지원병 보낸 어머니 가슴만 쥐어 뜯고요.
> 어랑어랑 어허야 양곡 배급 적어서 콩깻묵만 먹고 사누나.
> 신고산이 우루루 화물차 가는 소리에 / 정신대 보낸 어머니 딸이 가엾어 울고요.
> 어랑어랑 어허야 풀만 씹는 어미 소 배가 고파서 우누나.
> 신고산이 우루루 화물차 가는 소리에 / 금붙이 쇠붙이 밥그릇마저 모조리 긁어 갔고요.
> 어랑어랑 어허야 이름 석 자 잃고서 족보만 들고 우누나.

45 3·1 운동

1 3·1 운동 이전의 민족 운동

① 국내 민족 운동의 전개
  ㉠ 의병 전쟁의 전개
    ⓐ 남한 대토벌 작전(1909)과 국권 피탈을 전후로 하여 대다수가 만주와 연해주로 이동, 국내 진입작전, 독립군의 모태가 됨
    ⓑ 국내 : 마지막 의병장 채응언의 활약(1915년 체포)
  ㉡ 항일 비밀 결사
    ⓐ 독립 의군부(1912) : 임병찬이 조직, 복벽 주의를 바탕으로 의병 투쟁을 계획하였으나 사전에 발각되어 붕괴
    ⓑ 송죽 형제회(1913) : 평양 숭의 여학교 교사, 학생 비밀결사, 독립 운동 후원, 여성 계몽
    ⓒ 대한 광복회(1915) : 박상진·채기중·김좌진 조직, 공화정 국가 건설 목표, 군자금 모금, 만주에 독립군 사관학교 설립 시도, 반민족 행위자 처단(1918년 발각되어 해체)
    ⓓ 기타 : 기성단, 자립단, 조선 국권 회복단

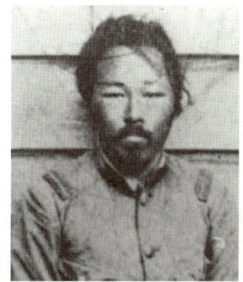

ⓞ 채응언(1883~1915. 11)

ⓞ 박상진(1884. 12~1921. 8)

> **대한 광복회 강령** — 한능검(韓能檢) 출제 자료
>
> 1. 부호의 의연금 및 일인이 불법 징수하는 세금을 압수하여 무장을 준비한다.
> 2. 남북 만주에 군관학교를 세워 독립전사를 양성한다.
> 3. 종래의 의병 및 해산 군인과 만주 이주민을 소집하여 훈련한다.
> 4. 중국·러시아 등 여러 나라에 의뢰하여 무기를 구입한다.
> 5. 본회의 군사 행동, 집회, 왕래 등 모든 연락 기관의 본부를 상덕태상회에 두고 한만(韓滿) 각 요지와 북경·상해에 그 지점 또는 여관·광무소(鑛務所) 등을 두어 연락 기관으로 한다.
> 6. 일인 고관 및 한인 반역자를 수시 수처에서 처단하는 행형부(行刑部)를 둔다.
> 7. 무력이 완비되는 대로 일인 섬멸전을 단행하여 최후 목적의 달성을 기한다.

② 국외의 독립 운동
  ㉠ 만주와 연해주의 독립 운동 거점화
    ⓐ 남한 대토벌 작전(1909) 이후 의병 세력의 만주나 연해주 이동
    ⓑ 신민회 세력 중심의 애국계몽 운동가들의 독립 운동 기지 건설 준비
  ㉡ 독립 운동 기지 건설과 활동
    ⓐ 서간도 지역 : 경학사(부민단을 거쳐 한족회로 변화), 신흥 강습소(신흥 무관학교의 전신)를 이회영, 이동녕 등이 설립
    ⓑ 북간도 : 간민회, 서전서숙, 명동학교, 중광단, 무오독립선언(독립 전쟁)

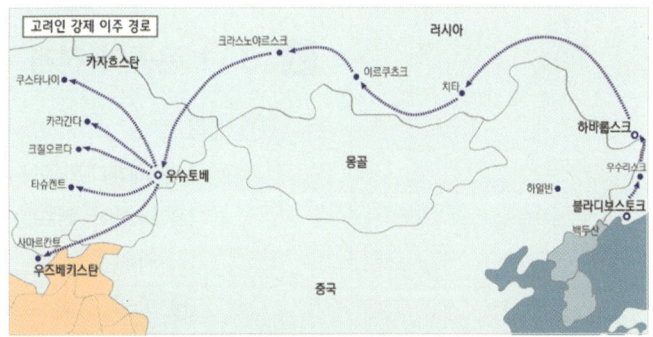

ⓞ 중앙아시아 강제 이주

- ⓒ 연해주 : 이상설이 권업회(1911) 조직(대한광복군 정부로 변화, 1914), 13도 의군, 성명회, 한인 사회당, 대한 국민 의회, 중앙아시아로 강제 이주(1937)
- ⓓ 북만주 국경지대 : 밀산부에 한흥동 건설
- ⓔ 상해 : 동제사, 신한 혁명당, 신한 청년단, 대동단결선언(공화주의)

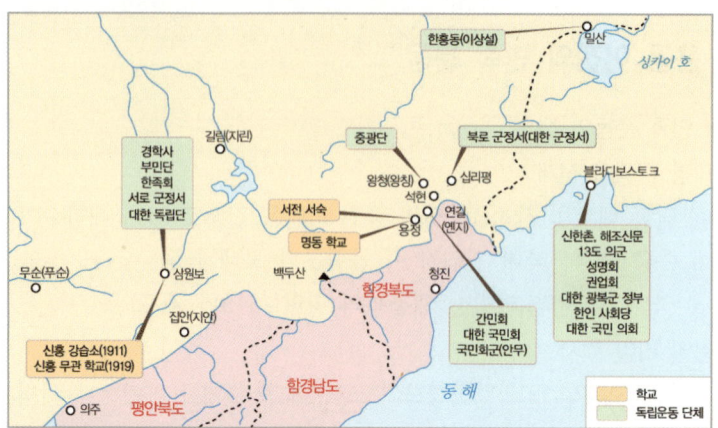

🔊 1910년대 만주·연해주의 독립운동 기지

대동단결 선언 (1917. 7)   한능검(韓能檢) 출제 자료

융희 황제가 삼보(토지·인민·정치)를 포기한 8월 29일은 바로 우리 동지가 삼보를 계승한 8월 29일이니, 그 간에 한순간도 숨을 멈춘 적이 없음이라. 우리 동지는 완전한 상속자니 저 황제권이 소멸할 때가 곧 민권이 발생한 때요, 구한국 최후의 날은 곧 신한국 최초의 날이니 무슨 까닭이오. 우리 한국은 처음부터 한국인의 한(韓)이요, 비(非) 한국인의 한(韓)이 아니라. 한국인 간의 주권 수수(授受)는 역사상 불문법의 국헌이요, 비한국인에게 주권을 양여하는 것은 근본적으로 무효요, 한국의 국민성이 절대 불허하는 바이라. 따라서 경술년 융희 황제의 주권 포기는 곧 우리 국민 동지에 대한 묵시적 선위니 우리 동지는 당연히 삼보를 계승하여 통치할 특권이 있고, 대통을 상속할 의무가 있도다.

- ⓕ 미주 : 한인합성협회, 대동보국단, 공립협회, 대한인 국민회, 대조선 국민군단
- ⓖ 일본 : 관동 대지진, 2·8 독립 선언

2·8 독립 선언문(1919. 2. 8)   한능검(韓能檢) 출제 자료

1. 본 단은 한·일 합병이 우리 민족의 자유의사에서 나오지 않고, 우리 민족의 생존·발전을 위협하고 동양의 평화를 유린하는 원인이 된다는 이유로 독립을 주장함.
2. 본 단은 일본 의회 및 정부에 조선 민족 대회를 소집하여 대회의 결의로 우리 민족을 결정할 기회를 주기를 요구함.
3. 본 단은 만국 평화 회의에 민족 자결주의를 우리 민족에게 적용하기를 요구함.

앞에서 요구한 내용이 실패할 때에는 일본에 대하여 영원히 혈전을 선언함. 이로써 발생하는 참화는 우리 민족이 그 책임을 지지 않음.   - 조선 청년 독립단 대표 -

2 3·1 운동의 전개

① 배경
- ㉠ 1차 세계대전을 전후한 국제 정세의 변화
  - ⓐ 러시아 혁명으로 수립된 소련(레닌)이 세계의 식민지·반식민지 민족 해방 지원을 선언
  - ⓑ 파리 강화 회의에서 민족 자결주의 원칙 채택(패전국의 식민지에만 적용, 전승국의 식민지는 제외)

ⓛ 국외의 독립 운동
  ⓐ 신한청년단(상하이) : 파리 강화 회의에 김규식 파견(독립 청원서)
  ⓑ 무오 독립선언(1918. 11) : 외교 독립론이 아닌 전쟁으로 독립 쟁취 선언
  ⓒ 2·8 독립선언(1919) : 조선 청년 독립단(일본 도쿄)
  ⓔ 국내의 활동 : 기독교(이승훈), 천도교(손병희), 불교(한용운) 등 종교 단체를 중심으로 거족적 시위운동 준비
② 전개 과정
  ㉠ 3·1 운동의 시작
    ⓐ 종교 단체와 학교를 중심으로 시위 준비
    ⓑ 민족 대표 33인 구성
    ⓒ 민족 대표 33인이 태화관에서 독립 선언서 낭독, 탑골 공원의 대규모 시위

ⓞ 김규식(1881. 1~1950. 12)

> **기미 독립 선언문**　　　　　　　　　　　　　　한능검(韓能檢) 출제 자료
>
> 오등(吾等)은 이에 아(我) 조선의 자주독립국임과 조선인의 자주민임을 선언하노라. 이로써 자손 만대에 고하여 민족자존(自存)의 정권(正權)을 영유(永有)하게 하노라. 반만년 역사의 권위를 장하여 이를 선언함이며, 2천만 민중의 충성을 합하여 이를 포명함이며, 민중의 항구여일(恒久如一)한 자유 발전을 위하여 이를 주장함이며, 인류적 양심의 발로에 기인한 세계개조의 대(大) 기운에 순응 병진하기 위하여 …… 병자 수호 조규 이래 여러 차례 굳은 약속을 깨뜨렸다 하여 일본이 신의가 없다고 죄하려 아니하노라. 학자는 강단에서 정치가는 실제에서, 우리의 조종세업(祖宗世業)을 식민지시하고, 우리 문화 민족을 토매인우(土昧人遇)하여, 한갓 정복자의 쾌를 탐할 뿐이요, 우리의 오래된 사회 기초와 탁월한 민족의 심리를 무시한다 하여 일본의 소의함을 책하려 아니하노라. …… 오늘날 우리의 맡은 바 임무는 다만 자기의 건설이 있을 뿐이요, 결코 타인의 파괴에 있지 아니하도다. ……

    ⓓ 서울, 평양, 의주, 선천, 원산 등지에서 동시 진행, 전국적 확대, 해외까지 확산
  ㉡ 각 단계별 운동

과 정	전개내용	주도계층
1단계	• 서울 등 주요도시에서 시위가 점화 • 비폭력·평화적 시위 성격	• 지식인(애국계몽운동계열), 학생, 자본가, 지주
2단계	• 전국도시로 확대, 상인 철시	• 청년, 학생, 교사, 상인, 노동자
3단계	• 도시에서 전국 농촌, 산간벽지로 확대 (무력투쟁 전개) ➡ 국외로 확산	• 농민층
4단계	• 해외까지 확산	• 해외에 거주하는 교포

  ㉢ 일제의 탄압
    ⓐ 2개 사단 병력, 수천 명의 헌병 경찰 동원, 본국의 병력을 파견하여 무력 진압
    ⓑ 시위 주동자 색출 위해 고문 자행
    ⓒ 유관순 열사 순국, 화성 제암리 교회 학살사건 등

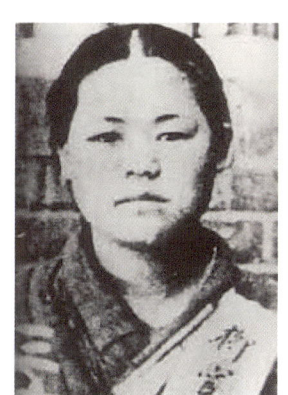

ⓞ 유관순(1902. 12~1920. 9)

3 3·1 운동의 의의

① 민족 역량의 결집
  ㉠ 애국 계몽 운동 계열, 의병 운동 계열, 공화주의, 복벽주의로 나누어져 있던 역량을 모아 독립운동의 수준을 크게 높이는 계기 마련
  ㉡ 국외의 무장 투쟁 활성화, 국내의 실력양성 운동이 전개됨
② 대다수 민중의 자각 : 노동자, 농민 등 다수 민중들이 일제에 대한 저항을 통해 민족 해방 운동에서 자신들의 역할 자각
③ 대한민국 임시정부 수립 계기 : 정부의 필요성 대두
④ 일제의 통치 방식 전환 : 무단 통치에서 문화 통치로 선회
⑤ 세계사적 의의 : 중국의 5·4운동, 인도의 비폭력·불복종 운동 등 세계의 민족 운동의 선구로 많은 영향을 끼침
⑥ 한계
  ㉠ 민족 대표가 3·1 운동을 끝까지 이끌지 못함으로써 구체적 목표가 제시되지 못함(종로 경찰서에 자수)
  ㉡ 민족 자결 주의, 국제 정세에 대한 기대 심리로 외세에 의존하여 독립을 달성하려는 성향이 노출

 대한민국 임시정부

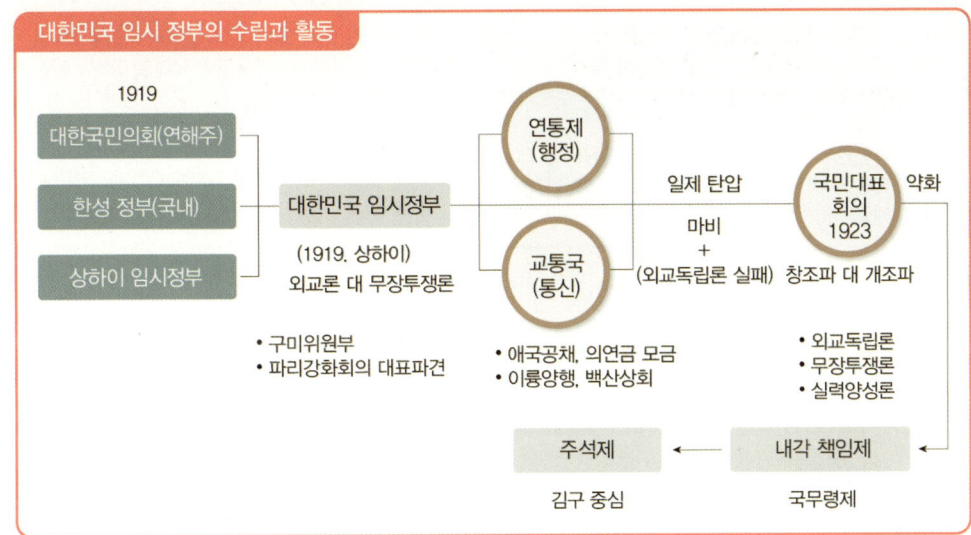

✤ **임시 정부**
1919년 3월과 4월에 걸쳐 국내외에 모두 8개의 임시 정부가 수립되었다. 노령의 대한국민의회, 상하이의 임시 정부, 국내의 한성 임시 정부, 이 외에도 대한민국 정부(국내 기호 지방), 조선민국 정부(국내 서울), 신한민국 정부(국내 평안도), 고려 공화 정부(만주 길림), 간도 임시 정부 등이 있었다.

✤ **대한국민의회**
블라디보스토크에서 수립되었으며 손병희를 대통령, 이승만을 국무총리로 선임하였다.

✤ **대한민국 국호의 결정 배경**
조선과 대한이 경합을 벌이다가, "대한으로 망했으니 대한으로 흥하자."라는 주장이 나왔으며, 일제에 의해 대한이 조선으로 바뀐 데 대한 반발도 작용하였다.

1 임시 정부의 수립

① 여러 임시 정부의 수립✤
  ㉠ 대한 국민 의회(1919. 2, 연해주)✤ : 전로한족중앙총회를 국민 의회를 개편하고, 손병희를 대통령, 이승만을 국무총리로 하는 정부안을 발표
  ㉡ 상하이 임시 정부(1919. 4. 11) : 신한청년당을 중심으로 활동하던 독립 운동가들이 이승만을 국무총리로 하는 정부안을 발표
  ㉢ 한성 정부(1919. 4. 23, 국내) : 서울에서 비밀리에 추진하여 13도 대표자 회의를 통해 정부를 수립, 이승만을 집정관 총재로 이동휘를 국무총리로 추대
② 각지 임시 정부의 통합 : 세 정부의 통일 교섭 추진
  ㉠ 상하이와 연해주에서 설립한 정부를 해체하고, 국내에서 13도 대표가 창설한 한성 정부를 계승
  ㉡ 정부의 위치는 당분간 상하이에 둘 것을 결의하였고, 상하이 정부가 실시해온 행정은 유효한 것임을 인정
  ㉢ 정부 명칭은 '대한민국 임시 정부'이며✤, 현재의 각원은 총사퇴하고, 한성 정부가 선임한 각원들이 정부를 인계할 것을 결정
③ 임시 정부의 체제
  ㉠ 공화주의 : 대통령에 외교론의 이승만, 국무총리에는 무장 투쟁론의 이동휘를 선출

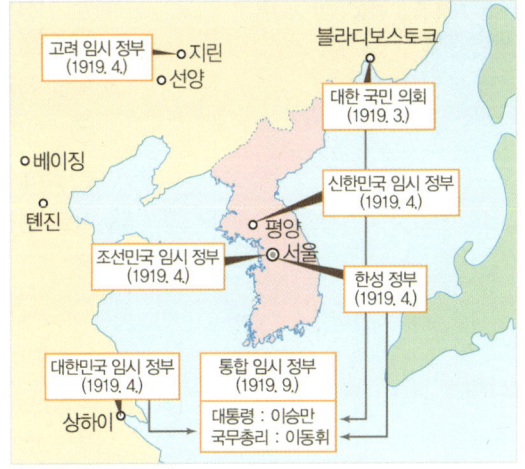

🔹 **각지 임시 정부의 수립**
당시 시베리아는 일본군이 진격중이었고, 상해에는 서양 열강의 조계지가 많아 외교 활동에 유리한 점 때문에 상해에 임시 정부가 세워질 수 있었다.

ⓛ 삼권 분립
   ⓐ 국무원(행정), 임시 의정원(입법), 법원(사법)의 원칙에 기초한 헌법을 공포
   ⓑ 우리나라 최초의 3권 분립에 의한 민주 공화제 정부 수립

> **✚ 대한민국 임시 정부 헌장** 한능검(韓能檢) 출제 자료
>
> 신인일치(神人一致)로 중외협응(中外協應)하여 한성에서 의(義)를 일으킨 이래 30여 일에 평화적 독립을 3백여 주에 광복하고, 국민의 신임으로 완전히 다시 조직한 임시 정부는 항구 완전한 자주독립의 복리로 아(我) 자손 여민(黎民)에 세전(世傳)하기 위하여 임시 의정원의 결의로 임시 헌장을 선포하노라.
> 제1조 대한민국은 민주 공화제로 함.
> 제2조 대한민국은 임시 정부가 임시 의정원의 결의에 의하여 이를 통치함.
> 제3조 대한민국의 인민은 남녀·귀천 및 빈부의 계급이 없고 일체 평등함.
> 제4조 대한민국의 인민은 종교, 언론, 저작, 출판, 결사, 집회, 통신, 주소 이전, 신체 및 소유의 자유를 향유함.

2 임시 정부의 전기 활동

① 비밀 행정 조직 : 연통제와 교통국
   ㉠ 연통제✚
      ⓐ 국내외의 독립운동을 지휘·감독하는 비밀 행정 조직
      ⓑ 국내의 도·군·면에 각각 독판·군감·면감을 설치
   ㉡ 교통국
      임시 정부는 통신 기관으로 각 군에 교통국, 각 면에 교통소를 설치하여 정보의 수집·분석·교환·연락의 업무 담당
   ㉢ 이륭양행(만주), 백산상회(부산) : 군자금 및 정보 등의 전달 경로로 이용
   ㉣ 연통제, 교통국을 통해 애국공채 및 국민 의연금을 전달
② 독립 자금 마련
   ㉠ 1인당 1원씩의 인구세를 거두는 한편 국외 동포를 대상으로 애국공채를 발행
   ㉡ 연통제, 교통국, 이륭양행과 백산상회 등을 통하여 독립 자금을 조달
③ 사료 편찬부
   ㉠ 사료 편찬소에서 『한·일 관계 사료집』 간행 ➡ 『한국독립운동지혈사』로 개편(박은식)
   ㉡ 일제의 한국 침략의 부당성과 우리민족의 자주 독립 요구가 정당한 것임을 강조
   ㉢ 민족 독립 운동관련 역사를 정리
④ 독립신문 간행 : 독립운동의 방략을 논하고, 국제 정세, 임시 정부 활동 등을 국내외 동포에게 알림
⑤ 군사 활동
   ㉠ 육군 무관학교 설립 : 초급 지휘관 양성 목적
   ㉡ 군무부 직할대✚ : 광복군사령부, 광복군총영, 육군 주만 참의부를 편성, 한국광복군(1940, 충칭) 조직
   ㉢ 중국 영토 내에서 직접 군사 활동을 하는 데는 많은 어려움 존재
⑥ 외교 활동
   ㉠ 외교 활동 분야 미비
   ㉡ 1차 대전 강화 회의에 대표 파견 : 파리 강화 회의에 김규식을 파견
   ㉢ 구미위원부 : 미국 워싱턴에 설치하여 외교 활동 전개(이승만)

✚ 연통제
임시 정부가 국내외의 독립 운동을 지휘·감독하기 위해 설치하였던 비밀 행정 조직이다. 국내의 도·군·면에 각각 독판·군감·면감을 두어서 이 조직을 통하여 임시 정부의 문서 전달과 군자금이 조달되었다. 주로 임시 정부 및 해외 독립운동 상황의 전달과 국내에서의 독립운동 자금 모집 및 반일 활동 지휘 등을 행정 연락 기구로 이용되었다.

✚ 임시 정부의 독립군 편성
서간도 지역에서 활동하던 광복군사령부, 광복군총영, 육군주만 참의부 등을 비롯한 서로군정서, 북간도 지역의 북로군정서 등을 대한민국 임시 정부의 산하로 집결시켰다.

3 임시 정부의 고난

① 임시 정부의 약화
  ㉠ 일제에게 연통제와 교통국의 조직망 및 국내 연락망이 발각, 재정적 어려움
  ㉡ 만주 지역 독립군과의 연결이 단절, 인력난
  ㉢ 독립운동 방략에 대한 의견 대립 : 무장투쟁론(이동휘)과 외교독립론(이승만)과 실력양성론(안창호) 등의 의견 대립

② 국민 대표 회의(1923)
  ㉠ 배경 : 임시 정부의 침체와 외교 노선의 실패, 새로운 활로를 모색이 필요, 안창호·신채호가 회의 개최 주장
  ㉡ 경과 : 창조파와 개조파의 대립 독립 운동 방략의 통일성을 이루지 못함

유지파	개조파	창조파
국민대표회의 자체를 반대하고 임시 정부 유지 주장	실력양성을 우선으로 하면서 자치 운동과 외교활동을 강조	무력 항쟁을 강조하면서 조선공화국 수립을 의도
김구, 이동녕	안창호, 상해파 공산주의자, 이동휘✚	문창범, 김규식, 김창숙, 노령 공산주의자, 신채호

  ㉢ 독립 운동가들 임정 이탈
    ⓐ 이승만과 안창호는 미국으로 건너감
    ⓑ 이동휘 등 무장 투쟁 계열은 만주로 이동
    ⓒ 신채호와 이회영 등은 무정부주의자로 활동

> **✚ 이동휘의 임시 정부 개혁 입장**
> 이동휘가 임시 정부의 창조파 및 개조파 소속 여부에 대해 대체로 개조파로 보는 설이 우세하며, 성재 이동휘 선생 기념사업회 역시 개조파라고 하고 있다.

> **✚ 국민대표 회의 소집** (한능검 출제 자료)
> 우리들은 오직 과거 수년간의 경험에 의하여 '국민의 대단결'이라는 절실한 각오 아래 장래를 준비하고, 운동상 일대 기운을 소집함에 이르렀음은 앞날을 위해 크나큰 행운이라고 생각한다. 국민의 대단결, 이것은 오늘날 독립 운동 성패의 갈림길이며, 우리 운동의 절실한 문제는 오직 여기에서 해결할 것이다. …… 이에 본 주비회는 시세의 움직임과 민중의 요구에 따라 과거의 모든 착잡한 문제를 해결하고 미래의 완전하고 확실한 방침을 세워서, 우리들의 독립운동이 다시 통일되어 조직적으로 진행하도록 하고자 한다. 이에 국민대표 회의 소집 사항도 수비하여 책임을 지고 성립시킬 것이다.
> – 국민대표 회의 주비 위원회 선언서 –

4 임시 정부의 중요 인물

구분	참가세력		인물	특징
개조파	상해의 개조파	임시 정부 내 개조파	안창호 (安昌浩)	• 1919년 임시정부 내무총장 겸 국무총리 대리직 역임 • 독립운동방략 작성, 연통제 수립, 독립 운동가들의 상해 소집 • 1921년 상해에서 국민대표회의 개최 • 1924년 난징에 동명학원 설립 • 1924년 미국에서 국민회와 흥사단의 조직 강화 • 1926년 만주 길림성 일대를 답사하여 이상촌사업 추진 • 1928년 상해에서 이동녕·김구 등과 한국독립당 결성 • 1932년 윤봉길의 홍커우 공원 의거 이후 붙잡혀 서울로 송환 • 1937년 6월 동우회사건 투옥되었으나 병으로 보석되어 이듬해 경성대학부속병원에서 간경화증으로 병사 • 1962년 건국훈장 대한민국장 추서 • 교육사상 : 교육을 통한 민족혁신을 주장, 민족혁신은 자아혁신에 의해서만 가능하며 자아혁신은 바로 인격혁신이라 봄
			이승만 (李承晩)	• 1919년 한성임시정부 집정관 총재로 임명 • 1919년 월슨 대통령에게 한국 위임통치 청원서 제출 • 1919년 9월 6일 상해 임시정부의 임시 대통령으로 추대 • 1921년 워싱턴 군축회의(일명 태평양 회의)에 참석하여 한국인의 독립 문제를 의제로 상정시키고자 외교활동을 폈지만, 실패 • 1925년 3월 상해 임정의 의정원에서 탄핵되어 임시대통령직에서 면직되었으나, 한성의 임시정부의 법통을 내세워 임정 대통령임을 자처하며 구미위원부를 활용해 독립 운동을 지속함 • 열강에 한국의 독립 문제를 환기시키고, 대한민국 임시정부 승인을 위한 외교활동 전개
	상해파 (고려 공산당)		이동휘 (李東輝)	• 1919년 대한민국임시정부의 국무총리로 취임 • 1920년 봄 좌파 세력을 확장하기 위해 공산주의자그룹 조직 • 1921년 종래의 한인사회당을 고려공산당으로 개칭 • 국무총리직에 있는 동안 소련에서 지원한 자금을 독자적으로 처리하여 유용하였고, 임시정부에 발각되어 사임 • 공산주의 운동의 선구적 활동을 하였으나, 반일민족독립을 최우선으로 여김 • 1935년 대한민국임시정부 국무총리 사임 후 시베리아서 사망 • 1995년 건국훈장 대통령장 추서
			윤자영 (尹滋英)	• 해외에서 상해파의 일원으로 활동 • 1922년 상해파 이동휘와 함께 코르뷰로(高麗國)의 위원으로 선정 • 1926년 상해파 김하구와 조선공산당만주총국을 조직 • 1929년 서울상해파 당재건운동조직인 조선공산당재건설준비위원회 결성, 1931년 중국공산당의 지시로 해산 • 조선좌익노동조합전국평의회조직준비회를 결성하자 정치부 책임자가 되었으며 청진지방에서 노동운동에 종사

○ 이승만(1875. 3~1965. 7)

○ 이동휘(1873. 6~1935. 1)

구분	참가세력	인물	특징
창조파	서간도의 개조파 (서로 군정서 · 한족회)	김동삼 (金東三)	• 1919년 부민단을 확대·개편하여 한족회 발족, 서로군정서의 참모장으로 임명 • 대한통의부 조직, 위원장에 피선 • 1923년 국민대표회의에 서로군정서 대표로 참석, 개조파와 창조파의 대립을 조정 시도 • 1925년 정의부 참모장 및 행정 위원에 취임, 화순·유하 등지를 돌며 독립사상 고취 • 1926년 두 차례나 대한민국임시정부의 국무원에 임명되었으나, 만주에서의 독립운동을 위해 거절 • 1928년 정의부 대표로 김좌진·지청천 등 신민부·참의부 등과 삼부통합회의 진행 • 1928년 혁신의회 의장, 만주 지역 내 계파간의 갈등을 없애고 유일당을 결성하는데 주력
		이진산 (李震山)	• 1914년 한족회 법무부장 역임 • 상해임시정부의 의정원 의원, 국민대표회의에 참가 • 임정과 결별 후 아와 1922년부터 정의부 법무위원장 역임
	북경의 창조파 (북경 군사 통일회)	박용만 (朴容萬)	• 1914년 대조선 국민군단 창설 • 1919년 한성임시정부 외무총장에 선출 • 1919년 개편된 상해 대한민국임시정부의 외무총장으로 선임 • 이승만과 독립 노선의 견해차이로 거절 • 독립군을 통합하여 무력으로 독립을 쟁취해야한다고 주장 • 1923년 국민대표회의 개최 당시 임시정부 불신임운동을 펼침 • 1926년 독립운동기지 건설을 목적으로 북경에 대본공사 설립 • 1927년 우성학교(국어학교) 설립, 직접 초등국어교과서 편찬 • 1928년 북경에서 이해명의 권총 저격을 받고 피살
		신숙 (申肅)	• 1920년 임시정부의 요청에 따라 천도교 대표로 파견 • 1921년 군사통일회의의 의장에 추대 • 1923년 국민대표회의의 부의장에 선출 • 1925년부터 민족 유일당 운동 전개 • 1930년 한국독립당의 총무위원장·문화부장 등 역임 • 1931년 한국독립군의 참모장으로 쌍성현 공략에 참전 • 한족자치연합회를 조직 • 1933년 한국독립군의 참모장으로 난징 등에 파견, 국민당 정부와 군사적 협력 강구
		신채호 (申采浩)	• 1919년 대한독립청년당 조직, 단장 역임 • 1919년 상해임시정부 수립에 참여, 임시의정원 의원으로 활동, • 1919년 이승만의 독립운동 노선에 반대하여 사임 • 이승만·정한경의 위임통치청원을 반민족적인 행위로 규탄 • 임시정부기관지 독립신문에 맞서 신대한을 창간 • 1923년 조선혁명선언으로 불리는 의열단 선언을 집필, 발표 • 1922년 국민대표회의에서 창조파의 맹장으로 활약, 회

◎ 김동삼(1878. 6~1937. 4)

◎ 박용만(1881~1928)

◎ 신채호(1880. 11~1936. 2)

구분	참가세력	인물		특징
				• 의가 결렬되자 한국고대사 연구에 전념 • 조선상고사 · 조선상고문화사 · 조선사연구초 등 집필 • 국사사론 연재, 최영 · 이순신 · 을지문덕 등 민족영웅 전기 집필 • 1928년 4월 무정부주의동방연맹대회에 참석해 활동 • 대만에서 외국위체위조사건의 연루자로 체포되어 대련으로 이송, 1930년 5월 대련지방법원에서 10년형을 선고받고 뤼순 감옥으로 이감, 복역하던 중 뇌일혈로 순국 • 1962년 건국훈장 대통령장이 추서
	노령의 창조파	이르쿠츠파 (고려공산당)	김만겸 (金萬謙)	• 1919년 대한국민의회 부의장에 선출 • 1921년 고려공산당 이르쿠츠크파 창립 대회에 참여 • 대한민국임시정부 학무총장에 임명 • 1922년 연해주 소비에트 집행위원으로 활동 • 1929년 소련공산당에서 제명된 뒤 체포되어 복역하던 중 사망
		대한국민의회파	문창범 (文昌範)	• 1919년 한족중앙총회를 대한국민의회로 개편 • 1919년 한명서 · 김하석 등 고려공산당 조직, • 원세훈 등을 상해로 파견하여 임시정부 수립을 위해 논의 • 노령에 군관학교를 창설 • 1921년 만주에서 독립군 유격대를 편성하여 항일 무력적 전개
유지파	상해의 유지파	김구 (金九)		• 1919년 상해 대한민국임시정부 초대 경무국장 • 1923년 내무총장, 1924년 국무총리 대리 • 1926년 국무령에 취임 • 1927년 헌법을 제정, 국무위원이 됨 • 1928년 한국독립당 창당 • 1931년 한인 애국단 조직, 도륙항정(屠戮抗戰)에 투신하도록 지도력 발휘 • 1933년 장개석과 중국 뤄양군관학교를 광복군 무관양성소로 사용하도록 합의함 • 1939년 임시정부 주석에 취임 • 1940년 한국광복군 조직 • 1941년 12월 임시정부의 이름으로 대일선전포고 선언 • 1942년 임시정부와 중국정부간에 광복군 지원에 대한 정식협정 체결개 • 1945년 반탁운동에 적극 앞장섰으며, 통일정부 수립에 주력 • 1948년 2월 10일 3천만동포에게 읍고함이라는 성명서 발표 • 1962년 건국훈장 대한민국장이 추서
		이동녕 (李東寧)		• 1919년 임시의정원의 초대 의장으로 선임 • 임시정부 수립을 내외에 선포하고 국무총리로 취임 • 1919년 내무총장에 취임 • 국민대표회의 이후 대동단결을 호소 • 1924년 국무총리로 정식 취임, 군무총장도 겸임 • 이승만의 장기궐석으로 대통령 직권 대행 • 1925, 1929년 의정원 의장이 됨 • 1926년 국무령이 되었으며, 법무총장도 겸임 • 1927년 임시정부의 주석이 되어 임시정부 안정화에 주력 • 1929년 김구 등과 한국독립당 조직

♠ 김구(1876. 7~1949. 6)

♠ 이동녕(1869. 2~1940. 3)

구분	참가세력	인물	특징
			• 1935년 임시정부의 주석으로 임명된 후 한국국민당을 조직 • 1937년 한국국민당 대표로 대한광복진선을 결속하고 진로 모색 • 1939년 대한민국임시정부의 네 번째 주석이 되어 김구와 합심 • 1940년 병사 • 1962년 건국훈장 대통령장이 추서

5 임시 정부의 후기 활동(국민 대표 회의 이후)

(1) 임시 정부의 침체 및 잔류 독립운동가의 임시 정부 조직 정비 노력

① 1923년 국민대표회의가 결렬되고 임시정부 침체 가속화, 1925년 대통령 이승만을 파면하고 박은식을 2대 대통령으로 추대

② 지도 체제 변천 : 대통령 중심제에서 국무령 중심의 내각책임제로 개편, 이어서 국무위원 중심의 집단 지도 체제로 교체

내각 책임제	이상룡	• 1925년 9월 국무령 취임, 임시정부 내의 사상적 대립과 파쟁으로 정치적 경륜을 발휘할 수 없게 되자 사임
	양기탁	• 이상룡 사임 후 국무령에 추대되었으나 거절, 1934년 법무 담당 국무위원으로 선임, 국무위원회에서 주석으로 선출되어 1935년 국무원이 개설될 때까지 재임
	• 안창호, 홍진 등이 차례로 국무령에 선임됐으나, 리더십을 발휘하지 못했고, 이어서 김구가 국무령이 되면서 임시정부는 본격적으로 활로를 모색하게 됨	
집단 지도 체제	• 1927년 3차 개헌으로 주석의 권한이 국무회의에서 선출한 회의의 의장 이상의 권한은 없는 국무위원에 의한 집단지도체제를 채택, 국무위원제로 개편, 행정부가 의정원의 철저한 감독을 받게 됨 • 이동녕·김구 등을 국무위원으로 선임했으나 재정난으로 활동은 거의 불가능 • 국내에서는 민족유일당인 신간회(新幹會) 조직 • 조선혁명당·한국독립당·한국국민당·조선민족혁명당 등의 활동이 두드러짐	

③ 개헌

제1차 개헌(1919)	대통령 중심제 : 대통령 이승만, 부통령 이동휘
제2차 개헌(1925)	내각책임제 : 국무령 중심, 이동녕·홍진·김구 등 국무령 자주 교체
제3차 개헌(1927)	집단 지도 체제 : 국무위원 중심
제4차 개헌(1940)	주석 중심의 단일 지도 체제 : 김구 중심
제5차 개헌(1944)	주석·부주석 지도 체제 : 주석에 김구, 부주석에 김규식

④ 한국 노병회(일명 노병회)
  ㉠ 조직 : 1922년 김구·여운형 등이 대한민국 임시정부의 기능을 보완하기 위해 중국 상해에서 조직
  ㉡ 목표 : 10년간 1만 명 이상의 군인양성, 독립군의 사기진작 및 100만 원 이상의 독립군자금 확보, 조달을 목적으로 결성

ⓒ 해체 : 원래 10년 동안의 존속을 목표로 활동, 10년이 되는 1932년에 성과를 거두고 자동 해체
⑤ 병인 의용대
  ㉠ 조직 : 1925년 말에 상해에서 나창헌 등 독립 운동가들의 주도 하에 조직
  ㉡ 목표 : 일제의 모든 시설을 파괴하고 일제의 밀정으로 암약하는 한국인들을 처단이 목표
  ㉢ 활동
    ⓐ 선언과 8개조의 대헌을 발표, 1926년 1월 1일부터 활동 시작
    ⓑ 1926년 2월 1일 최병선·장진원 등이 일제 밀정 박제건 살해
    ⓒ 1926년 4월 8일 김광선 등이 상해 일본총영사관에 폭탄 투척
  ㉣ 해체 : 일제 관헌의 탄압이 가중되어 간부 대원들이 사방으로 흩어짐
⑥ 한인 애국단 설립(1931)
  ㉠ 조직 : 1931년 중국 상해에서 조직
  ㉡ 목표 : 전 세계를 놀라게 하고 독립의 희망을 주는 동시에 임시 정부를 재정비할 방안으로 설립, 김구는 일본 수뇌암살을 목표로 함
  ㉢ 활동

인물	내용
이봉창 (李奉昌)	• 1931년 말 김구 등은 일본 천황의 암살을 계획하고 이봉창을 동경으로 밀파 • 1932년 1월 8일 사쿠라다문 앞에서 일본 천황에게 폭탄 투척 • 중국 국민당 기관지 국민일보 '한인 이봉창 저격 일황 불행부중'이라는 보도를 대서 특필하였고, 이것이 문제가 되어 상하이사변(1932)이 일어남
윤봉길 (尹奉吉)	• 1932년 4월 29일 상해 홍커우 공원에서 거행된 천장절 축하장에 폭탄 투척 • 시라카와 군사령관, 우에다 육군대장, 노무자 해군중장, 시게미쓰 공사 등 7명을 살상

  ㉣ 여러 활동에도 불구하고 임정의 침체는 여전하였고 김구 등에 의해 명맥만 겨우 유지, 1940년 중·일 전쟁 기간에 충칭에 정착

(2) 임시 정부의 강화
① 독립운동의 통합
  ㉠ 윤봉길 의사의 의거 이후, 일제의 탄압이 심해지면서 근거지 이동
  ㉡ 이동 : 상하이(1919) → 항저우(1932) → 난징(1937) → 류저우(1938) → 치장(1939) → 충칭(1940)
  ㉢ 한국 국민당 조직(1935) : 조선 민족 혁명당에 합류하지 않은 임정 세력을 중심으로 조직, 토지와 대생산 기관의 국유화, 국민 생활권의 평등화 등을 강령으로 삼음
  ㉣ 한국 광복 운동 단체 연합회 결성(1937)
    ⓐ 민족 혁명당에서 탈당한 지청천의 조선 혁명당과 조소앙의 한국 독립당의 연합으로 구성
    ⓑ 김구의 한국 국민당·조선 혁명당·한국 독립당 3당 합성 그리고 임시정부의 한국 독립당으로 통합(1940)

ⓜ 조선 민족 전선 연맹의 김원봉 등을 임시 의정원 의원으로 선출, 조선 의용대 충칭 본대의 한국 광복군 편입(1942)

② 조소앙의 삼균주의와 건국강령
㉠ 삼균주의
ⓐ 개인과 개인, 민족과 민족, 국가와 국가 사이의 완전한 균등을 의미
ⓑ 정권의 균등(정치)·이권의 균등(경제)·학권의 균등(교육)을 실현
ⓒ 조소앙이 정리하였고 1941년 대한민국 건국 강령으로 채택
ⓓ 1944년 헌법에도 삼균주의 반영
㉡ 한국 독립당+의 정강 정책 : 보통 선거제에 의한 정치 균등, 토지와 대기업 국유화를 통한 경제 균등, 국비 의무교육제에 의한 교육 균등의 실시를 정강으로 채택

✜ **한국 독립당**
이때의 한국 독립당은 한국 광복 운동 단체 연합회가 정당으로 발전한 3당 합당의 한국 독립당이다.

(3) 한국광복군의 활동
① 창설
㉠ 1940년 충칭에서 중국 정부의 지원을 받아 창설
㉡ 1942년 조선 의용대 충칭본대(김원봉) 합류로 군사력 강화
② 활동
㉠ 1940년 '한국광복군 선언문'을 발표하고 지청천을 사령관으로 임명함
㉡ '한국광복군 행동준승 9개항'에 의거, 1944년 8월까지 중국 군사 위원회의의 지휘를 받음
㉢ 1941년 대일본·대독일 선전 포고 실시
㉣ 1943년 인도·미얀마 전선에 한국광복군 공작대 파견 : 대적 방송·문서 번역·포로 심문·전단 제작
㉤ 국내 진공 작전 계획
ⓐ 미국 전략 사무국(OSS)의 지원을 받아 국내 투입 유격요원을 훈련, 국내정진군 편성 완료, 일본의 패망으로 실현되지 못함
ⓑ 이범석을 대장으로 하는 장준하·김준엽·노능서 등의 대원이 미군 항공기로 서울에 왔으나(1945. 8. 18) 일본군의 완강한 거부로 되돌아 감

47 국내 항일 운동과 민족 유일당 운동

1 국내 항일 운동과 유일당 운동의 전개

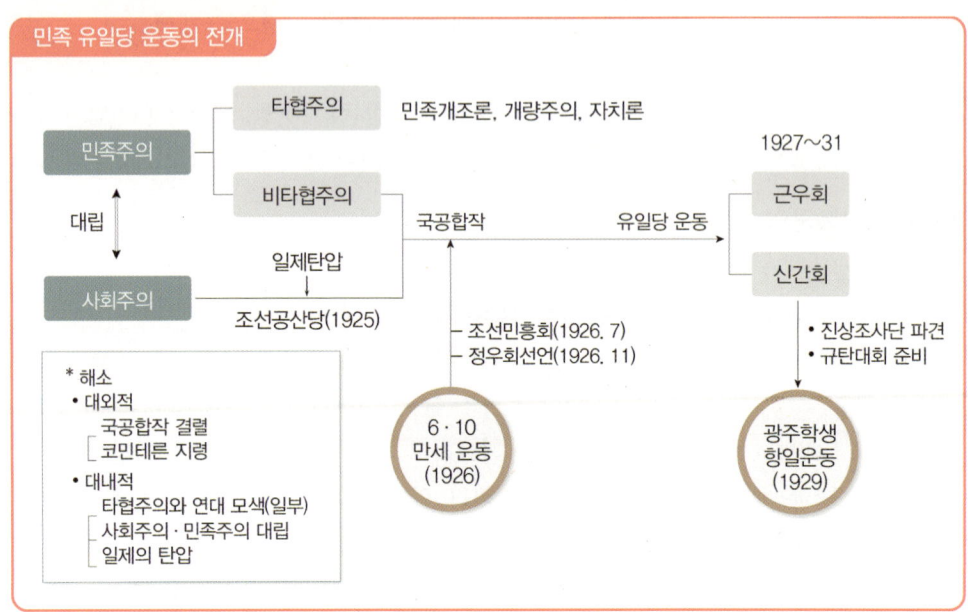

2 민족주의 계열의 분화와 사회주의 계열의 등장

① 실력 양성 운동의 전개와 민족주의 계열의 분화
  ㉠ 독립을 쟁취하기 위한 방편으로 교육, 경제 등 민족의 역량을 기르는 실력양성 운동 전개(1920년대)
  ㉡ 일제와 타협하고 민족성을 개량하여 열등한 민족의 특성을 바꾸는 동시에 자치권을 획득해야 한다는 민족 개량주의(이광수, 최린 등)로 분열(민족주의 중심 세력은 개량주의자들을 기회주의로 비판)

○ 이광수(1892. 3~1950. 10)

✢ 물산 장려 운동의 전개

한능검(韓能檢) 출제 자료

- 의복은 우선 남자는 두루마기, 여자는 치마를 음력 계해 정월 1월부터 조선인 산품 또는 가공품을 염색하여 착용할 것이며, 일용품은 조선인 제품으로 대용하기 가능한 것은 이를 사용할 것. — 『조선물산장려회보』 —
- 비록 우리 재화가 남의 재화보다 품질상 또는 가격상으로 개인 경제상 다소 불이익이 있다 할지라도 민족 경제의 이익에 유의하여 이를 애호하여 장려하여 수요하며 구매하지 아니치 못할지라.
— 『조선물산장려회 취지서』 —

② 사회주의 계열의 대두와 전개
  ㉠ 레닌의 식민지 해방 운동 지원 약속이후 사회주의에 대한 관심증가
  ㉡ 3·1운동이후 사회주의 이상향에 대한 동경으로 사회주의 사상 확대
  ㉢ 독립과 불평등한 사회로부터의 해방이라는 과제를 동시에 해결하려 함
  ㉣ 연해주와 국내의 공산주의자 연합, 조선 공산당 결성(1925)

ⓜ 일제가 치안 유지법(1925)을 제정하여 조선 공산당을 탄압하자 민족주의 계열과 연합 시도
ⓑ 민족주의의 분열(타협적 민족주의의 등장)

3 6·10 만세 운동(1926)

① 배경 : 일제의 통치에 반발, 거족적 민족 운동 준비, 순종의 인산일을 계기로 민족 감정 고조
② 과정 : 사회주의 계열의 대중 시위 계획 추진 ➜ 사전 발각, 지도부 붕괴 ➜ 학생 주도로 대중적 차원의 민족 운동으로 전개
③ 의의
  ㉠ 사회주의 계열과 민족주의 계열의 대립 해소 계기(민족 유일당 운동)
  ㉡ 학생 운동의 활성화
  ㉢ 민족 유일당 운동과 신간회의 활동

🔾 6·10 만세 운동

> **6·10만세 운동 때의 격문** 한능검(韓能檢) 출제 자료
>
> 조선 민중아! / 우리의 철천지 원수는 자본·제국주의 일본이다.
> 이천만 동포야! 죽음을 각오하고 싸우자! / 만세! 만세! 조선 독립 만세!
> 횡포한 총독 정치의 지옥으로부터 벗어나자! / 조선 독립운동가여 단결하라!
> 군대와 헌병을 철수하라! / 동양 척식 주식회사를 철폐하라! / 일본 이민 제도를 철폐하라!
> 일체의 납세를 거부하자! / 일본 물화를 배척하자! / 일본인 공장의 직공은 총파업하라!
> 일본인 지주에게 소작료를 바치지 말자! / 언론·집회·출판의 자유를!
> 조선인 교육은 조선인 본위로! / 보통학교 용어를 조선어로!

④ 민족 유일당 운동의 전개
  ㉠ 민족주의·사회주의 계열의 분열로 독립 운동 혼선, 단일화된 민족 운동을 전개하려는 노력이 요구
  ㉡ 국내 유일당 운동(민족 협동 전선)
    ⓐ 6·10 만세 운동 이후 사회주의·민족주의 계열의 공감대 형성
    ⓑ 민족 개량주의자의 대립으로 민족 독립 운동 역량 약화
    ⓒ 사회주의자들의 합법적 활동 모색
    ⓓ 1926년 민족 개량주의에 맞선 민족주의 계열과 사회주의 계열의 연합으로 조선 민흥회(1926. 7)결성과 정우회 선언(1926. 11) 발표

> **정우회 선언(1926)** 한능검(韓能檢) 출제 자료
>
> 우리가 승리를 향해 나아가기 위해서는 현실적으로 가능한 모든 조건을 충분히 이용하지 않으면 안 될 것이다. …… 민족주의 세력에 대해서는 그 부르주아 민주주의적 성질을 분명히 인식함과 동시에 과정상의 동맹자적 성질도 충분하게 승인하여, 그것이 타락되지 않는 한 적극적으로 제휴하여 대중의 개량적 이익을 위해서도 종래의 소극적인 태도를 버리고 싸워야 할 것이다.
> – 『조선일보』 –

4 신간회의 성립과 해소

① 결성(1927) : 비타협 민족주의 계열과 사회주의 계열의 통합
② 강령
　㉠ 우리는 정치·경제적 각성을 촉진함
　㉡ 우리는 단결을 공고히 함
　㉢ 우리는 기회주의를 일체 부인함
③ 활동(회원 수 4만 명, 서울에 본부, 군 단위 지회 설치)
　㉠ 노동 쟁의, 소작 쟁의, 동맹 휴학 등 대중 운동 지도
　㉡ 전국 순회강연으로 민족의식 고취
　㉢ 청년·여성·형평 운동과도 조직적 연계
　㉣ 광주 학생 항일 운동 지원 : 조사단을 파견하고 민중 대회 계획하여 발각 되어 실패
　㉤ 갑산 화전민 학살 사건 진상 규명 운동
　㉥ 단천 산림 조합 사건 지원 운동
　㉦ 원산 총파업과 노동 운동 지원
④ 신간회의 해소
　㉠ 일부 세력의 자치론과의 제휴 주장(반발 초래)
　㉡ 코민테른의 노선 변화(중국 국공 합작 결렬 이후 연대에 부정적)
　㉢ 농민·노동자의 쟁의 등 대중 운동 지도력 상실
　㉣ 일제의 탄압
　㉤ 1931년 5월 신간회 해소

5 광주 학생 항일 운동(1929)

① 배경
　㉠ 민족 차별 교육과 일제의 식민지배 모순
　㉡ 1920년대 후반(6·10 만세 운동 이후) 학생 운동의 조직화
　㉢ 식민지 교육 철폐, 조선인 본위의 교육 요구
② 전개
　㉠ 일본 학생의 여학생 희롱사건 → 한국인·일본인 학생간의 충돌 → 민족 차별과 탄압 → 전국적 규모의 항일 투쟁
　㉡ 광주 → 목포·나주 → 서울 → 전국 확대(191개교, 5만 5천여 명 참여)
　㉢ 식민지 노예 교육 철폐, 조선인 본위 교육 실시, 언론·출판·집회·결사의 자유 보장, 일제 타도 주장
　㉣ 신간회의 진상 조사와 민중 대회 개최 준비
③ 의의 : 3·1 운동 이후 최대 규모의 민족운동

✧ 광주 학생 항일 운동 때의 격문

학생 대중들이여 궐기하라! / 검거된 학생은 우리 손으로 탈환하자.
언론·결사·집회·출판의 자유를 획득하라. / 식민지 교육 제도를 철폐하라.
조선인 본위의 교육 제도를 확립하라!
용감한 학생, 대중이여! / 최후까지 우리의 슬로건을 지지하라.
그리고 궐기하라, 전사여! 굳세게 싸워라. — 광주 학생 항일 운동 때의 격문(1929. 11) —

경애하는 전 조선 피압박 계급 제군이여! 일본 제국주의는 전 조선 민족의 피를 착취하는 데 한순간도 쉬지 않고 있다. …… 3·1 운동 때 수만 명의 동포를 학살한 것을 비롯하여 불같이 일어난 노동자의 파업, 농민의 봉기, 학생의 동맹 휴학, 사회단체의 집회 등을 얼마나 유린하고 우리의 전위를 검거, 학살해 가고 있는가를! …… 피 끓는 용감한 학생제군이여! 일어나라 자유를 획득할 기회는 왔다. 우리들이 활동할 때도, 또한 모든 결함과 불평 불만을 배제하고 혁명을 일으키는 것도 이때다. 학생, 청년교원 제군이여! 우리는 공장, 농촌, 광산, 학교로 몰려 가서 우리의 슬로건을 철저히 관철할 것을 기약하자. — 광주 학생 항일 운동 때의 격문(1930. 1) —

6 국내의 항일 무장 투쟁

① 천마산대 : 평북 의주 천마산을 근거지로 활동, 만주의 광복군 사령부와 협조
② 구월산대 : 황해도 구월산에 주둔하고 항일 투쟁을 전개, 친일파와 일본 경찰에 주력하여 활동

7 민족 실력 양성 운동

(1) 물산 장려 운동(1920년대)

① 배경
  ㉠ 회사령 철폐(1920)
  ㉡ 3·1 운동 일제의 문화 통치 방식 전환에 따른 선 실력, 후 독립 쟁취 히지는 주장이 일어남

경성방직 주식회사의 국산품 애용 선전 광고

② 우리 민족 기업 : 경성 방직 주식회사(김성수), 백산상회(안희제), 평양 메리야스 공장 등
③ 평양 물산 장려회 조직(1920) : 조만식이 조직, 평양에서 시작하여 전국적으로 확대
④ 구호 : '내 살림 내 것으로', '조선 사람 조선 것으로', '우리는 우리 것으로 살자' 등
⑤ 실패 : 일제의 감시와 탄압, 민족 산업 미비, 사회주의 계열의 비판

✧ 물산 장려회 궐기문

내 살림 내 것으로.
보아라. 우리의 먹고 입고 쓰는 것이 거의 다 우리의 손으로 만든 것이 아니었다.
이것이 제일 세상에 무섭고 위태한 일인 줄은 오늘에야 우리는 깨달았다.
피가 있고 눈물이 있는 형제자매들아, 우리가 서로 붙잡고 서로 의지하여 살고서 볼 일이다.
입어라, 조선 사람이 짠 것을. 먹어라, 조선 사람이 만든 것을. 써라, 조선 사람이 지은 것을. 조선 사람. 조선 것.

(2) 민립 대학 설립 운동(1920년대)
① 한규설 등이 조선 교육회 조직(1920) → 조선 민립대학 기성회로 변화
② 구호 : '한민족 1천만이 한 사람 1원씩'는 구호를 전개
③ 실패 : 일제의 경성제국 대학 설립(1924)과 자연 재해(수해)로 실패

(3) 문맹 퇴치 운동(1920년대 후반~1930년대)
① 조선일보의 문자 보급 운동 : '아는 것이 힘, 배워야 산다'는 구호를 전개
② 동아일보의 브나로드 운동 : '배우자, 가르치자, 다함께', '힘써 배우자, 아는 것이 힘이다'라는 구호로 농촌 중심으로 활동

○ 브나로드 운동 포스터

(4) 사회적 민족 운동
① 청년 운동 : 조선청년연합회(1920), 서울청년회(1922) 등
② 소년 운동
  ㉠ 단체 : 천도교 소년회(1921, 방정환)
  ㉡ 활동 : 어린이날 제정(5월 1일)

> **어린이날의 약속(방정환)**　　　　　　　　　　　　　한능검(韓能檢) 출제 자료
>
> 첫째, 어린이는 어른보다 더 새로운 사람입니다. 둘째, 어린이는 어른보다 더 높게 대접하십시오. 셋째, 어린이를 결코 윽박지르지 마십시오. 넷째, 어린이의 생활을 항상 즐겁게 해 주십시오. 다섯째, 어린이는 항상 칭찬해 가며 기르십시오. 여섯째, 어린이의 몸을 자주 주의하며 살펴 주십시오. 일곱째, 어린이에게 잡지를 자주 읽히십시오.
> － 1923년 5월 4일 색동회 어린이날 행사 중 －

③ 여성 운동 : 조선여자교육회, 대한애국부인회, 조선여성동우회, 근우회(여성계 유일당 운동)
④ 형평 운동
  ㉠ 배경 : 갑오개혁 때 신분제 폐지 이후 여전히 사회적으로 백정에 대한 차별이 존재
  ㉡ 조선형평사 창립(1923) : 진주 지역의 백정 이학찬을 중심으로 활동을 전개(신분 차별 철폐 운동)

○ 형평 운동 포스터

> **형평 대회 취지문**　　　　　　　　　　　　　　　　한능검(韓能檢) 출제 자료
>
> 공평은 사회의 근본이고 예정은 인류의 분령이다. 그러한 까닭으로 우리는 계급을 타파하고 모욕적 칭호를 폐지하여, 우리도 참다운 인간이 되는 것을 기하자는 것이 우리의 주지이다. 지금까지 조선의 백정은 어떠한 지위와 어떠한 압박을 받아왔던가? 과거를 회상하면 종일토록 통곡하여도 혈루를 금할 길이 없다. 여기에 지위와 조건 문제 등을 제기할 여유도 없이 목전의 압박에 절규하는 것이 우리의 실정이다. 따라서 이 문제를 선결하는 것이 우리들의 임무라고 설정함은 당연한 것이다. 천하고 가난하고 연약해서 비천하게 굴종하였던 자는 누구였는가? 아아, 그것은 우리 백정이 아니었던가? 그러나 이러한 비극에 대한 사회의 태도는 어떠했던가? 소위 지식 계층에 의한 압박과 멸시만이 있지 않았던가? 직업의 구별이 있다고 한다면 금수의 생명을 빼앗는 자는 우리들만이 아니다.
> － 1923년 4월 25일 조선 경남 진주에서 조선 형평사 발기인 일동 －

(5) 경제적 민족 운동

① 노동 운동
- ㉠ 1920년대 : 생존권 투쟁, 노동 시간 단축 요구, 합법적 투쟁
- ㉡ 1930년대 : 반제국주의 운동, 일제에게 저항, 비합법적 투쟁
- ㉢ 대표적 운동 : 원산 총파업(1929)

노동운동과 일제의 회유책

Ⅰ. 1920's ~ 생존권 투쟁(소작쟁의) ➡ 합법, 규모↑, 횟수↑
- 소작료 인하 + 소작권 이동 반대
- 토지 분배 언급 X

日 친일화·지원 / 강력탄압 → 지주 VS 농민운동

Ⅱ. 1930's ~ 생존권 투쟁 + 계급투쟁 + 반제국주의 투쟁 ➡ 비합법, 규모↓, 횟수(35년 기점↓)
- 소작 쟁의 · 지주권 타도 · 항일투쟁
- 토지 재분배

日 친일화·지원 / 강력탄압 → 지주+농민 VS 농민운동
日농민회유책(미봉책)
- 조선 농지령
- 자작농 창설계획
- 농촌 진흥 운동

🎧 원산 총파업

② 농민 운동
- ㉠ 1920년대 : 생존권 투쟁, 소작료 인하 요구, 합법적 투쟁
- ㉡ 1930년대 : 반제국주의 운동, 일제에게 저항, 비합법적 투쟁
- ㉢ 대표적 운동 : 암태도 소작쟁의(1923)

1920년대와 1930년대 노동 운동

Ⅰ. 1920's ~ 생존권 투쟁(임금↑, 처우개선) ➡ 합법, 규모↑, 횟수↑
Ⅱ. 1930's ~ 생존권 투쟁 + 계급투쟁 + 반제국주의 투쟁 ➡ 비합법, 규모↓, 횟수(35년 기점↓)

- 자본가 타도

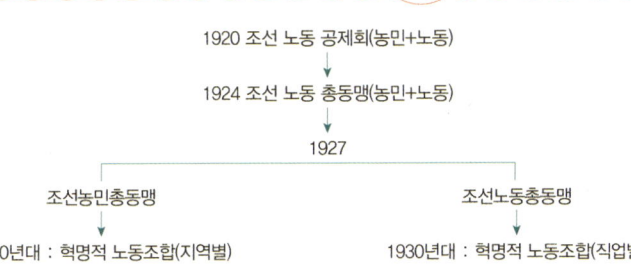

1920 조선 노동 공제회(농민+노동)
↓
1924 조선 노동 총동맹(농민+노동)
↓
1927
├ 조선농민총동맹 — 1930년대 : 혁명적 노동조합(지역별)
└ 조선노동총동맹 — 1930년대 : 혁명적 노동조합(직업별)

🎧 암태도 소작쟁의

무장 독립 전쟁의 전개

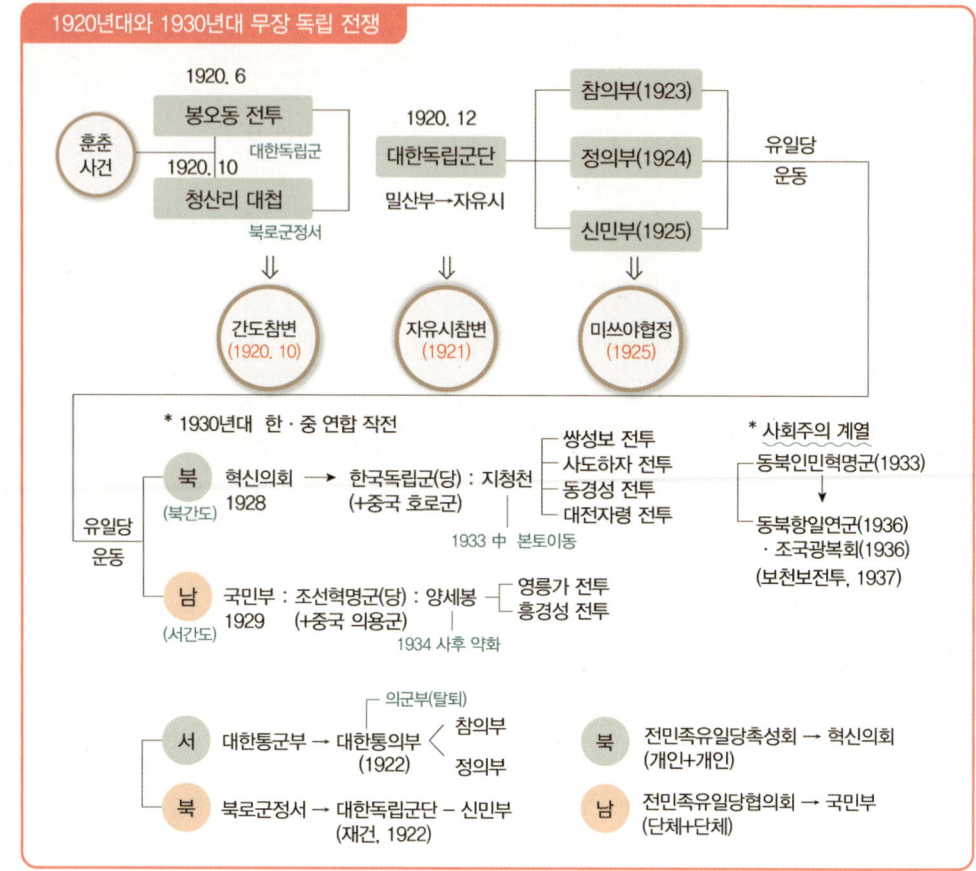

1 1920년대의 무장 독립 전쟁

(1) 독립군의 결성
  ① 무장 독립 투쟁의 배경
    ㉠ 3·1 운동 당시의 일제의 탄압, 외국에 의존한 독립 불가능 ➡ 조직적 무장 투쟁의 전개
    ㉡ 러시아 혁명 이후 내전으로 시베리아 등지에서 무기를 쉽게 구입
  ② 독립군의 결성
    ㉠ 서간도 지역
      ⓐ 신흥 무관학교(서간도) : 독립군 양성, 서로군정서
      ⓑ 의병 투쟁 세력의 결집(서간도) : 대한 독립 군단
      ⓒ 임시 정부 직속의 독립군 부대(서간도) : 광복군 총영(1920. 9)
      ⓓ 기타 단체 : 광한단, 대한 독립 의용단, 보합단 등
    ㉡ 북간도 지역
      ⓐ 대한 국민회(1919. 11) ➡ 국민회군 ➡ 대한독립군 후원
      ⓑ 북로군정서(대종교) : 중광단의 후신

(2) 무장 투쟁의 승리

① 봉오동 전투(1920. 6)
  ㉠ 전개 : 국내 진입 작전의 빈번 ➜ 일본군의 기습 ➜ 매복 공격으로 승리(일본군 전사 157명, 부상 300 여명)
  ㉡ 참여 부대 : 대한 독립군(홍범도), 군무 도독부군, 국민회 독립군
② 청산리 대첩(1920. 10)
  ㉠ 전개 : 훈춘 사건(1920. 10)을 구실로 일제의 대규모 병력 만주 파병 ➜ 6일간 10여 차례의 전투 ➜ 일본군 격파(3,300여 명 사상)
  ㉡ 참여 부대 : 북로군정서(김좌진), 대한 독립군(홍범도)의 연합 부대

> **✚ 청산리 대첩** 한능검(韓能檢) 출제 자료
>
> 교전은 아침부터 저녁까지 계속되었다. 굶주림! 그러나 이를 의식할 시간도 먹을 시간도 없었다. 마을 아낙네들이 치마폭에 밥을 싸 가지고 빗발치는 총알 사이로 산에 올라와 한 덩이 두 덩이 동지들 입에 넣어 주었다. …… 얼마나 성스러운 사랑이며, 고귀한 선물이랴! 그 사랑 갚으리, 우리의 뜨거운 피로! 기어코 보답하리, 이 목숨 다하도록! 우리는 이 산과 저 산으로 모든 것을 잊은 채 뛰고 달렸다.
> – 이범석 『우등불』 –

❶ 홍범도(1868. 8~1943. 10)

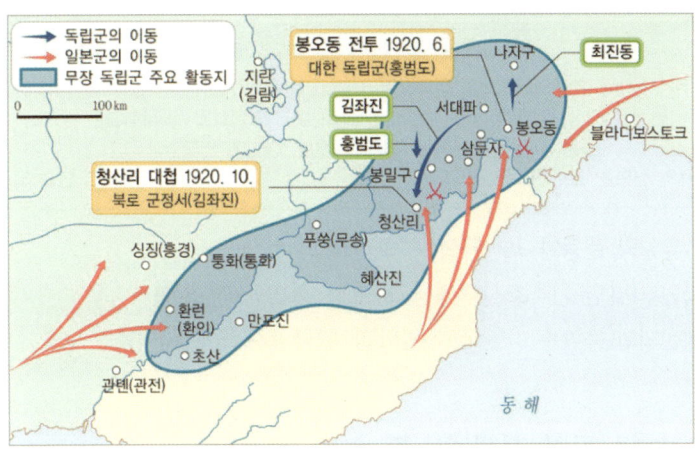

❶ 봉오동 전투와 청산리 대첩

❶ 김좌진(1889. 11~1930. 1)

(3) 독립군의 시련

① 간도 참변(1920. 10) : 패배에 대한 보복과 독립군 활동 근거를 말살하기 위해 간도 지역 민간인을 무차별 학살

> **✚ 간도 참변** 한능검(韓能檢) 출제 자료
>
> • 용정촌에서 40리가량 떨어져 있는 한 마을은 왜군이 야간에 습격하여 청년을 모조리 죽였으니 밤마다 죽는 사람이 2, 3명씩 되었다. 이는 1920년 10월의 일이다. 당시의 참사를 현지에 있던 미국인 선교사 마틴은 다음과 같이 기록하고 있다.
> "10월 31일, 연기가 자욱하게 낀 찬랍파위 마을에 가 보았다. 사흘 전 새벽에 무장한 일개 대대가 이 기독교 마을을 포위하고 남자라면 늙은이, 어린이를 막론하고 끌어내어 때려죽이고, 때려 죽이지 않으면 불타고 있는 집과 짚더미에 던져 타 죽게 하였다. 이 상황을 울지도 못하고, 바라보고 있어야만 했던 그들의 아내와 어머니들 가운데는 땅바닥을 긁어 손톱이 뒤집힌 사람도 있었다."
> • 세계 민족이 나라를 위해 몸을 던진 자가 얼마일까 마는 어찌 우리 겨레의 남녀노소가 참혹하게 도륙을 당한 것과 같으랴? …… 이른바 일본 장교가 많은 병졸을 거느리고 남녀노소를 총으로 죽이고 칼로 죽이고 몽둥이로 죽이고 묶어 죽이고 쳐서 죽이고 밟아 죽이고 깔아 죽였으며, 생으로 매장하기도 하고 불에 태우기도 하고 솥에 삶기도 하고 찢어발기기도 하고 코를 꿰기도 하고 갈비뼈를 발라내기도 하고 배를 따기도 하고 머리를 자르기도 하고 눈알을 뽑기도 하고 혀를 자르기도 하고 허리를 부러뜨리기도 하고 사지에 못을 박기도 하고 수족을 자르기도 하여, 인류로서는 차마 할 수 없는 짓을 저네들은 오락의 일로 삼았다. 우리 동포들은 할아비와 손자가

> 함께 죽기도 하고 아비와 아들이 함께 도륙 당하였으며, 그 지아비를 죽여서 그 지어미에게 보였고 그 아우를 죽여서 그 형에게 보였으며, 상인이 혼백상자를 끌어안고 도망하다가 형제가 함께 죽임을 당하기도 하였고, 산모가 포대기에 아기를 싸안고 달아나다가 모자가 함께 목숨을 잃기도 하였도다.
> — 조지훈 『한국민족운동사』 —

◎ 1920년대 군·정 기구

② 독립군의 이동: 주력부대가 밀산부에 4000여 명 집결, 대한 독립군단으로 통합(서일) ➡ 소련의 자유시로 이동
③ 자유시 참변(1921): 일본과의 마찰을 두려워한 적색군의 배신·기습공격 ➡ 무장 해제 ➡ 독립군 잔여 세력 만주, 중국 본토로 이동
④ 독립군의 재정비와 자치 행정 기구
  ㉠ 참의부(1923, 임정 직할), 정의부(1924), 신민부(1925) 결성
  ㉡ 민정 기구와 군정 기관을 갖춘 자치 행정 정부 형태로 발전 (입법, 행정, 사법부 구성)
⑤ 미쓰야 협정(1925): 경무총감 미쓰야와 만주 군벌 간의 협정, 독립군 탄압

+ 미쓰야 협정 한능검(韓能檢) 출제 자료

1. 조선인의 무기 휴대와 조선 내 침입을 엄금하며, 이를 위반하는 자는 일본 경찰에 인도한다.
2. 재만 조선인 단체를 해산시키고 무장을 해제하며, 소지 무기와 탄약을 몰수한다.
3. 일제가 지명하는 독립운동 지도자를 신속히 체포하여 일본 경찰에 인도한다.
4. 한국인 취체의 실황을 상호 통보한다. — 『일본 외교 연표 및 외교 문서』 —

⑥ 민족 유일당 운동과 3부 통합(1928년 이후)
  ㉠ 국민부(남만주): 조선혁명당과 조선 혁명군(양세봉)
  ㉡ 혁신의회(북만주): 한국 독립당과 한국 독립군(지청천)

2 1930년대의 독립 전쟁(한·중 연합 작전)

(1) 한국 독립군과 조선 혁명군의 활동(1930년대 전반)
  ① 1930년대 일제의 대륙 침략과 독립 전쟁
    ㉠ 1931년 일제의 만주 침략과 만주국 수립(만주사변)
    ㉡ 일제의 대륙 침략으로 어려워진 여건 속에서 중국과 연합작전 개시
  ② 한국 독립군의 활동
    ㉠ 지청천을 중심으로 1932년 쌍성보 전투, 사도하자 전투, 동경성 전투, 대전자령 전투에서 중국 호로군과 연합
    ㉡ 중국과의 대립으로 활동이 어려워지자 만주를 떠나 임시정부에 합류(중국 본토 내지로 이동)

◎ 지청천(1888. 1~1957. 1)

◎ 양세봉(1896. 6~1934. 8)

③ 조선 혁명군의 활동
- ㉠ 양세봉의 지도로 중국 의용군과 연합, 영릉가 전투(1932), 흥경성 전투(1933)에서 승리
- ㉡ 양세봉의 암살(1934) 이후 역량 약화

(2) 만주 지역의 항일 유격 투쟁(1930년대 후반)

① 공산주의자들의 항일 운동 : 추수·춘황 투쟁(소작료 인하, 생존권 확보 요구)
② 항일 유격대 결성과 중국 공산당과의 연합
③ 중국 공산당과 연합 : 동북 인민 혁명군 결성(1933) → 동북 항일 연군으로 개편(1936)
- ㉠ 동북 인민 혁명군(1933) : 각지의 유격대 연합, 자치구 형성, 토지 개혁 등의 사회 개혁
- ㉡ 동북 항일 연군(1936) : 항일 유격대로 조국 광복회 조직, 국내 진입 작전 전개
- ㉢ 항일 유격대의 보천보 전투(1937) : 함경남도 갑산의 보천보 공격, 조국광복회 참여, 일제의 통치기관 공격, 마비

○ 1930년대의 무장 독립 전쟁

49 중국 본토의 민족 독립 운동과 의열 투쟁

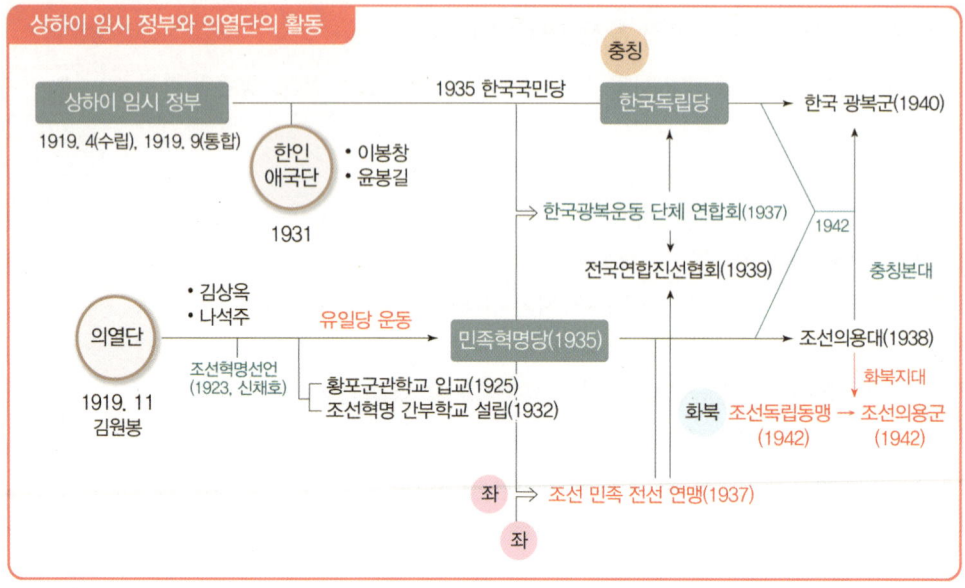

상하이 임시 정부와 의열단의 활동

🎧 **김원봉**(1898~1958)

🎧 **김상옥**(1889. 1~1923. 1)

🎧 **나석주**(1892. 2~1926. 12)

1 의열단의 활동

① 결성
  ㉠ 1919년 11월 김원봉, 윤세주 등이 만주 길림성에서 결성
  ㉡ 일제 요인의 사살 및 식민 기구의 파괴 활동, 민중 봉기 유발과 일제 타도, 독립 달성이 목표

② 활동
  ㉠ 박재혁 : 부산 경찰서 폭탄 투척
  ㉡ 최수봉 : 밀양 경찰서 폭탄 투척
  ㉢ 김익상 : 조선 총독부 폭탄 투척, 다나까 대장 저격 시도
  ㉣ 김상옥 : 종로 경찰서 폭탄 투척, 일경 사살
  ㉤ 김지섭 : 일본 왕궁에 폭탄 투척
  ㉥ 나석주 : 동양 척식 주식회사, 조선 식산은행 폭탄 투척, 일인 사살 등

③ 조선 혁명 선언 : 김원봉은 의열단에 활기를 불어넣기 위해 신채호에게 조선 혁명 선언을 부탁(민중 직접 혁명론)

✦ 신채호의 조선 혁명 선언(1923. 1)   한능검(韓能檢) 출제 자료

민중은 우리 혁명의 대본영(大本營)이다. 폭력은 우리 혁명의 유일 무기이다. 우리는 민중 속에 가서 민중과 손을 잡고 끊임없는 폭력 – 암살 · 파괴 · 폭동 – 으로써, 강도 일본의 통치를 타도하고, 우리생활에 불합리한 일체 제도를 개조하여, 인류로써 인류를 압박치 못하며, 사회로서 사회를 수탈하지 못하는 이상적 조선을 건설할지니라.

④ 투쟁의 전환 : 개별적 투쟁의 한계 인식(1920년대 후반) ➔ 조직적 무장 투쟁 전환 ➔ 1925년 군대 육성을 위해 황포 군관학교 입교 ➔ 1932년 조선 혁명 간부학교 수립 ➔ 1935년 민족 혁명당 결성(민족 유일당 운동)

▶ 항일 의사들의 의열 투쟁

구분	이름	의열 투쟁	연도	소속
국내 활동	강우규	사이토 마코토 신임 총독 폭살 미수	1919. 9	노인 동맹단
	박재혁	부산 경찰서 투탄(서장 하시모토 폭살)	1920. 9	의열단
	최수봉	밀양 경찰서 투탄(청사 파괴)	1920. 12	
	김익상	조선 총독부 투탄 후 북경 본부로 무사히 귀환	1921. 9	
	김상옥	종로 경찰사 투탄 후 일본 군경과 총격전 끝에 자결	1923. 1	
	나석주	동양 척식 주식 회사 경성 지점, 조선식산은행에 투탄하고 일본인 7명을 사살한 후 경찰과 교전 끝에 자결	1926. 12	
국외 활동	오성륜, 김익상, 이종암	상해 황포탄에서 일본 육군 대장 다나까 가이치 저격	1922. 3	
	김지섭	일본 제국 의회를 폭파하려고 하였다가 의회가 무기한 휴회되자, 동경 궁성 니주바시(이중교)에 3개 투탄	1924. 1	
	박열	일본 왕실의 결혼식에서 일왕 부자 암살 시도	1923. 10	단독
	조명하	타이중(타이완 중서부 도시)에서 구니노미야(일왕 장인, 육군 대장) 처단	1928. 5	
	이봉창	일왕 폭살 미수	1932. 1	한인 애국단
	윤봉길	상해 홍커우 공원 투탄	1932. 4	
	손기업	주만 일본 전권 대사 무토 대장 암살 시도	1932	한국혁명당 총동맹
	백정기, 이강훈, 원심창	상해 육삼정에서 일본 공사 아리요시 암살 시도	1933. 3	흑색공포단

2 한인 애국단의 활약

① 결성
　㉠ 임시정부의 활동 침체(1920년대 중반), 중국 내 반한 감정 고조(만보산 사건, 1931) → 임시정부 중심의 독립 운동 활성화와 중국의 인식 변화
　㉡ 김구에 의해 조직(1931)

② 활동
　㉠ 이봉창 의거(1932. 1) : 일왕에 폭탄 투척 → 실패(중국의 한민족 독립 운동 긍정 평가 계기, 중·일간의 대립 계기)
　㉡ 윤봉길 의거(1932) : 홍커우 공원 투탄 → 일본군 장성, 고관 사상(중국 국민당이 무장 독립 투쟁 승인, 임시 정부 적극 지원 및 한국광복군 탄생 계기)

✚ 윤봉길의 입단 선서(1932. 4)　　　　　　　　　　한능검(韓能檢) 출제 자료

나는 적성(赤誠)으로서 조국의 독립과 자유를 회복하기 위해 한인 애국단의 일원이 되어 중국을 침략하는 적의 장교를 도륙(屠戮)하기로 맹세하나이다.

🎧 이봉창(1901. 8~1932. 10)

🎧 윤봉길(1908. 6~1932. 12)

> **강보에 싸인 두 아들 모순과 담에게**
>
> 너희도 만일 피가 있고 뼈가 있다면
> 반드시 조선을 위해 용감한 투사가 되어라.
> 태극의 깃발을 높이 드날리고 / 나의 빈 무덤 앞에 찾아와 한 잔의 술을 부어라.

3 민족 혁명당의 결성과 조선 의용대의 활동

① 한국 민족 혁명당의 결성(1935) → 조선 민족 혁명당(1937)
  ㉠ 1935년 중국 난징에서 의열단, 조선 혁명당 등 5개 정당 연합으로 결성(임시 정부 계열 제외)
  ㉡ 민족주의·사회주의 계열 연합의 통일 전선 정당
  ㉢ 강령으로 민주 공화국 수립, 토지 국유화 강조
  ㉣ 민족주의 계열 이탈(지청천, 조소앙 등) → 한국광복운동단체연합회 조직(1937)

② 조선 의용대의 활동
  ㉠ 1937년 중·일 전쟁 발발이후 민족 혁명당이 조선 민족 해방 운동자 동맹·조선 혁명자 연맹과 연합 → 조선 민족 전선 연맹 결성(1937) → 군사 조직으로 조선 의용대 탄생(1938)
  ㉡ 중국 관내 최초의 한인 부대
  ㉢ 중국 국민당의 지원, 정보 수집·포로 심문·후방 교란 등의 활동
  ㉣ 조선 의용대의 분화
    ⓐ 화북 지대 : 화북으로 이동(1941), 호가장 전투(1941. 12), 반소탕전(1942. 5) 수행
    ⓑ 충칭 본대 : 임정이 있는 충칭으로 이동(1942), 한국광복군에 흡수

③ 조선 의용군의 결성과 활약
  ㉠ 중국 공산당의 조선인 간부 무정과 최창익·허정숙 등이 조선 의용대 화북 세력과 연합 → 화북 조선 청년 연합회(1941) → 조선 독립 동맹(1942)으로 결성
  ㉡ 김두봉의 조선 독립 동맹 산하 조선 의용군 결성(1942)
  ㉢ 조선 의용군은 중국 공산당 산하 팔로군과 연합하여 항일전 전개
  ㉣ 국공 내전에 참전 후 북한 인민군에 편입(6·25 전쟁 참전)

4 임시정부의 강화

① 독립 운동의 통합
  ㉠ 윤봉길 의사 의거 이후(1932) 일제의 탄압으로 이동 시작
  ㉡ 이동 : 상하이(1919) → 항저우(1932) → 난징(1937) → 류저우(1938) → 구이양(1939) → 치장(1939) → 충칭(1940)으로 이동
  ㉢ 조선 민족 혁명당에 합류하지 않은 임정 세력, 한국 국민당 조직(1935)
  ㉣ 민족 혁명당에서 탈당한 조선 혁명당 및 한국 독립당과 연합, 한국 광복 운동 단체 연합회 결성(1937) → 한국 독립당로 통합(1940)
  ㉤ 건국 강령(조소앙의 삼균주의) 발표, 조선 민족 혁명당과 통합(1942)

② 삼균주의와 건국 강령
　㉠ 삼균주의 : 개인과 개인, 민족과 민족, 국가와 국가 사이의 완전한 균등을 의미, 조소앙에 의해 체계화(1941년 건국 강령으로 채택)
　㉡ 건국 강령(1941. 11) : 새로운 민주주의 확립과 사회 계급의 타파, 경제적 균등주의의 실현을 주장

5 한국광복군의 활동

① 결성
　㉠ 1940년 충칭에서 중국 국민당 정부(장제스)의 지원을 받아 창설
　㉡ 조선 의용대 충칭본대(김원봉) 합류로 군사력 강화(1942. 5)

② 활동
　㉠ '한국광복군 행동 준승 9개항'에 의거 1944년 8월까지 중국 군사위원회의 지휘(단독 작전권 부재)

▸ **한국광복군 행동 준승 9개항**　한능검(韓能檢) 출제 자료

한국광복군을 본회(중국 군사 위원회)에서 통할 지휘케 된 후에 준행할 9항 준승
1. 한국광복군은 아국(중국)의 항일 작전 기간에는 본회에 직예(直隸)하고, 참모총장이 장악 운용한다.
2. 한국광복군은 ……한국 독립당·임시 정부와의 관계는 아국의 군령을 받는 기간에 있어서는 고유한 명의 관계를 보류한다.
3. 본회에서 해당 군(한국광복군)이 한국 내지 및 한국 변경 접근 지역을 향하여 활동함을 원조하되 아국의 항전 공작과 배합함을 원칙으로 하며, …… 아국 전구 제1선 부근에서 조직 훈련하되 그 지역의 최고 군사 장관의 절제를 받아야 한다.　- 국사편찬위원회 『한국 독립운동사 자료』 -

　㉡ 1941년 12월 대일본·대독일 선전 포고
　㉢ 1943년 인도·미얀마 전선에 한국광복군 공작대 파견
　㉣ 국내 진공 작전 계획 : 미국 정보 전략국(OSS)의 지원을 받아 준비하였으나 일본의 패망으로 실현되지 못함

▸ **대한민국 임시 정부의 대일 선전 포고문(1941. 12)**　한능검(韓能檢) 출제 자료

우리는 3천만 한국 인민과 정부를 대표하여 삼가 중·영·미·소·캐나다·기타 제국의 대일 선전이 일본을 격파하게 하고 동아를 재건하는 가장 유효한 수단이 됨을 축하하며, 이에 특히 다음과 같이 성명한다.
1. 한국 전 인민은 현재 이미 반침략 전선에 참가하였으니, 한 개의 전투 단위로서 추축국에 선전한다.
2. 1910년 합병 조약과 일체의 불평등 조약의 무효를 거듭 선포하며, 아울러 반침략 국가인 한국에 있어서의 합리적 기득권익을 존중한다.
3. 한국·중국 및 서태평양으로부터 왜구를 완전히 구축하기 위하여 최후 승리를 거둘 때까지 항전한다.
4. 일본 세력하에 조성된 창춘 및 난징 정권을 절대로 승인하지 않는다.
5. 루스벨트·처칠 선언의 각 조를 견결히 주장하며, 한국 독립을 실현하기 위하여 이것을 적용하여 민주 진영의 최후 승리를 축원한다.　- 대한민국 임시 정부 주석 김구, 외무부장 조소앙 -

50 민족 문화 수호 운동

1 일제의 식민지 교육·문화 정책

(1) 식민지 교육 정책
① 목표 : 식민지 공업화에 필요한 노동력을 양성함과 동시에 식민 통치에 순응하는 민족성 배양
② 1910년대 교육 정책
  ㉠ 제1차 조선 교육령(1911) : 한국인을 우민화하는 정책
  ㉡ 민족의식이 강한 사립학교 폐쇄
  ㉢ 보통 교육(초등 교육) 수업 연한 6년에서 4년으로 단축
  ㉣ 중등 교육 기회 제한, 실업 교육으로 기술 교육만 실시
  ㉤ 대학 교육은 불허(고등 교육 불허)
③ 1920년대 교육 정책
  ㉠ 제2차 조선 교육령(1922) : 유화 정책, 일본인으로 동화시키려는 정책
  ㉡ 보통 학교의 수업연한 4년에서 6년으로 연장, 고등보통학교는 5년
  ㉢ 학교 증설, 일인과 동등한 교육 표방(사범학교 설치, 대학 교육 허용)
  ㉣ 조선어 필수 과목으로 지정, 조선 역사·지리 교육 실시, 3면 1교 정책

> **제2차 조선 교육령** — 한능검(韓能檢) 출제 자료
>
> 제2조 국어를 상용하는 자의 보통 교육은 소학교령, 중학교령 및 고등여학교령에 의함.
> 제3조 국어를 상용치 아니하는 자에 보통 교육을 하는 학교는 보통학교, 고등보통학교 및 여자고등보통학교로 함.
> 제5조 보통학교의 수업 연한은 6년으로 함. 보통학교에 입학하는 자는 연령 6년 이상의 자로 함.
> 제7조 고등보통학교의 수업 연한은 5년으로 함. 고등보통학교에 입학하는 자는 수업 연한 6년의 보통학교를 졸업한 자 또는 조선 총독이 정하는 바에 의하여 이와 동등 이상의 학력이 있다고 인정된 자로 함.

④ 1930년대 교육 정책
  ㉠ 전쟁 동원을 위해 황국신민화 교육 강화
  ㉡ 1938년 제3차 교육령(1938) : 황국신민서사 암송, 우리말·역사 교육 금지(선택 과목), 내선일체 강조, 보통학교를 심상소학교로 변경

> **제3차 조선 교육령** — 한능검(韓能檢) 출제 자료
>
> 제1조 소학교는 국민 도덕의 함양과 보통의 지능을 갖게 함으로써 충량한 황국 시민을 육성하는 데 있다.
> 제13조 소학교의 교과목은 수신, 국어(일어), 산술, 국사, 지리, 이과, 직업, 도화이다. 조선어는 수의(선택)과목으로 한다.

⑤ 1940년대 교육 정책
  ㉠ 제4차 조선 교육령(1943) : 우리말·역사 완전 폐지
  ㉡ 심상소학교를 국민학교로 개칭(1941)

(2) 식민사관
① 목적 : 식민 지배를 위한 역사 왜곡, 패배적·후진적 역사의식 전파
② 내용
　㉠ 정체성론·타율성론·당파성론·사대성론을 날조, 민족성 왜곡, 비하
　㉡ 일선동조론, 내선일체, 남선경영설 등을 바탕으로 민족사의 뿌리 부정
③ 역사 연구 기관
　㉠ 조선사편찬위원회(1922) ➡ 조선사편수회(1925)로 변경
　㉡ 청구학회 : 식민사관에 입각한 한국사 재구성

▶ 일제 강점기의 취학률

연도	추정 학령 인구	보통학교 학생 수 및 취학률	초등학교 취학률 (간이학교와 각종 사립학교 포함)
1912	2,374,386	43,562(1.8%)	4.3%
1915	2,601,094	60,660(2.3%)	4.3%
1920	2,757,321	107,365(3.9%)	5.7%
1925	3,022,562	405,739(13.4%)	15.7%

학교	민족별	학생수	인구 1만 명당 비율	진학 비율
초등학교	한국인	386,256	208.20	1
	일본인	54,026	1,272.35	6

2 국학 운동의 전개

(1) 국어 연구와 한글의 보급
① 단체 : 국문연구소(1907) ➡ 조선어연구회(1921, 주시경 등) ➡ 조선어학회(1931)로 변화
② 활동
　㉠ 조선어연구회 : 장지연, 이윤재 등, 가갸날 제정(한글날), 연구 기관지 『한글』 창간
　㉡ 조선어학회 : 한글 맞춤법 통일안 제정, 표준어 제정, 우리말 큰 사전 편찬 작업 (일제의 방해로 실패, 해방 이후 완성)
③ 일제의 탄압
　㉠ 중일 전쟁(1937) 이후 한국어의 단계적 폐지
　㉡ 조선어학회 사건(1942) : 독립 운동 단체로 몰아 회원 체포, 투옥, 해산

(2) 한국사의 연구
① 배경 : 일제의 한국사 왜곡에 저항, 우리 역사의 수호와 올바른 민족사 수립에 노력
② 민족주의 사학의 전개 : 역사 연구를 독립 운동의 방법으로 인식하여 민족사의 자주성과 주체성을 강조

③ 사회·경제사학 : 백남운 중심, 사회주의의 유물 사관을 바탕으로 한국 역사의 보편적 발전 규명, 일제의 정체성론 비판
④ 실증주의 사학 : 이병도, 손진태 중심, 객관적 사실에 입각한 고증주의를 제창(일본 학계의 영향)
  ㉠ 진단학회(1934) : 『진단학보』 발행하여 실증적 역사를 연구, 청구학회에 대항
  ㉡ 민족사관의 편협과 국수주의 성격을 극복하여 근대적 역사관의 수립에 공헌

▶ **국학 운동의 사학**

🎧 박은식(1859. 9~1925. 11)

🎧 정인보(1893. 5~1950. 11)

🎧 최남선(1890. 4~1957. 10)

🎧 백남운(1894. 2~1979. 6)

민족주의사학	박은식	• 민족혼 강조 • 『한국통사』 : 일제의 침략 과정 폭로 • 『한국독립운동지혈사』 : 독립을 위한 투쟁 과정 서술
	신채호	• 『조선상고사』 : 고대사를 주체적으로 서술 • 『조선사 연구초』 : 고대사의 자주적 발전
	정인보	• 얼 강조 • 『조선사 연구』, 『5천년간 조선의 얼』
	최남선	• 붉 사상 • 『조선역사』, 『고사통』, 『아시조선』
	안재홍	• 『조선상고사감』
	문일평	• 『조선사화』
사회경제사학	백남운	• 『조선사회경제사』, 『조선봉건사회경제사』
	이청원	• 『조선사회사독본』, 『조선역사독본』
	이북만	• 『이조사회경제사연구』
실증주의사학	이병도	• 진단학회, 『진단학보』 간행
	손진태	

✣ 박은식의 민족정신

나라는 형(形)이고 역사는 신(神)이다. 옛 사람이 말하기를 나라는 멸망할 수 있으나 그 역사는 결코 없어질 수 없다고 했으니, 이는 나라가 형체라면 역사는 정신이기 때문이다. 이제 우리나라의 형체는 없어졌지만, 정신은 살아남아야 할 것이다. 이것이 내가 역사를 쓰는 까닭이다. 정신이 살아 있으면 형체도 부활할 때가 있을 것이다.
– 박은식 『한국통사』 –

✣ 아와 비아의 투쟁

역사란 무엇인가? 인류 사회의 아와 비아의 투쟁이 시간부터 발전하며 공간부터 확대하는 정신적 활동 상태의 기록이니 세계사라 하면 세계 인류의 그리되어 온 상태의 기록이며, 조선 역사라 하면 조선 민족이 그리되어 온 상태의 기록인 것이다. 그렇다면 무엇을 '아'라 하며 무엇을 '비아'라 하는가? …… 무릇 주체적 위치에 선 것을 '아'라고 하고, 그 밖에는 '비아'라고 하는데, 이를테면, 조선 사람은 조선을 '아'라고 하고, 영국·미국·프랑스 등을 '비아'라 하지만 그들은 조선을 '비아'라 하고 각기 제 나라를 '아'라 하며, …… 무엇이든지 반드시 중심이 되는 '아'가 있으면, '아'와 대립하는 '비아'가 있고, …… '아'와 '비아'의 접촉이 잦을수록 '비아'에 대한 '아'의 투쟁이 더욱 맹렬하여, 인류 사회의 활동이 그칠 사이가 없으며 역사의 앞길이 완성되어질 날이 없으니, 그러므로 역사는 '아'와 '비아'와의 투쟁의 기록인 것이다.
– 신채호 『조선상고사』 –

❖ **5천 년간 조선의 얼**　　한능검(韓能檢) 출제 자료

- 조선의 시조는 단군이시니 단군은 신이 아니요 사람이시라. 백두의 높은 산과 송화의 장강을 터전으로 하여 조선을 만드시매 조선 민족은 단군으로부터 생기고, 조선의 정교는 단군으로부터 열리었다. 무릇 우리 선민으로서 어떠한 일이던지 스스로 큰 흔적을 남긴 것이 있다면 단군으로부터 비롯된 것이다. …… 얼은 남이 빼앗아가지 못한다. 얼을 잃었다면 스스로 자실한 것이지 누가 가져간 것이 아니다.
- 누구나 어릿어릿하는 사람을 보면 '얼'빠졌다고 하고, '멍'하니 앉은 사람을 보면 '얼'하나 없다고 한다. '얼'이란 이같이 쉬운 것이다. 그런데 '얼'하나의 있고 없음으로써 그 광대·웅맹함이 혹 저렇기도 하고 그 잔루·구차함이 이렇기도 하니, '얼'에 대하여 명찰통조함을 실로 거론하기 어렵다 할 수도 있다.
　　　　　　　　　　　　　　　　　　　　　　　　　　- 정인보 『5천 년간 조선의 얼』 -

❖ **사회·경제 사학**　　한능검(韓能檢) 출제 자료

우리 조선의 역사적 발전의 전 과정은 가령 지리적 조건, 인종학적 골상, 문화 형태의 외형적 특징 등 다소의 차이는 인정되더라도, 외관적인 소위 특수성은 다른 문화 민족의 역사적 발전 법칙과 구별되어야 하는 독자적인 것이 아니며, 세계사적·일원론적인 역사 법칙에 의하여 다른 제 민족과 거의 동일한 발전 과정을 거쳐 온 것이다. 그 발전 과정의 빠름과 느림, 각 문화의 특수한 모습의 짙고 옅음은 결코 본질적인 특수성이 아니다.
　　　　　　　　　　　　　　　　　　　　　　　　　　- 백남운 『조선봉건사회경제사』 -

🎧 손진태(1900~?)

3 교육과 종교 활동

(1) 민족 교육 운동

① 조선교육회(1920)의 활동
　㉠ 기관지 발간, 조선어 강습회 개최(지방 순회)
　㉡ 신문화 계몽 운동 전개(교육의 대중화)
　㉢ 민립대학 설립운동 주도

② 사립학교, 개량 서당, 야학의 활동
　㉠ 사립학교 : 근대적 지식 보급, 민족의식 고취(항일 민족 운동의 거점 역할)
　㉡ 개량 서당 : 한국어, 근대적 교과, 항일 교재 중심 교육(일제가 1918년 서당규칙을 제정하여 탄압)
　㉢ 야학 : 노동·국어·농촌 야학의 형태, 우리말 교육과 민족의식 고취

③ 문맹 퇴치운동 : 브나로드 운동(동아일보), 문자 보급운동(조선일보)

④ 과학 대중화 운동
　㉠ 배경 : 일제의 식민지 교육은 하급 기술 인력 양성에 초점, 과학 기술의 중요성에 대한 인식과 교육이 이루어 지지 못함.
　㉡ 1924년 발명학회와 과학 문명 보급회 창립(김용관)
　㉢ 『과학조선』 창간, 과학의 날 제정, 과학 지식 보급회(1924) 창립(발명협회)

(2) 종교 활동

① 천도교
　㉠ 3·1 운동에 커다란 기여, 제2의 독립선언운동 계획
　㉡ 『개벽』, 『신여성』 등 잡지 발간

② 대종교 : 만주로 근거지 이동, 중광단 ➔ 북로군정서(청산리 대첩)

③ 개신교
　㉠ 조선중앙 기독교청년회(YMCA), 조선기독교 여자청년회연합회(YWCA)

50_민족 문화 수호 운동　297

ⓒ 신문화 운동 전개, 농촌 계몽, 신사 참배 거부 운동
　④ 천주교 : 의민단 조직(만주), 무장 항일 투쟁
　⑤ 불교
　　　㉠ 한민족 불교 수호운동(한용운) ➡ 1921년 조선불교유신회로 변화
　　　ⓒ 불교 정화 운동, 일제의 불교 장악 의도인 사찰령 폐지 운동
　⑥ 원불교 : 박중빈이 창시, 불교의 생활화 · 대중화 주장

4 문학과 예술 활동

(1) 문학 활동

① 1910년대 : 근대 의식을 바탕으로 한 계몽주의적 성향(최남선의 『소년』, 『청춘』 잡지 발행, 이광수의 『무정』)
② 1920년대
　㉠ 동인지 문학 : 김동인의 『창조』, 염상섭의 『백조』 등(퇴폐적 낭만주의 경향)
　ⓒ 민족 정서를 바탕으로 식민지 현실의 극복, 승화

시인	특징	대표작품
김소월	민요조의 서정시, 민족적 정한	『진달래꽃』
한용운	독립의 이상이 투영	『님의 침묵』
이상화	식민지 현실, 독립에의 염원과 이상	『빼앗긴 들에도 봄은 오는가』

　ⓒ 사회주의 문학(사회 저항적, 현실주의적) : 신경향파 문인 중심으로 1925년 카프(KAPF) 결성
　㉣ 동반 작가(현실 비판에 동조) : 염상섭, 현진건
③ 1930년대 이후
　㉠ 순수 문학 : 일제의 억압적 현실로부터의 도피적 성향, 『문장 1939』
　ⓒ 친일 문학 : 이광수, 최남선 ➡ 일제의 대동아 공영권 찬양, 전시 동원 체제 선전

(2) 음악과 미술

① 음악 : 일제 강점기의 설움과 울분 표현
　㉠ 1910년대 : 학도가, 한양가, 거국가 등(망국민의 슬픔, 일제에 대한 저항)
　ⓒ 서양 음악의 활성화

음악가	작품명
홍난파	봉선화, 고향의 봄
현제명	고향생각
안익태	코리아 환상곡, 애국가

　ⓒ 친일 음악 활동 : 홍난파, 현제명(일제 말 황국신민화 정책에 동조), 안익태
② 미술
　㉠ 전통 회화 : 이상범, 변관식, 박생광, 이응노
　ⓒ 이중섭 : 개인의 고통을 시대의 아픔으로 승화
　ⓒ 친일 협력 : 김은호, 김인승 등(친일 미술 단체에 참여)

🎧 홍난파(1898. 4~1941. 8)

🎧 안익태(1906. 12~1965. 9)

(3) **연극과 영화**
  ① 연극
    ㉠ 신파극(통속적 성격) ➔ 서구의 근대극 형식 도입(1920년대)
    ㉡ 극예술 협회(도쿄 유학생), 토월회(1922), 극예술 연구회(1930년대) 결성
    ㉢ 동양 극장 설립(1930년대, 최초의 연극 전용 극장 - 신파극 정착)
    ㉣ 1940년대 친일 색채의 연극 등장(일제 찬양)
  ② 영화
    ㉠ 나운규 : 아리랑(1926), 사랑을 찾아서, 임자 없는 나룻배 제작
    ㉡ 1940년 조선 영화령 공포 : 민족적 색채 영화 예술 탄압

● 나운규(1902. 10 ~1937. 8)

● 아리랑

현대 세계의 변화와 대한민국의 발전

- 51 광복과 분단
- 52 대한민국 정부 수립과 6·25 전쟁
- 53 민주주의의 시련과 발전
- 54 통일을 위한 노력
- 55 현대의 경제 발전
- 56 사회·문화의 변화

51 광복과 분단

1 광복 직전의 건국 준비 활동

(1) 대한민국 임시정부(충칭, 1940)
① 조소앙의 삼균주의를 바탕으로 건국강령 발표
② 보통 선거를 통한 민주 공화국 수립 목표
③ 한국광복군 : 항일 전선과 태평양 전쟁 전선에 적극 참여

(2) 조선 독립 동맹(화북, 1942)
① 화북 지역의 사회주의자 중심(주석 김두봉)
② 독립·자유의 조선 민주 공화국 건설 목표
③ 조선 의용군 조직 후과 중국 팔로군(중국 공산당)이 연합

(3) 조선 건국 동맹(국내, 1944)
① 해외 독립 운동 연합 전선과의 연대 시도
② 일제 타도와 민주주의 국가 건설 추구
③ 여운형 중심, 해방 후 민족주의 계열·사회주의 계열 연합
④ 조선 건국 준비 위원회로 변화(조선 인민 공화국 성립)

2 8·15 광복과 분단

(1) 광복 전후의 국제회의

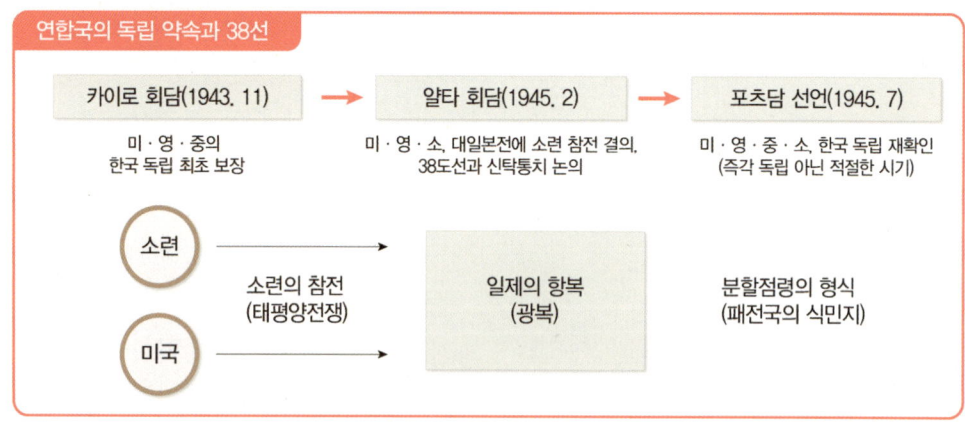

❖ 카이로 선언(1943. 11)   한능검(韓能檢) 출제 자료

일본국이 1914년 제1차 세계 대전 개시 이후에 탈취 또는 점령한 태평양의 도서 일체를 박탈할 것과 만주·대만 및 팽호도와 같이 일본국이 청국으로부터 빼앗은 지역 일체를 중화민국에 반환함에 있다. 또한, 일본국은 폭력과 탐욕으로 약탈한 다른 일체의 지역으로부터 구축될 것이다. 앞의 3대국은 조선 인민의 노예 상태에 유의하여 적당한 시기(또는 적당한 절차를 거쳐)에 맹세코 조선을 자주독립시킬 결의를 한다. 이와 같은 목적으로 3대 동맹국은 일본국과 교전 중인 국가와 협조하여 일본국의 무조건 항복을 촉진하는데 필요한 중대하고도 장기적인 행동을 속행한다.

(2) 민족 국가 수립의 움직임

① 조선 건국 준비 위원회의 활동
　㉠ 광복 직후 여운형, 안재홍 등이 주도, 조선 건국 동맹을 모체로 좌·우 연합
　㉡ 치안대 설치, 145개의 지부 전국에 조직
　㉢ 강령 : 자주 독립 국가의 건설, 민주주의 정권의 수립, 국내 질서의 유지, 대중생활 확보
　㉣ 조선 인민 공화국 선포(1945. 9) : 조선 공산당 계열이 실권 장악, 우익의 외면
② 군정의 실시
　㉠ 광복 후 38도선을 경계로 미군·소련군 각각 진주
　㉡ 소련 : 인민 위원회에 자치권 부여(친일파 배제), 공산주의 확대
　㉢ 미국 : 군정 선포(직접 통치), 총독부 체제 유지 및 건준·인공 수립 부정,
③ 한국 민주당 : 송진우, 김성수 등 지주 및 기업가 중심, 미군정에 적극 참여
④ 대한민국 임시정부
　㉠ 미국이 실체 부정, 김구 등 개인 자격으로 임정 요인 귀국
　㉡ 한국 독립당을 중심으로 활동
⑤ 국민당 : 안재홍의 중도우파가 결성
⑥ 조선 인민당 : 여운형 중심, 중도좌파로 결성
⑦ 조선 공산당 : 박헌영 중심, 좌익 세력으로 구성
⑧ 독립 촉성 중앙 협의회(이승만)
　㉠ 좌·우 합작의 200여 단체 연합, 선 친일파 제거를 주장한 좌익이 탈퇴
　㉡ 좌익 탈퇴 후 대한독립촉성국민회로 변화

52 대한민국 정부 수립과 6·25 전쟁

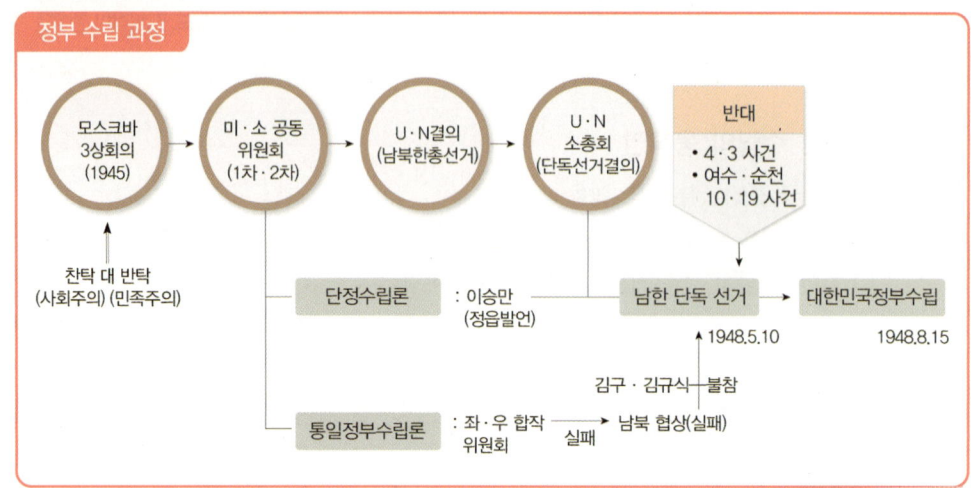

1 모스크바 3상 회의와 신탁 통치

(1) 모스크바 3상 회의(미·영·소, 1945. 12)
  ① 최고 5년간 강대국(미·영·중·소)에 의한 신탁 통치 결의
  ② 한국에 임시 정부 수립
  ③ 미·소 공동 위원회 설치 결의

(2) 신탁 통치 반대 운동
  ① 우익 : 이승만, 김구, 한국 민주당 등 반탁 운동 전개(전국적 호응)
  ② 좌익 : 반탁에서 찬탁으로 선회(정부 장악 목적),
  ③ 좌·우 대립 격화

2 1차 미·소 공동 위원회

(1) 미·소 공동위원회 양국의 입장
  ① 미국 : 임시정부 수립에 모든 단체 참여를 주장
  ② 소련 : 임시정부 수립에 좌익 단체만 참여를 주장

(2) 미·소 공동위원회의 결과
  ① 미국과 소련의 입장 차이를 좁히지 못한 채 결렬
  ② 1946년 5월 이후 무기 휴회에 돌입

3 단독 정부 수립론과 통일 정부 수립 운동

(1) 단독 정부 수립의 움직임
① 이승만 : 전라도 정읍에서 단독 정부 수립론에 의한 정읍발언 실시(1946. 6)
② 이승만과 한국 민주당은 남한 단독 정부 수립을 주장

> **이승만의 단선정부론**   한능검(韓能檢) 출제 자료
>
> 이제 우리는 무기 휴회된 공위가 재개될 기색도 보이지 않으며 통일 정부를 고대하나 여의치 않으니, 우리는 남한 만이라도 임시 정부 혹은 위원회 같은 것을 조직하여 38도선 이북에서 소련이 물러가도록 세계 공론에 호소하여야 될 것이니, 여러분도 결심하여야 될 것이다. 그리고 민족 통일 기관 설치에 대하여 지금까지 노력해 왔으나 이번에는 우리 민족의 대표적 통일 기관을 서울로 올라가 즉시 설치하게 되었으니 각 지방에 있어서도 중앙의 지시에 순응하여 조직적으로 활동하여 주기를 바란다.
>   - 이승만의 정읍발언(1946. 6) -

(2) 좌 · 우 합작 운동
① 구성 : 미군정의 지원 하에 중도 우익의 김규식과 중도 좌익의 여운형 등 중도파 인사로 구성
② 전개
    ㉠ 좌 · 우 합작 위원회 설치 이후 좌 · 우 합작 7원칙 발표(1946. 10)

> **좌우합작 7원칙(1946. 10)**   한능검(韓能檢) 출제 자료
>
> 1. 조선의 민주 독립을 보장한 모스크바 3국 외상회의 결정에 의해 좌우합작으로 임시정부 수립할 것.
> 2. 미소공동위원회의 속개를 요청하는 공동성명 발표할 것.
> 3. 토지 개혁에 있어 몰수, 유조건 몰수, 체감(遞減) 매상 등으로 농민에게 무상 분여하며 시가지의 기지 및 대건물을 적정 처리하여 중요 산업을 국유화하여 사회 · 노동법령 및 정치적 자유를 기본으로 지방자치제의 확립을 속히 실시하며 통화 및 민생문제 등을 급속히 처리하여 민주주의 건국 과업 완수에 매진할 것.
> 4. 친일파 및 민족반역자를 처리할 조례를 본 합작위원회에서 입법기구에 제안하여 구성될 입법기구에서 처리하게 할 것.
> 5. 현 정권하에 검거된 정치운동가의 석방에 노력하고, 아울러 남북 좌우의 테러적 행동을 일체 즉시로 제지토록 노력할 것.
> 6. 입법기구에 있어서 일체 권능과 구성방법, 운영 등에 관한 대안을 본 합작위원회에 의해서 작성하여 적극적으로 실행을 기도할 것.
> 7. 전국적으로 언론 · 집회 · 결사 · 출판 · 교통 · 투표 등의 자유를 절대 보장토록 노력할 것.
>   - 독립신보(1946. 10. 7) -

    ㉡ 김구와 한국 독립당 찬성, 이승만 조건부 찬성, 한국 민주당 · 조선공산당 반대
    ㉢ 과도 입법 의원선거로 남조선 입법 의원구성
③ 실패 : 좌익과 우익의 입창 차이, 여운형의 탈퇴와 암살, 김구 · 이승만 세력과 공산당의 불참, 미군정의 지지 철회

(3) 남북 협상
① 제2차 미소 공동 위원회의 결렬(1947. 5) : 트루먼 독트린의 영향(냉전), 임시 정부 수립에 참여하는 정당, 단체, 인원수 이견
② 미국은 한반도 문제 UN에 상정(1947. 10) ➜ 한국의 독립과 UN 감독하의 남북한 총선거(인구 비례) 결의 ➜ 소련의 거부 ➜ UN 소총회의 선거 가능 지역 선거 결의(1948. 2) ➜ 남한 총선거 결정(1948. 5)
③ 남북한 통일 정부 수립의 노력 : 김구(한국독립당), 김규식, 홍명희, 김원봉은 통일 정부 수립 노력 지속

○ 남북 협상을 위하여 평양으로 떠나는 김구

④ 남북 협상
  ㉠ 남북 분단의 위기 속에서 김구는 삼천만 동포에게 읍고함을 발표(1948. 2)
  ㉡ 김구, 김규식 등이 북한의 김일성, 김두봉에게 협상 제안(1948. 2)
  ㉢ 남북 지도자 회의 개최(1948. 4, 평양) → 남한 단독 정부 수립에 반대, 미·소 양군 철수에 관한 결의문 채택
⑤ 남북 협상의 실패 : 미·소의 대립, 양측 진영의 견해 차이, 김구의 암살(1949)

> **✚ 김구의 통일정부론**   한능검(韓能檢) 출제 자료
>
> 조국이 있어야 한국 사람이 있고, 한국 사람이 있고야 민주주의도 공산주의도 무슨 단체도 있을 수 있는 것이다. 그러면 우리의 자주 독립적 통일정부를 수립하려는 이 때에 있어서 어찌 개인이나 자기 집단의 사리사욕에 탐하여 국가 민족의 백년대계를 그르칠 자가 있으랴? … 현실에 있어서 나의 유일한 염원은 3천만 동포가 다 손을 잡고 통일된 조국의 달성을 위하여 공동 분투하는 것뿐이다. 이 육신을 조국이 필요로 한다면 당장에라도 제단에 바치겠다. 나는 통일된 조국을 건설하려다 38선을 베고 쓰러질지언정 일신의 구차한 안일을 위하여 단독정부를 세우는 데는 협력하지 않겠다.
> – 김구의 삼천만 동포에게 읍고함(1948. 2) –

4 5·10 단독 선거와 대한민국 정부 수립

(1) 5·10 총선거
  ① 제헌 국회 의원 선출
  ② 김구, 김규식 등이 이끄는 중도 우파 불참, 남조선 노동당의 격렬한 선거 반대

○ 대한민국 정부 수립

(2) 대한민국 정부 수립(제헌의회)
  ① 국호 : 대한민국
  ② 대한민국 임시정부의 법통을 계승한 민주 공화국 체제의 헌법 제정
  ③ 대통령 중심제 채택(대통령을 국회에서 선출하는 내각 책임제적 요소)
  ④ 국회에서 대통령 이승만, 부통령 이시영 선출
  ⑤ 1948년 8월 15일 정부 수립 선포
  ⑥ UN총회의 승인, 합법 정부로 인정

5 단독 정부 수립을 둘러싼 갈등

(1) 배경
  ① 통일 정부 수립에 대한 열망과 외세 개입에 대한 갈등 증폭
  ② 전국에서 단독 정부 수립 반대 시위 발생

(2) 제주 4·3 사건(1948. 4. 3)
  ① 전개 : 단독 선거 반대 시위 → 무력진압 → 공산주의자·일부 주민의 무장 봉기 → 관공서·경찰서 공격 → 군경과 서북 청년단 등의 무력 진압(무장 유격대와의 전투)
  ② 결과
    ㉠ 3개 선거구 중 2곳 총선거 무산 → 1년 뒤 시행
    ㉡ 초토화 진압 작전으로 수많은 주민 살상

(3) 여수·순천 10·19 사건(1948. 10. 19)
　① 전개 : 제주 4·3사건 진압 명령 → 군부대내 좌익의 봉기(제주 출동 반대, 통일 정부 수립 주장) → 여수·순천 점령 → 무력 진압
　② 결과 : 막대한 인명 피해, 군대 내의 좌익 숙청, 좌익의 지리산 빨치산 활동

6 친일파 청산의 실패

(1) 반민족 행위 처벌법 제정
　① 배경 : 미군정의 일제 행정·통치 기구 활용(친일파 등용)으로 친일파 청산이 안 됨, 민족정기와 사회 정의 확립을 위해 친일파 단죄 필요
　② 전개
　　㉠ 제헌 국회의 반민족 행위 처벌법 제정(반민법, 1948. 9)
　　㉡ 반민족 행위 특별 조사 위원회와 특별 재판부 구성(반민특위, 1948. 10)

> **반민족 행위 처벌법**　　　　　　　　　　　한능검(韓能檢) 출제 자료
> 제1조 일본 정부와 통모하여 한일합병에 적극 협력한 자, 한국의 주권을 침해하는 조약 또는 문서에 조인한 자와 모의한 자는 사형 또는 무기 징역에 처하고 그 재산과 유산의 전부 혹은 2분지 1 이상을 몰수한다.
> 제2조 일본 정부로부터 작위(爵位)를 받은 자 또는 일본 제국 의회의 의원이 되었던 자는 무기 또는 5년 이상의 징역에 처하고 그 재산과 유산의 전부 혹은 2분지 1 이상을 몰수한다.
> 제3조 일본 치하 독립 운동자나 그 가족을 악의로 살상 박해한 자 또는 이를 지휘한 자는 사형·무기 또는 5년 이상의 징역에 처하고 그 재산의 전부 혹은 일부를 몰수한다.

🔊 **반민특위에 끌려오는 친일파**
(왼쪽부터 김연수, 최린)

(2) 반민족 행위 특별 조사 위원회(반민특위)의 활동
　① 반민족 행위자 선정 → 7,000여명의 친일파
　② 최남선, 이광수, 최린, 노덕술, 박흥식 등 친일파 체포

(3) 반민 특위의 해체와 친일파 청산 실패
　① 극우 반공 세력과 이승만 정권의 방해, 정권 유지에 친일파 협조
　　㉠ 반민 특위를 공산주의자로 매도, 친일파를 애국지사로 둔갑
　　㉡ 경찰의 반민 특위 습격(반민 특위 직원 연행, 무장 해제, 서류 압수 등)
　② 결과 : 680여건 조사 실형 선고 12건 남짓, 이후 모두 풀려남
　③ 실패 요인
　　㉠ 이승만 정권의 비협조·방해, 친일 세력의 공작, 국회 프락치 사건
　　㉡ 일경 출신 경찰 간부의 반민 특위 습격
　　㉢ 처벌 기한 축소 : 1950년 6월 20일 → 1949년 8월 31일로 축소

(4) 역사적 평가
　① 이승만 정부의 치밀한 공작으로 친일파 청산 실패
　② 민족정신에 토대한 국가 건설 실패, 민족정기와 정의가 바로서지 못함

7 북한 정권의 성립과 6·25 전쟁

(1) 북한 정권의 성립

① 광복 직후의 건국 준비 활동
  ㉠ 광복 직후 여운형의 주도에 의해 조선 건국 준비 위원회가 창설되자 평안남도 지역에도 민족주의자인 조만식의 주도로 조선 건국 준비 위원회 평남지부(1945. 8)가 건설
  ㉡ 북한 지역 내의 모든 건국 준비 조직은 소련군의 지시에 의해 좌·우 합작의 인민위원회로 개편

② 김일성의 부각
  ㉠ 동북항일연군 등 만주 지역에서 독립운동을 하던 김일성은 1945년 8월, 소련군의 북한 진주와 함께 원산으로 들어옴
  ㉡ 그 해 10월에 조직된 조선공산당 북조선 분국의 책임비서로 선출되어 북한 정치계의 주도권을 장악해 나가기 시작
  ㉢ 이후 모스크바 3상 회의의 결과로 신탁통치 안이 가결되자 반탁 입장에 섰던 조만식 등 민족주의자들을 제거하여 입지를 굳힘
  ㉣ 1946년 2월에는 소련군에 의해 북조선 임시인민위원회가 조직되자 위원장으로 선출

③ 북조선 임시 인민 위원회의 활동
  ㉠ 북조선 임시 인민 위원회는 조직 직후, 반제 반봉건 민주혁명이란 기치를 내걸고 공산정권의 기반을 굳히는 여러 개혁을 실시
  ㉡ 우선 무상몰수·무상분배의 원칙에 의하여 토지개혁을 실시(1946. 3)하여 북한 지역의 모든 토지를 국유화하거나 또는 협동조합의 소유로 함
  ㉢ 일본인 및 민족반역자가 소유한 모든 사업체를 국유화(1946. 8).
  ㉣ 8시간 노동제의 노동법과 남녀평등법을 제정

④ 북한 정권의 수립과정
  ㉠ 1946. 2 북조선 임시인민위원회 수립
  ㉡ 1946. 3 토지 개혁
  ㉢ 1946. 6 북조선 노동당 창당
  ㉣ 1947. 2 북조선 인민위원회 수립
  ㉤ 1948. 2 인민군 창설
  ㉥ 1948. 4, 1948. 6 제1·2차 남북 협상
  ㉦ 1948. 9. 9 조선 민주주의 인민 공화국 수립(수상 : 김일성)
  ㉧ 1949. 6 북로당과 남로당이 조선노동당으로 합당

(2) 6·25 전쟁의 전개

① 전쟁 이전의 국제 정세와 국내 동향
  ㉠ 국제 정세
    ⓐ 중국이 공산화(1949)되자 미국은 아시아 지역에서의 방위 개입선을 후퇴함
    ⓑ 한반도에서의 외국군 철수를 의결한 UN 결정(1948. 12. 12)에 의해 남한에서 미군이 완전히 철수(1949. 6. 30)

ⓒ 미국은 한반도와 타이완을 태평양 방위선에서 제외하는 내용을 골자로 한 애치슨라인을 발표(1950. 1)

애치슨 선언(1950. 1)

미국의 극동방위선은 알류산 열도, 일본 본토를 거쳐 류큐로 이어진다. … 방위선은 류큐에서 필리핀으로 연결된다. … 이 방위선 밖에 위치한 나라의 안보에 대해서는 군사적 공격에 대하여 아무도 보장할 수 없다. 만약 공격이 있을 때에는 … 제1차 조치는 공격받은 국민이 이에 저항하는 것이다.
― 애치슨 미국무장관, 대아시아정책 설명 중 ―

애치슨 라인

ⓛ 북한의 남침 준비
  ⓐ 북한은 소련과 경제·문화협정을 맺고(1949. 3. 17) 다시 6개 보병사단과 3개 기계화 부대, 비행기 150대의 원조를 내용으로 하는 군사 비밀협정을 체결
  ⓑ 중국 공산군과도 군사 비밀협정을 맺고(1949. 3. 18) 중공군에 참여하고 있던 약 5만 명의 조선인을 인민군에 편입시켜 군사력을 급격히 강화
  ⓒ 한편으로는 남북한 지도자 간의 협상을 제의하고 평화 통일 선언서를 UN에 제출하는 등 위장 평화공세를 펼침

ⓒ 남한의 정세
  ⓐ 여순 사건 등 공산주의자들의 소요 사건이 빈번하여 곳곳에서 빨치산과 정부군 간의 무력충돌이 끊이지 않았으며 정치적 상황도 좋지 않았음
  ⓑ 1950년 5월 30일에 치러진 총선거에서 총 의석수 210석 중 이승만 지지 세력은 단 30여 석에 불과했던 반면, 무소속이 과반을 넘는 126명이나 당선됨
  ⓒ 1949년의 재정 상황은 심각한 수준의 적자 상태였고, 물가도 미군정 말기보다 2배나 올라 있었음

② 전쟁의 전개
  ⓛ 북한의 남침(1950. 6. 25)과 주도권 장악
    ⓐ 1950년 6월 25일 새벽을 기해 남침을 시작한 북한은 파죽지세로 밀고 내려옴
    ⓑ 진격이 시작된 지 불과 나흘만인 6월 28일에는 수도 서울을 점령
    ⓒ 8월에서 9월 사이에는 낙동강 전선을 제외한 전 지역을 점령
  ⓒ UN군의 참전
  ⓒ 인천 상륙 작전
    ⓐ 경상북도로 남진해 온 인민군 제2군단과 전라도 쪽으로 진격해 온 인민군 제1군단이 낙동강 전선을 넘지 못하자 UN군은 전열을 정비하여 반격하기 시작
    ⓑ 남측 및 UN군의 반격에 결정적인 기회를 제공한 것은 인천 상륙 작전의 성공(1950. 9. 15)
    ⓒ UN군은 전세를 일시에 뒤집어 서울을 수복(9. 28)
    ⓓ 38도선을 넘음(9. 30)
    ⓔ 평양을 점령한(10. 19)한 후 계속 진격하여 압록강 변까지 진격(10. 26)

6·25 전쟁

인천 상륙 작전

ⓔ 중공군의 참전(1950. 10)
　　ⓐ 자유 진영과 공산 진영의 국제전으로 비화되는 형세가 전개되었으며 중공군이 전격적으로 개입(10. 25)
　　ⓑ UN군은 전체 전선에서 총퇴각, 1월 4일 서울에서 다시 후퇴(1·4후퇴)
　　ⓒ 반격에 나서 서울을 다시 수복(1951. 3) 38도선을 다시 넘어 중부전선의 요지인 철원 등을 점령
ⓜ 휴전 제의(1951. 6. 23)
　　ⓐ 38도선 일대에 전선이 교착되어 지루한 공방이 계속되고 있을 즈음에 소련의 UN대사 말리크가 휴전을 제의
　　ⓑ 확전을 바라지 않던 연합군 측 구성국들에 의해 휴전 제의가 성립(1951. 7)
ⓗ 휴전 협상의 진행과 휴전(1953. 7. 27)
　　ⓐ 휴전 협상이 진행되자 이승만은 휴전 반대 운동을 전개하는 한편 중공군 철퇴·북한의 무장해제·UN 감시하의 총선거 등 비현실적인 휴전 수락조건을 주장
　　ⓑ 휴선협성의 주요 의제는 휴전선 문제와 포로송환 문제
　　ⓒ 휴전선 문제는 UN군이 제시한 양 군의 '접촉선'으로 타결(1951. 10. 31)되었으나, 포로송환 문제의 해결이 쉽지 않았음
　　ⓓ 공산군이 포로의 본국으로 무조건 송환해야 한다는 '본국 송환' 안을 제시
　　ⓔ UN군은 포로에게 의사를 물어 송환해야 한다는 '자유의사 송환' 안을 제시
　　ⓕ 이 문제가 원만히 해결되지 않아 회담이 중단
　　ⓖ 이승만은 일방적으로 남한에 있던 반공 포로 석방(1953. 6. 18)
　　ⓗ 회담이 무산 위기에서 미국의 노력과 공산군의 동의로 결국 휴전협정이 체결(1953. 7. 27)
　　ⓘ 미국은 협상의 타결을 위해 한·미 상호방위조약 체결과 경제 원조 및 한국군을 증강시키겠다는 약속

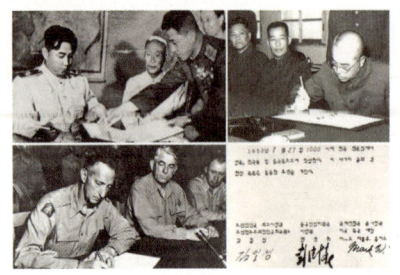
🔊 휴전 협정(왼쪽 위부터 김일성, 총사령 펑더화이, 유엔사령관 클라크)

(3) 전쟁의 상처와 영향
① 양측 모두 약 500여만 명의 사상자 발생, 인구 격감, 고아와 이산가족 발생
② 남한의 생산 시설 42% 파괴, 북한의 피해도 큼
③ 양측의 반목과 불신 커짐
④ 전쟁의 영향
　㉠ 국제 냉전의 심화(미·소의 대립)
　㉡ 분단의 고착화와 남북의 적대감 심화, 군사적 대립 지속
　㉢ 남북의 독재체제 강화
　　ⓐ 남한 : 이승만은 반공 이데올로기 강조
　　ⓑ 북한 : 김일성 체제 강화
　㉣ 급속한 사회 변동 : 권위 질서의 붕괴, 촌락 공동체의식 약화, 전통문화 붕괴

53 민주주의의 시련과 발전

1 제1공화국 이승만 정부

(1) 이승만 정부의 독재 체제 강화
① 대통령 직선제 개헌안(발췌 개헌, 1952. 7)
  ㉠ 배경
    ⓐ 친일파 청산, 농지 개혁의 성과 미흡
    ⓑ 거창 양민 학살 사건·국민 방위군 사건 등 실정 반복
    ⓒ 국회 선출의 대통령 간선 제도로는 재집권 불가능
  ㉡ 과정
    ⓐ 자유당 조직(1951. 12)하여 대통령 직선제 개헌안 제출
    ⓑ 폭력 조직 동원하여 국회의원(야당)협박, 신문사 습격
    ⓒ 계엄령 선포, 야당 국회의원 50여명 연행
    ⓓ 직선제 개헌안(발췌 개헌안) 기립 표결 통과(양원제)
    ⓔ 1952년 8월 정·부통령 선거 실시
  ㉢ 결과 : 이승만 재선(1952), 여당의 압도적 승리

> **＋ 발췌 개헌안** ─ 한능검(韓能檢) 출제 자료
>
> 제31조 입법권은 국회가 행한다. 국회는 민의원과 참의원으로써 구성한다.
> 제53조 대통령과 부통령은 국민의 보통, 평등, 직접, 비밀 투표에 의하여 각각 선거한다.
> 부칙 이 헌법은 공포한 날로부터 시행한다. 단, 참의원에 관한 규정과 참의원의 존재를 전제로 한 규정은 참의원이 구성된 날로부터 시행한다.
> ─ 헌법 제2호(발췌 개헌안), 1952. 7. 7 ─

② 사사오입 개헌(1954. 11)
  ㉠ 과정 : 장기 집권을 위해 초대 대통령 3선 제한 철폐 헌법 개정안 제출 → 부결
    → 사사오입의 논리로 억지 통과
  ㉡ 결과
    ⓐ 이승만의 3선 당선(1956. 5)
    ⓑ 민주당의 장면 부통령 당선, 진보당 조봉암 30% 득표

> **＋ 사사오입 개헌안** ─ 한능검(韓能檢) 출제 자료
>
> 제55조 대통령과 부통령의 임기는 4년으로 한다. 단, 재선에 의하여 1차 중임할 수 있다. 대통령이 궐위된 때에는 부통령이 대통령이 되고 잔임 기간 중 재임한다.
> 부칙 이 헌법 공포 당시의 대통령에 대하여는 제55조 제1항의 단서의 제한을 적용하지 아니한다.
> ─ 헌법 제3호(사사오입 개헌안), 1954. 11. 29 ─

◎ 제3대 대통령 선거 당시 민주당 포스터

③ 독재 권력 강화
  ㉠ 신국가 보안법 제정(여당 단독 처리) : 대공 사찰 강화, 언론 통제
  ㉡ 진보당 탄압으로 조봉암 처형(간첩 혐의)

(2) 4·19 혁명

① 3·15 부정 선거와 마산의거
  ㉠ 이승만 정부에 대한 국민의 불만
    ⓐ 1950년대 미국의 경제 원조 감소로 인한 실업자 증가와 경제 불안
    ⓑ 독재 정치와 부정부패
  ㉡ 3·15 부정 선거(1960. 3. 15)
    ⓐ 대통령 이승만, 부통령 이기붕을 당선시키기 위한 대대적 부정 선거
    ⓑ 사전 투표, 대리 투표, 투표함 바꿔치기, 3인조·9인조 공개 투표
  ㉢ 마산의거
    ⓐ 학생과 시민들의 시위 ➡ 무력 진압, 사상자 다수 발생
    ⓑ 공산당이 배후에서 조종한 좌익 폭동으로 호도
    ⓒ 김주열 학생의 죽음 이후 전국적인 시위로 확대

② 4·19 혁명의 전개
  ㉠ 전개 과정 : 마산의거 ➡ 고대 학생들의 기습 시위와 피습(4. 18) ➡ 대규모 전국적 시위(4. 19)와 경찰 발포로 많은 사상자 발생 ➡ 교수단 시위(4. 25) ➡ 이승만 하야(4. 26)
  ㉡ 의의 : 독재 정권 타도, 민주주의 역량 발휘, 민주화 운동과 통일 운동 활성화, 민주주의 발전의 초석

❉ 4·19 혁명 당시 대학 교수들의 시위 모습

✚ 자유의 종을 난타하는 타수의 일원을(서울대학교 문리대 학생회 4월 혁명 제1선언문) 한능검(韓能檢) 출제 자료

상아의 진리탑을 박차고 거리에 나선 우리는 질풍과 같은 역사의 조류에 자신을 참여시킴으로써, 지성과 진리, 그리고 자유의 대학 정신을 현실의 참담한 박토에 뿌리려 하는 바이다. …… 보라! 우리는 기쁨에 넘쳐 자유의 횃불을 올린다. 보라! 우리는 캄캄한 밤의 침묵에 자유, 자유의 종을 난타하는 타수의 일원임을 자랑한다. 일제의 철추하에 미칠 듯 자유를 환호한 나의 아버지, 나의 형들과 같이 양심은 부끄럽지 않다. 외롭지도 않다. 영원한 민주주의의 사수파는 영광스럽기만 하다.

2 제2공화국 장면 내각

(1) 4·19 혁명 직후의 민주화 과정

① 허정 과도 정부의 활동 : 3·15 부정 선거 무효화와 재선거 실시, 내각 책임제와 양원제(참의원, 민의원) 개헌 및 총선거 실시
② 장면 내각의 출범 : 대통령에 윤보선, 내각 수반 총리에 장면 당선(제2공화국, 1960. 8)

(2) 장면 내각의 정책

① 민주화의 진전 : 노동 운동, 교원 노조 운동, 청년·학생 운동, 통일 운동의 활성화
② 문제점
  ㉠ 정쟁과 분열(민주당 구파의 신민당 분당), 부정부패 소극적 대처, 통일 운동은 부정적(선 경제개발·후 통일론)
  ㉡ 130여 만 명에 육박하는 실업 인구, 농촌의 빈곤 가중
③ 정책 추진 : 경제 제일주의 표방, 경제 개발 5개년 계획 수립하였으나 5·16 군사정변으로 붕괴

❉ 윤보선(1897. 8~1990. 7)

❉ 장면(1899. 8~1966. 6)

3 5·16 군사 정변과 박정희 정부(제3·4공화국)

(1) 5·16 군사 정변
① 전개 : 박정희 등 군부 세력의 정부 장악(계엄령 선포) ➡ 군사 혁명 위원회 조직
   ➡ 국가 재건 최고 회의로 개편, 중앙정보부 설치
② 군정 실시
   ㉠ 구정치인의 활동 금지(정치 활동 정화법, 반공법 실시)
   ㉡ 용공 분자 색출(진보적 지식인, 노조, 학생 간부 등 혁명 재판에 회부)
   ㉢ 폭력배 검거(사회 기강 정비)
   ㉣ 농어촌 고리채 정리법, 부정 축재 처리법, 화폐 개혁
   ㉤ 제1차 경제 개발 5개년 계획 발표
③ 민정 이양과 군부 집권
   ㉠ 대통령 중심제, 단원제 국회 개헌
   ㉡ 민주 공화당 창당(군부 집권 기반)
   ㉢ 박정희의 대통령 당선, 국회의원 선거 민주 공화당 승리(제3공화국)

(2) 박정희 정부의 출범(제3공화국)
① 국정 지표
   ㉠ 조국 근대화, 국가 안보
   ㉡ 경제 성장 정책 적극 추진(정권의 정당성 확보와 민주주의 억압 구실)
② 한·일 외교 정상화(1965)
   ㉠ 국민들의 요구 : 일제의 침략과 식민 지배에 대한 사죄와 배상
   ㉡ 정부는 차관을 비롯한 경제 개발에 필요한 자금 확보에만 치중(한일 회담)
   ㉢ 김종필 오히라 비밀 메모(1962)

> **김종필·오히라 메모(1962)** <한능검(韓能檢) 출제 자료>
> 1. 무상 원조에 대해 한국 측은 3억 5천만 달러, 일본 측은 2억 5천만 달러를 주장한바 3억 달러를 10년에 걸쳐 공여하는 조건으로 양측 수뇌에 건의함
> 3. 수출입 은행 차관에 대해 …… 양측 합의에 따라 국교 정상화 이전이라도 협력하도록 추진할 것을 양측 수뇌에 건의함

   ㉣ 6·3 시위 : 한일 굴욕 외교 반대와 정권 퇴진 주장 ➡ 비상계엄, 휴교령
   ㉤ 한·일 협정 비준 : 위수령 하에서 결정, 과거사 청산 미흡
   ㉥ 결과 : 한·일 기본 조약 체결(1965), 사회주의에 대한 한·미·일 공동 안보 체제 형성

> **한·일 협정(한·일 기본 조약, 1965)** <한능검(韓能檢) 출제 자료>
> 제1조 양 체약 당사국 간에 외교 및 영사 관계를 수립한다.
> 제2조 1910년 8월 22일 및 그 이전에 대한 제국과 일본 제국 간에 체결된 모든 조약 및 협정이 이미 무효임을 확인한다.

③ 베트남 파병(1965~1973)
　㉠ 명분 : 민주주의 수호와 6·25 전쟁 시 우방의 지원에 대한 보답
　㉡ 실리 : 국군의 전력 증강, 경제 개발을 위한 차관 제공, 건설 업체의 해외 진출, 인력 수출
　㉢ 문제점 : 한국군의 인명 피해, 베트남의 인적 물적 피해 발생
　㉣ 결과 : 한국과 미국 사이에서 브라운 각서 체결

+ 브라운 각서(Brown Memorandum) 　　　　　　　　　　　　　한능검(韓能檢) 출제 자료

가. 군수 협조
1. 한국에 있는 대한민국 국군의 현대화 계획을 위하여 앞으로 수년 동안에 상당량의 장비를 제공한다.
2. 월남공화국에 파견되는 추가병력에 필요한 장비를 제공하며 또한 파월 추가병력에 따르는 일체의 추가적 원화 경비를 부담한다.
나. 경제 협조
2. 상당수의 대한민국 병력 즉 최소한 2개 사단병력이 월남공화국에 주둔하고 있는 동안에는 군수이관 을 중지하며 동시에 1967년 미회계년도에는 1966년 미회계년도에 중지된 품목과 아울러 1967년 미회계년도 계획표에 있는 품목을 한국에서 조달한다.
4. 수출진흥의 전반부분에 있어서 대한민국에 대한 기술 협조를 강화 한다
5. 5월에 대한민국에 대하여 이미 약속한 바 있는 1억 5000만불 차관에 기추하여 합중국 정부는 적절한 사업이 개발됨에 따라 1억 5000만불 약속에 적용되는 동일한 정신을 위하여 대한민국의 경제 발전을 지원하기 위하여 추가 차관을 제공 한다

④ 한반도의 긴장 고조
　㉠ 1·21 사태(1958) : 31명의 무장 공비 청와대 기습
　㉡ 푸에블로 호 납치 사건(1968. 1. 13) : 북한의 미 첩보함 푸에블로 호 나포
　㉢ 울진·삼척 무장 공비 사건(1968. 11) : 군경 합동 소탕 작전, 국방력 강화
　㉣ 결과 : 한·미 군사 동맹 강화, 군비 경쟁 가속
⑤ 3선 개헌(1969)
　㉠ 1967년 재집권에 성공, 부정 선거 시비·사회 불안 ➔ 동백림 사건(1967, 간첩단 사건)
　㉡ 박정희 정권은 집권 연장을 위해 3선 개헌 추진
　㉢ 야당, 재야 세력, 학생들의 반대 탄압하고 3선 개헌안 통과(1969)
　㉣ 개정된 헌법에 의한 대통령 선거(1971)에서 김대중 후보를 누르고 당선

(3) 유신 체제(제4공화국)
① 배경
　㉠ 닉슨 독트린의 추진으로 냉전 완화(베트남 철수, 미군 감축)
　㉡ 석유 파동 등 경제 불황으로 국민 불만 고조
　㉢ 71년 대통령, 국회의원 선거 시 영·호남 갈등 부각
　㉣ 남북 대결의 상황과 국가 안보 위기 부각, 재집권 구상
② 유신 체제의 성립
　㉠ 과정 : 국가 비상사태 선언(1971) ➔ 대통령 비상 대권 부여 ➔ 비상계엄 선포 ➔ 10월 유신 선포(1972. 10. 17)
　㉡ 비상계엄 선포 : 국회 해산, 모든 정치 활동 금지, 언론·출판·보도·방송의 사전 검열, 대학 휴교 조치
③ 유신 체제의 성격 : 대통령에게 초법적 권한이 부여된 독재 체제

㉠ 대통령 선출 : 통일 주체 국민회의, 6년 임기, 영구 집권 가능
㉡ 의회, 사법부 통제 : 국회의원 1/3 대통령의 추천, 국회 해산권, 법관 인사권
㉢ 긴급 조치 : 각종 법의 효력을 정지시킬 수 있는 대통령의 초법적 권한

> **유신헌법** 한능검(韓能檢) 출제 자료
> 제1조 1항 대한민국은 민주 공화국이다.
>   2항 대한민국의 주권은 국민에게 있고, 국민은 그 대표자나 국민 투표에 의하여 주권을 행사한다.
> 제39조 대통령은 통일 주체 국민 회의에서 토론 없이 무기명 투표로 선거한다.
> 제40조 통일 주체 국민 회의는 국회 의원 정수의 3분의 1에 해당하는 수의 국회 의원을 선거한다.
> 제53조 대통령은 천재지변 또는 중대한 재정·경제상의 위기에 처하거나, 국가의 안전 보장 또는 공공의 안녕질서가 중대한 위협을 받거나 받을 우려가 있어, 신속한 조치를 할 필요가 있다고 판단할 때에는 내정·외교·국방·경제·재정·사법 등 국정 전반에 걸쳐 필요한 긴급 조치를 할 수 있다.

④ 유신 체제에 대한 저항과 체제 붕괴
  ㉠ 민주주의를 향한 열망과 저항
    ⓐ 개헌 청원 1백만 인 서명운동(1973)
    ⓑ 3·1 민주 구국 선언(1976)
    ⓒ 긴급 조치 발동과 투옥, 해직 등 탄압
  ㉡ 유신 체제의 동요
    ⓐ 제2차 유가 폭등과 중화학 공업 과잉 투자에 따른 경제 불황
    ⓑ 미국·일본과의 갈등(독자 노선 추구)
    ⓒ 부마항쟁(1979. 10) : 유신 철폐·반독재 시위, 부산과 마산에서 시위 전개
  ㉢ 체제의 붕괴
    ⓐ 궁정동 안가에서 중앙정보부장 김재규에 의해 박정희 암살(10·26 사태)
    ⓑ 체제 위기의 해결 방안을 놓고 정부 내부의 갈등 심화

○ 개헌 청원 100만 인 서명 운동 당시 유신 반대 성명을 발표하는 장준하

4 신군부와 전두환 정부(제5공화국)

(1) 12·12 군사 정변과 국민의 저항

① 신군부의 등장과 서울의 봄
  ㉠ 10·26사태 이후의 상황 : 계엄령 선포 후 최규하 국무총리의 대통령 선출(통일 주체 국민회의, 1979. 12. 6)
  ㉡ 신군부의 등장(12·12 사태, 1979. 12. 12) : 전두환 등 신군부 세력이 군사 정변을 통해 계엄 사령관 정승화 등 온건파 제거, 군부 장악
  ㉢ 서울의 봄 : 계엄령 철폐, 민주화를 요구하는 시위 확대(1980. 5)
② 5·18 민주화 운동
  ㉠ 신군부의 집권 움직임
    ⓐ 계엄령 전국 확대(1980. 5. 17) : 정치 활동 금지, 국회 폐쇄, 언론 검열 강화 등
    ⓑ 학생 운동 지휘부와 김대중, 김종필 등 체포, 김영삼 가택 연금
  ㉡ 발단 : 비상계엄 철회와 민주 헌정 체제 회복을 주장하는 학생들의 민주화 시위(광주) ➡ 과잉 진압 ➡ 대규모 시위로 확대

○ 신군부(전두환과 노태우)

5·18 민주화 운동

ⓒ 전개
  ⓐ 시민 봉기의 형태로 발전 → 계엄군의 발포, 다수 사상자 발생
  ⓑ 시위대의 무장(시민군) → 계엄군과 시가전 → 영광, 나주, 등지로 확대
  ⓒ 계엄군의 광주 봉쇄 → 시민들의 자치 질서 회복(시민 수습 대책 위원회)
  ⓓ 계엄군과 협상 실패 → 계엄군의 무자비한 진압으로 다수 사상자 발생
ⓔ 결과
  ⓐ 신군부의 집권, 폭력 진압으로 도덕성 상실, 큰 정치적 부담
  ⓑ 1980년대 민주화 운동의 선구

> **위르겐 힌츠페터의 기사** — 한능검(韓能檢) 출제 자료
>
> 광주 시민들에 따르면 공수 부대가 학생들의 시위에 잔인하게 대응하면서 상호 간에 폭력적인 결과를 가져왔다고 한다. 계엄령 해제와 수감된 야당 지도자의 석방을 요구하는 학생들이 행진하면서 돌을 던졌다고 하지만, 그렇게 폭력적이지는 않았다고 한다. 광주에 거주하는 25명의 미국인들 – 대부분 선교사, 교사, 평화 봉사단 단원들 가운데 한 사람은 "가장 놀랐던 것은 군인들이 저지른 무차별적 폭력이었다."라고 증언하였다.

③ 전두환 정부의 수립
  ㉠ 신군부의 정권 장악
    ⓐ 국가 보위 비상 대책 위원회(1980. 5) 구성 : 행정, 사법, 입법 등 권력 장악
    ⓑ 정치인의 활동 통제, 언론 통폐합, 민주화 운동 참여 교수, 언론인 해직, 삼청 교육대 운영로 사회 통제 강화
  ㉡ 제5공화국 출범
    ⓐ 최규하 대통령 사퇴, 전두환 대통령 선출(통일 주체 국민회의, 1980. 8)
    ⓑ 통일 주체 국민회의를 대통령 선거인단으로 변경
    ⓒ 대통령 선거인단에서 7년 단임으로 개헌
    ⓓ 민주 정의당 조직 후 전두환을 대통령으로 선출(1981. 2)
④ 전두환 정부의 강압 정치
  ㉠ 강경책 : 신군부 핵심 세력 요직 진출, 재야·학생 운동 탄압, 언론의 강제 통폐합
  ㉡ 유화책 : 정치 규제자 단계적 해금, 학생·교수의 복교·복직, 교복 자율화, 해외 여행 자유화, 3S 정책

○ 삼청 교육대

(2) 6월 민주 항쟁(1987)

① 강압 정치에 대한 저항
  ㉠ 정치인과 재야인사의 민주화 운동 : 민주화 추진 협의회 조직(1984. 12)
  ㉡ 학생 운동의 활성화 : 전국 학생 연합 결성, 5·18 민주화 운동 진압을 방조한 미국에 대해 반미 운동 전개, 민중 운동과 결합
② 6월 민주 항쟁의 전개
  ㉠ 발단
    ⓐ 신민당을 중심으로 재야 세력과 대통령 직선제 개헌 운동 전개
    ⓑ 박종철 고문 치사 사건(1987. 1), 4·13 호헌 조치(1987. 4. 13)
    ⓒ 연세대학교 이한열이 4·13 호헌 조치에 반대하는 시위 도중 최루탄을 맞고 뇌사에 빠짐(1987. 6. 9)

○ 박종철 고문 치사 사건

ⓓ 국민들을 호헌 철폐를 요구하며 6·10 국민 대회 등 시위를 전국적인 민주화 운동으로 발전시킴

> **박종철 군 고문 살인 조작 은폐 및 호헌 철폐 국민 대회 선언문(1987. 6. 10)** 한능검(韓能檢) 출제 자료
>
> 우리는 4·13 호헌 조치가 무효임을 전 국민의 이름으로 선언하며 이 땅에 민주 헌법이 서고 민주 정부가 확고히 수립될 때까지 이 운동을 전개할 것이다.
> 오늘 우리는 전 세계 이목이 주시하는 가운데 40년 독재 정치를 청산하고 희망찬 민주 국가를 건설하기 위한 거보를 전 국민과 함께 내딛는다. 국가의 미래요 소망인 꽃다운 젊은이를 야만적인 고문으로 죽여 놓고 그것도 모자라서 국민을 속이려 했던 현 정권에게 국민의 분노가 무엇인지 분명히 보여주고, 국민적 여망인 개헌을 일방적으로 파기한 4·13 호헌조치를 철회시키기 위한 민주장정을 시작한다.
> - 호헌 반대 민주 헌법 쟁취 운동 본부 -

ⓒ 전개 : 박종철 고문 치사 사건 규탄과 호헌철폐 국민 대회 전국 개최(국민 운동 본부) → 국민 평화 대행진(전국적 민주화 투쟁으로 발전, 1987. 6. 26)

ⓒ 결과 : 민정당의 대통령 후보 노태우 6·29선언 발표(5년 단임, 대통령 직선제)

> **6·29 민주화 선언(노태우)** 한능검(韓能檢) 출제 자료
>
> 첫째, 여야합의하에 조속히 대통령 직선제로 개헌하고 새 헌법에 의한 대통령 선거를 통해 1988년 2월 평화적 정부 이양을 실현하도록 해야겠습니다.
> 둘째, 직선제 개헌이라는 제도의 변경뿐만 아니라, 이의 민주적 실현을 위하여는 자유로운 출마와 공정한 경쟁이 보장되어 국민의 올바른 심판을 받을 수 있는 내용으로 대통령 선거법을 개정하여야 한다고 봅니다.
> 셋째, 우리 정치권은 물론 모든 분야에 있어서의 반목과 대결이 과감히 제거되어 국민적 화해와 대단결을 도모하여야 합니다.

5 제6공화국의 출범

(1) 노태우 정부(1988~1993)

① 제13대 대통령 선거(1987) : 대통령 직선제로 **노태우가 당선**(야당 후보 단일화 실패)

② 여소 야대의 정국(1988년 총선) : 5공 청문회를 개최하여 5·18 민주화 운동 진압 진상과 부정부패 등 조사

③ 3당 합당과 거대 여당의 등장 : **3당 합당으로 민주 자유당 출현**, 정치적 갈등 심화, 학생 시위 강경 진압

④ 민주화의 진전 : 지방 자치제 부분 실시, 언론의 자유 신장(언론 기본법 폐지), 노동 운동 활성화

⑤ 북방 외교 : 소련·중국과 수교, 1991년 북한과 UN 동시 가입

(2) 김영삼 정부(1993~1998)

① 제14대 대통령 선거(1992) : 민자당의 김영삼 당선(문민정부)

② 개혁 정책 : 공직자 윤리법 제정(재산 등록), 금융 실명제, 부동산실명제, 지방 자치제 전면 실시(자치 단체장 선거), 역사 바로 세우기 운동(전두환·노태우 등 신군부 세력 구속)

③ 권력형 비리와 외환위기 : 한보사건 등 대형 비리 사건과 경제 위기로 **IMF 구제 금융** 발생

김영삼 대통령(1927. 12~2015. 11)

(3) 김대중 정부(1998~2003)

① 제15대 대통령 선거(1997) : 야당 후보인 김대중, 대통령 당선(정권 교체)
② 외환위기 극복, 사회 개혁과 민주화의 지속적 추진
③ 햇볕 정책(대북 정책의 변화)
  ㉠ 남북 정상 회담, 6·15 남북 공동 선언(2000. 6. 15)
  ㉡ 대북 화해 협력 정책 추진 ➡ 대북 지원

김대중 대통령(1924. 1~2009. 8)

(4) 노무현 정부(2003~2008)

① 제16대 대통령 선거(2002) : 노무현이 대통령으로 당선
② 제2차 남북 정상 회담 : 김정일 국방 위원장과 정상 회담 이후 10·4 남북 공동 선언 발표(2007)
③ 미국·칠레·유럽 연합(EU) 등과 자유 무역 협정(FTA) 체결
④ 호주제 폐지(2005)

노무현 대통령(1946. 9~2009. 5)

(5) 이명박 정부(2008~2013)

① 제17대 대통령 선거(2007) : 이명박이 대통령으로 당선
② 서울에서 G20 정상 회의 개최
③ 4대강 사업 추진

(6) 박근혜 정부(2013~2017)

① 제18대 대통령 선거(2012) : 박근혜가 대통령으로 당선
② 창조 경제 강조
③ 뇌물 수수 의혹과 국정 농단 사태로 대통령 탄핵 소추안이 통과, 2017년 3월 10일 대통령에서 파면

(7) 문재인 정부(2017~현재)

① 제19대 대통령 선거(2017) : 문재인이 대통령으로 당선
② 평창 올림픽 개최(2018) : 제23회 평창 동계 올림픽 개최
③ 제3차 남북 정상 회담(2018) : 판문점에서 김정은 국무위원장과 정상 회담 개최, 4·27 판문점 선언을 발표

▶ 대한민국 헌법 개정의 역사

구분	개헌	내용	정부	국회 형태
이승만 정부	제헌 헌법 (1948. 7. 17)	• 간선제(국회 선출) • 임기 4년, 1차에 한하여 중임 허용	대통령 중심제	단원제
이승만 정부	1차 개헌 (1952. 7. 4)	• 발췌 개헌, 대통령과 부통령은 직선제 선출 • 민의원과 참의원(실제로는 단원제) • 국회의 국무위원 불신임권 규정	대통령 중심제	단원제
이승만 정부	2차 개헌 (1954. 11. 29)	• 사사오입 개헌 • 초대 대통령에 한하여 중임 제한 폐지	대통령 중심제	단원제
허정 과도 정부	3차 개헌 (1960. 6. 15)	• 내각 책임제, 간선제 • 민·참의원 회의에서 윤보선 대통령 선출 • 윤보선에 의해 국무총리 장면 지명, 민의원에서 인준 • 선거연령 20세 이하, 공무원 정치적 중립 보장, 헌법 재판소 신설, 지방 자치 단체장 직선 규정	내각 책임제	양원제(민의원·참의원)
장면 내각 (제2공화국)	4차 개헌 (1960. 11. 29)	• 제1공화국 부패 인사 처벌을 위한 '소급 특별법'	내각 책임제	양원제(민의원·참의원)
박정희 군정	5차 개헌 (1962. 12. 26)	• 직선제, 대통령 중심제(1차 중임 가능), 단원제 • 헌법전문의 연도 표기를 단기에서 서기로 변경 • 헌법재판소 폐지	대통령 중심제	단원제
박정희 정부 (제3공화국)	6차 개헌 (1969. 10. 21)	• 대통령의 3선 허용, 직선제 • 국회의원의 국무위원직 겸직 허용 • 대통령에 대한 탄핵소추 요건 강화	대통령 중심제	단원제
박정희 정부 (제4공화국)	7차 개헌 (1972. 12. 27)	• 유신 헌법 • 간선제(통일 주체 국민회의에서 선출, 6년, 연임 제한 없음) • 대통령의 국회의원 1/3 추천과 법관 임명 권한 부여, 국회의 권한 축소, 기본권의 약화	대통령 중심제	단원제
전두환 정부 (제5공화국)	8차 개헌 (1980. 10. 27)	• 간선제(대통령 선거인단, 7년 단임제) • 기본권 강화, 행복 추구권 개설	대통령 중심제	단원제
전두환 정부 (제5공화국)	9차 개헌 (1987. 10. 29)	• 직선제(5년 단임제) • 비상조치권, 국회해산권 폐지, 헌법재판소 신설	대통령 중심제	단원제

54 통일을 위한 노력

1 남북한의 대치와 통일 정책의 변화

(1) 이승만 정부
① 북한정권 부정, 북진통일론
② 1954년 제네바 회담에서 인구비례에 의한 남북총선거 제의(실패)
③ 평화통일론 탄압

(2) 장면 내각
① UN감시하의 남북한총선거를 통한 평화통일제시
② 선 경제 건설 후 통일 원칙 제시
③ 통일정책에 소극적(민간차원의 통일 운동 활발)

(3) 박정희 정부의 정책
① 강력한 반공정책 실시
② 국토 통일을 위한 실력배양을 통일의 기본 방향으로 제시
③ 6·23 평화 통일 선언(1973)
  ㉠ 남북한의 UN 동시가입 제안
  ㉡ 호혜평등의 원칙하에 모든 국가에 대한 문호개방 제시
④ 7·4 남북 공동 성명
  ㉠ 배경 : 닉슨 독트린(1969)의 영향으로 냉전이 완화되면서 이산가족 상봉을 위한 남북 적십자 회담이 개최(1971)
  ㉡ 과정 : 중앙정보부장 이후락과 북한의 박성철 제2부수상이 평양과 서울에서 비밀 회담을 하고 내용에 합의
  ㉢ 내용 : 자주·평화·민족적 대단결의 3대 원칙 천명
  ㉣ 결과 : 남한과 북한의 독재 체제에 이용
    ⓐ 남한 : 유신 헌법 제정
    ⓑ 북한 : 사회주의 헌법 수립

> **7·4 남북 공동 성명(1972)**　　　　　　　　　　　　　한능검(韓能檢) 출제 자료
>
> 1. 쌍방은 다음과 같은 조국 통일 원칙들에 합의를 보았다.
>   첫째, 통일은 외세에 의존하거나 외세의 간섭을 받음이 없이 자주적으로 해결한다.
>   둘째, 통일은 서로 상대방을 반대하는 무력행사에 의거하지 않고 평화적 방법으로 실현하여야 한다.
>   셋째, 사상과 이념, 제도의 차이를 초월하여 우선 하나의 민족으로서 민족적 대단결을 도모하여야 한다.
> 5. 쌍방은 돌발적 군사 사고를 방지하고 남북 사이에 제기되는 문제들을 직접 신속 정확히 처리하기 위하여 서울과 평양 사이에 상설 직통전화를 설치하기로 합의하였다.
> 6. 쌍방은 이러한 합의사항을 추진하고 남북 간의 제반 문제와 통일문제를 해결하며, 또 합의된 조국 통일 원칙에 기초하여 나라의 통일 문제를 해결할 목적으로 이후락 부장과 김영주 부장을 공동 위원장으로 하는 남북 조절 위원회를 구성하기로 합의하였다.

(4) 전두환 정부
① 집중 호우로 서울에 홍수 피해가 발생하자 북한이 수해 원조 물자를 보냄(1984)
② 남북 분단 이후 최초로 이산가족 상봉(1985)

2 남북 관계의 개선과 진전

(1) 노태우 정부
① 7·7 특별 선언(1988) : 북한을 민족 공동체 일원으로 인정
② 북방 정책 : 중국, 소련과 수교
③ 한민족 공동체 통일 방안 제시
④ 남북 대화의 재개 : 남북한 총리 회담(1990) → 남북 고위급 회담 → 남북한 UN 동시 가입(1991) → 남북 기본 합의서 채택(1991. 12, 남북 사이의 화해와 불가침 및 교류 협력에 관한 합의)
⑤ 남북 교류 중단 : 북한의 핵확산 금지 조약(NPT)탈퇴(1993. 3)

남북 기본 합의서(1991) 한능검(韓能檢) 출제 자료

남과 북은 분단된 조국의 평화적 통일을 염원하는 온 겨레의 뜻에 따라 7.4 남북공동성명에서 천명된 조국통일 3대원칙을 재확인하고, 정치군사적 대결상태를 해소하여 민족적 화해를 이룩하고, 무력에 의한 침략과 충돌을 막고 긴장완화와 평화를 보장하며, 다각적인 교류. 협력을 실현하여 민족공동의 이익과 번영을 도모하며, 쌍방사이의 관계가 나라와 나라사이의 관계가 아닌 통일을 지향하는 과정에서 잠정적으로 형성되는 특수 관계라는 것을 인정하고 평화통일을 성취하기 위한 공동의 노력을 경주할 것을 다짐하면서 다음과 같이 합의하였다.
제1조 남과 북은 서로 상대방의 체제를 인정하고 존중한다.
제9조 남과 북은 상대방에 대하여 무력을 사용하지 않으며 상대방을 무력으로 침략하지 아니한다.
제15조 남과 북은 민족경제의 통일적이며 균형적인 발전과 민족전체의 복리 향상을 도모하기 위하여 자원의 공동 개발, 민족내부교류로서의 물자교류, 합작투자등 경제교류와 협력을 실시한다.
제18조 남과 북은 흩어진 가족. 친척들의 자유로운 서신거래와 왕래와 상봉 및 방문을 실시하고 자유의사에 의한 재결합을 실현하며, 기타 인도적으로 해결할 문제에 대한 대책을 강구한다.

(2) 김영삼 정부
① 한민족 공동체 건설을 위한 3단계 통일 방안 제시(1993)
② 남북 정상 회담 개최 합의(1994), KEDO 참여(1995)

(3) 김대중 정부
① 정주영 회장 소떼 방북
② 햇볕 정책의 일환으로 금강산 관광 산업, 이산가족 방문단 교환, 경의선 복구 사업 실시 및 개성공단 건설에 합의
③ 제1차 남북 정상 회담(2000), 6·15 남북 공동 선언(2000)

✧ 6·15 남북 공동 선언(2000)

① 남과 북은 나라의 통일 문제를 그 주인인 우리 민족끼리 서로 힘을 합쳐 자주적으로 해결해 나가기로 하였다.
② 남과 북은 나라의 통일을 위한 남측의 연합제안과 북측의 낮은 단계의 연방제안이 서로 공통성이 있다고 인정하고, 앞으로 이 방향에서 통일을 지향시켜 나가기로 하였다.
③ 남과 북은 올해 8·15에 즈음하여 흩어진 가족, 친척 방문단을 교환하며 비전향 장기수 문제를 해결하는 등 인도적 문제를 조속히 풀어 나가기로 하였다.
④ 남과 북은 경제 협력을 통하여 민족 경제를 균형적으로 발전시키고 사회·문화·체육·보건·환경 등 제반 분야의 협력과 교류를 활성화하여 서로의 신뢰를 다져 나가기로 하였다.
⑤ 남과 북은 이상과 같은 합의 사항을 조속히 실천에 옮기기 위하여 빠른 시일 안에 당국 사이의 대화를 개최하기로 하였다.

(4) 노무현 정부

① 경의선 복구 및 금강산 육로 관광 실시
② 개성공단 착공식 거행
③ 제2차 남북 정상 회담 개최(2007), 10·4 남북 공동 선언

✧ 남북 관계 발전과 평화 번영을 위한 선언

1. 남과 북은 6.15 공동선언을 고수하고 적극 구현해 나간다.
2. 남과 북은 사상과 제도의 차이를 초월하여 남북관계를 상호존중과 신뢰 관계로 확고히 전환시켜 나가기로 하였다.
3. 남과 북은 군사적 적대관계를 종식시키고 한반도에서 긴장완화와 평화를 보장하기 위해 긴밀히 협력하기로 하였다.
4. 남과 북은 현 정전체제를 종식시키고 항구적인 평화체제를 구축해 나가야 한다는데 인식을 같이하고 직접 관련된 3자 또는 4자 정상들이 한반도지역에서 만나 종전을 선언하는 문제를 추진하기 위해 협력해 나가기로 하였다.
5. 남과 북은 민족경제의 균형적 발전과 공동의 번영을 위해 경제협력사업을 공리공영과 유무상통의 원칙에서 적극 활성화하고 지속적으로 확대 발전시켜 나가기로 하였다.
    - 남과 북은 경제협력을 위한 투자를 장려하고 기반시설 확충과 자원개발을 적극 추진하며 민족내부협력사업의 특수성에 맞게 각종 우대조건과 특혜를 우선적으로 부여하기로 하였다.
    - 남과 북은 해주지역과 주변해역을 포괄하는 서해평화협력특별지대를 설치하고 공동어로구역과 평화수역 설정, 경제특구건설과 해주항 활용, 민간선박의 해주직항로 통과, 한강하구 공동이용 등을 적극 추진해 나가기로 하였다.
    - 남과 북은 개성공업지구 1단계 건설을 빠른 시일안에 완공하고 2단계 개발에 착수하며 문산-봉동간 철도화물 수송을 시작하고, 통행·통신·통관 문제를 비롯한 제반 제도적 보장조치들을 조속히 완비해 나가기로 하였다.
    - 남과 북은 개성-신의주 철도와 개성-평양 고속도로를 공동으로 이용하기 위해 개보수 문제를 협의·추진해 가기로 하였다. 남과 북은 안변과 남포에 조선협력단지를 건설하며 농업, 보건의료, 환경보호 등 여러 분야에서의 협력사업을 진행해 나가기로 하였다. 남과 북은 남북 경제협력사업의 원활한 추진을 위해 현재의 '남북경제협력추진위원회'를 부총리급 '남북경제협력공동위원회'로 격상하기로 하였다.
6. 남과 북은 민족의 유구한 역사와 우수한 문화를 빛내기 위해 역사, 언어, 교육, 과학기술, 문화예술, 체육 등 사회문화 분야의 교류와 협력을 발전시켜 나가기로 하였다. 남과 북은 백두산관광을 실시하며 이를 위해 백두산-서울 직항로를 개설하기로 하였다. 남과 북은 2008년 북경 올림픽경기대회에 남북응원단이 경의선 열차를 처음으로 이용하여 참가하기로 하였다.

(5) 문재인 정부

① 제3차 남북 정상 회담 개최(2018)
② 4·27 판문점 선언(2018) : 한반도의 평화와 번영, 통일을 위해 합의

55 현대의 경제 발전

1 경제 혼란과 전후 복구 사업

(1) 광복 직후의 경제 혼란
① 일제의 산업 자본 및 기술 독점, 광복 이후 공업 부분 마비
② 남북 분단의 문제점 증폭
　㉠ 남한의 경제구조(농업, 경공업 위주)와 북한의 경제구조(지하자원, 중공업 중심) 간 차이와 분단으로 인한 단절
　㉡ 북한으로부터 전력 공급 중단
③ 해외 동포의 귀국과 북한 동포의 월남, 인구와 실업자 증가
④ 생활필수품과 식량 부족, 물가 폭등
　㉠ 광복 직후 일제와 미군정의 거액 지폐 남발
　㉡ 미곡의 자유 거래 허용으로 매점매석과 식량 부족
　㉢ 조선 정판사 위폐사건(1945. 10) : 조선 정판사 사장 박낙종 등 조선 공산당원 7명이 위조지폐를 발행한 사건 기타

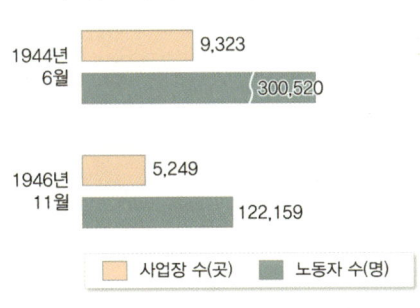
↑ 광복 전후 남한 지역 사업자 수 및 노동자 수 비교

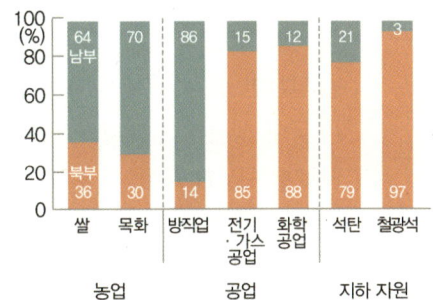
↑ 남북 지역 산업의 주요 분야별 총생산액 비교

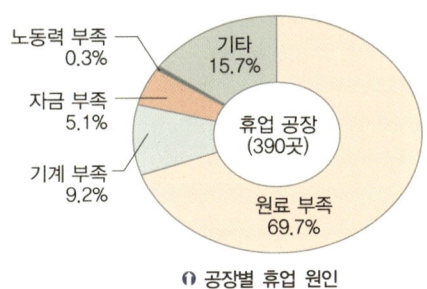
↑ 공장별 휴업 원인

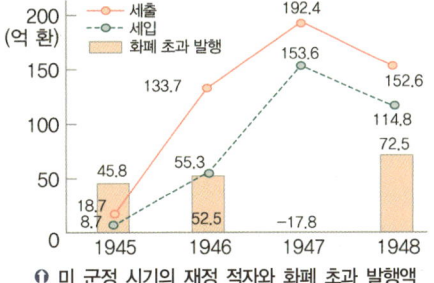
↑ 미 군정 시기의 재정 적자와 화폐 초과 발행액

(2) 미군정기의 경제체제
① 소작 문제와 곡물 수집
　㉠ 최고 소작료 결정(1945. 10. 5)
　㉡ 소작료는 총 수확물의 1/3을 초과할 수 없도록 규정
　㉢ 곡물 수집령(1946년 봄)

                    ⓐ 미곡의 매점매석 행위가 극심해지자 미군정은 곡물 수집을 결정
                    ⓑ 곡물 수집은 지주와 악덕 상인은 제외한 채 경찰을 동원하
                    ⓒ 농민이 갖고 있던 쌀을 강제로 수탈하는 방식으로 진행
                    ⓓ 미군정에 대한 민중의 불만이 고조
            ② 신한공사(1946년 2월 남한에 설립된 미군정의 재산 관리회사)
                ㉠ 귀속재산의 관리
                    ⓐ 일본인 소유의 재산은 미군정의 소유로 이전
                    ⓑ 미군정은 동양척식주식회사의 소유재산을 인수
                ㉡ 신한공사의 설립과 운영
                    ⓐ 동양척식주식회사의 소유농지를 신한공사에서 관할
                    ⓑ 신한공사는 1948년 3월 22일 중앙토지행정처로 개칭
            ③ 귀속재산의 처리
                ㉠ 1947년 3월부터 귀속 기업체의 10%~20% 정도만이 처분
                ㉡ 노동자의 공동 관리를 거부, 연고자, 관리인, 임차인 중심으로 불하됨

    (3) 이승만 정부의 경제 정책과 농지 개혁
        ① 경제 정책 방향
            ㉠ 농업과 공업의 균형 발전
            ㉡ 소작 제도 폐지와 경자 유전 원칙 확립
            ㉢ 기업 활동의 자유
            ㉣ 일본인 소유 재산에 대한 시책 수립
            ㉤ 국내 생산의 증대와 미국의 경제 원조 도입 추진 천명
        ② 귀속재산처리법 제정
            ㉠ 6·25가 끝날 무렵부터 귀속 기업체 민간에 매각하기 시작
            ㉡ 실제 기업체의 재산 가치보다 훨씬 낮은 가격에 매각
            ㉢ 매각 대금은 15년에 걸쳐 분할 상환
            ㉣ 높은 인플레이션 상황하에서 특혜적 불하가 이루어짐(불하 대상자의 선정, 불하 가격의 책정, 대금 지불방법 등을 둘러싸고 불공정한 특혜 불하)
            ㉤ 결과 : 1950년대 독점 자본의 성장, 토지자본의 산업자본화정책은 실패.
        ③ 농지 개혁법 추진
            ㉠ 배경
                ⓐ 대다수의 국민이 소작농 상태
                ⓑ 북한이 토지 개혁 실시(1946, 무상 몰수·무상 분배)
            ㉡ 원칙 : 유상 매입·유상 분배 원칙, 1가구당 3정보 이내로 토지 소유 제한
            ㉢ 내용
                ⓐ 1949년 6월 21일 농지개혁법이 제정·공포
                ⓑ 1950년 3월 10일 이후 본격적 실시
                ⓒ 3정보 이상의 토지는 소유할 수 없도록 규정
                ⓓ 결과 : 실시 시기 지연으로 인한 문제점 등 미비점이 노출되었으나 근대적 농민 중심의 토지 소유 실현

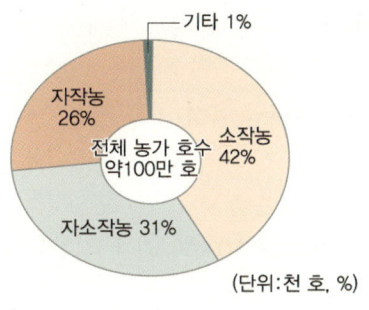
⦁ 광복 직후 남한의 농민 계층 구성

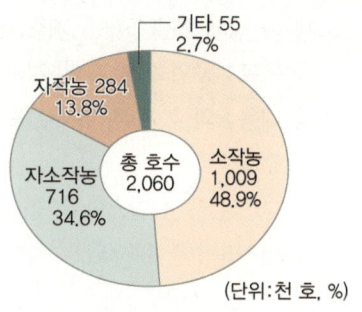
⦁ 1945년 말 북한의 농민 계층 구성

(4) 전후 경제 재건과 원조 경제
① 전쟁의 피해
  ㉠ 생산 시설의 42% 파괴
  ㉡ 물자 부족과 물가 폭등 : 전쟁 비용 마련을 위한 정부의 막대한 재정 지출. 인플레이션 가속
② 전후 복구와 경제재건 사업

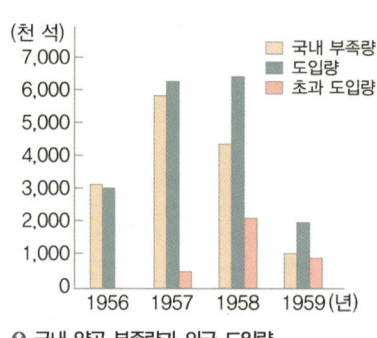
⦁ 국내 양곡 부족량과 외국 도입량

  ㉠ 미국의 원조를 받아 도로, 철도, 항만 시설 보수, 수력 및 화력 발전소 건설
  ㉡ 섬유 공업·제당·제분 등 삼백 산업 발전, 재벌 성장
  ㉢ 시멘트 공장과 비료 공장 건설
③ 미국의 경제 원조와 농업 기반 몰락
  ㉠ 배경 : 전쟁 피해 복구, 공산화 방지, 한국의 경제 불안 해소
  ㉡ 성격 : 밀, 면화, 설탕 원료 등 소비재와 생활필수품 공급, 미국 내 농산물 생산 과잉 해소
  ㉢ 결과 : 식량 문제 해결에는 기여하였으나 밀, 면화 도입과 쌀값 폭락으로 농업 기반 몰락
  ㉣ 원조 감소 : 1958년 이후부터 유상 차관으로 전환, 국내 경기 불황

2 경제 성장과 자본주의의 발전

(1) 경제 개발 5개년 계획의 추진
① 경제 개발 계획 수립 : 경제개발 7개년계획(이승만 정부) → 5개년계획(장면 내각)
  → 5·16 군사정변 후 재추진

② 제1차 경제 개발 5개년 계획(1962~1966)
　㉠ 목표 : 공업화와 자립 경제 기반 구축
　㉡ 내용 : 외국 자본 유치, 소비재 수출 산업 육성
　㉢ 결과
　　　ⓐ 의류, 신발, 합판 등 경공업 제품 수출
　　　ⓑ 연평균 44%의 수출 증가율, 연평균 10%의 경제 성장률
③ 제2차 경제 개발 5개년 계획(1967~1971)
　㉠ 기본 목표 : 산업 구조의 근대화, 자립 경제의 확립
　㉡ 내용 : 경공업 중심의 수출 주도형 공업화 정책 유지, 기초 산업 개발과 철강 공업, 화학 공업 및 기계 공업 육성
　㉢ 결과 : 베트남 파병 특수에 따른 경제 성장, 지속적 발전
　㉣ 문제점 : 경제 대외 의존도 심화, 외채 급증, 경제적 불평등 심화

(단위 : 백만 달러)

구분	1962	1963	1964	1965	1966	1967	1968	1969	1970	1971
수출	54.8	86.8	119.1	175.1	253.7	335.0	486.0	658.0	882.0	1,132
수입	421.8	560.3	404.4	450.0	673.2	909.0	1,322	1,650	1,804	2,173

* 경제계획 기간별 경제성장률과 수출입증가율

④ 제3·4차 경제 개발 계획(1972~1981)
　㉠ 기본 목표 : 수출 주도형 중화학 공업화 추진(세제·금융 지원)
　㉡ 내용 : 철강, 비철금속, 조선, 기계(자동차 포함), 전자, 석유 화학 등 육성
　㉢ 위기
　　　ⓐ 국제 원자재 가격의 폭등, 석유 파동·원유가 폭등(제4차 중동 전쟁 이후)
　　　ⓑ 인플레이션, 경제 불황, 수출과 건설업의 중동 진출로 오일 쇼크 극복
　㉣ 성과 : 산업 구조의 고도화와 수출 증대(1977년 100억 달러 수출)를 이룩
　㉤ 문제점 : 개발 독재의 지속, 재벌 중심의 경제 성장, 빈부 격차 심화

(단위 : %)

구분	경제 성장률	수출입 증가율	수입 증가율	수출 의존도	수입 의존도
1962~66	7.9	44.0	21.5	11.9	20.3
1967~71	9.6	33.8	28.0	16.1	26.5
1972~76	9.7	51.0	32.4	31.2	34.3
1977~81	6.1	22.6	24.9	37.7	47.2

* 각 시기별 경제 현황

(2) 1980년대의 경제 정책과 변화

① 전두환 정부
- ㉠ 위기 : 1970년대 중화학 공업에 대한 중복 과잉 투자, 제2차 석유 파동, 농작물 흉작 ➡ 마이너스 성장, 국제 수지 악화, 물가 상승 심화
- ㉡ 정책 : 국가 주도형 경제 성장 전략 부분 수정, 시장 경제 자율성 도모, 자본 자유화 정책(개방)
- ㉢ 성장 : 저유가·저금리·저달러의 3저 호황, 수출 증대(무역 흑자)
- ㉣ 영향 : 경제 발전으로 중산층 증가, 6월 항쟁으로 민주화 추진

② 노태우 정부 : 3저 호황의 종식과 우루과이 라운드의 진행 등 악재로 경제 불황

(3) 외환위기 극복과 오늘날 우리 경제

① 외환 위기의 극복
- ㉠ 김영삼 정부
  - ⓐ 신경제 5개년계획(1993) : 행정 규제 완화, 재벌 개혁, 사회 간접 자본 확충, 공기업의 민영화 추진(1996년 OECD 가입)
  - ⓑ 대외 환경의 변화 : 세계무역기구(WTO) 출범, 시장 개방 가속화
  - ⓒ 경제적 위기 발생 : 무역 적자 확대, 대기업의 부도 사태, 금융권 부실, 국제 자본의 회수로 외환위기 발생
  - ⓓ 국제 통화 기금 체제 : 국제 통화 기금(IMF)의 긴급 금융지원과 감독
- ㉡ 김대중 정부 : 외환위기 극복
  - ⓐ 신자유주의 정책 바탕으로 기업, 금융, 공공, 노동 등 4대 부문의 강도 높은 개혁
  - ⓑ 대외 개방 정책
  - ⓒ 국민의 고통 분담

② 오늘날 우리 경제와 과제
- ㉠ 차세대 산업의 육성 : 정보통신기술(IT), 생명기술(BT), 나노기술(NT), 환경기술(ET), 문화기술(CT) 등 육성
- ㉡ 수출 부진, 국내 경기 침체, 구조 조정에 따른 실업 증가 등 어려움 봉착
- ㉢ 과제
  - ⓐ 세계 시작의 개방화와 무한 경쟁에 대비 경쟁력 강화 필요
  - ⓑ 도시·농촌·공업·농업 간의 불균형, 계층 간 격차 해소
  - ⓒ 생명 경시·부정부패·환경오염·집단 이기주의 등의 문제점 극복

56 사회·문화의 변화

1 사회 변화와 사회 문제

(1) 현대 사회의 변화
① 산업화와 도시화
  ㉠ 변화 요인 : 1960년대 정부의 공업화 정책
  ㉡ 도시 인구의 집중 : 저곡가 정책과 수입 개방으로 농촌 인구의 도시 이동, 공업과 서비스업이 발달한 도시로 인구 집중(이촌 향도)
  ㉢ 사회 문제 발생 : 주택난, 도시 공해, 교통난, 실업문제, 빈부 격차, 공동체 의식의 약화 등
② 농촌 사회의 변화와 농민운동
  ㉠ 농촌의 문제
    ⓐ 도·농간의 소득 격차 증대(성장 제일주의 공업화 정책, 저곡가 정책)
    ⓑ 이촌 향도 현상으로 인한 노동력 감소와 부족 현상
  ㉡ 새마을 운동의 전개
    ⓐ 근면·자조·협동 정신 강조
    ⓑ 농어촌 근대화, 소득 증대 사업 추진
    ⓒ 박정희 정부의 집권 정당화 수단, 농촌의 외형을 바꾸는 데 치중
    ⓓ 유네스코 기록 유산에 새마을 운동 기록물 등재
  ㉢ 1970년대 주곡 자급 정책의 추진
    ⓐ 증산 정책(통일벼)과 이중 곡가제 시행
    ⓑ 저곡가 정책으로 회귀(재정 적자 확대)
  ㉣ 농민 운동(1970년대)
    ⓐ 함평 고구마 사건(1976)을 시작으로 농민 단체 활동 활성화
    ⓑ UR 타결 후 농산물 개방, 농가 부채 증가 등 당면 과제 직면

(2) 사회 문제 해결을 위한 노력
① 노동 운동
  ㉠ 배경 : 수출 주도형 경제 성장 전략으로 노동자의 저임금 정책, 열악한 노동 환경, 노동 3권의 유명무실화 초래
  ㉡ 1970년대
    ⓐ 전태일 분신 사건(1970. 11)으로 노동운동 활성화(학생, 지식인 지원)

> **1970년 노동 운동의 현실**
> 존경하는 대통령 각하! …… 저희들은 근로 기준법의 혜택을 조금도 못 받으며, 더구나 2만여 명을 넘는 종업원의 90%이상이 평균 연령 18세의 여성입니다. …… 또한, 2만여 명 중 40%를 차지하는 보조공들은 평균 연령 15세의 어린이들입니다. 이들은 전부가 다 영세민들의 자제이며, 굶주림과 어려운 현실을 이기려고 하루에 90원 내지 100원의 급료를 받으며 1일 15시간씩 작업을 합니다. – 전태일이 박정희 대통령에게 보낸 탄원서(1970) –

- ⓑ YH 무역 사건(1979. 8) : 여성 노동자 중심의 생존권 투쟁, 유신 체제 붕괴 계기
- ⓒ 1980년대
  - ⓐ 기존 정책 유지로 단체교섭권, 단체행동권 등 노동자의 권리 제한
  - ⓑ 1987년 6월 항쟁 이후 노동운동 확산(노조 결성 확대)
- ⓔ 1990년대 이후
  - ⓐ 한국노총과 민주노총 등 양대 조직 체제 형성
  - ⓑ 노사정 위원회 구성(김대중 정부)
  - ⓒ 주 5일 근무제 도입 추진, 실업 문제 확산
  - ⓓ 외국인 노동자의 인권 침해와 노동 문제 발생

② 시민 운동과 환경 운동 · 여성운동
- ⓐ 배경 : 1980년대 후반 사회 민주화 움직임과 1990년대의 정치 민주화, 지방자치제 실시, 세계화 등 사회적 변화에 대응, 활성화
- ⓑ 활동 : 시민 단체 구성과 연대 활성화, 사회 개혁 · 복지 · 환경 · 여성 문제 등 다양한 사회적 쟁점 해소 노력
- ⓒ 환경 운동 : 급격한 산업화에 따른 환경오염과 파괴의 문제 확산, 1990년대 환경 문제에 대한 연구, 교육, 정책 비판 및 견제 등 다양한 활동 전개, 1994년 환경부 출범
- ⓔ 여성운동 : 사회 참여 확대로 인한 여성의 역할 증대
  - ⓐ 남녀고용평등법(1987), 가족법 제정(1991), 호주제 폐지 운동
  - ⓑ 여성에 대한 불평등 상황 개선 노력
  - ⓒ 여성부 출범(2001), 21세기 남녀평등 헌장 제정
  - ⓓ 호주제 폐지(2005)

③ 사회 보장 제도
- ⓐ 사회적 약자에 대한 국가의 보호 의무, 경제 성장 정책에 밀려 형식화
- ⓑ 의료보험, 국민연금, 사회보장기본법 마련

④ 해외 이주 동포
- ⓐ 중국, 일본, 미국 등 세계 각지에 600여만 명의 해외 동포 거주
- ⓑ 한민족 네트워크의 형성과 활성화로 우리 민족의 번영과 세계 평화에 기여해야 함

2 현대 교육과 문화의 동향

(1) 교육과 학술 활동

구분	교육	학술
해방 이후 ~ 1960년대 초	• 미군정기 : 6·3·3 학제 도입 • 이승만 정부 : 국민 교육권, 의무 교육 제시 • 장면 내각 : 교육 자치제, 교원노조운동 전개	• 일제 잔재 청산, 전통문화 강조 • 우리말 큰 사전 완간 (1957)
1960년대 ~ 1970년대 초 (박정희 정부)	• 교육자치제 폐지(교육 통제 강화) • 국민교육헌장(1968) : 국가주의 교육 강화 • 중학 무시험, 대입예비고사, 학사자격고시, 고교 평준화제도	• 한국학 연구 고조, KIST 설립 • 국사교육 강화(식민사관 극복) • 한국학의 총체적 연구(한국정신문화연구원)
1980년대	• 전두환 정부 : 과외 금지, 졸업정원제, 본고사 폐지, 평생교육이념 규정	• 사회 과학 부문의 연구 활발 • 일본의 역사 왜곡 규탄
1990년대~	• 김영삼 정부 : 대입 수능시험제도 도입, 정보화·세계화 강조 • 김대중 정부 : 학교 정보화 추진, 중학교 의무교육(2002), 사교육비 확대, 학교 교육 붕괴 현상	• 일본 역사 왜곡 규탄

(2) 역사학의 변화

① 신민족주의 사학
  ㉠ 일제 시기 민족주의 사학 계승
  ㉡ 문헌고증을 토대로 사회·경제사학의 세계사적 발전법칙을 수용
  ㉢ 민족주의 사학을 계승·발전시키려는 노력
  ㉣ 역사적 사실을 재평가하고 민족사를 체계화

▶ 신민족주의 사학의 학자

신민족주의 사학	안재홍	• 『불함철학대전』, 『조선철학』
	손진태	• 『한국민족문화의 연구』, 『조선민족사개론』 • 계급투쟁보다는 계급화해와 민족균등의 입장을 강조
	이인영	• 『국사요론』, 『한국만주관계사연구』
	홍이섭	• 『조선과학사』

② 마르크스 사학 : 일제 시기 사회경제사학 계승(김석형, 박시형 등)
③ 실증주의 사학 : 진단학회 중심, 현재 한국 사학계의 주류 형성
④ 특징 : 6·25 전쟁 때 납북과 월북으로 신민족주의 사학과 마르크스 사학 위축, 다양성 감소

(3) 언론의 발전

구분	전개 과정
해방 이후	• 해방 이후 : 언론 자유의 확대로 조선·동아(우익) 해방일보-공산당 기관지, 조선인민보(좌익)
1950년대	• 이승만 정부 : 국가보안법을 통해 언론 통제 및 탄압(경향신문 폐간)
1960년대 ~ 1970년대 초 (박정희 정부)	• 장면 정부 : 언론의 자유 활성화(신문 발행 허가제 폐지) • 언론 통폐합 단행(5·16 이후) • KBS, MBC 개국 • 유신 정권 : 언론 통폐합, 프레스 카드제 실시 • 언론 자유 수호 운동 전개(조선, 동아일보 일부 기자 해직 및 광고 해약 사태)
1980년대	• 전두환 정부의 언론 탄압 : 언론 통폐합과 해고, 보도지침, 방송의 탈정치화 유도(컬러 TV, 스포츠) • 6월 항쟁 이후 : 프레스 카드제 폐지, 언론 노동조합 연맹 조직, 한계레신문 창간
1990년대~	• 언론의 자유 활성화

(4) 종교 활동

① 불교 : 불교의 현대화 추진(1980년대), 정권 비호 반성, 불교 자주화 선언(1986)

② 개신교
  ㉠ 1960년대 : 월남 종교인 전도대회 개최로 신도 증가
  ㉡ 1970년대 : 유신 반대 투쟁
  ㉢ 1980년대 : 민주화 운동 전개

③ 천주교 : 신앙의 현대화와 토착화 추진(1960년대) ➡ 인권 및 민주화 운동에 적극 참여

④ 대종교, 천도교, 원불교 : 전통 사상 연구와 한국학의 연구 활성화

(5) 문예 활동과 대중문화

문예 활동	대중문화
• 광복 이후 : 좌·우익의 대립 • 6·25 이후 : 미국식 문화 주류, 순수 문학 • 사상계 : 1953년 장준하가 창간, 독재에 항거 • 1960년대 : 소시민적 삶 주제, 참여문학론 대두 • 1970년대 : 참여문학 발전, 소외 계층의 고뇌 반영 • 1980년대 : 민중문학, 노동문학 등 참여문학 발달 • 1990년대 이후 : 참여문학 퇴조, 흥미·개인 본위	• 1960년대 : 대중매체 발달로 확산 • 1970년대 : TV 증가, 청년 문화 형성, 독재 미화 • 1980년대 : 컬러 TV 보급, 퇴폐적 경향 • 1990년대 이후 : 정보 통신 혁명으로 대중문화의 혁신, 일본 문화 단계적 개방

성정호 한국사능력검정시험 단기완성

부록

1. 한국의 유네스코 문화유산, 기록유산
2. 우리나라의 세시풍속
3. 조선의 도성과 문화유산

한국의 유네스코 문화유산, 기록유산

1 한국의 유네스코 문화유산

① 석굴암과 불국사(1995년 12월)

토함산 언덕에 있는 인공 석굴인 석굴암은 751년 신라 경덕왕 때 김대성이 창건하였으며, 혜공왕 때인 774년에 완공되었다. 국보 24호로 석굴암 내부 모든 부분이 정확하고 체계적인 수학적 수치와 기하학적 비례에 따라 설계되었다. 불국사는 사적 및 명승 제1호로 크게 두 개의 구역으로 구성되어 있다. 하나는 대웅전을 중심으로 한 청운교·백운교·자하문·다보탑과 석가탑이며, 또 다른 하나는 극락전을 중심으로 칠보교·연화교·안양문 등이다. 1995년 12월 석굴암과 함께 유네스코 세계유산에 등록되었다.

⋂ 석굴암

⋂ 불국사

② 해인사 장경판전(1995년 12월)

해인사 장경판전은 국보 제52호로 세계에서 유일한 대장경판 보관용 건물이다. 대장경판 81,258장의 부식을 방지하고 온전하기 보관하기

⋂ 해인사 대장경판 내부

위해 자연환경을 최대한 이용한 보존 과학의 소산물로 평가받고 있다. 조선 초기에 만들어졌으며 1996년 12월에 유네스코 세계유산으로 등록되었다.

③ 종묘(1995년 12월)

종묘는 조선 왕조 역대 왕과 왕비 및 추존된 왕과 왕비의 신주를 모신 왕조의 사당이다. 제사를 거행할 때 연주하는 기악과 노래와 무용을 포함하는 종묘 제례악은 유네스코 무형유산에 등록되었다. 종묘는 사적 125로 지정되어, 1995년 12월에 유네스코 세계유산에 등록되었다.

⋂ 종묘

④ 창덕궁(1997년 12월)

창덕궁은 조선 태종 5년(1405)에 지어졌고, 임진왜란 때 경복궁이 소실된 이후 고종의 경복궁 중건 때까지 260년 동안 왕조의 본궁으로 사용되었다. 사적 제122호이며, 1997년 12월 유네스코 세계유산에 등록되었다.

⋂ 창덕궁

⑤ 수원 화성(1997년 12월)

수원 화성은 정조가 아버지인 사도세자의 묘를 수원의 화산으로 이장하면서 팔달산 아래에 축성한 것이다. 다른 나라에는 유례없는 평지 산성으로 상업적 기능과 군사적 기능을 갖추

⋂ 수원 화성

고 있다. 거중기 등을 이용하여 축성하였으며, 이후에 1801년 『화성성역의궤』를 발간하였는데 여기에 축성 계획, 제도, 법식뿐 아니라 동원된 인력의 인적 사항, 예산 등을 상세히 기록하였다. 수원 화성은 사적 제3호이며, 1997년 12월 유네스코 세계유산에 등록되었다.

⑥ 고인돌 유적(2000년 12월)

우리나라에는 전국적으로 약 3만여 개의 고인돌이 분포하고 있는 것으로 파악된다. 인천광역시 강화군, 전라남도 화순군, 전라북도 고창군에 분포하고 있으며 2000년 12월 유네스코 세계유산에 등록되었다.

⑦ 경주 역사 유적 지구(2000년 12월)

경주 역사 유적 지구는 총 5개로 구분되며 2000년 12월 유네스코 세계유산에 등록되었다.

㉠ 남산 지구 : 많은 불교 유적과 함께 나정, 포석정 등이 있다.
㉡ 월성 지구 : 신라 왕궁이 있던 월성과 첨성대, 계림 등이 있다.
㉢ 대릉원 지구 : 황남리 고분군이 모여 있으며, 천마도와 금관 등이 출토되었다.
㉣ 황룡사 지구 : 분황사와 황룡사지가 있다.
㉤ 산성 지구 : 400년 이전에 축조한 것으로 추정되는 명활산성이 있다.

↑ 포석정　　↑ 첨성대

↑ 황남리 고분군　　↑ 분황사 모전 석탑

↑ 명활산성

⑧ 조선 왕릉 40기(2009년 6월)

조선 시대의 27대 왕과 왕비 그리고 사후에 추존된 왕과 왕비의 무덤으로 모두 44기에 이르는데, 가장 온전한 형태가 현재까지 그대로 유지되고 있다. 500년 이상의 한 왕조에서 역대 왕과 왕비의 무덤이 모두 남아 있는 경우가 드문데다가, 유교적 장례 풍습과 풍수지리 사상 등이 모두 함축된 공간이므로 문화재로서 가치를 더욱 인정받아, 2009년 6월 유네스코에서 세계 문화유산으로 조선 왕릉 40기를 지정하였다. 『경국대전』에 의하면 "능역(陵役)은 한양 도성 서대문 밖 100리 이내에 두도록 한다."라고 하였는데, 이에 따라 북한 지역에 있는 후릉(厚陵)과 경기도 여주의 영릉(英陵·寧陵), 강원도 영월의 장릉(莊陵)을 제외하면 실제 모든 왕릉이 서울 사대문으로부터 100리 이내에 조성되었다.

▶ **현존하는 조선 왕릉 44기**

왕릉		피장자(被葬者)
제01대	건원릉(健元陵)	태조
	제릉(齊陵)	신의왕후
	정릉(貞陵)	신덕왕후
제02대	후릉(厚陵)	정종 / 정안왕후
제03대	헌릉(獻陵)	태종 / 원경왕후
제04대	영릉(英陵)	세종 / 소헌왕후
제05대	현릉(顯陵)	문종 / 현덕왕후
제06대	장릉(莊陵)	단종
	사릉(思陵)	정순왕후
제07대	광릉(光陵)	세조 / 정희왕후
제08대	창릉(昌陵)	예종 / 안순왕후
	공릉(恭陵)	장순왕후
제09대	선릉(宣陵)	성종 / 정현왕후
	순릉(順陵)	공혜왕후
	경릉(敬陵)	덕종 / 소혜왕후
제10대	연산군묘(燕山君墓)	연산군 / 거창군부인
제11대	정릉(靖陵)	중종
	온릉(溫陵)	단경왕후
	희릉(禧陵)	장경왕후
	태릉(泰陵)	문정왕후
제12대	효릉(孝陵)	인종 / 인성왕후
제13대	강릉(康陵)	명종 / 인순왕후
제14대	목릉(穆陵)	선조 / 의인왕후
제15대	광해군묘(光海君墓)	광해군 / 문성군부인
제16대	장릉(長陵)	인조 / 인렬왕후
	휘릉(徽陵)	장렬왕후
	장릉(章陵)	원종 / 인헌왕후
제17대	장릉(章陵)	효종 / 인선왕후
제18대	숭릉(崇陵)	현종 / 명성왕후
제19대	명릉(明陵)	숙종 / 인현왕후·인원왕후
	익릉(翼陵)	인경왕후

제20대	의릉(懿陵)	경종 / 선의왕후
	혜릉(惠陵)	단의왕후
제21대	원릉(元陵)	영조 / 정순왕후
	홍릉(弘陵)	정성왕후
	영릉(永陵)	진종 / 효순왕후
제22대	건릉(健陵)	정조 / 효의왕후
	융릉(隆陵)	장조 / 헌경왕후
제23대	인릉(仁陵)	순조 / 순원왕후
제24대	경릉(景陵)	헌종 / 효현왕후·효정왕후
	수릉(綏陵)	문조 / 신정왕후
제25대	예릉(睿陵)	철종 / 철인왕후
제26대	홍릉(洪陵)	고종 / 명성황후
제27대	유릉(裕陵)	순종 / 순명효황후·순정효황후

⑨ 하회마을과 양동마을(2010년 7월)

경북 안동 하회마을과 경주 양동마을은 조선 시대 유교의 뿌리를 둔 전통 씨족 마을 중에서 역사가 가장 오래된 곳이다. 2010년 8월 유네스코 세계유산으로 등록되었다.

↑ 하회마을

↑ 양동마을

⑩ 남한산성(2014년 6월)

북한산성과 더불어 서울을 남북으로 지키는 산성 중의 하나로, 신라 문무왕 때 쌓은 주장성(晝長城)의 옛 터를 활용하여 인조 2년(1624)에 축성하였다. 1963년 사적 제57호로 지정되었으며, 2014년 6월 유네스코 세계유산으로 등록되었다.

⑪ 백제 역사 유적 지구(2015년 7월)

백제 역사 유적 지구는 공주·부여·익산을 아우르는 총 9개의 지역으로 2015년 7월 유네스코 세계유산에 등록되었다.

㉠ 공주 공산성 : 웅진 시기 백제의 왕성으로 토성과 석성으로 구분되어 있다.
㉡ 공주 송산리 고분군 : 웅진 시기 백제 왕실의 능묘군으로 무령왕릉을 포함한 벽돌무덤과 굴식 돌방무덤이 위치하고 있다.
㉢ 부여 관북리 유적지 : 사비 시대 백제의 왕성으로 추정되는 곳이다. 당나라 장군 유인원의 행적을 기념한 비가 발견되었다.
㉣ 부여 부소산성 : 사비 시대 왕궁의 배후산성이다.
㉤ 부여 정림사지 : 정림사는 사비 시대 수도의 가장 중심에 있던 사찰로 현재 내부에는 국조 제9호인 정림사지 5층 석탑이 위치하고 있다.
㉥ 부여 능산리 고분군 : 사비 시기 백제 왕실의 능묘군으로 고분군 서쪽에 위치한 절터에서 백제 금동대향로(국보 제287호)와 창왕명석조사리감(국보 제288호)이 출토되었다.
㉦ 부여 나성 : 나성은 수도를 방어하기 위해 구축한 외곽성이다. 현재의 부여읍을 감싸고 있다.
㉧ 익산 왕궁리 유적지 : 백제 왕실이 수도 사비의 취약점을 보완하기 위해 만든 별궁 유적이다.
㉨ 익산 미륵사지 : 백제 무왕 때 창건한 곳으로 3금당 3탑 구조로 만들어졌으나 현재는 서탑(미륵사지 석탑)만 남아 있다.

↑ 공주 공산성

↑ 부여 부소산성

↑ 부여 정림사지

↑ 부여 능산리 고분군

↑ 익산 왕궁리 유적

⑫ 산사, 한국의 산지 승원(2018년 6월)

산사는 한국의 산지형 불교 사찰의 유형을 대표하는 7개의 사찰로 구성된 연속 유산이다. 이들 7개 사찰로 구성된 신청유산은 공간 조성에서 한국 불교의 개방성을 대표하면서 승가공동체의 신앙·수행·일상

생활의 중심지이자 승원으로서 기능을 유지하여왔다. 통도사, 부석사, 봉정사, 법주사, 마곡사, 선암사, 대흥사로 대한민국 전국에 걸쳐 분포하고 있다.

산사와 한국의 산지승원을 구성하는 7개 사찰인 통도사, 부석사, 봉정사, 법주사, 마곡사, 선암사, 대흥사는 종합적인 불교 승원으로서의 특징을 잘 보존하고 있는 대표적인 사찰이다. 또한 산지에 입지함으로써 곡저형, 경사형, 계류형의 3가지 형태로 유형화할 수 있는 대표적인 불교 승원이다.

- ㉠ 양산 통도사 : 한국 3대 사찰로, 646년(선덕여왕 15) 자장이 창건했다고 알려져 있으며, 신라의 승단을 체계화하는 중심지가 되었다. 자장이 당에서 귀국할 때 가지고 온 부처의 진신사리와 가사(袈裟), 대장경 400여 함을 봉안하였다고 하여 불보사찰이라고도 한다.
- ㉡ 보은 법주사 : 553년(진흥왕 14)에 의신이 창건하였으나 이후 진표와 그의 제자인 영심이 중창하여 미륵신앙의 중심 도량이 되었다. 경내에는 법주사 팔상전(국조 제55호)을 비롯하여 쌍사자 석등(국보 제5호), 석련지(국보 제64호) 등 다양한 국보와 보물, 지방 문화재가 있다.
- ㉢ 영주 부석사 : 우리나라 화엄종의 근본 도량으로, 676년(문무왕 16) 의상이 왕명에 따라 창건하였으며 의상과 선묘 낭자와 관련된 창건 설화가 전해진다. 경내에는 무량수전(국보 제18호), 조사당(국보 제19호)과 조사당 벽화(국보 제46호), 소조여래좌상(국보 제45호) 등의 국보를 비롯한 많은 문화재가 있다.
- ㉣ 안동 봉정사 : 기록에 따라 682년(신문왕 2) 의상이 창건했다는 설과 672년(문무왕 12) 능이이 창건했다는 설이 있다. 극락전(국보 제15호)을 해체·복원하는 공사를 진행할 때 상량문에서 공민왕 12년 극락전을 중수하였다는 기록이 발견되어 극락전은 현존하는 최고의 목조 건물로 인정받게 되었다.
- ㉤ 공주 마곡사 : 640년(선덕영왕 9) 자장이 창건하였으며 신라 말부터 고려 초까지 폐사되었다가 1172년(명종 2) 지눌이 왕명을 받고 중창하였다. 또한 을미사변에 가담한 일본인 장교를 죽인 김구가 탈옥한 뒤 마곡사에 숨어 지냈던 것으로도 유명하다.
- ㉥ 해남 대흥사 : 426년 승려 정관이 창건한 만일암에서 기원했다고도 하며, 이무 후명의 비구승이 중창하였다는 설, 법흥왕 대 아도가 창건했다는 설 등이 전해진다. 임진왜란 서산대사 휴정이 거느린 승군의 총본영이 있던 곳으로 유명하며, 이후 대규모 사찰로서의 면모를 갖추었다.
- ㉦ 순천 선암사 : 진흥왕 대 아도화상이 개창하였다고도 하며 875년(헌강왕 1)에 도선이 창건하였다고도 전해진다. 1088년(선종 5) 의천이 중창하여 의천의 영정이 봉안되어 있다. 경내에는 삼층석탑(보물 제395호), 대웅전 등 다수의 중요문화재가 있다.

ⓘ 양산 통도사

ⓘ 보은 법주사

ⓘ 영주 부석사

ⓘ 안동 봉정사

ⓘ 공주 마곡사

ⓘ 해남 대흥사

ⓘ 순천 선암사

2 한국의 유네스코 기록유산

① 조선왕조실록(1997년 10월)

『조선왕조실록』은 태조부터 철종 때까지 25대 472년간의 역사를 편년체를 기록한 책이다. 1997년 10월 유네스코 기록유산으로 등재되었다.

ⓘ 조선왕조실록

② 훈민정음(1997년 10월)

훈민정음이란 '백성을 가르치는 바른 소리'를 의미하며 세종 25년(1443)에 완성하였다. 세종은 집현전 학사들에게 이 새로운 문자에 대해 설명한 한문 해설서를 명하였는데, 이 책의 이름이 『훈민정음 해례본』이다. 국보 제70호로 지정되었으며, 1997년 10월 유네스코 기록유산에 등재되었다.

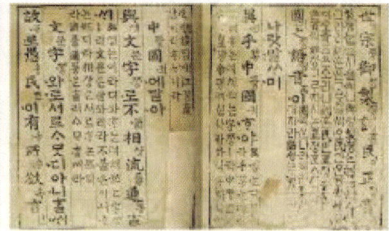
ⓘ 훈민정음 해례본

③ 직지심체요절(2001년 9월)

『직지심체요절』은 현존하는 세계 최고(最古)의 금속 활자본으로 고려 공민왕 21년에 백운화상이 저술한 '백운화상초록불조직지심체요절'을 1377년 7월

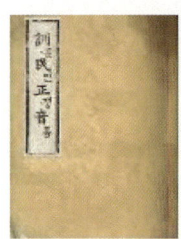
ⓘ 직지심체요절

에 청주 흥덕사에서 인쇄하였다. 현재 프랑스 파리 국립도서관에 보관되어 있고, 2001년 9월 유네스코 기록유산에 등재되었다.

④ 승정원일기(2001년 9월)

『승정원일기』는 조선 시대 왕명을 출납하는 기구인 승정원에서 날짜별로 매일 작성한 것이다. 국왕의 하루 일과와 지시, 명령, 각 부처 보고 등을 망라하고 있다. 원래 조선 개국 초부터 일기가 있었으나, 임진왜란 때에 소실되어 1623년(인조 1)부터 1894년(고종 31)까지 270여 년간의 일기만이 현존한다. 국보 제303호인 동시에 2001년 9월 유네스코 기록유산에 등재되었다.

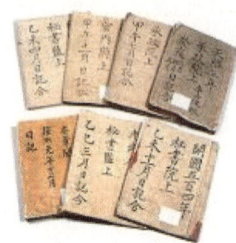 
ⓘ 승정원 일기

⑤ 해인사 대장경판 및 제경판(2007년 6월)

고려대장경판은 현재 세계에서 가장 오래된 불교 대장경판으로 인도 및 중앙아시아로 언어로 된 경전, 계율, 교리 및 불교와 관련된 기록을 집대성한 것이다. 현재까지도 생생한 상태로 남아있어 인쇄가 가능한 정도이다. 2007년 6월 유네스코 기록유산에 등재되었다.

ⓘ 해인사 대장경판전

⑥ 조선왕조의궤(2007년 6월)

의궤는 조선 시대(1392~1910)에 걸쳐 왕실의 주요 행사와 왕실의 문화 활동 등에 대한 것을 그림으로 기록한 것이다. 2007년 6월 유네스코 기록유산에 등재되었다.

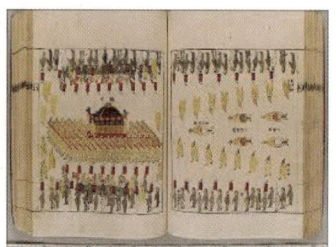
ⓘ 조선왕조의궤

⑦ 동의보감(2009년 7월)

『동의보감』은 선조 30년(1597)에 어의 허준이 왕의 명을 받아 중국과 우리나라의 의학 서적을 하나로 모아 편집에 착수하여 광해군 3년(1611)에 완성하였다. 보물 제1085인 『동의보감』은 2009년 7월 31일 유네스코 기록유산에 등재되었다.

◐ 동의보감

⑧ 일성록(2011년 5월)

『일성록』은 조선 후기에 국왕의 동정 및 국정의 운영 사항을 매일 일기 형식으로 정리한 것이다. 1760년(영조 36)부터 1910년(융희 4)까지의 국정 운영 내용이 기록되어 있다. 2011년 5월 25일 유네스코 기록유산에 등재되었다.

◐ 일성록

⑨ 5·18민주화 운동 관련 기록물(2011년 5월)

5·18민주화 운동 관련 기록물은 1980년 5월 18일부터 27일까지 광주를 중심으로 전개된 민주화 시민 운동 관련 자료를 총칭한다. 2011년 5월 25일 유네스코 기록유산에 등재되었다.

◐ 5·18 민주화 운동 관련 기록물

⑩ 난중일기(2013년 6월)

『난중일기』는 1592년(선조 25) 임진왜란이 발발한 다음 달인 5월 1일부터 1598년 10월 7일까지의 기록이다. 주요 내용은 진중 생활과 국정에 관한 솔직한 감회, 수군 통제의 비책이며, 가족·친지·장졸들 개개인의 이름까지 기록되어 있다. 2013년 6월 새마을 운동 기록물과 유네스코 기록유산에 등재되었다.

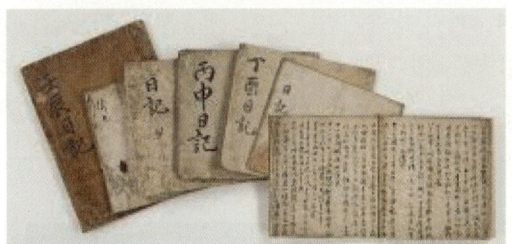
◐ 난중일기

⑪ 새마을 운동 기록물(2013년 6월)

새마을 운동은 초기에는 단순히 농가의 소득 배가 운동이었지만, 이것을 통하여 많은 성과를 거두면서 도시와 공장에까지 확산되어 근면·자조·협동을 생활화하는 의식 개혁 운동으로 발전하였다. 2013년 6월 난중일기와 함께 유네스코 기록유산에 등재되었다.

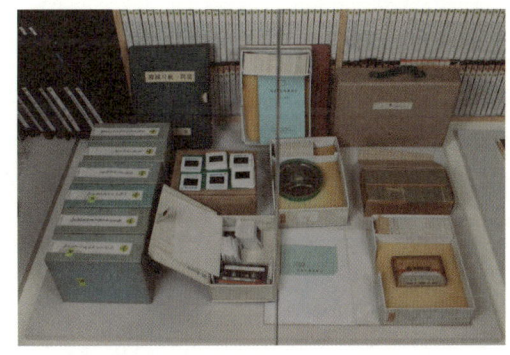
◐ 새마을 운동 기록물

⑫ 한국의 유교 책판(2015년 10월)

'한국의 유교 책판'은 유학자의 문집, 성리학 서적, 족보, 예학서, 역사서, 훈몽서, 지리지 등으로 구성되어 있다. 2015년 10월 유네스코 기록유산에 등재되었다.

◐ 한국의 유교 책판

⑬ KBS특별 생방송 '이산가족을 찾습니다' 기록물(2015년 10월)

KBS특별 생방송 '이산가족을 찾습니다' 기록물은 KBS가 1983년 6월 30일 밤 10시 15분부터 11월 14일 새벽 4시까지 방송기간 138일, 방송시간 453시간 동안 생방송한 비디오 녹화원본 테이프와 담당 프로듀서 업무 수첩, 이산가족 신청서, 기념음반, 사진 등 20,522건의 기록물을 총칭한다. 2015년 10월 유네스코 기록유산에 등재되었다.

◐ KBS 특별생방송 "이산가족을 찾습니다" 기록물

⑭ 조선 왕실 어보와 어책(2017년 10월)

등재 신청 대상은 금·은·옥에 아름다운 명칭을 새긴 어보, 오색 비단에 책임을 다할 것을 훈계하고 깨우쳐주는 글을 쓴 교명, 옥이나 대나무에 책봉하거나 아름다운 명칭을 수여하는 글을 새긴 옥책과 죽책, 금동판에 책봉하는 내용을 새긴 금책 등이다. 1392년부터 1966년까지 570여 년 동안 지속적으로 제작·봉헌된 점과 의례용으로 제작되었지만 내용, 작자, 문장의 형식, 글씨체, 재료와 장식물 등에서 당대의 정치, 경제, 사회, 문화, 예술 등의 시대적 변천상을 반영한다는 점에서 가치를 인정받았다. 2017년 10월 유네스코 세계 기록 유산에 등재되었다.

◐ 조선 왕실 어보와 어책

⑮ 국채보상운동 기록물(2017년 10월)

국채보상운동 기록물은 국가가 진 빚을 갚기 위해 한국에서 1907년부터 1910년까지 일어난 국채보상운동의 전 과정을 보여주는 기록물로 총 2470건의 수기 기록물, 일본 정부 기록물, 당시 실황을 전한 언론 기록물 등으로 구성돼 있다. 이 기록물은 19세기 말 제국주의 열강이 아시아, 아프리카, 아메리카 등에 엄청난 규모의 빚을 지워 지배력을 강화하는 상황에서 가장 앞선 시기에 자국을 구하기 위하여 전 국민의 약 25%가 외채를 갚아 국민으로서 책임을 다하려 한 국민적 기부운동이었다는 점과 이후 중국과 멕시코, 베트남 등 제국주의 침략을 받은 여러 국가에서 유사한 방식으로 국채보상운동이 연이어 일어난 점 등으로 세계적 중요성을 인정받았다. 이러한 면에서 인정을 받아 2017년 10월 유네스코 세계 기록 유산에 등재되었다.

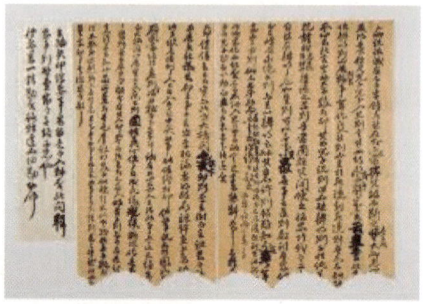
◐ 국채보상운동 기록물

⑯ 조선통신사에 관한 기록 : 17세기~19세기 한일 간 평화 구축과 문화교류의 역사(2017년 10월)

1607년부터 1811년까지, 일본 에도 막부의 초청으로 12회에 걸쳐, 조선에서 일본으로 파견되었던 외교사절단에 관한 자료를 총칭한다. 조선통신사에 관한 기록은 외교 기록, 여정 기록, 문화교류의 기록으로 구성된 종합자산이며, 조선통신사의 왕래로 두 나라의 국민은 증오와 오해를 풀고 상호 이해를 넓혀, 외교뿐만 아니라 학술, 예술, 산업, 문화 등의 다양한 분야에 있어서 활발한 교류의 성가를 낼 수 있었다. 한편 한국과 일본 양국이 세계 기록 유산 등재를 추진해 성공한 첫 사례라는 점에서 큰 의미가 있다는 평가를 받는다. 한·일 양국의 조선통신사 관련 전문가가 3년간 양국을 오가며 12차례의 걸친 회의를 통해 선정해 신청한 등재 목록은 한국 63건 124점, 일본 48건 209점으로 총 111건 333점에 달한다. 각 기록물의 소장처도 한국과 일본 전역에 이른다. 이러한 면에서 그 가치를 인정받아 2017년 10월 유네스코 세계 기록 유산에 등재되었다.

◐ 조선통신사 기록물

3 한국사 유네스코 무형유산

① 종묘 제례 및 종묘 제례악(2001년 5월)

조선 시대 왕실 행사였던 종묘 제례는 종묘에서 행하는 제향의식이며, 종묘 제례악은 종묘에서 제사를 지낼 때 의식을 장엄하게 치르기 위해 연무한 기악 및 노래·춤을 말한다. 2001년 5월 유네스코 무형유산에 선정되었다.

⊙ 종묘제례

⊙ 종묘제례악

② 판소리(2003년 11월)

판소리란 긴 줄거리의 이야기를 한 사람의 소리꾼이 소리(노래), 아니리(말), 발림(몸짓) 등으로 표현해 가면서 고수의 북 장단에 맞추어 부르는 것이다. 2003년 11월 유네스코 무형유산에 선정되었다.

⊙ 판소리

③ 강릉 단오제(2005년 11월)

음력 5월 5일 단오는 수릿날이라고도 하며, 강릉 단오제는 이 수릿날의 전통을 계승한 축제이다. 2005년 11월 유네스코 무형유산에 등재되었다.

⊙ 강릉 단오제

④ 강강술래(2009년 9월)

강강술래는 우리나라의 대표적인 세시절기인 설, 대보름, 단오, 백중, 추석, 9월 중구 밤에 연행되었다. 2009년 9월 유네스코 무형유산에 선정되었다.

⊙ 강강술래

⑤ 남사당놀이(2009년 9월)

남사당놀이는 꼭두쇠(우두머리)를 비롯해 최소 40명에 이르는 남자들로 구성된 유랑 연예인인 남사당패가 농어촌을 돌며, 주로 서민층을 대상으로 조선 후기에 유행하였던 놀이이다. 2009년 9월 유네스코 무형유산으로 선정되었다.

⊙ 남사당놀이

⑥ 영산재(2009년 9월)

영산재는 49재(사람이 죽은 지 49일째 되는 날에 하는 제사)의 한 형태로, 영혼이 불교를 믿고 의지함으로써 극락왕생을 비는 의식이다. 2009년 9월 유네스코 무형유산에 선정되었다.

⊙ 영산제

⑦ 제주 칠머리당 영등굿(2009년 9월)

제주 칠머리당 영등굿은 제주시 건입동의 본향당(本鄕堂)인 칠머리당에서 하는 굿이다. 긴입동은 제주도의 작은 어촌으로 주민들이 마을의 평안과 굿을 비는 굿을 했다. 2009년 9월 유네스코 무형유산에 선정되었다.

⊙ 제주 칠머리당 영동굿

⑧ 처용무(2009년 9월)

궁중무용 중에서 유일하게 사람 형상의 가면을 쓰고 추는 춤으로 '오방처용무'라고도 한다. 2009년 9월 유네스코 무형유산에 선정되었다.

⊙ 처용무

⑨ 조선 가곡(2010년 11월)

조선 시대의 판소리, 민요, 잡가와 구분되는 정가(正歌)이며 성악곡이다. 또한, 상류 사회에서 인격 수양을 위해 주로 불렸던 노래이다. 2010년 11월 유네스코 무형유산에 선정되었다.

⑩ 대목장(2010년 11월)

목수 중에서 궁궐이나 불전 또는 가옥을 짓는 건축과 관계된 일을 하는 장인으로, 오늘날의 건축가를 일컫는 전통적 명칭이다. 2010년 11월 유네스코 무형유산에 선정되었다.

⑪ 매사냥(2010년 11월)

야생의 맹금류가 날짐승이나 길짐승을 사냥하는 습성을 사람이 사냥에 이용하는 것으로, 인류 역사상 가장 오래된 수렵술 가운데 하나이다. 2010년 11월 유네스코 무형유산에 선정되었다.

🎵 매사냥

⑫ 줄타기(2011년 11월)

줄타기는 공중에 맨 줄 위에서 이야기와 발림을 섞어가며 다양한 재주를 부리며 벌이는 놀음이다. 2011년 11월 유네스코 무형유산에 선정되었다.

🎵 줄타기

⑬ 택견(2011년 11월)

택견은 우리나라 전통 무술로, 유연한 동작으로 손과 발을 웅크렸다가 펴는 탄력으로 상대방을 제압하고 자기 몸을 방어하는 무술이다.

🎵 택견

고구려 고분 벽화에서도 보일 만큼이나 삼국 시대에 이미 행해졌음을 알 수 있다. 2001년 11월 유네스코 무형유산에 선정되었다.

⑭ 한산 모시짜기(2011년 11월)

모시는 여름 전통 옷감으로, 신라 경문왕(861~875) 때 당나라에 보낸 기록으로 보아 외국과의 교역품으로도 사용되었을 것으로 보인다. 특히 한산에서 만드

🎵 한산 모시짜기

는 모시는 예로부터 다른 지역에 비해서 품질이 우수하고 섬세하다. 2011년 11월 유네스코 무형유산에 선정되었다.

⑮ 아리랑(2012년 12월)

아리랑은 전국에 고루 분포되어 있을 뿐만 아니라 해외에도 널리 퍼져 있어서 이른바 '독립군 아리랑'을 비롯하여 '연변 아리랑' 등의 이름이 쓰이고 있을 정도이며, 멀리 소련의 카자흐스탄 지역에서 거주하고 있는 교포들의 아리랑도 전해지고 있다. '정선아리랑', '호남아리랑', '밀양아리랑'을 묶어서 삼대아리랑이라고 부른다. 2012년 유네스코 무형유산에 선정되었다.

⑯ 김장 문화(2013년 12월)

겨울부터 봄까지 먹기 위한 김치무리를 입동(立冬) 전후로 한 번에 많이 담가두는 일을 말한다. 김치가 문헌에 처음 등장한 것은 이규보의 『동국이상국집』이다. 2013년 12월 유네스코 무형유산에 선정되었다.

⑰ 농악(2014년 11월)

농부들이 두레를 짜서 일할 때 치는 음악이다. 넓은 의미로는 꽹과리·장구·징·북과 같은 타악기를 치며 행진·노동·의식 등을 벌이는 음악을 두루 가리키는 말이다. 2014년 11월 유네스코 무형유산에 선정되었다.

🎵 농악

⑱ 줄다리기(2015년 12월)

줄다리기는 풍년을 기원하고 공동체 구성원 간의 단결과 화합을 위하여 동아시아 문화권에서 널리 행해지던 행사이다. 2015년 12월 유네스코 무형유산에 선정되었다.

↟ 줄다리기

⑲ 제주 해녀 문화(2016년 12월)

제주 해녀는 산소 공급 장치 없이 10m 정도 깊이의 바닷속으로 약 1분간 잠수하여 해산물을 채취한다. 한번 잠수한 후 해녀는 숨을 길게 내뱉으며 매우 특이한 소리를 내는데, 이를 '숨비소리'라고 한다. 제주 해녀 문화는 2016년 12월 유네스코 인류 무형 문화유산에 등재되었다.

↟ 제주 해녀

4 한국의 세계 자연유산

① 제주도 화산섬과 용암동굴(2007년 6월)

제주도는 숱많은 측화산과 세계적인 규모의 용암동굴, 다양한 희귀생물 및 멸종위기종의 서식지가 분포하고 있어 지구의 화산 생성 과정 연구와 생태계 연구의 중요한 학술적 가치가 있으며, 한라산 천연보호 구역의 아름다운 경관과 생물 지질 등은 세계적인 자연 유산으로서 가치를 지니고 있다. 제주도 화산섬과 용암동굴은 2007년 6월 유네스코 세계 자연 유산으로 등록되었다.

↟ 제주도 화산섬

↟ 용암동굴

5 북한의 유네스코 문화유산

① 고구려 고분군(2004년 7월)

북한의 고구려 고분군과 중국에서 신청한 고구려 수도, 왕족과 귀족의 무덤을 동시에 세계 문화유산으로 등재하였다. 등재된 고구려 고분은 5개 지역 63기이다. 2004년 7월에 유네스코 문화유산에 등록되었다.

↟ 고구려 고분군

② 개성 역사 유적 지구(2013년 6월)

개성 역사 유적 지구는 유네스코 문화유산으로 등록된 개성 일대에 집중된 고려 시대의 유적이다. 2013년 6월 유네스코 문화유산에 등록되었다.

↟ 개성 역사 유적 지구

③ 무예도보통지(2017년)

조선 제22대 왕 정조가 직접 편찬을 지시해 당대 동아시아의 모든 무예를 국가적 차원에서 집대성한 4권의 무예서이다. 무기에 대한 상세

↟ 무예도보통지

한 설명은 물론 칼과 창, 권법, 마상무예까지 24기의 무예를 담고 있으며 글로 된 설명과 함께 그림을 그려 넣은 것이 특징이며 규장각과 장용영이 주도하였고, 규장각 초계문신 박제가와 이덕무, 그리고 장용영의 무관 백동수가 편찬에 참여하였다.

2 우리나라의 세시풍속

세시풍속이란?

우리나라의 세시 풍속은 대체로 이 땅의 생산력이 달라질 때마다 매년 주기적으로 반복되는 농경의례를 기본으로 한다. 즉, 세시 풍속이란 1년 동안의 생산 과정과 휴식 과정이 지역의 풍토에 맞게 전승적으로 형성된 것이다. 우리나라는 사계절이 뚜렷하여 명절도 대체로 계절 및 농업 생산 활동과 밀접한 관련을 갖고 있는 월령(月令)에 따라 달마다 행사 내용이 정해진다.

1월(정월)

명칭과 시기		내용	관련 풍습
설날	1일	• 음력 정월 초하루날로 새 옷인 설빔을 입고 세배를 올리며 덕담을 나눈다. • 성묘를 실시하고 새해 운수를 점치기도 한다.	○ 널뛰기 차례, 세배, 성묘, 떡국 먹기, 복조리 걸기, 윷놀이, 널뛰기
정월 대보름	14일 밤	• 액년이 든 사람들이 짚으로 사람 모양 인형인 '제웅'을 만들어서 길가에 버린다.	○ 제웅
	15일 보름달	• 건강을 바라며 밤·호두 등의 부럼을 깨물고 오곡밥을 지어서 먹는다. • 귀밝이술이라 하는 데우지 않은 술을 마신다. 아침에 일어나서 처음 만난 사람에게 "내 더위"라고 말하며 더위를 팔면 그해 여름에는 더위를 타지 않는다고 한다. • 밤이 되면 아이들은 들에 나가서 쥐불놀이를 한다.	귀밝이술, 널뛰기, 투호, 줄다리기, 쥐불놀이, 연날리기, 오곡밥 먹기, 다리 밟기 ○ 투호
입춘	4일	• 24절기 가운데 첫 절기가 입춘이다. • 새해의 봄이 시작되는 이날을 기리고 닥쳐오는 일 년 동안 대길·다경하기를 기원하는 뜻에서 갖가지 의례를 베푸는 풍속이다.	입춘첩(입춘대길), 세화 붙이기

2월

명칭과 시기		내용	관련 풍습
머슴날	1일	• 음력 2월 초하루를 부르는 또 다른 말이다. • 겨우내 쉬었던 머슴들을 농가에 다시 불러들여 일 년 농사를 부탁하고 뜻에서 술과 음식을 대접하는 머슴들의 명절이다. • 지역에 따라 머슴날·노비일·일꾼날·영등할머니 제삿날 등으로 부르기도 한다.	콩 볶아 먹기, 나이떡 해먹기, 영등굿
경칩	5일	• 우수와 경칩이 지나면 공기와 강물이 풀린다 하여 완연한 봄을 느끼게 된다. • 싹이 돋아나고 동면중이던 벌레들도 땅속에서 나온다고 믿는다. • 이날 농촌에서는 산이나 논의 물이 고인 곳을 찾아다니며, 몸이 건강해지기를 바라면서 개구리(혹은 도롱뇽) 알을 건져다 먹는다.	개구리 알 먹기

3월

명칭과 시기		내용	관련 풍습
한식	동지에서 105일째 되는 날	• 우리나라 4대 명절 중 하나인 한식은 설날·단오·추석과 함께 일정기간 동안 불의 사용을 금하며 찬 음식을 먹는 중국의 풍습에서 유래되었다. • 한식은 음력을 기준으로 하는 명절이 아니다 보니 3월(음력 2월) 또는 4월(음력 3월)에 있을 수 있어 이 둘을 구분하기도 한다.	성묘, 산신제, 개사초(묘에 잔디를 입히는 것), 제기차기, 그네타기, 갈고리 던지기
삼짇날 (답청절)	3일	• 3월 삼짇날은 봄을 알리는 명절이다. • 이날 장을 담그면 맛이 좋다고 하였으며, 화전을 먹고 집을 수리하기도 하며 농경제를 지내 풍년을 기원하기도 하였다. • 음식으로는 화전·쑥떡·국수 등이 있다. • 이날을 답청절이라고도 하는데, 들판에 나가 꽃놀이를 하고 새 풀을 밟으며 봄을 즐기기 때문에 붙여진 이름이다.	🎧 신윤복의 연소답청 활쏘기, 닭쌈, 화전 지져 먹기, 장 담그기, 쑥떡 먹기

4월

명칭과 시기		내용	관련 풍습
초파일 (부처님 오신 날)	8일	• 파일은 불교의 개조인 석가모니의 탄생일이다. • '부처님 오신 날'이라고도 하며 각지에서 불교 행사 또는 연등 축제를 거행한다. • 민족 명절로 자리 잡은 것은 예전부터 전래되어 온 연등 행사와 불교의 연등 공양이 합쳐진 시기부터이다.	🎧 연등(구례 화엄사) 연등 달기, 탑돌이

5월

명칭과 시기		내용	관련 풍습
단오	5일	• 단오는 음력 5월 초닷새로 수릿날·천중절로 불리기도 한다. • 5가 두 번 겹쳐서 일 년 중 양기가 가장 왕성한 날이라고 파악했다. • 단오는 파종이 끝난 5월에 신에게 풍년을 기원하며 벌이는 축제이자 환절기에 액운을 막고자 하는 주술적 성격을 담고 있다. • 단오절에 남자는 씨름 경기를 하였고, 여자들은 창포물에 머리를 감거나 그네뛰기와 널뛰기를 즐겼다.	신윤복의 단오풍정 씨름, 그네뛰기, 널뛰기, 창포물에 머리 감기, 수리취떡, 강릉 단오굿

6월

명칭과 시기		내용	관련 풍습
유두	15일	• 유두절은 음력 6월 보름이다. • 유두는 물과 관련이 깊은 명절인데, 물은 부정을 씻는 의미를 가지고 있다. • 일가친지가 맑은 시내나 폭포에 가서 목욕을 하고, 가지고 간 음식을 먹고 나서 하루 동안 서늘하게 지내면 여름에 질병을 물리치고 더위를 먹지 않는다고 믿었다.	흐르는 물에 머리 감기, 탁족 놀이, 유두천신, 천렵, 물맞이
삼복	음력 6월에서 7월 사이의 절기	• '삼복'은 초복·중복·말복을 통틀어 이르는 말이다. • 복날은 장차 일어나고자 하는 음기가 양기에 억눌려 있는 날이라는 뜻이다. • 개를 잡아먹으며 몸을 보신하였는데 성안의 개를 잡아 해충을 방지하고자 한 이유도 있었다.	농신제, 복달임(개장, 삼계탕)

7월

명칭과 시기		내용	관련 풍습
칠석	7일	• 칠석은 음력 7월 7일로 세시 명절 중 하나이다. • 헤어져 있던 견우와 직녀가 만나는 날이라고도 한다. • 고구려 고분 벽화 가운데 평안남도 남포시 강서구역에 있던 덕흥리 고분 벽화에 견우직녀로 추정되는 그림이 있다. • 고려 공민왕은 왕후와 더불어 칠석날 궁궐에서 견우성과 직녀성에 제사를 지내고 백관들에게 녹을 주었다고 한다. • 조선 시대에는 궁중에서 잔치를 베풀고 성균관 유생들에게 과거를 시행하기도 하였다. • 여인들은 별을 보며 바느질 솜씨가 좋아지게 해 달라고 기원하였다.	칠석고사
백중	15일	• 음력 7월 보름으로 세벌매기가 끝난 후 여름철 휴한기에 농사꾼들이 휴식을 취하는 날이다. • 농사일을 거의 끝낸 해방감을 즐기고 풍년을 기원하였다. • 남녀가 모두 모여 온갖 음식을 갖추어 먹으며 노래를 부르고 춤추었고 머슴들에게도 일손을 쉬게 하고 돈을 주어 하루를 즐기도록 하였다.	백중놀이(밀양) 백중놀이, 호미씻이, 백중장, 우란분재

8월

명칭과 시기		내용	관련 풍습
추석(한가위, 가배)	15일	• 추석은 음력 8월 보름 가을의 한가운데 달 또는 팔월의 한가운데 날이라는 뜻을 지니고 있다. • 1년 중 가장 으뜸으로 치는 명절이다. • 다른 말로는 가배(嘉俳)·가위·한가위·중추절(仲秋節)·중추가절(仲秋佳節)이라고도 한다. • 가위나 한가위는 순수한 우리말이다. • 송편을 만들어 조상에게 차례를 지내고 가족과 친척, 이웃들이 나누어 먹는다. • 강강술래·줄다리기·거북놀이·소싸움·닭싸움 등 놀이를 즐기기도 한다.	차례, 성묘, 송편, 강강술래

송편

9월

명칭과 시기		내용	관련 풍습
중양절	9일	• 중양절은 중국에서 유래한 명절로 매년 음력 9월 9일에 행하는 한족 전통 절일이다. • 우리나라에서도 고려 시대 이래로 과거 시험과 같은 국가적 행사가 벌어졌다. • 민간에게는 국화꽃을 따서 국화전을 해먹거나 나들이 가서 단풍을 구경하며 국화주를 즐기기도 하였다.	중양제, 국화전, 국화주

국화전

10월

명칭	내용	관련 풍습
상달	• 음력 10월을 1년 중 가장 신성하게 여겨 '시월상달'이라고 부른다. • 일 년 농사가 마무리되는 날로 햇곡식과 햇과일을 수확하여 하늘과 조상에게 감사의 제사를 올린다. • 우리나라에서는 전통적으로 고구려의 동맹·동예의 무천·마한의 계절제 등이 10월에 행해졌으며 추수감사의 의미를 담고 있다.	성주맞이

11월

명칭	내용	관련 풍습
동지	• 동지는 24절기 중에 일 년 중 밤이 가장 길고 낮이 가장 짧은 날이다. • 민간에서는 동지를 아세(亞歲) 또는 작은설이라고도 하였다. • 동지는 날씨가 춥고 밤이 길어서 호랑이가 교미한다고 하여 '호랑이 장가가는 날'이라고도 한다. • 액운을 물리치기 위하여 팥죽을 쑤어 먹거나 집안 곳곳에 팥을 뿌리기도 하였다.	팥죽 동지 고사

12월

명칭	내용	관련 풍습
섣달그믐	• 섣달그믐은 음력으로 한 해의 마지막이다. • 새벽닭이 울 때까지 잠을 자지 않고 새해를 맞이한다. 이를 '수세'라 하는데 이러한 풍습은 송구영신(送舊迎新)의 의로서 우리나라에 역법(曆法)이 들어온 후 지속되었다고 볼 수 있다. • 지나간 시간을 반성하고 새해를 설계하고 맞이하는 의례로, 마지막이 아닌 새로운 시작이라는 의미가 담겨 있다.	묵은세배, 수세, 만두 차례, 나례, 대청소, 학질 예방

3 조선의 도성과 문화유산

 ❶ 덕수궁 중화전    ❶ 덕수궁 석조전    ❶ 경복궁 근정전    ❶ 운현궁    ❶ 창덕궁 돈화문    ❶ 창경궁 명정전

도성/문화유산	내용
(가) 경복궁	• 조선 시대 최초의 법궁이다. • 임진왜란으로 소실되면서 법궁의 기능은 창덕궁으로 이어졌다. • 고종이 즉위하면서 흥선 대원군이 경복궁을 중건하였다. • 대한 제국이 성립되면서 법궁의 기능이 다시 덕수궁으로 이어졌다.
(나) 창덕궁	• 임진왜란 때 소실된 경복궁 대신 조선 후기에 정궁의 역할을 담당하였다. • 창덕궁 후원에 위치한 주합루는 정조가 왕실 도서관인 규장각으로 활용하였다. • 건물로는 국가적 행사를 담당하는 인정전, 왕의 편전인 희정당, 왕비가 거처하는 대조전, 효명 세자가 지은 연경당 등이 있다(유네스코 문화유산으로 지정). • 숙종 대 명나라 신종을 제시하려고 지은 대보단이 있으며 어진을 봉안한 선원전이 있다.
(다) 창경궁	• 창경궁의 본명은 수강궁이다. • 세종 대 상왕인 태종을 모시기 위하여 지었다. • 성종 대 세 대비[세조 비인 정희 왕후, 덕종 비인 소혜 왕후(인수 대비), 예종 비인 안순 왕후]를 모시기 위하여 이름을 창경궁으로 바꾸었다.
(라) 덕수궁	• 대한 제국의 법궁이다. • 덕수궁 중명전에서 1905년에 을사늑약이 체결되기도 하였다. • 본명은 경운궁이나 고종이 순종에게 양위한 1970년에 이름을 덕수궁으로 바꾸었다. • 덕수궁 석조전은 대표적인 서양식 건축물로, 후에 미·소 공동 위원회가 개최되었다.
(마) 경희궁	• 인조의 아버지인 정원군의 집이 있던 곳으로 광해군 때 왕궁을 지어 경덕궁으로 불렀다. • 1760년에 경희궁으로 이름을 바꾸었다. • 280여 년 동안 동궐인 창덕궁, 창경궁과 더불어 서궐의 위치에서 양대 궁궐의 자리를 지켜 왔다.
(바) 종묘	• 조선 왕조 역대 왕과 왕비의 신주를 모신 조선 왕조의 사당이다. • 태조가 한양으로 도읍을 옮긴 뒤 완성하였다. • 임진왜란 이후 불탔으나 광해군 대 재건하였다.
(사) 사직단	• 농경이 주인 조선에서 토지신과 곡물신에게 제사를 지낸 공간이다.
(아) 장충단	• 을미사변 때 죽은 홍계훈과 이경직 등의 충신의 넋을 기리는 제단이다.
(자) 동관왕묘	• 삼국지에서 촉나라의 장수인 관우에게 제사를 지내는 사당이다.
(차) 선농단	• 왕이 신농·후직에게 풍년을 기원하는 곳이다.
(카) 운현궁	• 고종의 아버지인 흥선 대원군의 사저로 개혁 정치가 실현된 곳이다.